U0940159

劳动与社会保障法简明教程

韩君玲　著

商　务　印　书　馆

2013 年 · 北京

图书在版编目(CIP)数据

劳动与社会保障法简明教程/韩君玲编著. —北京：商务印书馆，2005(2013.9 重印)
ISBN 978-7-100-04321-2

I. 劳... II. 韩... III. ①劳动法—中国—高等学校—教材②社会保障—行政法—中国—高等学校—教材 IV. ①D922.5②D922.182.3

中国版本图书馆 CIP 数据核字(2004)第 134406 号

所有权利保留。
未经许可，不得以任何方式使用。

LÁO DÒNG YǓ SHÈ HUÌ BǍO ZHÀNG FǍ JIǍN MÍNG JIÀO CHÉNG
劳动与社会保障法简明教程
韩君玲 著

商务印书馆出版
(北京王府井大街36号 邮政编码 100710)
商务印书馆发行
北京瑞古冠中印刷厂印刷
ISBN 978-7-100-04321-2

2005 年 6 月第 1 版 开本 880×1230 1/32
2013 年 9 月北京第 4 次印刷 印张 18¼
定价：48.00 元

目　录

前　言 …… 1

劳动法

第一章　劳动法总论 …… 3
- 第一节　劳动法的概念 …… 4
- 第二节　劳动法的调整对象 …… 5
- 第三节　劳动法的渊源 …… 9
- 第四节　劳动法的形成和发展 …… 12
- 第五节　劳动法的基本原则 …… 16
- 第六节　劳动法的内容和体系 …… 17

第二章　劳动者的权利与义务 …… 20
- 第一节　劳动者的权利 …… 20
- 第二节　劳动者的义务 …… 28

第三章　促进就业 …… 31
- 第一节　劳动就业概述 …… 32
- 第二节　劳动就业的基本原则 …… 34
- 第三节　职业介绍 …… 42

第四章　劳动合同 …………………………………………………… 47
第一节　劳动合同的概念和特征 ……………………………… 48
第二节　劳动合同的种类、形式和内容………………………… 49
第三节　劳动合同订立的原则 ………………………………… 54
第四节　劳动合同的效力 ……………………………………… 57
第五节　劳动合同的变更、解除与终止………………………… 60
第六节　违反劳动合同的法律责任 …………………………… 65

第五章　集体合同 …………………………………………………… 68
第一节　集体合同的特征与意义 ……………………………… 69
第二节　集体合同的内容 ……………………………………… 71
第三节　集体合同的签订、变更与解除………………………… 74
第四节　集体合同争议的处理 ………………………………… 77
第五节　违反集体合同的责任 ………………………………… 78

第六章　工作时间与休息休假 ……………………………………… 81
第一节　工作时间概述 ………………………………………… 81
第二节　工作日的种类 ………………………………………… 82
第三节　休息与休假 …………………………………………… 87
第四节　延长工作时间及其限制 ……………………………… 91

第七章　工资制度 …………………………………………………… 95
第一节　工资概述 ……………………………………………… 96
第二节　基本工资制度 ………………………………………… 99
第三节　最低工资制度………………………………………… 101
第四节　工资支付保障………………………………………… 106

第八章　劳动安全卫生…………………………………………………… 112
第一节　劳动安全卫生概述…………………………………………… 112
第二节　劳动安全规程和劳动卫生规程……………………………… 114
第三节　安全卫生教育与培训………………………………………… 122
第四节　劳动者在安全生产中的权利和义务………………………… 124
第五节　事故及职业病的统计、报告与处理 ………………………… 125

第九章　女职工和未成年工的特殊保护……………………………… 131
第一节　女职工和未成年工特殊保护概述…………………………… 131
第二节　女职工的特殊劳动保护……………………………………… 133
第三节　未成年工的特殊劳动保护…………………………………… 138

第十章　职业培训……………………………………………………… 142
第一节　职业培训概述………………………………………………… 142
第二节　职业培训的分类……………………………………………… 143
第三节　职业技能考核鉴定和职业资格证书制度…………………… 147

第十一章　劳动争议处理……………………………………………… 150
第一节　劳动争议处理概述…………………………………………… 150
第二节　劳动争议处理机构…………………………………………… 153
第三节　劳动争议处理程序…………………………………………… 155

社会保障法

第十二章　社会保障法总论…………………………………………… 163
第一节　社会保障法的概念、特征与调整对象 ……………………… 163

第二节　社会保障法的理念与原则……………………………… 167
第三节　社会保障法的历史沿革……………………………… 169

第十三章　养老保险…………………………………………… 175
第一节　养老保险概述………………………………………… 175
第二节　养老保险立法概况…………………………………… 178
第三节　中国基本养老保险法律制度………………………… 179

第十四章　失业保险…………………………………………… 192
第一节　失业保险概述………………………………………… 192
第二节　失业保险立法概况…………………………………… 195
第三节　中国失业保险法律制度……………………………… 197

第十五章　疾病保险…………………………………………… 206
第一节　疾病保险概述………………………………………… 206
第二节　疾病保险立法概况…………………………………… 208
第三节　中国疾病保险法律制度……………………………… 211

第十六章　工伤保险…………………………………………… 217
第一节　工伤保险概述………………………………………… 217
第二节　工伤保险立法概况…………………………………… 219
第三节　中国工伤保险法律制度……………………………… 221

第十七章　生育保险…………………………………………… 237
第一节　生育保险概述………………………………………… 237
第二节　生育保险立法概况…………………………………… 239

第三节　中国生育保险法律制度…………………………… 241

第十八章　社会救助…………………………………………… 247

第一节　社会救助概述……………………………………… 247

第二节　最低生活保障法律制度…………………………… 250

第三节　灾害救助法律制度………………………………… 257

第四节　扶贫法律制度……………………………………… 262

第十九章　社会福利…………………………………………… 265

第一节　社会福利概述……………………………………… 265

第二节　公共福利…………………………………………… 268

第三节　职业福利…………………………………………… 270

第四节　专门福利…………………………………………… 271

第二十章　社会优抚…………………………………………… 278

第一节　社会优待…………………………………………… 279

第二节　残疾抚恤…………………………………………… 283

第三节　死亡抚恤…………………………………………… 285

附　　录

劳动与社会保障常用法律法规等规范性文件…………………… 291

总类…………………………………………………………… 293

中华人民共和国劳动法………………………………… 293

劳动部关于贯彻执行《中华人民共和国劳动法》若干
问题的意见………………………………………………… 310

劳动部关于《中华人民共和国劳动法》若干条文的

说明……………………………………………………………………………………329

劳动就业……………………………………………………………………………353
劳动力市场管理规定……………………………………………………………353

集体合同与劳动合同………………………………………………………………362
企业经济性裁减人员规定………………………………………………………362
违反和解除劳动合同的经济补偿办法…………………………………………364
违反《劳动法》有关劳动合同规定的赔偿办法…………………………………366
集体合同规定……………………………………………………………………368

工作时间与工资福利………………………………………………………………379
国务院关于职工探亲待遇的规定………………………………………………379
国务院关于职工工作时间的规定………………………………………………381
《国务院关于职工工作时间的规定》的实施办法………………………………383
国家机关、事业单位贯彻《国务院关于职工工作时间的规定》的实施办法 ……………………………………………………………385
全国年节及纪念日放假办法……………………………………………………387
工资支付暂行规定………………………………………………………………388
最低工资规定……………………………………………………………………392

劳动安全与卫生……………………………………………………………………397
中华人民共和国职业病防治法…………………………………………………397
中华人民共和国安全生产法……………………………………………………417
企业职工伤亡事故报告和处理规定……………………………………………437
企业职工劳动安全卫生教育管理规定…………………………………………441

卫生部、劳动和社会保障部关于印发《职业病目录》的通知 …… 446

劳动保护 …… 452

女职工劳动保护规定 …… 452

女职工禁忌劳动范围的规定 …… 455

未成年工特殊保护规定 …… 457

禁止使用童工规定 …… 461

职业培训 …… 465

中华人民共和国职业教育法 …… 465

职业培训实体管理规定 …… 472

养老保险 …… 477

国务院关于建立统一的企业职工基本养老保险制度的决定 …… 477

医疗保险 …… 481

国务院关于建立城镇职工基本医疗保险制度的决定 …… 481

企业职工患病或非因工负伤医疗期规定 …… 487

失业保险 …… 489

失业保险条例 …… 489

失业保险金申领发放办法 …… 496

生育保险…………………………………………………………… 501
企业职工生育保险试行办法……………………………………… 501

工伤保险…………………………………………………………… 504
工伤保险条例……………………………………………………… 504

社会救助…………………………………………………………… 520
城市居民最低生活保障条例……………………………………… 520
农村五保供养工作条例…………………………………………… 525
救灾捐赠管理暂行办法…………………………………………… 529

社会优抚…………………………………………………………… 534
军人抚恤优待条例………………………………………………… 534
革命烈士褒扬条例………………………………………………… 546
中华人民共和国兵役法(节录)…………………………………… 548

争议处理…………………………………………………………… 551
中华人民共和国企业劳动争议处理条例………………………… 551
最高人民法院关于审理劳动争议案件适用法律
若干问题的解释………………………………………………… 558
劳动和社会保障行政复议办法…………………………………… 563

主要参考书目……………………………………………………… 568
后记………………………………………………………………… 569

前　言

劳动法与社会保障法是法律体系中的两个独立法律部门，外国关于劳动法和社会保障法的研究已有相当长的历史。我国关于劳动法，特别是社会保障法的研究因诸种原因，相对滞后，立法工作较为薄弱，不仅法规数量少，而且立法层次较低，社会普及的程度更是自不待言。在社会生活中，有法不依、无法可依的情况仍然存在。健全的法律制度是现代社会文明的基石。鉴于目前的社会状况，学习劳动法与社会保障法就显得尤为迫切和重要。学习劳动法和社会保障法的基本知识与理论，了解我国现行相关法律法规等的规定，不仅可以对我国劳动法和社会保障法的内容体系与立法现状有一个较为全面的把握，认识到目前立法与实践中存在的问题，而且促使包括劳动者在内的全体社会成员关心切身的利益，明确个人的权利与义务，增强公民劳动与社会保障的权利意识和法律意识。公民个人的法律素质提高一小步，整个国家的法制建设将前进一大步。

本教程力图简明扼要、深入浅出地介绍劳动法与社会保障法的基本理论，从实用法学的角度出发，重点着眼于准确地对现行法律法规等进行阐述与分析。教程内容主要分为劳动法和社会保障法两部分：劳动法部分共分十一章，包括劳动法总论、劳动者的权利与义务、促进就业、劳动合同、集体合同、工作时间与休息休假、工资制度、劳动安全与卫生、女职工和未成年工的特殊劳动保护、职业培训、劳动争议处理等；社会保障法部分共分九章，主要包括社会保障法总论、养老保险、失业保险、疾病保险、工伤保险、生育保险、社会救助、社会福利、社会优抚等。

本教程的独到之处在于：全面反映了劳动与社会保障方面的我国最新立法情况和现状，具有及时性；收录了教程中经常涉及到的有关劳动法与社会保障法方面的最新法律、法规及规章等，便于读者及时查阅和学习，具有便利性；指出每章学习的目标、方法、重点及难点，并在每章最后进行小结，使读者一目了然，具有清晰性。

本教程不仅适用于各高等院校的法律专业学生，而且适用于从事劳动与社会保障实际工作的人员及社会读者。

劳动法和社会保障法是社会实践性极强的学科，相关的立法内容较为庞杂，且变化较快（本教程使用的法律法规等截止于 2004 年 10 月 1 日），由于学识所限，错误和疏漏之处在所难免，敬请读者批评赐教。

韩君玲

2004 年 10 月

劳　动　法

第一章　劳动法总论

[学习目标]

本章是劳动法的主要基本理论，包括劳动法的概念、调整对象、渊源、形成发展过程、基本原则、内容及体系。通过本章学习，掌握劳动法的概念，明确劳动法的调整对象，理解劳动法的基本原则，了解劳动法形成及发展的历史，弄清我国劳动法的内容及法律体系。

[学习方法]

理解。

[重点难点]

重点・劳动法的概念

・劳动法调整的劳动关系的特征

・我国劳动法的渊源

・劳动法的形成和发展过程

・劳动法的基本原则

・劳动法的内容

难点・劳动法的概念和特征

劳动法是我国法律体系中一个重要且独立的法律部门，它是以调整劳动关系为基本的法律。在目前市场经济条件下，我国的劳动关系复杂多样，呈现出劳动关系合同化或契约化、劳动关系法律化及劳动力资源配置市场化的局面。并且伴随着这一系列的变化，劳动争议大量出现，劳动者维护自身权益的法律意识不断增强，劳动法在现实社会中发挥的作用日益重要。

本章是劳动法基本理论的核心，通过本章的学习，掌握劳动法的概念与性质，了解劳动法形成发展的历史，明确劳动法的法律渊源及我国劳动法律体系。

第一节　劳动法的概念

目前在我国，一般认为，劳动法是调整劳动关系以及与劳动关系密切联系的一些其他关系的法律规范的总称。[①] 劳动法是我国社会主义法律体系中一个重要且独立的法律部门，制定劳动法，其目的在于调整劳动关系以及与劳动关系密切联系的其他关系，保障劳动者的合法权益，使用人单位与劳动者之间保持稳定与和谐的劳动关系，促进整个社会的经济发展。

世界上有关劳动法的解释各种各样，但基本上都离不开调整劳动关系这一中心内容，如英国《牛津法律大辞典》对劳动法的解释是：与雇佣劳动相关的全部法律原则和规则，大致和工业法相同。它规定的是雇佣合同和劳动或工业关系法律方面的问题。[②] 日本关于劳动法的概念首先强调劳动的从属性，包括人的从属性、经济的从属性及组织的从属性，在此基础上认为，劳动法是调整具有从属劳动关系性质的劳动者的生活关系之法律。[③] 我国学者史尚宽认为："劳动法为关系劳动之法。详言之，劳动法为规范劳动关系及其附随一切关系之法律制度之

---

① 关怀主编：《劳动法学》，法律出版社 1996 年版，第 2 页。

② 《牛津法律大辞典》，光明日报出版社 1988 年版，第 511 页。

③ 片冈升主编：《劳动法》，青林双书 1983 年版，第 15 页。

全体。”[①]这是我国法学界较有影响的和具有代表性的对劳动法的界说。

在学习劳动法这个概念时，还要明确“劳动”和“劳动者”的含义。

“劳动”的含义应具有：第一，法定性，即从事劳动的人必须具备作为劳动者的法定条件；第二，报酬性，即由劳动者从事的能够得到报酬并用以满足自身及其家庭成员生活需要的劳动；第三，社会性，即劳动的对象必须是除本人和家人以外的他人，应具有明显的社会性；第四，从属性，即这种劳动必须建立在劳动合同或者雇佣关系的基础上，从属于一定的用人单位或者雇主，且从事劳动的人必须服从用人单位或者雇主的管理。[②]

关于“劳动者”的含义，有狭义和广义之分，狭义的劳动者只指现在形成劳动关系的人，而广义的劳动者还包括求职中的劳动者和失业者。

第二节　劳动法的调整对象

从劳动法的定义来看，劳动法的调整对象包括两个方面的关系：其一是劳动关系，这是劳动法调整的最重要且基本的关系；其二是与劳动关系有着密切联系的某些关系。

一、劳动关系

所谓劳动关系，即人们在从事劳动过程中发生的社会关系。劳动是人们为创造社会财富所进行的有目的、有意识的活动，它是人类社会能够生存发展的基础。劳动关系产生于劳动过程中，并且只能产生于劳动者与用人单位之间。在我国，依据劳动法的规定，劳动关系具体表

---

① 史尚宽：《劳动法原论》，正大印书馆 1934 年版，第 1 页。

② 黎建飞编著：《劳动法和社会保障法》，中国人民大学出版社 2003 年版，第 2 页—第 3 页。

现为劳动者和用人单位即企业、事业单位、国家机关、社会团体、个体经济组织之间发生的关系。必须指出的是，在社会关系中与劳动有关的关系很多，劳动法并不调整所有一切与劳动有关的社会关系，而只调整其中一部分关系，即在实现集体劳动过程中劳动者与用人单位之间所发生的关系。

劳动法调整的劳动关系具有以下特征：

(一)这种关系与劳动有直接的联系，即只产生于劳动过程之中。劳动过程是劳动关系产生的前提和基础，没有劳动过程，就不可能产生劳动关系。凡不属于劳动过程中产生的关系，都不属于劳动关系。

(二)劳动关系的当事人，一方是劳动者，一方是用人单位，如企业、事业单位、机关、团体等。

在我国，作为劳动者必须具备法律规定的条件：1. 年龄条件。我国劳动法第 15 条规定，公民的最低就业年龄 16 周岁。不满 16 周岁不能就业。劳动法第 94 条规定用人单位招用未满 16 周岁的公民就业，将承担相应的法律责任。劳动法第 64 条规定，矿山井下、有毒有害、国家规定的第 4 级体力劳动强度的劳动和其他禁忌从事的劳动，就业年龄应不低于 18 周岁。2. 劳动能力条件。由于劳动者进行劳动只能由劳动者亲自进行，因此要求劳动者必须具备劳动能力。对于特定行业，劳动者的劳动能力还必须满足该行业的特殊要求。另外，我国劳动法未对劳动者的国籍有限制性规定，换言之，我国公民、外国公民和无国籍人，只要具备我国劳动法规定的条件，都可以成为我国的劳动者。

劳动法规定的用人单位是指依法招用和管理劳动者，并对其承担有关义务者。在我国，用人单位有不同的类型：1. 在中国境内的依法核准登记的企业，包括各种所有制性质、各种组织形式的企业。2. 依法核准登记的个体经济组织，即依法取得营业执照的个体工商户，他们可以请帮手，带学徒。3. 依法成立的事业单位，包括文化、教育、卫生、科研等各种单位。4. 依法成立的国家机关。5. 依法成立的社会团体，包括工会、妇联、协会、研究会等社会团体组织。根据我国劳动法第 99 条的规定，劳动者与用人单位之间的劳动关系应当具有排他性。即“用人单位招用尚未解除劳动合同的劳动者，对原用人单位造成损失的，该用人单位应当依法承担连带赔偿责任”。

（三）劳动关系的发生、变更与终止，当事人双方在劳动过程中的权利、义务及劳动条件均应依法进行。

（四）劳动关系既具有法律上的平等性，又具有实现这种关系的隶属性。虽然劳动关系的双方是在平等自愿的基础上通过劳动合同约定彼此之间的权利和义务，但是在劳动关系目的的实现过程中，用人单位负有对生产的组织、指挥、协调和监督的职责，劳动者必须接受用人单位的组织指挥，遵守用人单位制定的各项规章制度和劳动规则。

二、与劳动关系密切联系的某些关系

劳动法除了调整劳动关系外，它还承担着调整与劳动关系密切联系的其他某些关系，这些关系本身并不是劳动关系，但是与劳动关系有着密切联系，有的是发生劳动关系的必要前提，有的是劳动关系的直接后果，有的是随着劳动关系而附带产生的关系。因为这些关系具有与劳动关系密切联系的特点，所以在我国的法律体系中把他们列入劳动法的范畴。这些关系包括：

（一）处理劳动争议而发生的关系。有关国家机关（如劳动行政部门）、人民法院和工会组织由于调解、仲裁和审理劳动争议而产生的关系。

（二）执行社会保险方面的关系。社会保险机构与企业、事业单位及职工之间因执行社会保险而发生的关系。

（三）监督劳动法律、法规的执行方面的关系。有关国家机关（如劳动行政部门、卫生部门等）、工会组织与企业、机关、事业单位之间因监督、检查劳动法的执行而产生的关系。

(四)工会组织与企业、事业单位、国家机关之间的关系。

(五)劳动管理方面发生的关系。劳动行政部门同企业、事业、机关、团体单位,因管理劳动工作而发生的关系。

三、劳动法与相关部门法的区别

劳动法的调整对象使其与其他不同社会关系的相关法律部门区别开来。

(一)劳动法与民法的区别

1. 二者调整的社会关系不同

民法调整的社会关系是平等主体之间的财产关系和人身关系;劳动法调整的是劳动者与用人单位之间的劳动关系。

2. 法律关系的主体不同。民事法律关系的主体,双方均可以是法人或自然人,或者一方是法人,一方是自然人;劳动法律关系的双方当事人是确定的,即一方为用人单位,另一方只能是劳动者。

3. 民事法律关系双方当事人的法律地位是平等的;劳动法律关系双方当事人既具有法律地位的平等性,又具有实现这种关系的隶属性。民事法律关系的实现过程中,不要求自然人一方遵守法人的内部规章和纪律;劳动法律关系的实现过程中,劳动者必须遵守用人单位的内部规章和各项劳动纪律。

4. 调整方法及原则不同,民法主要采取民事调整方法,坚持平等、自愿、等价有偿原则;劳动法主要运用行政方法、经济方法,贯彻按劳分配及劳动保护等原则。①

(二)劳动法和社会保障法的区别

不能将劳动法和社会保障法共同当作一个基本法律部门来认识。

---

① 黎建飞编著:《劳动法和社会保障法》,中国人民大学出版社 2003 年版,第 47 页。

1. 劳动法和社会保障法所调整的社会关系不同。劳动法主要调整劳动者和用人单位之间的劳动关系;社会保障法调整的是社会保险关系、社会救助关系、社会福利关系和社会优抚关系等等。

2. 劳动法和社会保障法的宗旨不同。劳动法的宗旨是保障劳动者的合法权益,完善劳动制度;社会保障法的宗旨则是保障社会成员的基本生活,实现社会公平正义。

3. 劳动法和社会保障法之间的交叉点是在社会保险法方面,社会保险法是以劳动者为保障对象的,与劳动法关系密切,但社会保险法中的劳动者与劳动法所称的劳动者范围不同:劳动法所称的劳动者是指与用人单位形成了劳动关系的自然人;社会保险法所称的劳动者除此之外,还包括个体劳动者、自由职业者、私营企业主以及广大农村劳动者等。至于社会保障法的其他内容如社会救济法、社会福利法、社会优抚法等,更不是为劳动法所包容的范围。①

第三节　劳动法的渊源

法律渊源是法律的具体表现形式,我国劳动法的渊源是指由国家制定或认可的劳动法律规范的表现形式。具体有:

一、宪法

宪法是国家的根本法,是制定一切法律规范的依据。我国宪法有关劳动问题的规定,是劳动法的重要渊源,构成全部劳动法律规范的立法基础。宪法关于劳动方面的规定如下:

第 42 条:“中华人民共和国公民有劳动的权利和义务。

国家通过各种途径,创造劳动就业条件,加强劳动保护,改善劳动

① 余卫明:《社会保障法学》,中国方正出版社 2002 年版,第 45 页。

条件，并在发展生产的基础上，提高劳动报酬和福利待遇。

劳动是一切有劳动能力的公民的光荣职责。国有企业和城乡集体经济组织的劳动者都应当以国家主人翁的态度对待自己的劳动。国家提倡社会主义劳动竞赛，奖励劳动模范和先进工作者。国家提倡公民从事义务劳动。

国家对就业前的公民进行必要的劳动就业训练。”

第 43 条：“中华人民共和国劳动者有休息的权利。

国家发展劳动者休息和休养的设施，规定职工的工作时间和休假制度。”

第 44 条：“国家依照法律规定实行企业事业组织的职工和国家机关工作人员的退休制度。退休人员的生活受到国家和社会的保障。”

第 45 条第 1 款：“中华人民共和国公民在年老、疾病或者丧失劳动能力的情况下，有从国家和社会获得物质帮助的权利。……”

此外，依照宪法第 48 条的规定，妇女在政治的、经济的、文化的、社会的和家庭的生活等各方面享有同男子平等的权利，实行男女同工同酬。第 53 条规定公民必须遵守劳动纪律。

二、法律

这里所说的“法律”是指全国人大及其常委会制定的有关劳动的法律。具体包括：

(一)劳动法

1994 年 7 月 5 日由第 8 届全国人大常委会第 8 次会议审议通过的《中华人民共和国劳动法》，是我国有关劳动问题的基本法。

(二)包含调整劳动关系的法律规范

如《中华人民共和国工会法》、《中华人民共和国妇女权益保障法》、《中华人民共和国全民所有制工业企业法》、《中华人民共和国中外合资经营企业法》、《中华人民共和国外资企业法》等有关劳动关系的法律规范。此外，全国人大常委会制定的其他法律规范也是劳动法规的表现形式，如1978年5月24日第5届全国人大常委会原则批准的《关于安置老弱病残干部的暂行办法》、《关于工人退休、退职的暂行办法》。

三、劳动行政法规

行政法规是指国务院制定的规范性文件。国务院颁布的大量劳动法规，是我国调整劳动关系的主要依据，当然从效力上讲，其内容不得与宪法和法律相抵触。如国务院发布的1982年4月10日《企业职工奖惩条例》、1991年7月25日《全民所有制企业招用农民合同制工人的规定》、1988年7月21日《女职工劳动保护规定》、1999年1月21日《失业保险条例》等。

四、部门劳动规章

部门规章是指国务院各部、委制定的规范性文件。国务院所属各部、委根据法律和行政法规、决定、命令，在本部门范围内发布的有关劳动关系的规章，也是劳动法的法律渊源。如原劳动部发布的1990年1月18日《女职工禁忌劳动范围的规定》、1990年7月12日《工人考核条例》等。

五、地方性劳动法规

地方性法规是指省、自治区、直辖市以及省级人民政府所在地的市和经国务院批准的较大的市的人民代表大会及其常委会，根据本行政区域的具体情况和实际需要，在不同宪法、法律、行政法规相抵触的前提下制定的规范性文件。

六、地方性行政规章

地方性规章指由省、自治区、直辖市人民政府以及省、自治区人民政府所在地的市和经国务院批准的较大的市的人民政府根据法律和行政法规制定的普遍适用于本地区劳动行政管理工作的规范性文件，如北京市政府发布的自2000年4月1日起施行的《北京市企业劳动者工伤保险规定》等。

七、司法解释

司法解释是指由最高人民法院在审理劳动争议案件中对于如何正确适用劳动法律规范所做的解释。最高人民法院对劳动法律规范的解释,是全国各级人民法院审理劳动争议案件的依据。如 2001 年 4 月 30 日施行的《最高人民法院关于审理劳动争议案件适用法律若干问题的解释》。

八、国际劳工组织通过的劳动公约和建议书

国际劳工组织通过的公约和建议书,须经成员国批准后方可在成员国内付诸实施,发生法律效力。我国是国际劳工组织的成员国,经我国政府批准的国际劳工公约和建议书,在我国就具有法律效力,是我国劳动法的组成部分。如 1987 年 9 月我国批准了《1983 年(残疾人)职业康复和就业公约》,1990 年 9 月第 7 届全国人大常委会批准了《男女同工同酬公约》和《三方协商以促使实施国际劳工标准公约》,1997 年批准了《就业政策公约》,1998 年批准了《准予就业最低年龄公约》。

第四节　劳动法的形成和发展

劳动法是社会发展到一定阶段的产物,它的产生与资本主义的发展和工人运动的高涨是分不开的。劳动法发展到今天成为一个独立的法律部门,已有二百多年的历史。以下分别从 19 世纪初英国的劳动立法、19 世纪劳动法的发展、20 世纪以来的劳动法和我国劳动法的历史发展等方面来说明劳动法产生发展的过程。

一、19 世纪初英国的劳动立法

无论是奴隶社会还是封建社会,奴隶或农奴与奴隶主或封建主的关系是人身依附关系，不存在独立的劳动关系，当然也就无独立的劳动法律。

在资本主义社会，劳动力是商品，劳动关系是一种劳动力的买卖关系，很多资本主义国家将调整雇佣关系的法律规范，列入民法的债篇，在资本主义的原始积累时期，资本主义国家经常制定一些"劳工法规"强迫工人为资本家劳动。

19 世纪初，随着无产阶级反对资产阶级的斗争由自发性的运动转向自觉性的运动，工人强烈要求废除原有的"劳工法规"和颁布缩短工时的法律，要求禁止使用童工，对女工和未成年工给予特殊保护等。除了不断高涨的工人运动的压力外，加上某些社会政治力量对工人的支持，资产阶级被迫作出让步。

1802 年英国政府通过了《学徒健康与道德法》。其主要内容是：禁止纺织工厂招用 9 岁以下学徒，规定 18 岁以下的学徒其劳动时间每日不得超过 12 小时，禁止学徒在晚 9 时至翌日凌晨 5 时之间从事夜间劳动。这部法律的意义在于：它是为保护工人的利益制定的，意味着现代劳动法的诞生。

二、19 世纪劳动法的发展

这个阶段劳动法的发展特点是：劳动法在各国都得到了较大发展，从制定某一方面的劳动法逐步发展到制定全面的劳动法；从制定某一部分劳动者的劳动问题的立法，逐步扩大到制定实施于整个国家的各种劳动者的立法。[①] 在百余年的时间里，劳动法终于从民法中分离出来，成为一个独立的法律部门。

三、20 世纪以来的劳动法

20 世纪以来的劳动法发展分为两个阶段：第一阶段从第一次世界

① 关怀主编：《劳动法》，中国人民大学出版社 2003 年版，第 28 页。

大战后至第二次世界大战以前;第二阶段从第二次世界大战后至今。

(一)第一阶段

第一次世界大战后,资本主义国家陆续制定了一些劳动法律,这些立法在一定程度上维护了劳动者的利益,表现了劳动立法的进步。

20 世纪 30 年代,劳动立法表现出两种倾向:一种是以德、意、日等国为代表的法西斯国家,其在劳动立法方面表现出了法西斯政权的特点;另一种是以英国、美国等国为代表的资本主义国家,其为缓和阶级矛盾,在劳动立法上对工人阶级作出让步。

在第一阶段,值得关注的是,1918 年苏维埃政府颁布了苏俄第一部劳动法典,1922 年重新颁布《苏俄劳动法典》,这一法典的出现,对劳动法的发展具有划时代的意义,不仅从本质上反映了社会主义劳动法对劳动者的保护,而且以法典的形式使劳动法脱离了民法的范畴。①

(二)第二阶段

二战结束后,在资本主义国家产生了一批现代的反劳工立法,出现了劳动立法倒退的局面。如美国 1947 年通过了《塔夫脱—哈特莱法》(即《劳资关系法》),限制了工人的罢工权和工会的权利;1957 年法国通过了《保卫共和国劳动自由法》,用严厉手段镇压工人运动。

20 世纪 60、70 年代,在工人运动的压力之下,各主要资本主义国家相继颁布了一些改善工人劳动条件的新的法律。

以苏联为首的东欧社会主义国家都先后制定了比较完备的劳动法典,1989 年以后,由于苏联、东欧的政治形势发生了急剧的变化,其劳动法的某些内容也发生了变化。

四、我国劳动法的产生和发展

---

① 关怀主编:《劳动法》,中国人民大学出版社 2003 年版,第 29 页。

劳动法在我国萌芽于20世纪20年代，经历了北洋军阀统治时期、国民党政府统治时期、革命根据地与解放区时期、新中国建国以来的劳动立法等阶段。在此，着重阐述一下新中国建国以来的劳动立法发展状况。

(一)创立发展阶段(1949年至1965年)

随着新中国的建立，有关劳动方面的法律、法规也相继制定和颁布，如1951年2月中央人民政府制定、1953年1月修订的《劳动保险条例》、1950年6月中国人民政治协商会议制定的《中华人民共和国工会法》、1950年11月由中央人民政府批准原劳动部制定的《关于劳动争议处理程序的规定》、1950年3月劳动部制定的《工厂安全暂行条例》、1950年3月中央人民政府颁布的《国营企业劳动纪律暂行决定》和《工厂安全卫生的规定》等等。1954年宪法颁布后，1956年国务院同时发布了三大规程和一个决定，即《工厂安全卫生规程》、《建筑安装工程安全技术规程》、《工人职员伤亡事故报告规程》和《关于防止厂矿企业中矽尘危害的决定》，建立安全卫生监察制度。1958年国务院发布了《关于工人、职员退休处理暂行规定》、《关于企业、事业单位和国家机关中普通工和勤杂工的工资待遇的暂行规定》、《关于国营、公私合营、合作社营、个体经营的企业和事业单位的学徒的学习期限和生活补贴的暂行规定》、《关于工人、职员回家探亲的假期和工资待遇的暂行规定》等四项重要规定。

(二)停滞阶段(1966年至1976年)

在这个阶段，法律虚无主义盛行，我国劳动立法处于停滞发展状态，企业生产陷入混乱和无序的局面。

(三)恢复发展阶段(1977年至今)

中国进入新的历史时期，政府开始强调民主与法制建设。随着1982年宪法的颁布，中国劳动法制进入了蓬勃发展时期。

第五节 劳动法的基本原则

一、依照宪法规定保护劳动者权益原则

劳动权是公民基本生存权和一切民主权利的基础,基于对人权的保护,保障劳动权是劳动法最重要的基本原则。宪法是国家的根本法,宪法有关劳动问题和劳动权利的规定多为原则性的规定,为了使宪法的规定得到落实,就必须通过立法使其具体化。当然,制定劳动法时,必须以宪法为依据,充分体现宪法的原则,突出对劳动者各项基本权益的保护。我国劳动法对劳动者享有的权利做了全面规定,对用人单位应承担的义务及其对侵犯劳动者合法权益应负的责任都做了明确规定,对劳动行政部门应履行的监督职能及对劳动者应承担的法律责任都做了具体的要求,这为维护劳动者的合法权益提供了法律上的保障。

二、规定统一的基本标准和规范

制定出一套统一的劳动市场规则和劳动标准,为调整我国的劳动关系提供准则。我国社会经济发展不平衡,各地区、产业及企业之间的差别将长期存在,在制定劳动标准时不得不考虑这一因素,但是,劳动法规定的劳动标准和规范是最基本的劳动标准和规范,各地区和用人单位可以根据自己的实际情况在劳动法规定的范围内加以调整,没有条件的地区和单位执行最低标准。总之,从实际出发,制定各行业之间、企业之间、不同所有制经济组织之间的共同准则和标准,引入市场竞争机制,实现企业之间的平等竞争。

三、劳动合同的自由与政府适度的干预相结合

通过劳动合同建立平等的就业关系,是市场经济的客观要求。没有劳动合同自由,就无法建立真正的劳务市场。劳动合同自由的主要内容有:(一)劳动合同的自由不得违反法律的规定。(二)因劳动合同

建立的用人单位和劳动者的关系是相对平等的、具有依附性的劳动关系。(三)劳动合同规定合同期限,维护相对稳定的劳动关系,保障劳动者的就业权利。(四)劳动合同规定工资待遇和劳动条件,改善劳动者的工作环境和生活水平。(五)劳动合同规定解决争议的方法。①

然而,在劳务市场中,劳动者需要特殊的保护,在劳动安全、劳动者的健康与卫生等方面,政府应强制用人单位承担义务,不得在劳动合同中降低标准和改变内容,从而形成政府和用人单位之间的关系。政府的干预是劳务市场的必然要求。

四、保护公平竞争与保护弱者权益相结合

这项原则既反映了市场经济的本质,又体现了对社会公平原则的维护。这项原则具有以下含义:(一)一切竞争者应处于平等的法律地位。(二)保护弱者权益包括两方面的内容:其一是保护相对于用人单位的劳动者;其二是保护劳动者中的妇女、未成年人、残疾人等在竞争中处于弱势的群体。

第六节　劳动法的内容和体系

一、劳动法的内容

从广义上说,根据劳动法的概念,劳动法的内容是指劳动关系和与劳动关系有密切联系的社会关系所涉及的对象,如劳动组织、劳动岗位、上岗培训、劳动时间、劳动报酬、劳动安全与卫生、劳动纪律、职业培训、社会保险、处理争议、劳动执法与监督等。我国劳动法律体系在内容上主要由规范劳动力市场主体行为的法律、保护劳动者权益的法律、

① 杨燕绥:《劳动与社会保障立法国际比较研究》,中国劳动社会保障出版社2001年版,第76页。

规范劳动行政管理行为的法律和解决劳动纠纷的法律所构成。

从狭义上说，劳动法的内容是专指劳动法典的构成，我国劳动法共分13章107条，每一章涉及一个独立的领域。其具体内容是：(1)总则；(2)促进就业；(3)劳动合同和集体合同；(4)工作时间和休息休假；(5)工资；(6)劳动安全卫生；(7)女职工和未成年工特殊保护；(8)职业培训；(9)社会保险和福利；(10)劳动争议；(11)监督检查；(12)法律责任；(13)附则。

二、劳动法的体系

从世界范围看，劳动法的体系有两类：在有单行立法传统的国家中，劳动法体系由一系列法律所构成，如就业法、劳动合同法、集体合同法、最低工资法、工作场所安全与卫生法、劳动者参与管理法、劳动监察法、工会法等；在有综合立法传统的国家中，首先依据宪法中有关劳动关系的规定制定劳动法典，即将宪法的规定具体化及明文化，为劳动法律的制定提供依据，然后制定出一系列单行法律和法规等。①

我国劳动法体系是以劳动法典为基础，包括劳动就业法、劳动合同和集体合同法、工作时间法、工资法、职业培训法、安全生产法、矿山安全法、职工福利法、社会保险法、劳动监察法、工会法、劳动执法检查法、劳动争议处理法等。

本章小结

劳动法是调整劳动关系以及与劳动关系密切相联系的其他关系的法律规范的总称。

---

① 杨燕绥：《劳动与社会保障立法国际比较研究》，中国劳动社会保障出版社2001年版，第62页。

劳动法的渊源包括：宪法、劳动法、其他法律、行政法规、地方性法规、规章、司法解释、批准生效的国际劳工公约和建议书。

1802 年英国《学徒健康与道德法》标志着劳动法的产生，此后一百多年里，劳动立法经历了从制定某一方面的劳动事项到制定全面的劳动立法、从制定某一部分劳动者的劳动问题到制定各种劳动者的劳动问题的立法过程。劳动法成为一个独立的法律部门。

劳动法的基本原则有：依据宪法保护劳动者权益；规定统一的基本标准和规范；劳动合同自由与政府适度干预相结合；保护公平竞争与保护弱者权益相结合。

劳动法的内容基本划分为：劳动就业、劳动合同、集体合同、工作时间与休息休假、工资、劳动安全与卫生、女职工与未成年工的保护、职业培训、社会保险和福利、劳动争议、劳动监督检查、法律责任、劳动纪律与奖惩、工会法有关协调劳动关系的规定等。

思　考　题

1. 简述劳动关系的特征。
2. 试述我国劳动法的渊源。
3. 试述劳动法产生的历史背景。
4. 我国劳动法的基本原则有哪些？
5. 简述我国劳动法的内容。

第二章　劳动者的权利与义务

[学习目标]

本章主要介绍劳动者的权利与义务的含义及内容，通过本章的学习，掌握劳动者的权利与义务的法律依据及其具体内容。

[学习方法]

查看相关法条，在理解的基础上记忆。

[重点难点]

重点・劳动者享有的劳动的具体权利

・劳动者应履行的劳动的具体义务

第一节　劳动者的权利

一、宪法与劳动者的权利

基本人权的保障是宪法的永恒主题，它的内容随着时代的发展而变化。1919 年德国魏玛宪法的诞生扩大了基本人权的范畴，社会权即人们在社会、经济等方面的权利经过近百年的发展，在各国宪政实践中得到了保障。我国宪法规定，公民有劳动权(42 条)、休息权(43 条)、退休生活保障权(44 条)、获得物质帮助权(45 条)、男女同工同酬权(48 条)等，这些权利主要是原则性的、概括性的规定，依据宪法而制定的劳动法第 3 条明确规定劳动者享有以下权利：劳动就业权即平等就业和选择职业的权利、取得报酬的权利、休息休假的权利、获得劳动安全卫生保护的权利、接受职业技能培训的权利、享受社会保险和福利的权利、提请劳动争议处理的权利及其他劳动权利。

二、各项劳动权利的内容

(一)劳动就业权

劳动就业权,是指具有劳动愿望和劳动能力的劳动者以获取劳动报酬为目的依法享有的平等就业和选择职业的权利。也可以说,劳动就业权包括平等就业权和选择职业权。劳动就业权在各项劳动权利中居于重要地位,是劳动者赖以生存的权利。1919 年德国魏玛宪法规定:“人民享有劳动,并取得生活资料的机会。”第二次世界大战后,各国宪法纷纷规定了劳动权利,1946 年法国宪法明确规定公民享有就业权。1948 年 9 月 10 日联合国大会决议通过的《世界人权宣言》第 23 条、第 24 条规定了劳动者劳动权利和休息权利,包括就业权、自由选择职业权、公正报酬和平等待遇权、组织和参加工会权、休息和休假权。公民的就业权不仅被写入宪法,各国也制定了一系列促进就业的法律,如日本 1947 年的《职业安定法》规定:“本法目的在于履行国家就业策略,公共就业服务部门和其他有关部门在政府和社会团体的帮助下,向每个具有劳动能力的公民提供适合的就业机会,为产业服务,繁荣国家经济。”我国宪法第 42 条、劳动法第 5 条、第 10 条、第 11 条对创造就业条件,扩大就业机会作出了具体规定。

平等就业权是指劳动者在就业方面一律平等,不因民族、种族、性别、宗教信仰不同而受歧视。劳动法第 12 条规定:“劳动者就业,不因民族、种族、性别、宗教信仰不同而受歧视。”第 13 条规定:“妇女享有与男子平等的就业权利,在录用职工时,除国家规定的不适合妇女的工种或者岗位外,不得以性别为由拒绝录用妇女或者提高对妇女的录用标准。”《女职工劳动保护规定》第 3 条规定,凡适合妇女从事劳动的单位,不得拒绝招收女职工。

平等就业权包括两方面的内容:第一,应招机会均等。凡是具有劳动权利能力和行为能力的人,都应当有报名应招的机会。第二,录用标准平等。对于不同的劳动者制定一个共同的合理录用标准,在一般情况下,根据此标准从高到低录用劳动者。

需要注意的是,平等的就业权只意味着就业机会平等,并非结果平等,劳动者是否实现就业权,还要受到自身素质和各种社会因素的影响。

选择职业权是指劳动者在就业时,有权根据自己的爱好、兴趣、技能等自由地选择职业,不受外在力量的强迫。劳动者自主择业,有利于充分发挥劳动者的积极性,有利于提高劳动效率,有利于建立良好的劳动关系。

(二)劳动报酬权

劳动报酬权是指劳动者基于劳动关系,向用人单位提供一定劳动量而享有的以货币的形式获得劳动报酬的权利。劳动报酬权是我国宪法规定的劳动者各项经济权利中最基本的一项权利之一,宪法第 6 条第 1 款规定:“社会主义公有制消灭人剥削人的制度,实行各尽所能,按劳分配的原则。”第 42 条规定在发展生产的基础上逐步提高劳动报酬和福利待遇。根据我国劳动法第 3 条、第 46 条、第 48 条、第 50 条的规定,劳动报酬权具体包括:

1. 按劳动者完成的劳动量,遵循按劳分配的原则,取得应有的劳动报酬的权利。

2. 取得国家规定的最低工资的权利。

3. 以货币的形式取得劳动报酬的权利。

4. 在法定时间内领取劳动报酬的权利。

(三)休息休假的权利

休息休假的权利是指劳动者在参加一定时间的劳动或工作后所获

得的休息休假的权利。为了明确劳动者的休息休假时间，国家通过一系列劳动法律法规进行了规定，根据这些规定，休息休假权的主要内容有：

1. 在法律规定的特定时间内的休息的权利，如劳动法第 38 条规定，用人单位应当保证劳动者每周至少休息 1 日。

2. 法定节假日休息的权利，如劳动法第 40 条规定，在元旦、春节、国际劳动节、国庆节以及法律、法规规定的其他休假节日期间应依法安排劳动者休假。1999 年 9 月 18 日国务院发布的《全国年节及纪念日放假办法》对其进行了具体的规定。

3. 带薪年休假的权利。如劳动法第 45 条规定，劳动者连续工作 1 年以上的，享受带薪年休假。

4. 探亲假等权利。根据 1981 年 3 月 14 日国务院发布的《关于职工探亲待遇的规定》，职工享有探望长期远居两地的亲属的权利。

为了保障劳动者的休息权，劳动法第 41 条、第 43 条、第 44 条对延长劳动时间（即加班加点）作出了限制性规定。

（四）劳动保护权

1. 劳动保护权的含义。劳动保护权是指，劳动者在劳动过程中依法要求用人单位提供安全卫生的劳动条件，保护其生命安全和身体健康的权利。确立劳动保护权是劳动者生存权利的基本要求，是改善劳动条件、减轻劳动强度、提高劳动生产率的重要手段。

2. 关于劳动保护权的法律规定。我国宪法第 42 条规定了劳动保护的基本原则，根据宪法，我国制定了一系列劳动保护的法律、法规，如劳动法、安全生产法、矿山安全法等。劳动法第 6 章规定了劳动安全卫生制度，规定了劳动者有获得劳动安全卫生保护的权利，劳动法第 52 条规定要求用人单位建立起各项劳动、安全卫生管理制度。为了及时了解和研究职工伤亡事故及职业病发生的状况、原因和规律，防止事故重复发生，第 57 条规定国家建立伤亡事故及职业病统计报告和处理制度，对劳动者在劳动过程中发生的伤亡事故和劳动者的职业病状况进行统计、报告和处理。

3. 劳动保护权的内容。主要有：(1)享有安全卫生环境条件权。这是针对用人单位在劳动安全卫生制度方面的义务而言的。(2)获得劳动保护用品权。(3)定期健康检查权。对从事有职业危害作业的劳动者和未成年工应定期进行健康检查。(4)女职工和未成年工的特殊劳动保护权。劳动法第 7 章专章规定了对女职工和未成年工的特殊保护。(5)违章作业拒绝权。劳动法第 56 条第 2 款规定："劳动者对用人单位管理人员违章指挥、强令冒险作业，有权拒绝执行；对危害生命安全和身体健康的行为，有权提出批评、检举和控告。"这些规定对劳动保护权的实现有了一定的保障。

（五）职业培训权

1. 职业培训权的含义。职业培训权是指，为了培养和提高劳动者从事各种职业所需要的技术业务知识和操作技能，劳动者享有接受专门教育及训练的权利。

2. 关于职业培训权的法律规定。宪法第 19 条、第 46 条规定，国家发展社会主义的教育事业，国家举办各种学校，发展职业教育，公民有受教育的权利和义务，特别是第 42 条规定，国家对就业前的公民进行必要的劳动就业训练。劳动法第 3 条规定，劳动者享有接受职业技能培训的权利，为明确和保障劳动者的这项权利，在第 8 章专门进行了规定，如第 66 条规定："国家通过各种途径，采取各种措施，发展职业培训事业，开发劳动者的职业技能，提高劳动者素质，增强劳动者的就业能力和工作能力。"第 67 条规定："各级人民政府应当把发展职业培训纳入社会经济发展的规划，鼓励和支持有条件的企业、事业组织、社会团体和个人进行各种形式的职业培训。"第 68 条规定："用人单位应当建立职业培训制度,按照国家规定提取和使用职业培训经费,根据本单位实际,有计划地对劳动者进行职业培训。"此外,1996 年 5 月 15 日第 8 届全国人大常委会第 19 次会议通过的《中华人民共和国职业教育法》规定了职业教育的原则、体系、实施及保障条件等。对于职业培训有关部门制定和颁布了一些规章,如 1990 年 7 月 12 日原劳动部发布的《工人考核条例》、1996 年 10 月 30 日原劳动部发布的《企业职工培训规定》、1993 年 7 月 9 日原劳动部发布的《职业技能鉴定规定》、2003 年 6 月 13 日劳动和社会保障部发布的《关于进一步推动再就业培训和创业培训工作的通知》等。

3. 职业培训权的内容。劳动者的职业培训权既包括就业前培训,也包括就业后培训方面,但主要表现在就业后培训方面。根据上述法律、法规等规定,职业培训权的内容主要包括:(1)享有参加各种职业培训获得资格的权利。(2)享有因职业培训获得规定的学习时间的权利。(3)享有培训经费方面的权利。(4)享有进行特殊培训的权利。劳动法第 55 条规定:"从事特种作业的劳动者必须经过专门培训并取得特种作业资格。"(5)获得职业培训证书或资格证书的权利。劳动法第 69 条规定:"国家确定职业分类,对规定的职业制定职业技能标准,实行职业资格证书制度,由经过政府批准的考核鉴定机构负责对劳动者实施职业技能考核鉴定。"

(六)社会保险和福利权

社会保险权是指劳动者因丧失劳动能力或劳动机会而依法享有的物质帮助权。社会福利权是指劳动者依法享有的社会福利方面的权利。

1. 关于社会保险和福利权的法律规定。劳动者享有社会保险和福利权是我国宪法确立的基本原则和要求。宪法第 45 条规定:"中华人民共和国公民在年老、疾病或者丧失劳动能力的情况下,有从国家和社会获得物质帮助的权利。国家发展为公民享受这些权利所需要的社会保险、社会救济和医疗卫生事业。”第42条规定:“国家在发展生产的基础上,提高劳动报酬和福利待遇。”我国劳动法第9章专章对社会保险和福利作出了规定,如第70条规定:“国家发展社会保险事业,建立社会保险制度,设立社会保险基金,使劳动者在年老、患病、工伤、失业、生育等情况下获得帮助和补偿。”第73条规定:“劳动者在下列情形下,依法享受社会保险待遇:(一)退休;(二)患病、负伤;(三)因工伤残或者患职业病;(四)失业;(五)生育。劳动者死亡后,其遗属依法享有遗属津贴。”第76条规定:“国家发展社会福利事业,兴建公共福利设施,为劳动者休息、休养和疗养提供条件。用人单位应当创造条件,改善集体福利,提高劳动者的福利待遇。”

2. 社会保险和福利权的内容。劳动者的社会保险和福利权的内容主要有:(1)平等享有社会保险和福利待遇的权利。(2)获得社会保险和福利费用或其他待遇给付的权利。(3)休息或休假的权利。如在患病或负伤医疗期限、因工负伤或职业病的治疗休息期限、女职工产假期限内享有此项权利。(4)请求兴建公共福利设施,提供休息、休养和疗养条件的权利。

(七)提请劳动争议处理权

提请劳动争议处理权是指,劳动者与用人单位在劳动过程中因劳动权利与义务问题发生争议时,享有请求有关部门对争议进行处理的权利。

1. 关于提请劳动争议处理权的法律规定。劳动法第3条规定了提请劳动争议处理权,第79条规定:“劳动争议发生后,当事人可以向本单位劳动争议调解委员会申请调解;调解不成,当事人一方要求仲裁的,可以向劳动仲裁委员会申请仲裁。当事人一方也可以直接向劳动争议仲裁委员会申请仲裁。对仲裁裁决不服的,可以向人民法院提起诉讼。”1993 年国务院发布的《中华人民共和国企业劳动争议处理条例》具体规定了调解和仲裁的原则、机构组成、程序、期限,以及调解书与裁决书的法律效力等项内容,保证调解和仲裁程序的依法进行。

2. 提请劳动争议处理权的内容。主要有:(1)争议处理方式选择权。(2)请求劳动争议处理机构依法受理争议的权利。这项权利是劳动权受到侵害时的救济手段,是对劳动权的实质保障。当争议处理机构不予受理时,劳动者有权要求受理机构说明不予受理的理由和原因,受理机构必须作出答复。(3)控告权。劳动法第 88 条第 2 款规定:“任何组织和个人对于违反劳动法律、法规的行为有权检举和控告。”①

(八)法律规定的其他劳动权利

根据 1994 年 9 月 5 日《劳动部关于〈中华人民共和国劳动法〉若干条文的说明》第 3 条的规定,法律规定的其他劳动权利主要有:劳动者依法享有参加和组织工会的权利、参加职工民主管理的权利、参加社会主义劳动的权利、参加劳动竞赛的权利、提供合理化建议的权利、从事科学研究、技术革新、发明创造的权利、对危害生命安全和身体健康的行为有权提出批评、检举和控告的权利以及对违反劳动法的行为进行监督的权利等。

1. 参加工会和组织工会的权利。劳动法第 7 条第 1 款规定:“劳动者有权依法参加和组织工会。”根据 2001 年 10 月 27 日起施行的《中华人民共和国工会法》第 2 条的规定,工会是职工自愿结合的工人阶级的群众组织。依据劳动法对劳动者参加工会和组建工会的权利的规定,劳动者能够通过自己的组织维护合法的权利不受侵犯。

2. 参与企业民主管理的权利。劳动法第 8 条规定:“劳动者依照法律规定,通过职工大会、职工代表大会或者其他形式,参与民主管理

---

① 黎建飞编著:《劳动法和社会保障法》,中国人民大学出版社 2003 年版,第 74 页。

或者就保护劳动者合法权益与用人单位进行平等协商。”在非国有性质企业中，规定劳动者与用人单位平等协商的权利可以调动劳动者的生产积极性和职工对企业的关注，促进企业的发展。

3. 与企业签订集体合同的权利。劳动法第 33 条规定：“企业职工一方与企业可以就劳动报酬、工作时间、休息休假、劳动安全卫生、保险福利等事项，签订集体合同。”这项规定保证了职工可以利用集体合同来维护职工的合法权益。

第二节　劳动者的义务

我国宪法第 42 条规定，公民有劳动的义务，劳动是一切有劳动能力的公民的光荣职责，国有企业和城乡集体经济组织的劳动者都应当以国家主人翁的态度对待自己的劳动。劳动法第 3 条第 2 款规定：“劳动者应当完成劳动任务，提高职业技能，执行劳动安全卫生规程，遵守劳动纪律和职业道德。”根据这些规定，劳动者应履行以下义务：

一、完成劳动任务的义务

完成劳动任务的义务是指，劳动者依据合同或法律规定，通过实际劳动完成规定劳动任务的义务。这是与获得劳动报酬权相对应的一项最核心的义务，是劳动者获得劳动报酬的基本前提。这项义务要求：第一，劳动者必须实际履行，即劳动者必须亲自、全面地履行；第二，劳动者必须完成规定的劳动任务。

二、提高职业技能的义务

提高职业技能的义务是指，劳动者负有不断提高劳动能力、业务知识水平等职业技能的义务。这项义务是与劳动者的职业培训权相对应的义务，它反映了劳动生产的需要和市场经济的要求，并有利于提高经济效益，促进经济发展。

三、执行劳动安全卫生规程的义务

执行劳动安全卫生规程的义务是指劳动者在劳动过程中,负有必须执行劳动安全技术规程、安全操作规程和劳动卫生规程的义务。这是与劳动者的劳动保护权相对应的义务,规定这项义务的目的在于保护劳动者的生命安全和身体健康。

四、遵守劳动纪律和职业道德的义务

遵守劳动纪律是劳动者必须履行的义务,我国宪法第53条规定公民必须遵守劳动纪律,劳动法和其他劳动法规,如1982年4月10日国务院发布的《企业职工奖惩条例》对遵守劳动纪律的义务作出了明确的规定。

遵守职业道德的义务要求从事该职业的劳动者必须遵守一定的规范和原则,保证该职业劳动者的劳动为社会所承认和接受。

五、法律规定的其他义务

根据劳动法的规定,劳动者还应履行法律规定的其他义务,如第22条规定:“劳动合同当事人可以在劳动合同中约定保守用人单位商业秘密的有关事项。”第72条规定:“用人单位和劳动者应当依法参加社会保险,缴纳社会保险费。”

本章小结

劳动者的权利主要有:劳动就业权、劳动报酬权、休息休假权、劳动保护权、职业培训权、社会保险和福利权、提请劳动争议处理权以及法律规定的其他劳动权利。

劳动者的义务包括:完成劳动任务的义务、提高职业技能的义务、执行安全卫生规程的义务、遵守劳动纪律和职业道德的义务以及法律规定的其他义务。

思 考 题

1. 简述我国劳动者的劳动权利内容。

2. 简述我国劳动者的劳动义务内容。

第三章　促进就业

［学习目标］

本章主要学习劳动就业的概念、特征及其形式；掌握劳动就业的基本原则；了解职业介绍机构的性质、分类及业务内容。

［学习方法］

理解记忆。

［重点难点］

重点・劳动就业的概念

・劳动就业的特征

・劳动就业的基本原则

・职业介绍机构的性质、种类及业务内容

难点・劳动就业的基本原则

劳动就业是劳动者实现劳动权的前提，是劳动者与用人单位建立劳动关系、享有劳动权利和承担劳动义务的基础。此外，劳动就业问题解决得如何还与经济的发展和社会的稳定有着不可分割的关系。目前我国劳动力市场供大于求，就业问题相当突出，在这种形势下，了解和掌握国家法律关于就业问题的有关规定，督促政府建立科学合理的就业制度，以确实保障公民劳动就业权的实现，就显得尤为重要。

第一节　劳动就业概述

一、劳动就业的概念

劳动就业是指，具有劳动能力和就业愿望者，通过一定方式与生产资料相结合，实现劳动过程，获得劳动报酬或经营收入的活动。或者更简单地说，劳动就业即具有劳动能力的人，在法定劳动年龄内，依法从事有劳动收入的职业。

国际统计学会于 1954 年和 1957 年在日内瓦召开的第 8 届和第 9 届国际统计学会上，确定了国际通用的就业标准，即在规定年龄以上，并符合以下条件之一者，均属于就业者：第一，正在工作中的人，即在规定的时期内正在从事有报酬或收入职业的人；第二，有职业但由于疾病、事故、劳动争议、休假、旷工或气候不良、机件损坏、故障等原因而临时停止工作的人；第三，雇主和个体经营者，或正在协助家庭经营企业或农场而不领取报酬的家属成员，在规定的时间内，从事正常工作时间的 1/3 以上者。此外，还规定了劳动就业的范围，一般只包括国民经济各部门所使用的劳动力，武装部队中的人员和在校学习的学生不包括在劳动就业人员的范围内。①

二、劳动就业的特征

（一）劳动就业的主体必须是具有劳动权利能力和劳动行为能力的公民。所谓权利能力，是指能够享有权利和承担义务的能力；所谓行为能力，是指能够以自己的行为依法行使权利和承担义务，从而使法律关系产生、变更或消灭的能力。我国劳动法第 15 条第 1 款规定，“禁止用人单位招用未满 16 周岁的未成年人”，这意味着公民的劳动权利能力

① 关怀主编：《劳动法》，中国人民大学出版社 2003 年版，第 102 页。

从年满16周岁开始。当然，法律也有例外规定，如劳动法第15条第2款规定："文艺、体育和特种工艺单位招用未满十六周岁的未成年人，必须依照国家有关规定，履行审批手续，并保障其接受义务教育的权利。"除了年龄的限制外，劳动就业还要求劳动者具有劳动的实际行为能力。根据劳动法第59条、第60条、第61条、第63条及第64条的规定，某些工种对未成年人和妇女的劳动权利能力和劳动行为能力是有所限制的，如未成年工和妇女不得从事井下工作、繁重的体力劳动及其他禁忌从事的劳动等。

(二)劳动就业的主体有从事一定的社会劳动的愿望。这里要说明的是，劳动就业的主体主观上应有求职的愿望，如果主观上不具有求职的愿望，仅仅是临时参加社会劳动，不能算做是就业，如在校学生的勤工俭学。此外，还要将社会劳动与家务劳动相区别。

(三)取得相应的劳动报酬或经营收入。如果劳动者参加的是没有报酬的义务劳动，则实现的就不是劳动就业权，如义务劳动；如果劳动者的收入不是基于劳动而取得的，也不能称其为劳动就业，如公民因投资而获得的红利。

三、劳动就业的形式

目前我国劳动就业的形式主要有：

(一)劳动者与用人单位直接洽谈就业。

(二)职业介绍机构介绍就业。由职业介绍机构为劳动力供求双方沟通联系和进行职业指导，由双方订立劳动合同实现就业。

(三)劳动者自己组织起来就业。劳动者在国家的扶持下，自愿组织起来通过举办各种集体经济组织实现就业。如创办劳动服务企业，国家在资金、税收、场地等方面都给予优惠和照顾。

(四)自谋职业。即劳动者自谋就业的出路，如劳动者从事个体经营等。

（五）国家安置就业。出于国家利益的考虑，国家对少数人员负有保证其实现第一次就业的机会。例如，城镇复员军人、在服役期内荣立二等功和因公致残的原农业户口的复员军人及转业军人、农村户籍的烈士子女一名等被列入国家安置就业人员的范围中。军人担负着保卫祖国的重任，不能要求其在退役时与非军人一样进行就业竞争，对退役军人实行就业安置等保障措施，有利于稳定军心，符合公平原则。目前，对退役军人就业保障的主要法律、法规有：1994 年 7 月 5 日第 8 届全国人大常委会第 8 次会议通过的《中华人民共和国劳动法》、1984 年 5 月 31 日第 6 届全国人大第 2 次会议通过、1998 年 12 月 29 日第 9 届全国人大常委会第 6 次会议修正的《中华人民共和国兵役法》、1993 年 7 月 12 日国务院颁布的《关于退伍义务兵安置工作随用工单位改革实行劳动合同制的意见》、1983 年 2 月 3 日国务院、中央军委颁布的《中国人民解放军志愿兵退出现役安置暂行办法》、1987 年 12 月 12 日国务院通过的《退伍义务兵安置条例》、1999 年 12 月 13 日国务院、中央军委发布的《中国人民解放军士官退出现役安置暂行办法》、2001 年 1 月 19 日中共中央、国务院、中央军委发布的《军队转业干部安置暂行办法》等。

除上述形式外，对于农村劳动者到城镇就业，我国公民到境外就业，外国人到中国就业，港、澳、台居民在内地就业还有一些具体要求。

第二节　劳动就业的基本原则

一、国家促进就业原则

促进就业是指国家采取的帮助公民实现劳动就业的一系列措施的总称。我国劳动法对促进就业做了专章的规定。国家为具有劳动能力的公民提供就业服务，是通过以下措施进行的：

(一)国家通过促进经济和社会发展,创造就业条件,扩大就业机会。只有发展经济才能不断扩大对劳动力的需求,这是实现充分就业的根本途径。充分就业不等于全部就业,一定比例的失业是劳动力市场的正常现象,充分就业是力争将失业控制在合理的比例内。

(二)国家制定各项政策,鼓励促进就业。即国家采取各种措施鼓励企业、事业组织、社会团体在法律、行政法规规定的范围内兴办产业或拓展经营,增加就业。如国家制定一系列优惠政策,扶持劳动就业服务企业,安置和吸收社会失业人员。

(三)国家支持劳动者自愿组织起来就业和从事个体经营实现就业。对于劳动者自愿组织起来就业,国家在资金、货源、场地、原材料、税收等方面给予支持,实行优惠政策;对于自谋职业的劳动者,国家支持并依法保护其合法权益。

(四)建立和完善劳动就业的服务体系。建立以职业介绍、职业指导和职业训练为核心的就业服务体系,汇集劳动力流动和用人单位用工的需求信息,为劳动者和用人单位缔结劳动关系服务。

二、竞争就业原则

竞争就业原则亦称市场原则,竞争就业表现在两个方面:在外部劳动力市场,表现为劳动者和用人单位之间的相互选择;在内部劳动力市场,表现为与利益挂钩的竞争上岗、晋升工资和合理裁员。竞争就业是在市场条件下实现劳动就业的必然规则。

三、平等就业和自主择业原则

平等就业和自主择业自由是指我国公民不论其民族、种族、性别、宗教信仰、政治观点、财产状况等的不同,享有平等的就业权利和择业自由。这项原则是针对就业歧视的现实而提出的。国际劳工组织1958年111号《就业和职业歧视公约》规定了禁止就业歧视的原则,我国宪法和劳动法也体现和规定了这项原则。平等就业是国家对公民生存权保护的要求在劳动就业上的反映，它客观上要求打破劳动者的身份界限，在全国范围内形成统一的劳动力市场，建立劳动力平等就业的机制。然而，现实生活里就业中的歧视行为仍然存在，典型的案例有2002年1月大学毕业生蒋某状告中国人民银行成都分行招考公务员行为侵犯其平等权案、[①]2003年10月张某状告芜湖市人事局恶意歧视、侵犯乙肝感染者正当的工作权案，[②]这些都反映了实现劳动者的平等就业是一项重要的任务。

四、特殊就业群体就业保障原则

特殊就业群体是指因特殊原因而在就业竞争过程中处于不利地位的人员的总称，具体包括妇女、残疾人、少数民族人员、退役军人等。特殊就业群体就业保障原则就是指对这些特殊群体实施的优惠就业政策。

(一)妇女的就业保障

妇女是重要的劳动力资源，但是妇女由于自身生理、身体及心理素质方面的原因，就业机会和从事职业的岗位比男子要少，竞争力较弱。因此，必须对妇女就业给予特殊保障，为妇女创造更多的就业机会。对妇女就业的保障主要内容是：

1. 妇女享有同男子平等的就业权利。男女平等原则是我国宪法的一项原则，宪法第48条规定："中华人民共和国妇女在政治的、经济的、文化的、社会的和家庭的生活等各方面享有同男子平等的权利。国家保护妇女的权利和利益，实现男女同工同酬，培养和选拔妇女干部。"劳动法明确规定了男女就业权利平等原则，劳动法第13条规定："妇女享有与男子平等的就业权利。在录用职工时，除国家规定的不适合妇

---

① 王磊：《选择宪法》，北京大学出版社2003年版，第86页。

② 参见《"乙肝歧视第一案"原告名义上获胜》，载于《北京青年报》，2004年4月3日。

女的工种或者岗位外，不得以性别为由拒绝录用妇女或者提高对妇女的录用标准。”妇女权益保障法第21条规定：“国家保障妇女享有与男子平等的劳动权利。”

2. 凡是适合妇女从事劳动的岗位，用人单位不得以性别为由拒绝录用。这是从劳动岗位上保护妇女就业，落实男女就业平等权。《女职工劳动保护规定》第3条规定：“凡适合妇女从事劳动的工作，不得拒绝招收女职工。”妇女权益保障法第22条第1款规定：“各单位在录用职工时，除不适合妇女的工种或者岗位外，不得以性别为由拒绝录用妇女或者提高对妇女的录用标准。”该法第50条还规定，“依照法律、法规规定，应当录用而拒绝录用妇女或者对妇女提高录用条件的”，“由其所在单位或者上级机关责令改正，并可根据具体情况，对直接责任人员给予行政处分。”

3. 凡是适合妇女从事的工种或岗位，用人单位在招收职工时不得提高对妇女的录用标准。这是从录用标准上保护妇女就业，落实男女平等就业权。录用标准包括年龄、文化程度、技术业务水平等因素。在这些标准上，同样的工作岗位，录用职工时，用人单位应当对男女平等对待。

(二)残疾人的就业保障

残疾人是指在心理、生理、人体结构上，某种组织或功能丧失或者不正常，全部或者部分丧失以正常方式从事某种活动能力的人。残疾人包括视力残疾、听力残疾、言语残疾、肢体残疾、智力残疾、精神残疾、多重残疾和其他残疾的人。我国现有残疾人数较多，对残疾人就业进行特殊保障，是对其生存权保护的体现。1983年国际劳工组织第69届大会通过159号《残疾人职业康复和就业公约》，该公约规定：会员国应制定、实施并定期检查有关残疾人职业康复和就业的国家政策。在我国，1989年8月17日民政部、原劳动部、卫生部、中国残疾人联合会发布了《社会福利企业招用残疾人职工暂行规定》,1990 年 12 月 28 日第 7 届全国人大常委会第 17 次会议通过了《中华人民共和国残疾人保障法》,对残疾人的就业保障作出了规定。并且,劳动法第 14 条明确规定,关于残疾人的就业,“法律、法规有特别规定的,从其规定”。以下,主要介绍残疾人保障法第 4 章中关于残疾人就业的主要内容,具体包括:

1. 残疾人的就业方针。残疾人保障法第 27 条规定,国家保障残疾人劳动的权利。各级人民政府应当对残疾人劳动就业进行统筹规划,为残疾人的劳动就业创造条件。第 28 条规定,国家对残疾人就业采取集中和分散相结合的方针,采取优惠政策和扶持保护措施,通过多渠道、多层次、多种形式,使残疾人劳动就业逐步做到普及、稳定、合理。

2. 残疾人的就业措施。我国关于残疾人的就业措施主要有:(1)残疾人的集中安置。残疾人保障法第 29 条规定:“国家和社会举办残疾人福利企业、工疗机构、按摩医疗机构和其他福利性企业事业组织,集中安排残疾人就业。”(2)分散吸收残疾人就业。残疾人保障法第 30 条规定:“国家推动各单位吸收残疾人就业,各级人民政府和有关部门应当做好组织、指导工作。机关、团体、企业事业组织、城乡集体经济组织,应当按一定比例安排残疾人就业,并为其选择适当的工种和岗位。”(3)鼓励、帮助残疾人自愿组织起来从业或者个体开业。残疾人保障法第 33 条第 4 款规定:“对于申请从事个体工商业的残疾人,有关部门应当优先核发营业执照,并在场地、信贷方面给予照顾。”

3. 残疾人的就业扶持。残疾人保障法第 31 条规定,政府有关部门鼓励、帮助残疾人自愿组织起来就业或者个体开业。第 32 条规定,地方各级人民政府和农村基层组织,应当组织和扶持农村残疾人从事种植业、养殖业、手工业和其他形式的生产劳动。第 33 条第 1 款、第 2 款、第 3 款及第 5 款规定,国家对残疾人福利性企业事业组织和城乡残疾人个体劳动者，实行税收减免政策，并在生产、经营、技术、资金、物资、场地等方面给予扶持；地方人民政府和有关部门应当确定适合残疾人生产的产品，优先安排残疾人福利企业生产，并逐步确定某些产品由残疾人福利企业专产；政府有关部门下达职工招用、招聘指标时，应当确定一定数额用于残疾人；对于从事各类生产劳动的农村残疾人，有关部门在生产服务、技术指导、农用物资供应、农副产品收购和信贷等方面给予帮助。

4. 对残疾人劳动权益的保护。残疾人保障法第34条规定，国家保护残疾人福利性企业、事业组织的合法权益，在职工的招用、聘用、转正、晋级、职称评定、劳动报酬、生活福利等方面不受歧视。对于国家分配的高等学校、中等专业学校、技工学校的残疾毕业生，有关单位不得因其残疾而拒绝接收；拒绝接收的，当事人可以要求有关部门处理，有关部门应当责令该单位接收。残疾职工所在单位应当为残疾职工提供适应其特点的劳动条件和劳动保护。第35条规定，残疾职工所在单位应当对残疾职工进行岗位技术培训，提高其劳动技能和技术水平。

(三)退出现役的军人就业保障

安置就业是对退出现役的军人进行特殊保障的主要形式。主要分为对城镇户口的退伍义务兵、农业户口的退伍义务兵、退出现役的志愿兵以及军队转业干部的就业安置。

(四)少数民族人员的就业保障

关于少数民族人员就业保障的法律规定，除劳动立法外，主要反映在民族区域自治法等民族事务立法中。其内容主要有：

1. 优先招用少数民族人员。根据民族区域自治法第23条的规定，民族自治地方的企业、事业单位依照国家规定招收人员时，优先招收少数民族人员，并且可以从农村和牧区少数民族人口中招收。第67

条规定，上级国家机关隶属的在民族自治地方的企业、事业单位依照国家规定招收人员时，优先招收当地少数民族人员。

2. 培养少数民族人才。民族区域自治法第22条规定，民族自治地方的自治机关要采取各种措施从当地民族中大量培养各级干部和各种科学技术、经营管理等专业人才和技术工人，充分发挥他们的作用，并且注意在少数民族妇女中培养各级干部和各种专业技术人才；第70条规定上级国家机关对此负有帮助职责；第71条规定国家举办民族学院，在高等学校举办民族班、民族预科，专门招收少数民族学生，并且可以采取定向招生、定向分配的办法。高等学校和中等专业学校招收新生时，对少数民族考生适当放宽录取标准和条件。

五、禁止16周岁以下的未成年人就业原则

这项原则是合法就业的要求，合法就业是指具备法定资格和依法定的形式就业，就业年龄是就业的法定资格之一。我国就业年龄的法定标准是满16周岁。未成年人是指未满18周岁的公民，未满16周岁就业的未成年人称为童工，已满16周岁不满18周岁就业的未成年人称为未成年工。未满16周岁的少年儿童身体正处于发育成长过程，过重的体力劳动对其身体的健康发育极为不利，因此，对未成年人的就业进行限制是非常必要的。禁止使用童工是世界各国劳动立法的主要内容。我国对未成年人的保护，有宪法、劳动法、未成年人保护法等法律，1994年4月国务院颁布《禁止使用童工规定》，2002年12月1日国务院实施新的《禁止使用童工规定》，这些法律法规构成了我国未成年人保护的法律法规体系。我国对未成年人的就业分为两种情况：

（一）禁止未满16周岁的未成年人就业，特殊规定除外。劳动法第15条第1款明确规定任何组织和个人不得招用未满16周岁的未成年人，但有例外规定，即：

1. 文艺工作者、运动员及艺徒。文艺工作者是指专门从事表演艺术的人员；运动员是指专门从事某项体育运动训练和参加比赛的人员；艺徒是指在杂技、戏曲以及工艺美术等领域中从师学艺的人员。根据劳动法第 15 条第 2 款的规定，“文艺、体育和特种工艺单位招用未满 16 周岁的未成年人，必须依照国家有关规定，履行审批手续，并保障其接受义务教育的权利。”根据《禁止使用童工规定》第 13 条第 1 款的规定，“文艺、体育单位经未成年人的父母或者其他监护人同意，可以招用不满 16 周岁的专业文艺工作者、运动员。用人单位应当保障被招用的不满 16 周岁的未成年人的身心健康，保障其接受义务教育的权利。文艺、体育单位招用不满 16 周岁的专业文艺工作者、运动员的办法，由国务院劳动保障行政部门会同国务院文化、体育行政部门制定。”除上述三个行业外，其他用人单位招用未满 16 周岁的学徒工，无论这些学徒工是否获得经济收入，均应视为违法行为，劳动保障行政部门应根据国家关于禁止使用童工的有关法律规定，责令其改正，并给予行政处罚。经批准招用的文艺工作者、运动员、艺徒，用人单位应当切实保护他们的身心健康，促使他们在德、智、体等方面健康成长，并负责创造条件，保障少年、儿童依法接受义务教育的权利。

2. 教育实践劳动及职业技能培训劳动。根据《禁止使用童工规定》第 13 条第 2 款的规定，学校、其他教育机构以及职业培训机构按照国家有关规定组织不满 16 周岁的未成年人进行不影响其人身安全和身心健康的教育实践劳动、职业技能培训劳动，不属于使用童工。

（二）对已满 16 周岁不满 18 周岁的未成年人，劳动法第 64 条对其不可以从事的职业、工种等做了列举式规定，换言之，未成年工只能从事与其身体的成长发育程度相适应的劳动，且用人单位应对其进行特殊劳动保护。

第三节　职业介绍

职业介绍是指,国家指定的有关部门和机构依法为劳动者和用人单位提供沟通和咨询,从而促成劳动者就业和用人单位招工的一种就业中介服务。职业介绍是就业服务体系的一个组成部分,它是促进劳动力供求双方实现双向选择和劳动力进行市场流动的重要环节。职业介绍主要是通过职业介绍机构进行的。本节主要介绍职业介绍机构的性质、分类及业务等。

一、职业介绍机构的性质

职业介绍机构是指依法设立的从事职业介绍工作的专门机构,它通过发布用人单位和劳动力供求信息,帮助推荐和介绍劳动者就业。职业介绍机构是提供就业中介服务的专门性机构。职业介绍机构的开办应当具备一定的条件,即:有明确的业务范围、机构章程和管理制度;有开展业务必备的固定场所、办公设施和一定数量的开办资金;有一定数量具备相应职业资格的专职工作人员以及法律、法规规定的其他条件。国际劳工组织在《1919 年失业公约》中要求会员国建立公立免费职业介绍所,为劳资双方的就业和用人提供服务。以后又通过了《1948 年职业介绍所组织公约》和《收费职业介绍所公约》,要求会员国发展公益性的职业介绍所,强化职业介绍所的服务性质,同时逐步废除营利性收费职业介绍机构。很多国家颁布实施了就业服务方面的法律,如日本的《职业安定法》第 25 条规定,职业介绍机构的职能是受理招工和求职申请;向招工者介绍求职者;对求职者进行职业指导、就职后指导;为劳动者进入职业训练机构进行斡旋。我国劳动法第 11 条规定:“地方各级人民政府应当采取措施,发展多种类型的职业介绍机构,提供就业服务。”原劳动部 1995 年颁布了《职业介绍规定》,对职业介绍所的开设条件、程序及其职责等进行了规定，2000 年 12 月 8 日劳动和社会保障部颁布了《劳动力市场管理规定》，废除了《就业登记规定》和《职业介绍规定》，专章规定了职业介绍。

二、职业介绍机构的分类

（一）按经营性质分为非营利性职业介绍机构和营利性职业介绍机构

根据 2000 年 12 月 8 日劳动和社会保障部颁布的《劳动力市场管理规定》，职业介绍机构分为非营利性职业介绍机构和营利性职业介绍机构。

1. 非营利性职业介绍机构。包括公共职业介绍机构和其他非营利性职业介绍机构。公共职业介绍机构是指各级劳动保障行政部门举办、承担公共就业服务职能的公益性服务机构。公共职业介绍机构使用全国统一标识。公共职业介绍机构由政府投资开办，以促进就业为主要目标，不以营利为目的。其他非营利性职业介绍机构是指由劳动保障行政部门以外的其他政府部门、企事业单位、社会团体和其他社会力量举办，从事非营利性职业介绍活动的服务机构。

2. 营利性职业介绍机构。是指由法人、其他组织和公民个人举办，从事营利性职业介绍活动的服务机构。

（二）按举办主体分为劳动保障行政部门举办的职业介绍机构和非劳动保障行政部门举办的职业介绍机构

劳动保障行政部门举办的职业介绍机构与非劳动保障行政部门举办的职业介绍机构在性质、服务范围和管理方式上均有区别，具体表现在：

1. 性质不同。前者为公益性的就业服务机构，且为事业单位性质；后者可以是公益性的，也可以是营利性的，如果是营利性的，则必须为经工商行政部门注册登记的经济组织。

2. 开设的程序不同。由非劳动保障行政部门开办的职业介绍机构如果属于非营利性质，开办者须持有关证明向当地县级以上劳动行政主管部门提出申请，经审查批准，领取职业介绍许可证；如果属于营利性质，还须持劳动保障行政部门的批准文件，到工商行政管理机关办理企业登记注册。

3. 服务的范围和对象不同。非劳动部门开办的职业介绍机构的业务范围及服务对象受到一定的限制，即必须在劳动就业服务机构核定的业务范围内开展工作，服务对象必须是本行政区域内的用人单位或求职者。

4. 收费标准不同。公共职业介绍机构和其他非营利性职业介绍机构的有偿服务项目的收费标准实行政府指导价，由省级劳动保障行政部门提出建议，报同级价格主管部门确定；营利性职业介绍机构的收费标准，参照国家有关规定自主确定，并接受当地物价部门监督。总而言之，营利性的职业介绍机构其收费标准比公益性的职业介绍机构的收费标准高，而且，按有关规定还应缴纳税费。

三、职业介绍机构的业务

根据《劳动力市场管理规定》第20条的规定，职业介绍机构可以从事的业务有：

(一)为求职者介绍用人单位；

(二)为用人单位和居民家庭推荐求职者；

(三)开展职业指导、咨询服务；

(四)收集和发布职业供求信息；

(五)根据国家有关规定，从事互联网职业信息服务；

(六)经劳动保障行政部门批准，组织职业招聘洽谈会；

(七)具备相应资格的，从事劳动力跨省流动就业中介服务；

(八)经劳动保障行政部门核准的其他服务项目。

同时，根据该规定第 21 条，禁止职业介绍机构有下列行为：

(一)超出核准的业务范围经营；

(二)提供虚假信息；

(三)超标准收费；

(四)介绍求职者从事法律、法规禁止从事的职业；

(五)为无合法证照的用人单位或者无合法身份证件的求职者进行职业介绍服务活动；

(六)以暴力、胁迫、欺诈等方式进行职业介绍活动；

(七)伪造、涂改、转让批准文件；

(八)以职业介绍为名牟取不正当利益或进行其他违法活动。

本章小结

劳动就业是指具有劳动能力和就业愿望者，通过一定方式与生产资料相结合，实现劳动过程，获得劳动报酬或经营收入的活动。

劳动就业的特征有：劳动就业的主体是具有劳动权利能力和劳动行为能力的公民；公民在主观上具有参加一定的社会劳动的愿望；有劳动报酬或经营收入。

我国劳动就业的形式有：劳动者与用人单位直接洽谈就业；职业介绍机构介绍就业；劳动者自己组织起来就业；自谋职业；国家安置就业。除上述形式外，还包括农村劳动者到城镇就业；我国公民到境外就业；外国人在中国就业以及港、澳、台居民在内地就业。

我国劳动就业的基本原则有：国家促进就业原则；竞争就业原则；平等就业和自主择业原则；特殊就业群体就业保障原则；禁止 16 周岁以下的未成年人就业原则。

职业介绍机构是指依法设立的从事职业介绍工作的专门机构，它有常年固定的服务场所、专职从事就业服务工作的工作人员和相应的工作设施。职业介绍机构按经营性质分为非营利性的和营利性的两种；按举办主体分为劳动部门开办的职业介绍机构与非劳动部门开办的职业介绍机构两种。各类职业介绍机构应严格按核准的业务范围开展工作。

思 考 题

1. 简述劳动就业的特征。

2. 我国劳动就业的形式有哪些？

3. 劳动就业的基本原则有哪些？试述这些原则所包含的具体内容。

4. 简述我国职业介绍机构的分类。

第四章　劳动合同

[**学习目标**]

本章学习劳动合同法律制度。主要掌握劳动合同的概念和特征；了解劳动合同的种类及形式；明确劳动合同订立的原则与内容；理解并掌握劳动合同的效力、变更、解除及终止的法律规定；了解劳动合同双方当事人违反劳动合同的法律责任。

[**学习方法**]

认真查找相关法条，仔细琢磨；分析相关案例，消化理解。

[**重点难点**]

重点 · 劳动合同的特征

· 劳动合同的内容

· 劳动合同订立的原则

· 劳动合同的效力

· 劳动合同的变更、解除和终止

难点 · 劳动合同的概念和内容

· 劳动合同订立的原则

· 劳动合同的解除

第一节 劳动合同的概念和特征

一、劳动合同的概念

根据劳动法第 16 条的规定，“劳动合同是指劳动者和用人单位确立劳动关系，明确双方权利和义务的协议。建立劳动关系应当订立劳动合同。”劳动合同作为合同的一种，也是当事人之间的合意。订立劳动合同，对于用人单位而言，是完成一定的生产劳动过程所必要的条件；对于劳动者而言，是参与劳动过程、完成劳动任务并获取劳动报酬的保障。用人单位与劳动者之间建立劳动关系，必须订立劳动合同，劳动合同一经订立，就成为规范双方当事人劳动权利和义务的依据。

在理解劳动合同的概念时，要注意劳动合同与民事合同的区别。两者的区别主要表现在：性质不同、主体不同、法律救济的方式不同、受国家干预的程度不同、处理争议适用的法律不同、责任后果不同等方面。

二、劳动合同的法律特征

劳动合同除具有合同的一般特征外，还具有自身的法律特征：

（一）劳动合同的主体是劳动者与用人单位。劳动者必须是依法具有劳动权利能力和行为能力的公民。作为劳动合同另一方当事人的用人单位，必须是依法设立的企业事业组织、国家机关、社会团体或者个体经济组织。

（二）劳动合同的内容是劳动者与用人单位双方的权利和义务。劳动者要承担一定的工种、岗位或职务的工作，完成劳动任务，遵守用人单位的内部劳动规则和其他规章制度；用人单位为劳动者提供法律规定或双方约定的劳动条件，给付劳动报酬，保障劳动者享有法定的或约定的各项政治经济权利和其他福利待遇。

（三）劳动合同的标的是劳动者的劳动行为。劳动者实现就业权利后，相应地有完成其劳动行为的义务；用人单位实现用人权利后，组织管理劳动者完成约定的劳动行为，并有义务支付劳动者的报酬，为职工参加社会保险和提供福利。

（四）劳动合同的目的在于确立劳动关系，使劳动过程得以实现。劳动合同是确立劳动关系的法律形式，劳动合同一经订立，就成为规范双方当事人劳动权利和义务的法律依据。

第二节　劳动合同的种类、形式和内容

一、劳动合同的种类

关于劳动合同的种类，因划分标准不同，劳动合同的种类也不同，在理论上分为按用工形式划分、按产生劳动合同的不同形式划分、按劳动合同的期限划分等，[①]在此，主要阐述按劳动合同的期限划分的合同种类。我国劳动法第20条第1款规定："劳动合同的期限分为有固定期限、无固定期限和以完成一定的工作为期限。"按照劳动合同的期限来划分，可以分为有固定期限的劳动合同、无固定期限的劳动合同和以完成一定的工作为期限的劳动合同。

（一）有固定期限的劳动合同

有固定期限的劳动合同又称定期劳动合同，是劳动合同双方当事人明确约定合同有效的起始时间和终止时间的劳动合同。合同期限届满，合同即告终结。合同的期限可以是长期的，也可以是短期的，由当事人双方根据工作需要和各自的实际情况确定，适用范围比较广泛，灵活性较强。为保护劳动者的身体健康，《劳动部关于贯彻执行〈中华人

---

① 关怀主编：《劳动法》，中国人民大学出版社2003年版，第122页—第124页。

民共和国劳动法〉若干问题的意见》中规定,从事矿山井下以及在其他有害身体健康的工种、岗位工作的农民工,实行定期轮换制度,合同期限最长不超过8年。

(二)无固定期限劳动合同

无固定期限的劳动合同,又称不定期劳动合同,是指劳动合同双方当事人在合同中没有规定明确的时间期限。这种合同只有在符合法定或约定的合同变更、解除、终止的情况下(如用人单位被解散,劳动者达到退休年龄),劳动关系才可变更、解除和终止。按照平等自愿、协商一致的原则,用人单位和劳动者只要达成一致,无论是初次就业的,还是由固定工转制的,都可以签订无固定期限的劳动合同。无固定期限劳动合同适用于技术性、专业性较强的职务、工种或工龄达到一定年限的劳动者。劳动法第20条第2款规定:“劳动者在同一用人单位连续工作满十年以上,当事人双方同意延续劳动合同的,如果劳动者提出订立无固定期限的劳动合同,应当订立无固定期限的劳动合同。”这条规定主要是确保劳动者职业稳定,防止一些企业只使用处于“黄金年龄”的劳动者。

(三)以完成一定工作为期限的劳动合同

这种合同是指劳动合同双方当事人将完成某项工作或工程作为合同有效期限的劳动合同。实际上,这也是一种定期劳动合同,虽然没有规定合同的起止日期,但以某项工作或工程完工之日为合同终止之时。它一般适用于建筑业,临时性、季节性的工作,或由于其工作性质可以采取此种合同期限的工作岗位。

二、劳动合同的形式

劳动合同的形式是指,劳动合同当事人确立、变更、终止劳动权利义务关系的表现方式。从世界范围看,越来越多的国家在劳动合同立法中规定书面形式,以保证劳动合同的约束性、准确性和证明力,便于处理合同纠纷。然而，在实践中，也承认已经实际履行的口头合同。我国劳动法第19条规定，劳动合同应当以书面形式订立。这就要求订立劳动合同时只能采取书面的形式。劳动合同内容较为复杂，以书面形式订立劳动合同，有利于当事人认真履行义务，便于劳动合同的监督管理，发生争议后也有据可查，便于分清是非和责任，公正及时地处理问题。当前我国劳动法制程度还不高，当事人的劳动法律意识还相当淡薄，以书面形式签订劳动合同就显得尤为重要。

三、劳动合同的内容

劳动合同的内容是指劳动者与用人单位双方通过平等协商所达成的关于劳动权利和劳动义务的具体规定。其内容必须符合国家法律、行政法规的规定，包括国家的劳动法律、法规，也包括国家的其他法律、行政法规。劳动合同的内容具体表现为劳动合同的条款，根据条款内容是否为劳动合同所必需，可分为必备条款和补充条款两部分。

(一)必备条款。必备条款又称"法定条款"，是指根据劳动法的规定，双方当事人签订的劳动合同中必须具备的内容。根据我国劳动法第19条的规定，劳动合同应当具备的条款有：

1. 合同期限。劳动合同的期限分为：有固定期限、无固定期限和以完成一定工作为期限三种。明确规定劳动期限是必不可少的，劳动合同的目的在于确立一定的劳动关系，而确立的劳动关系只有在相对稳定的一段时间内才有意义。因此，劳动合同必须有一定的期限。

2. 工作内容。工作内容是劳动合同的核心条款之一，是指劳动法律关系所指向的对象，即劳动者具体从事什么种类或内容的劳动。关于工作内容，用人单位和劳动者可在协商一致的基础上，明确规定在劳动合同中，双方必须严格执行。

3. 劳动保护和劳动条件。劳动保护是指用人单位为了防止劳动过程中的事故，减少职业危害，保障劳动者的生命安全和健康而采取的各种措施。劳动条件是指用人单位为使劳动者顺利完成劳动合同约定的工作任务，为劳动者提供的必要的物质和技术条件。

4. 劳动报酬。劳动报酬是指劳动者基于劳动关系而取得的各种劳动收入，是劳动者的权利。合理的劳动报酬，可以使劳动者能够维持劳动力的再生产，从而更好地为社会创造财富。因此，在劳动合同中必须加以规定。

5. 劳动纪律。劳动纪律是指劳动者在共同劳动过程中，必须遵守的劳动规则和工作秩序。劳动纪律是组织社会劳动的必要条件，劳动者与用人单位签订劳动合同，必须要约定有关劳动纪律的条款，也可原则约定劳动者必须遵守用人单位的内部劳动规则。但是，用人单位的内部劳动规则不得与法律、法规相抵触，否则将被视为无效。

6. 劳动合同终止的条件。劳动合同是双方当事人遵循平等自愿、协商一致的原则而订立的明确双方权利义务的协议，所以应允许双方约定劳动合同的终止。合同双方当事人在不违反法律和社会公共利益的前提下，可以任意约定合同的终止条件。

7. 违反劳动合同的责任。违反劳动合同的责任是指，违反劳动合同约定的义务应承担相应的责任。为了保证劳动合同的履行，必须在劳动合同中约定有关违反劳动合同的责任条款。

(二)补充条款。劳动者和用人单位在上述的必备条款之外，还可以经协商约定其他的内容。劳动法第 19 条第 2 款规定："劳动合同除前款规定的必备条款外，当事人可以协商约定其他内容。"补充条款并不是每一个劳动合同所必备，缺少补充条款不影响劳动合同的成立。补充条款具体包括：

1. 试用期条款。试用期是劳动者和用人单位为相互了解、选择而约定的最长不超过 6 个月的考察期。根据原劳动部 1996 年《关于实行劳动合同制度若干问题的通知》之规定，劳动合同的期限在 6 个月以下的，试用期不得超过 15 日；劳动合同的期限在 6 个月以上 1 年以下的，试用期不得超过 30 日；劳动合同期限在 1 年以上 2 年以下的，试用期不得超过 60 日。劳动合同的期限在 2 年以上的，试用期不得超过 6 个月。试用期包括在劳动合同的期限内。根据 1995 年 8 月 4 日《劳动部关于贯彻执行〈中华人民共和国劳动法〉若干问题的意见》之规定，劳动合同的试用期适用于初次就业或再次就业时改变劳动岗位或工种的劳动者。在原固定工进行劳动合同制度的转制过程中，用人单位与原固定工签订劳动合同时，可以不再约定试用期。如果用人单位与劳动者经协商变更工作岗位的，可以再次约定试用期。但是，用人单位对工作岗位没有发生变化的同一劳动者只能试用一次。

2. 保守商业秘密及禁止同业竞争条款。商业秘密是指不为公众所知悉、能为用人单位带来经济利益，具有实用性并经用人单位采取保密措施的技术信息和经营信息。在市场竞争中，商业秘密涉及企业的技术和经营，保守商业秘密是反不正当竞争法的主要内容，是维护公平竞争原则的产物。在劳动合同中规定保守商业秘密事项，主要是规定保守商业秘密的期限和违反约定应当承担的责任。构成商业秘密还须具备一个条件，即用人单位采取了一定的保密措施，如果用人单位没有采取任何保密措施，劳动者将其信息对外泄露不算违约。劳动法第 22 条规定："劳动合同当事人可以在劳动合同中约定保守用人单位商业秘密的有关事项。"但对如何约定、用人单位是否要支付代价等问题未进行规定。1996 年 10 月 31 日原劳动部颁布的《关于企业职工流动若干问题的通知》中规定："用人单位与掌握商业秘密的职工在劳动合同中约定保守商业秘密有关事项时，可以约定在劳动合同终止前或该职工提出解除劳动合同后的一定时间内（不超过 6 个月），调整其工作岗位，变更劳动合同中相关内容；用人单位也可规定掌握商业秘密的职工在终止或解除劳动合同后的一定期限内（不超过 3 年），不得到生产同类产品或经营同类业务且有竞争关系的其他用人单位任职，也不得自己生产与原单位有竞争关系的同类产品或经营同类业务，但用人单位应当给予该职工一定数额的经济补偿。

3. 补充保险、福利条款。如对是否给职工提供商业保险、住房、子女入托及入学等问题双方可协商约定。

4. 违约金和赔偿金条款。即劳动合同当事人违约不履行合同时，双方约定的违约方应承担的经济责任条款。

对于双方当事人约定的内容，1995 年 8 月 4 日《劳动部关于贯彻执行〈中华人民共和国劳动法〉若干问题的意见》中规定，用人单位在与劳动者订立劳动合同时，不得以任何形式向劳动者收取定金、保证金(物)或抵押金(物)；在招用、录用人员时，不得以任何名义收取集资费、培训费、体检费等。对违反规定的，由公安部门和劳动行政部门责令用人单位立即退还给劳动者本人。

第三节　劳动合同订立的原则

劳动法第 17 条第 1 款规定："订立和变更劳动合同，应当遵循平等自愿、协商一致的原则，不得违反法律、行政法规的规定。"根据这一规定，订立劳动合同应遵循以下原则：

一、平等自愿、协商一致原则

平等是指在订立劳动合同过程中，双方当事人的法律地位平等，都是以劳动关系主体资格出现的，不存在命令与服从的关系。

自愿是指劳动合同的订立完全是出于当事人自己的意志，是其真实意思的表示，任何一方不得将自己的意志强加于对方，也不允许他人非法干预。

协商一致是指双方当事人对劳动合同的内容进行讨论协商，在取得完全一致的意思表示后签订劳动合同。

二、合法原则

合法原则指订立劳动合同不得违反法律、法规的规定，这是劳动合同有效并受法律保护的前提条件。具体包括劳动合同的主体合法、劳动合同的内容合法、劳动合同订立的程序和形式合法。

（一）劳动合同的主体合法。即劳动合同的当事人必须具备法律、法规规定的主体资格。作为劳动者来说，应具备法定年龄资格和劳动能力。作为用人单位来说，应是依法成立或核准登记的企业、个体经济组织、国家机关、事业组织、社会团体，具有用人的权利能力和行为能力。1995 年 8 月 4 日《劳动部关于贯彻执行〈中华人民共和国劳动法〉若干问题的意见》对劳动合同的主体中的一些问题作出以下规定：

1. 富余人员、放长假的职工。用人单位应与其富余人员、放长假的职工签订劳动合同，但其劳动合同与在岗职工的劳动合同在内容上可以有所区别。用人单位与劳动者经协商一致可以在劳动合同中就不在岗期间的有关事项作出规定。

2. 非在岗但仍保持劳动关系的人员。用人单位应与其长期被外单位借用的人员、带薪上学人员，以及其他非在岗但仍保持劳动关系的人员签订劳动合同，但在外借和上学期间，劳动合同中的某些相关条款经双方协商可以变更。

3. 请长病假的职工。请长病假的职工，在病假期间与原单位保持着劳动关系，用人单位应与其签订劳动合同。

4. 停薪留职人员。原固定工中经批准的停薪留职人员，愿意回原单位继续工作的，原单位应与其签订劳动合同；不愿回原单位继续工作的，原单位可以与其解除劳动关系。

5. 党群专职人员。根据原劳动部《实施〈劳动法〉中有关劳动合同问题的解答》（劳部发[1995]202 号）的规定，党委书记、工会主席等党群专职人员也是职工的一员，依照劳动法的规定，与用人单位签订劳动合同。对于有特殊规定的，可以按有关规定办理。

6. 经理等高级管理人员。根据原劳动部《实施〈劳动法〉中有关劳动合同问题的解答》（劳部发[1995]202号）的规定，经理由其上级部门聘任（委任）的，应与聘任（委任）部门签订劳动合同。实行公司制的经理和有关经营管理人员，应依据《中华人民共和国公司法》的规定与董事会签订劳动合同。

7. 勤工俭学的在校生。在校生利用业余时间勤工俭学，不视为就业，未建立劳动关系，可以不签订劳动合同。

8. 用人单位分立或合并的处理。用人单位发生分立或合并后，分立或合并后的用人单位可依据其实际情况与原用人单位的劳动者遵循平等自愿、协商一致的原则变更原劳动合同。

9. 派出到合资、参股单位的职工。派出到合资、参股单位的职工如果与原单位仍保持着劳动关系，应当与原单位签订劳动合同，原单位可就劳动合同的有关内容在与合资、参股单位订立劳动合同时，明确职工的工资、保险、福利、休假等有关待遇。

10. 租赁经营、承包经营的企业职工。租赁经营（生产）、承包经营（生产）的企业，所有权并没有发生改变，法人名称未变，在与职工订立劳动合同时，该企业仍为用人单位一方。依据租赁合同或承包合同，租赁人、承包人如果作为该企业的法定代表人的授权委托人时，可代表该企业（用人单位）与劳动者订立劳动合同。

（二）劳动合同的内容合法。即双方当事人在劳动合同中所规定的权利义务条款必须符合国家法律、法规的规定。

（三）订立劳动合同的程序和形式合法。劳动者和用人单位在签订劳动合同时，应遵循一定的步骤，未经双方协商一致、强迫订立的劳动合同无效；劳动合同的形式应当采用书面形式订立。

第四节 劳动合同的效力

劳动合同依法订立,即具有法律效力,对双方当事人都有约束力。劳动法第 17 条第 2 款规定:“劳动合同依法订立即具有法律约束力,当事人必须履行劳动合同规定的义务。”劳动合同有效必须满足以下条件:合同主体合格、双方意思表示真实、平等协商地签订劳动合同、合同内容和形式合法。需要说明的是,劳动合同的鉴证,仅是劳动行政部门对劳动合同制度进行监督、检查,为用人单位和职工提供政策、法律咨询服务的一项措施,旨在审查和证明劳动合同的真实性和合法性,它不是劳动合同生效的必要条件。

一、无效劳动合同的种类

劳动合同的无效是指劳动合同的当事人违反法律、法规订立的不具有法律效力的劳动合同。根据劳动法第 18 条规定,无效的劳动合同有两类:

(一)违反法律、行政法规的劳动合同

劳动合同违反法律、行政法规的规定主要是指劳动合同的内容违反法律、行政法规的强行性规定。这类强行性规范主要有劳动保护规定、工作时间规定、劳动者基本权利规定、对妇女及未成年人特殊保护规定等。这类强行性法律、行政法规,当事人在订立劳动合同时必须遵守,否则为违法。如劳动合同中约定“劳动者在合同期内不得结婚”的条款就属无效。因为这样的约定,明显违反了国家法律的规定。婚姻自由是宪法和法律赋予公民的一项基本人身权利,公民只要达到法定结婚条件,就可以自主决定同何人在何时结婚的问题。劳动者在达到法定年龄后,只要具备婚姻法规定的其他结婚条件,完全可以结婚,不应受此项约定的拘束;用人单位以此为由解除劳动合同是违法的。再如，劳动合同中约定的“工伤概不负责”的条款也是无效的。因为这项条款违反了劳动保护的有关法律规定，属于无效条款。

（二）采取欺诈、威胁等手段订立的劳动合同

1. 欺诈。欺诈是指一方当事人故意捏造虚伪情况或者歪曲、掩盖真实情况，使对方陷入错误认识而与之签订劳动合同。欺诈有以下的构成要素：第一，欺诈一方必须是故意；第二，欺诈一方有欺诈行为，可以是积极的行为，如歪曲事实做不真实的陈述，也可以是消极的行为，如对基本劳动条件避而不谈；第三，受欺诈一方陷入错误而与之订立劳动合同。错误是指劳动者对用人单位及其重要情况的认识存在缺陷，而且这种错误还必须是用人单位的欺诈行为所导致的结果，如不存在这种因果关系，即不能认为是欺诈。

2. 威胁。威胁是指以某种现实或将来的危害使他人陷入恐惧而签订劳动合同的行为。威胁具有以下特征：第一，威胁人实施某种威胁行为，这种威胁可表现为某种身体或精神强制，且行为本身具有不法性；第二，威胁人是故意；第三，受威胁人签订劳动合同与受威胁之间存在因果关系。

以上两种类型的劳动合同均违背了当事人的真实意思表示，应认定为无效。根据劳动法第 18 条第 2 款的规定，无效的劳动合同，从订立的时候起，就没有法律效力。确认劳动合同部分无效的，如果不影响其余部分的效力，其余部分仍然有效。如一项劳动合同中有关保守商业秘密的条款无效，并不影响其他条款的效力，其他条款仍然有效。如果被确认的部分影响其他部分条款的效力时，这些条款被确认为无效后，其他条款也就失去存在的意义，整个劳动合同自始无效。

二、因无效劳动合同造成的损失赔偿

无效的劳动合同自始没有法律效力，但这并不意味着无效劳动合同不发生任何法律后果，无效劳动合同的订立和履行，会给当事人造成

一定的损失。造成劳动合同无效的当事人应承担相应的法律责任，如用人单位对劳动者造成损失的，用人单位要对损失承担相应的赔偿责任；如果双方对劳动合同的无效都有责任的，各自承担相应的赔偿责任。在这里，主要阐述一下因用人单位的原因订立无效劳动合同的，用人单位应承担的赔偿责任。根据1995年5月10日原劳动部发布的《违反〈劳动法〉有关劳动合同规定的赔偿办法》第3条之规定，造成劳动者工资收入损失的，按劳动者本人应得工资收入支付给劳动者，并加付应得工资收入25％的赔偿费用；造成劳动者劳动保护待遇损失的，应按国家规定补足劳动者的劳动保护津贴和用品；造成劳动者工伤、医疗待遇损失的，除按国家规定为劳动者提供工伤、医疗待遇外，还应支付劳动者相当于医疗费用25％的赔偿费用；造成女职工和未成年工身体健康损害的，除按国家规定提供治疗期间的医疗待遇外，还应支付相当于其医疗费用25％的赔偿费用；劳动合同约定的其他赔偿费用。

三、无效劳动合同的确认

根据劳动法第18条及相关规定，劳动合同的无效，由劳动争议仲裁委员会或者人民法院确认。

(一)劳动争议仲裁委员会

劳动争议仲裁委员会是以仲裁方式解决劳动争议的机构，受理劳动行政机关提请仲裁的案件和劳动争议当事人申请仲裁的案件，包括对无效合同的确认请求。劳动争议仲裁委员会一般应在收到仲裁申请的60日内作出。当事人对确认劳动合同效力的裁决不服的，可以自收到仲裁裁决书之日起15日内向人民法院提起诉讼。

(二)人民法院

人民法院受理案件后，应根据事实和法律，确认劳动合同的效力，如果属于仲裁委员会认定事实错误或适用法律不当而导致错误裁决的，人民法院可以予以纠正，作出劳动合同无效的裁定。当事人仍不服的,可以向作出一审裁定的人民法院的上一级人民法院提起上诉,由上一级法院对劳动合同的效力作出最后裁定。上一级人民法院作出的裁定为终审裁定。

第五节 劳动合同的变更、解除与终止

一、劳动合同的变更

劳动合同的变更是指,劳动合同的当事人对已经依法成立、尚未履行完毕的合同条款进行修改或补充。引起劳动合同变更的原因主要有:

(一)用人单位方面的原因。如企业经上级主管部门批准或根据市场变化决定转产或调整生产任务及生产项目。

(二)劳动者方面的原因。如劳动者身体状况发生变化、因故部分丧失劳动能力,需要变更合同条款等。

(三)客观方面的原因。如劳动合同中部分条款与国家新颁布的法律、法规、政策相抵触,必须修改有关条款;劳动合同订立时所依据的客观情况发生重大变化,致使劳动合同无法履行。

变更劳动合同应遵循劳动法第 17 条的规定,即遵循两个原则:平等自愿、协商一致原则和合法原则。如在协商过程中难以达成一致意见发生争议,任何一方都可以向当地劳动争议仲裁委员会申请仲裁。

二、劳动合同的解除

劳动合同的解除,是指劳动合同订立后,尚未履行完毕之前,由于某种原因导致劳动合同一方或双方当事人提前终止劳动关系的法律行为。依照解除劳动合同的根据不同,劳动合同的解除可分为法定解除和协商解除。法定解除是指因发生法律、法规或劳动合同规定的情况,提前终止劳动合同的法律效力。协商解除是指双方当事人因某种原

因，协商同意提前终止劳动合同的法律效力。劳动合同的解除，只对未履行的部分发生效力，不涉及已履行的部分。解除劳动合同的意义在于：它反映了契约自由原则，有利于维护和保证用人单位的用人权及劳动者的择业自主权，有利于促进劳动合同当事人全面、正确地履行合同，增强双方当事人的危机感和责任感。

劳动合同的解除与劳动合同的订立和变更不同。订立或变更劳动合同是劳动合同双方当事人的法律行为，必须经双方当事人平等自愿、协商一致才能成立，而劳动合同的解除可以是双方的法律行为，也可以是单方的法律行为。

（一）双方协商解除劳动合同。劳动法第 24 条规定："经劳动合同当事人协商一致，劳动合同可以解除。"协商解除劳动合同应符合以下条件：1. 双方自愿；2. 平等协商；3. 不得损害另一方的利益，尤其注意维护劳动者的利益。根据 1994 年 12 月 3 日原劳动部颁布的《违反和解除劳动合同的经济补偿办法》第 5 条的规定，经双方当事人协商一致，由用人单位解除劳动合同的，用人单位应根据劳动者在本单位工作年限，每满 1 年发给相当于 1 个月工资的经济补偿金，最多不超过 12 个月。工作时间不满 1 年的按 1 年的标准发给经济补偿金。

（二）用人单位解除劳动合同。即具备法律规定的条件时，用人单位享有单方解除权。根据劳动法第 25 条、第 26 条、第 27 条、第 28 条的规定，用人单位解除劳动合同分为三种情况：

1. 随时解除。即用人单位根据劳动者在工作中的表现，无需以任何形式提前告知劳动者，可随时解除劳动合同。根据劳动法第 25 条和《劳动部关于贯彻执行〈中华人民共和国劳动法〉若干问题的意见》之规定，劳动者有以下情形之一的，用人单位可以解除劳动合同：

（1）在试用期被证明不符合录用条件的；

（2）严重违反劳动纪律或用人单位规章制度的；

(3)严重失职，营私舞弊，对用人单位利益造成重大损害的；

(4)被依法追究刑事责任的；

(5)被劳动教养的。

用人单位根据劳动法第25条解除劳动合同的，可以不支付劳动者经济补偿金。

2. 应提前通知的解除。即用人单位应当提前30日以书面形式通知劳动者本人方可解除劳动合同。根据劳动法第26条的规定，劳动者有下列情形之一者，用人单位应提前通知劳动者解除合同：

(1)劳动者患病或者非因工负伤，医疗期满后，不能从事原工作也不能从事由用人单位另行安排的工作的；

(2)劳动者不能胜任工作，经过培训或者调整工作岗位，仍不能胜任工作的；

(3)劳动合同订立时所依据的客观情况发生重大变化，致使原劳动合同无法履行，经当事人协商不能就变更劳动合同达成协议的。

3. 因经济性裁员的解除。即指用人单位濒临破产进行法定整顿期间或者生产经营状况发生严重困难，用人单位为改善生产经营状况而辞退劳动者。依据劳动法第27条和1994年11月14日原劳动部发布的《企业经济性裁减人员规定》第4条之规定，用人单位确需裁减人员，应按下列程序进行：

(1)提前30日向工会或全体职工说明情况，并提供有关生产经营状况的资料；

(2)提出裁减人员方案，内容包括：被裁减人员名单，裁减时间及实施步骤，符合法律、法规规定和集体合同约定的被裁减人员的补偿办法；

(3)将裁减人员方案征求工会或者全体职工的意见，并对方案进行修改和完善；

(4)向当地劳动行政部门报告裁减人员方案以及工会或者全体职工的意见，并听取劳动行政部门的意见；

(5)由用人单位正式公布裁减人员方案，与被裁减人员办理解除劳动合同手续，按照有关规定向被裁减人员本人支付经济补偿金，并出具裁减人员证明书。

为防止用人单位以经营状况严重困难为借口任意裁减职工，侵犯职工的合法权益，劳动法第 27 条第 2 款规定："用人单位依照本条规定裁减人员，在六个月内录用人员的，应当优先录用被裁减的人员。"

对应提前通知的解除和因经济性裁员的解除，应给予劳动者一定的经济补偿。

以上是用人单位解除劳动合同的三种情况。为保护劳动者的合法权益，防止用人单位滥用单方解除权，劳动法第 29 条、第 30 条对用人单位解除劳动合同进行了限制：一方面规定了禁止解除劳动合同的条件，即劳动者患职业病或者因工负伤并被确认丧失或者部分丧失劳动能力的；患病或者负伤，在规定的医疗期内的；女职工在孕期、产期、哺乳期内的；法律、行政法规规定的其他情形。另一方面规定了工会的权利，即用人单位解除劳动合同，工会认为不适当的，有权提出意见；如果用人单位违反法律、法规或者劳动合同，工会有权要求重新处理；劳动者申请仲裁或者提起诉讼的，工会应当依法给予支持和帮助。

(三)劳动者解除劳动合同。根据劳动法第 31 条、第 32 条的规定，劳动者解除劳动合同分为以下两种情况：

1. 预告解除。劳动法第 31 条规定："劳动者解除劳动合同，应当提前 30 日以书面形式通知用人单位。"劳动者有权基于自己的意愿而提出解除劳动合同，即所谓的辞职权。超过 30 日，劳动者可以向用人单位提出办理解除劳动合同的手续，用人单位应予办理。为防止劳动者滥用这一权利，劳动法第 102 条规定："劳动者违反本法规定的条件解除劳动合同或者违反劳动合同中约定的保密事项，对用人单位造成经济损失的，应当依法承担赔偿责任。”

2. 随时解除。只要具备法律规定的正当理由，劳动者可随时通知用人单位解除劳动合同。根据劳动法第 32 条的规定，有下列情形之一者，劳动者可随时解除劳动合同：

(1)在试用期内。

(2)用人单位以暴力、威胁或非法限制人身自由的方式强迫劳动。

(3)用人单位未按劳动合同的约定支付劳动报酬或提供劳动条件。

应当注意的是，在现实生活中，有一些用人单位为逃避因解除劳动合同而应支付的经济补偿，往往采取一些非法的手段，侵犯劳动者的合法权益，迫使劳动者提出解除劳动合同。为有效保障劳动者的合法权益，依据劳动法第 32 条、第 91 条的规定，2001 年 4 月 16 日《最高人民法院关于审理劳动争议案件适用法律若干问题的解释》第 15 条规定：“用人单位有下列情形之一，迫使劳动者提出解除劳动合同的，用人单位应当支付劳动者的劳动报酬和经济补偿，并可支付赔偿金：(1)以暴力、威胁或者非法限制人身自由的手段强迫劳动的；(2)未按照劳动合同约定支付劳动报酬或者提供劳动条件的；(3)克扣或者无故拖欠劳动者工资的；(4)拒不支付劳动者延长工作时间工资报酬的；(5)低于当地最低工资标准支付劳动者工资的。”

三、劳动合同的终止

劳动合同的终止是指符合法律规定或当事人约定的情形时，劳动合同的效力即行终止。劳动法第 23 条规定：“劳动合同期满或者当事人约定的劳动合同终止条件出现，劳动合同即行终止。”劳动合同终止，表明双方当事人依法确定的权利和义务已经终止，即双方当事人之间的劳动法律关系已经消灭。劳动合同终止的情形有：

(一)劳动合同期限届满；

(二)劳动合同约定的终止条件出现;

(三)劳动者达到退休年龄,劳动者死亡或者完全丧失劳动能力;

(四)用人单位依法破产或依法被解散、关闭、撤销;

(五)法律、法规规定的其他情况。

根据 1995 年 8 月 4 日《劳动部关于贯彻执行〈中华人民共和国劳动法〉若干问题的意见》第 38 条之规定,“劳动合同期满或者当事人约定的劳动合同终止条件出现,劳动合同即行终止,用人单位可以不支付劳动者经济补偿金。国家另有规定的,可以从其规定。”如农民合同制工人合同到期,就应按照《全民所有制企业招用农民合同制工人的规定》办理,支付其经济补偿金。

第六节 违反劳动合同的法律责任

一、用人单位应承担的法律责任

(一)订立无效劳动合同的赔偿责任

劳动法第 97 条规定:“由于用人单位的原因订立的无效合同,对劳动者造成损害的,应当承担赔偿责任。”

(二)违法解除或故意拖延不订立劳动合同的赔偿责任

劳动法第 98 条规定:“用人单位违反本法规定的条件解除劳动合同或者故意拖延不订立劳动合同的,由劳动行政部门责令改正;对劳动者造成损害的,应当承担赔偿责任。”

(三)招用尚未解除劳动合同者的法律责任

劳动法第 99 条规定:“用人单位招用尚未解除劳动合同的劳动者,对原用人单位造成经济损失的,该用人单位应当依法承担连带赔偿责任。”根据 1995 年 5 月 10 日原劳动部发布的《违反〈劳动法〉有关劳动合同规定的赔偿办法》第 6 条之规定,用人单位招用尚未解除劳动合同的劳动者，对原用人单位造成经济损失的，除该劳动者承担直接赔偿责任外，该用人单位应当承担连带赔偿责任。其连带赔偿的份额应不低于对原用人单位造成经济损失总额的70%。向原用人单位赔偿下列损失：(1)对生产、经营和工作造成的直接经济损失；(2)因获取商业秘密给用人单位造成的经济损失。赔偿因获取商业秘密给原用人单位造成的经济损失，按反不正当竞争法第20条的规定执行。

二、劳动者应承担的法律责任

根据劳动法第102条的规定，劳动者应承担的法律责任有：

(一)劳动者违法解除劳动合同的赔偿责任

除劳动法的规定外，根据《违反〈劳动法〉有关劳动合同规定的赔偿办法》第4条的规定，劳动者违反规定或劳动合同的约定解除劳动合同，对用人单位造成损失的，劳动者应赔偿用人单位下列损失：(1)用人单位招收录用其所支付的费用；(2)用人单位为其支付的培训费用，双方另有约定的按约定办理；(3)对生产、经营和工作造成的直接经济损失；(4)劳动合同约定的其他赔偿费用。

(二)劳动者违反劳动合同中约定的保密事项所应承担的赔偿责任

除劳动法的规定外，根据《违反〈劳动法〉有关劳动合同规定的赔偿办法》第5条的规定，劳动者违反劳动合同中约定的保密事项，对用人单位造成经济损失的，按反不正当竞争法第20条的规定支付用人单位赔偿费用。

本章小结

劳动合同是劳动者与用人单位之间确立劳动关系、明确双方劳动权利和义务的协议。它是劳动者实现劳动权利的一种法律形式。劳动合同与民事合同具有区别。劳动合同的法律特征表现在合同的主体、内容、标的、目的等方面。

劳动合同根据不同的分类标准可划分为不同种类，按照劳动合同的期限划分劳动合同，分为有固定期限的劳动合同、无固定期限的劳动合同和以完成一定的工作为期限的劳动合同。劳动合同的内容包括必备条款和补充条款。劳动合同的形式应当以书面形式订立。

劳动合同的订立应坚持平等自愿、协商一致原则与合法原则。违反这些原则所订立的劳动合同为无效劳动合同。

劳动合同依法订立之后，不得任意变更、解除和终止，只有在法律规定的情况下，或者经双方当事人协商一致，按照法定程序，才可以变更、解除和终止劳动合同。

违反劳动合同的法律责任包括用人单位和劳动者两个方面，主要是指劳动合同一方或双方当事人不履行或不适当履行劳动合同，给对方造成经济损失所应承担的赔偿责任。

思考题

1. 简述劳动合同的法律特征。
2. 劳动合同的必备条款有哪些内容？
3. 如何正确理解劳动合同订立的原则？
4. 用人单位解除劳动合同的情况有哪些？

第五章　集体合同

［**学习目标**］

明确集体合同的特征和实行集体合同制度的意义；掌握集体合同的内容、集体合同的签订、变更及解除的条件与法定程序；掌握集体合同争议的处理和违反集体合同的责任。

［**学习方法**］

理解记忆。

［**重点难点**］

重点·集体合同的特征

·集体合同与劳动合同的区别

·实行集体合同的意义

·集体合同的内容

·集体合同的签订、变更和解除

难点·集体合同与劳动合同的区别

集体合同是协调劳动关系的一项重要法律制度。建国初期集体合同制度得到实行，《中国人民政治协商会议共同纲领》规定，私营企业实行"劳资两利原则，应由工会代表工人职员与资方订立集体合同"。1950年工会法规定了工会代表工人签订集体协议的权利。集体合同制度在促进生产、调动职工积极性方面起到了一定的作用。20世纪50年代后期，集体合同制度被取消。实行改革开放制度以来，1992年工会法重新规定了工会代表职工与企业、事业单位行政方面签订集体合同的权利和责任，集体协议草案应提交职工代表大会或者全体职工讨论通过。1994 年劳动法第 33 条、第 34 条、第 35 条、第 84 条对集体合同制度进行了规定。为进一步具体规范集体合同的签订和履行，1994 年 12 月 5 日原劳动部发布了《集体合同规定》，后被 2004 年 1 月 20 日劳动和社会保障部发布的《集体合同规定》所取代。

第一节　集体合同的特征与意义

集体合同又称团体协约或集体协议等，是个人劳动合同的对称。劳动法第 33 条规定："企业职工一方与企业可以就劳动报酬、工作时间、休息休假、劳动安全卫生、保险福利等事项，签订集体合同。"《集体合同规定》第 3 条更加明确规定："本规定所称集体合同，是指用人单位与本单位职工根据法律、法规、规章的规定，就劳动报酬、工作时间、休息休假、劳动安全卫生、职业培训、保险福利等事项，通过集体协商签订的书面协议。所称专项集体合同，是指用人单位与本单位职工根据法律、法规、规章的规定，就集体协商的某项内容签订的专项书面协议。"根据劳动法第 33 条第 2 款和《集体合同规定》第 19 条的规定，这里的"集体协商双方代表"是指企业工会或职工代表与企业代表，其按照法定程序产生并有权代表本方利益进行集体协商。

一、集体合同的特征

劳动法第 3 章对劳动合同与集体合同作出了规定，从历史角度看，集体合同是在劳动合同的基础上产生和发展起来的；从程序上看，只有在劳动合同确立了用人单位和劳动者之间的劳动关系后，才进一步签订集体合同。从集体合同与劳动合同的对比中，可以总结出集体合同具有以下的特征：

（一）集体合同具有特定的主体，即一方是代表全体职工的工会或职工代表（没有建立工会的，由职工推举代表），另一方是用人单位；劳动合同的主体是用人单位和劳动者个人。

（二）集体合同具有特定的功能，即规范劳动关系，并不产生特定当事人之间的具体劳动关系。换言之，集体合同不是工会或职工代表与企业之间达成的民事协议，而是劳动协议，以劳动关系为存在的基础。集体合同通过对劳动条件、劳动标准等内容的规定，达到维护劳动者整体的合法权益以及协调用人单位内部劳动关系的目的；劳动合同是劳动者与用人单位确立劳动关系，明确双方的权利和义务的协议，其目的在于：在双方当事人之间建立劳动关系，确保当事人行使权利和履行义务。

（三）集体合同内容广泛。集体合同的内容涉及全体职工的劳动报酬、工作时间、休息休假、劳动安全卫生、保险福利等各方面，具有广泛性、整体性。劳动合同规定劳动者个人和用人单位的权利与义务，内容主要是关于劳动条件的规定。

（四）集体合同是书面合同，其生效要经过特定程序。集体合同必须报送劳动保障行政部门登记、审查、备案，方能发生法律效力。

（五）集体合同的效力高于劳动合同。根据劳动法第35条的规定，集体合同对用人单位的全体职工具有约束力。职工个人与企业订立的劳动合同中劳动条件和劳动报酬等标准不得低于集体合同的规定；劳动合同仅对签订合同的劳动者个人具有约束力。值得注意的是，劳动合同的劳动条件不得低于集体合同的规定，但这并不是说劳动合同中的劳动条件和劳动报酬等标准一定要与集体合同的规定一样，劳动合同中可以约定高于集体合同规定的劳动条件和劳动报酬等标准。

二、集体合同的意义

（一）改善劳动条件，维护劳动者的合法权益。在劳动法理论上，劳动者与用人单位在法律上是平等的。然而，面对日益壮大的企业，劳动者个人实际上根本不可能与用人单位进行平等的交涉和谈判。劳动者为改变这种状况必须团结起来，结成自己的组织，与用人单位进行交涉。集体合同就是这种努力的产物。集体合同首先必须具有维持和改善劳动条件的机能，即在集体合同中，通过对劳动条件的一般基准的规定，维持、改善全体职工的劳动条件。这是集体合同的重要任务。

（二）协调、安定劳动关系。签订集体合同可以使职工与企业之间的矛盾通过平等协商、和平谈判的方式予以解决，为建立安定的劳动关系提供法律保障。对于用人单位来说，这是从集体合同获得的最大收益。①

（三）加强企业的民主管理，充分调动职工的劳动积极性。集体合同的各项条款是经过民主讨论制定的，从集体合同的签订到履行，都体现了职工参加民主管理的原则。集体合同制度的实施，有利于调动职工的劳动积极性。

（四）为企业提供调整劳动关系的具体规范。

第二节　集体合同的内容

根据劳动法第 33 条和《集体合同规定》第 8 条之规定，集体协商双方可以就下列多项或某项内容进行集体协商，签订集体合同或专项集体合同：

一、劳动报酬

根据《集体合同规定》第 9 条的规定，劳动报酬主要包括用人单位工资水平、工资分配制度、工资标准和工资分配形式；工资支付办法；加

① 片冈升主编：《劳动法》，青林双书，1983 年版，第 138 页。

班、加点工资及津贴、补贴标准和奖金分配办法;工资调整办法;试用期及病、事假等期间的工资待遇;特殊情况下职工工资(生活费)支付办法;其他劳动报酬分配办法。集体合同对于劳动报酬通常从两方面进行规定:一方面是规定现行标准和做法;另一方面规定晋级增资的依据和办法。

二、工作时间

根据《集体合同规定》第 10 条的规定,工作时间主要包括工时制度;加班加点办法;特殊工种的工作时间;劳动定额标准。

三、休息休假

根据《集体合同规定》第 11 条的规定,休息休假主要包括日休息时间、周休息日安排、年休假办法;不能实行标准工时职工的休息休假;其他假期。

四、劳动安全与卫生

根据《集体合同规定》第 12 条的规定,劳动安全与卫生主要包括劳动安全卫生责任制;劳动条件和安全技术措施;安全操作规程;劳保用品发放标准;定期健康检查和职业健康体检。

五、保险福利

根据《集体合同规定》第 8 条及第 13 条的规定,保险主要指补充保险,补充保险和福利主要包括补充保险的种类、范围;基本福利制度和福利设施;医疗期延长及其待遇;职工亲属福利制度。

六、女职工和未成年工特殊保护

根据《集体合同规定》第 14 条的规定,女职工和未成年工的特殊保护主要包括女职工和未成年工禁忌从事的劳动;女职工的经期、孕期、产期和哺乳期的劳动保护;女职工、未成年工定期健康检查;未成年工的使用和登记制度。

七、职业技能培训

根据《集体合同规定》第15条的规定，职业技能培训主要包括职业技能培训项目规划及年度计划；职业技能培训费用的提取和使用；保障和改善职业技能培训的措施。

八、劳动合同管理

根据《集体合同规定》第16条的规定，劳动合同管理主要包括劳动合同签订的时间；确定劳动合同期限的条件；劳动合同变更、解除、续订的一般原则及无固定期限劳动合同的终止条件；试用期的条件和期限。

九、奖惩

根据《集体合同规定》第17条的规定，奖惩主要包括劳动纪律；考核奖惩制度；奖惩程序。

十、裁员

根据《集体合同规定》第18条的规定，裁员主要包括裁员的方案；裁员的程序；裁员的实施办法和补偿标准。

十一、集体合同期限

根据《集体合同规定》第38条的规定，集体合同或专项集体合同的期限一般为1至3年，在集体合同或专项集体合同期满前3个月内，任何一方均可向对方提出重新签订或续订的要求。

十二、变更、解除集体合同的程序

根据《集体合同规定》第41条的规定，变更或解除集体合同或专项集体合同适用集体协商程序。

十三、履行集体合同发生争议时的协商处理办法

根据劳动法第84条第2款的规定，因履行集体合同发生争议时，首先应当协商解决；协商解决不成时，可以向劳动争议仲裁委员会申请仲裁；对仲裁裁决不服的，可以自收到仲裁裁决书之日起15日内向人民法院提起诉讼。

十四、违反集体合同的责任

十五、双方认为应当协商的其他内容

第三节　集体合同的签订、变更与解除

一、集体合同的签订

(一)集体合同的签订主体

劳动法第 33 条第 2 款规定:"集体合同由工会代表职工与企业签订;没有建立工会的企业,由职工推举的代表与企业签订。"据此,签订集体合同的主体,在已建立工会组织的企业中,一方是代表全体职工的工会,另一方是企业;在尚未建立工会组织的企业,一方是职工代表,另一方是企业。

(二)集体合同签订的原则

根据《集体合同规定》第 5 条的规定,进行集体协商,签订集体合同,应当遵循以下原则:

1. 遵守法律、法规、规章及国家有关规定;

2. 诚实守信,公平合作;

3. 兼顾双方合法权益;

4. 不得采取过激行为。

(三)集体合同的签订程序

劳动法第 33 条规定:"集体合同草案应当提交职工代表大会或者全体职工讨论通过。"第 34 条规定:"集体合同签订后应当报送劳动行政部门;劳动行政部门自收到集体合同文本之日起 15 日内未提出异议的,集体合同即行生效。"从劳动法及《集体合同规定》的规定看,签订集体合同必须遵循一定的程序:

1. 确定集体协商代表。集体协商代表是指按照法定程序产生并有权代表本方利益进行集体协商的人员。集体协商代表每方至少 3

人，双方人数应当对等，并各确定 1 名首席代表。职工一方由工会代表，工会一方首席代表不是工会主席的，应由工会主席书面委托；未建立工会的企业由职工民主推举代表，并须得到半数以上职工的同意。用人单位的协商代表，由其法定代表人指派，首席代表由用人单位法定代表人担任或由其书面委托的其他管理人员担任。双方首席代表可以书面委托本单位以外的专业人员作为本方协商代表，委托人数不得超过本方代表的 1/3，但首席代表不得由非本单位人员代理。

2. 拟定集体合同草案，进行集体协商。双方在进行充分酝酿、广泛深入的讨论基础上拟定集体合同草案。集体合同草案拟定后，应由全体职工或职工代表大会对草案进行讨论、修改、补充和最后通过。在协商谈判过程中，当事人双方对于不一致的认识、意见或主张，要在兼顾各方面利益的基础上，达成协议。如果因重大事项发生争议，不能协商解决的，根据《集体合同规定》第 7 章的有关规定，当事人一方或双方可以书面向劳动保障行政部门提出协调处理申请。未提出申请的，劳动保障行政部门认为必要时也可以进行协调处理。集体协商争议处理实行属地管辖，具体管辖范围由省级劳动保障行政部门规定。

3. 审议通过双方签字、报送审查。工会代表或职工代表将集体合同草案提交职工代表大会或全体职工讨论通过。用人单位代表将集体合同草案提交董事会、用人单位管理委员会或主要负责人确认。最后由双方首席代表在集体合同文本上签字。集体合同签订后，应当自双方首席代表签字之日起 10 日内，由用人单位一方将文本一式三份报送劳动保障行政部门审查。劳动保障行政部门自收到集体合同文本之日起 15 日内未提出异议的，集体合同即行生效。

4. 公布。经劳动保障行政部门审查的集体合同，双方应及时以适当的形式向本方全体人员公布。

二、集体合同的变更与解除

集体合同的变更是指，集体合同的双方当事人对依法成立、尚未履行或尚未完全履行的合同条款进行修改或补充；集体合同的解除是指提前终止集体合同的法律效力。

(一)集体合同变更和解除的条件

劳动法虽未对此作出规定，根据《集体合同规定》，主要有以下条件：

1. 当事人双方在协商一致的条件下可以变更或解除集体合同。

《集体合同规定》第 39 条规定："双方协商代表协商一致，可以变更或解除集体合同或专项集体合同。"从这个规定的内容看，允许当事人双方经协商一致变更或解除集体合同。这样规定的目的是为了使双方能够根据客观情况的变化及时调整合同关系，使集体合同能够更加适应客观实际的需要。

2. 签订集体合同的环境和条件发生变化，致使集体合同难以履行。

《集体合同规定》第 40 条规定，有下列情形之一的，可以变更或解除集体合同或专项集体合同：(1)用人单位因被兼并、解散、破产等原因，致使集体合同或专项集体合同无法履行的；(2)因不可抗力等原因致使集体合同或专项集体合同无法履行或部分无法履行的；(3)集体合同或专项集体合同约定的变更或解除条件出现的；(4)法律、法规、规章规定的其他情形。

(二)变更或解除集体合同的程序

根据《集体合同规定》第 41 条的规定，变更或解除集体合同适用集体协商程序。根据《集体合同规定》第 4 章"集体协商程序"之规定，变更或解除集体合同的程序如下：

1. 提出变更和解除集体合同的要求。

2. 双方达成书面协议。比照《集体合同规定》第 32 条第 2 款的规定，一方就集体合同的变更或解除提出要求时，另一方应在收到要求之日起20日内以书面形式给予答复，进行协商，并达成书面协议。

3. 审议通过变更或解除集体合同的书面协议。由职工代表大会或职工大会审议通过变更或解除集体合同的书面协议。

4. 提交劳动保障行政部门审查。根据《集体合同规定》第42条的规定，集体合同或专项集体合同变更后，应自双方首席代表签字之日起10日内，由用人单位一方将文本一式三份报送劳动保障行政部门审查。

第四节　集体合同争议的处理

关于集体合同争议的处理，劳动法第84条作出了专门规定："因签订集体合同发生争议，当事人协商解决不成的，当地人民政府劳动行政部门可以组织有关各方协调处理。因履行集体合同发生争议，当事人协商解决不成的，可以向劳动争议仲裁委员会申请仲裁；对仲裁裁决不服的，可以自收到仲裁裁决书之日起15日内向人民法院提起诉讼。"

一、因签订集体合同发生争议的处理

《集体合同规定》第7章对集体协商争议的协调处理进行了详细的规定。

(一)争议处理的方式及程序

集体协商过程中发生争议，首先应谋求协商解决，协商解决不成的，当事人一方或双方可以书面向劳动保障行政部门提出协调处理申请；未提出申请的，劳动保障行政部门认为必要时可视情况进行协调处理。劳动行政部门协调处理时，应组织同级工会和企业组织等三方面的人员，共同协调处理集体协商争议，应当自受理协调处理申请之日起30日内结束协调处理工作。期满未结束的，如争议复杂或遇到影响处理的其他客观原因需要延期时，延长期限不得超过15日。处理结束后，由劳动保障行政部门制作《协调处理协议书》，双方首席代表和协调处理负责人共同签字盖章后生效。

（二）争议处理的管辖

集体协商争议处理实行属地管辖，具体管辖范围由省级劳动保障行政部门规定。中央管辖的企业以及跨省、自治区、直辖市用人单位因集体协商发生的争议，由劳动保障部指定的省级劳动保障行政部门组织同级工会和企业组织等三方面的人员协调处理，必要时，劳动保障部也可以组织有关方面协调处理。

二、因履行集体合同发生争议的处理

《集体合同规定》第55条规定："因履行集体合同发生的争议，当事人协商解决不成的，可以依法向劳动争议仲裁委员会申请仲裁。"

第五节 违反集体合同的责任

一、集体合同的效力

劳动法第35条规定："依法签订的集体合同对企业和企业全体职工具有约束力。职工个人与企业订立的劳动合同中劳动条件和劳动报酬等标准不得低于集体合同的规定。"

（一）用人单位与职工个人签订的劳动合同中劳动条件和劳动报酬等标准，不得低于集体合同或专项集体合同的规定。根据1994年9月5日《劳动部关于〈劳动法〉若干条文的说明》，集体合同中劳动条件和劳动报酬的规定不得违背国家法律法规的规定；企业与职工签订的劳动合同在此方面不得低于集体合同的规定。即集体合同的法律效力高于劳动合同，劳动法律、法规的法律效力高于集体合同。

（二）用人单位与职工应严格履行集体合同规定的义务。集体合同的内容既有当事人双方的权利，也有相应的义务。签订集体合同的当事人在享有权利的同时，亦应自觉履行合同规定的义务。在集体合同签订时双方约定的合同期限内，当事人均不得违反合同的规定。

二、违反集体合同的责任

用人单位违反集体合同，其主管人员应对上级机关负行政责任，可给予批评、教育或纪律处分；如果用人单位行政管理人员违反集体合同属于恶意，应从重处罚，其行为触犯刑律构成犯罪的，追究刑事责任。若违反合同规定，侵犯工会与职工物质利益时，用人单位应负赔偿责任。

工会一方不履行集体合同的规定，一般只对上级工会和全体会员负道义上的责任，由上级工会给予批评、教育，纠正违约的行为。

职工违反集体合同规定的义务，其行为违反了企业内部规则时，也应承担责任。

本章小结

集体合同是指用人单位与本单位职工根据法律、法规、规章的规定，就劳动报酬、工作时间、休息休假、劳动安全卫生、职业培训、保险福利等事项，通过集体协商签订的书面协议。集体合同具有自身的特征，与劳动合同存在着区别。

集体合同的意义在于：改善劳动条件，维护职工的合法权益；协调、安定劳动关系；加强企业的民主管理，充分调动职工的劳动积极性；为企业提供调整劳动关系的具体规范。

集体合同的内容广泛，具体表现在：劳动报酬、工作时间、休息休假、劳动安全与卫生、保险福利、女职工和未成年工特殊保护、职业技能培训、劳动合同管理、奖惩、裁员、集体合同期限、变更、解除集体合同的程序、履行集体合同发生争议时的协商处理办法、违反集体合同的责任、双方认为应当协商的其他内容等方面。

集体合同的签订、变更与解除应依法进行，遵守法定程序。

集体合同争议的处理分为因签订集体合同发生争议的处理和因履行集体合同发生争议的处理。

集体合同的法律效力高于劳动合同，用人单位与职工应严格履行集体合同规定的义务，违反集体合同的规定应负各自相应的责任。

思 考 题

1. 简述集体合同与劳动合同的区别。
2. 简述实行集体合同制度的意义。
3. 集体合同应包括哪些内容？
4. 依法签订的集体合同有何效力？

第六章　工作时间与休息休假

[**学习目标**]

工作时间和休息休假是宪法关于公民休息权规定的具体化，是我国劳动法的基本法律制度。通过本章学习，掌握工作时间的特征、意义及其分类；掌握职工休息休假的种类和内容；介绍法律对延长工作时间的规定。

[**学习方法**]

理解记忆。

[**重点难点**]

重点 · 工作时间立法的意义

· 工作日的种类

· 休息休假的种类

· 延长工作时间的主要法律规定

难点 · 工作日的种类

· 延长工作时间及法律限制

第一节　工作时间概述

一、工作时间的概念与特征

(一)工作时间的概念

工作时间是指劳动者根据法律规定在用人单位用于完成本职工作

的时间。工作时间一般以小时为计算单位，它包括每日工作的小时数和每周工作的天数及小时数。每天工作的时数叫工作日，每周工作的天数叫工作周。工作时间的主要表现形式是工作日。

（二）工作时间的特征

1. 工作时间是法定的。

2. 工作时间不限于实际工作时间，还包括工作准备时间、交接班时间、工间歇息时间、女工哺乳时间、出差时间等。劳动者由用人单位安排从事其他工作的，也包括在工作时间之内。

3. 工作时间是劳动者履行劳动义务的时间。

4. 工作时间是用人单位计发劳动报酬的依据之一。劳动者没有按劳动合同的规定进行足够时间的劳动，其工资福利待遇往往受到影响；劳动者加班加点可得到加班加点工资。

二、工作时间立法的意义

（一）使宪法规定的休息权利具体化。我国宪法第 42 条、第 43 条规定，劳动者有劳动权和休息权。仅有宪法的原则规定还不能保障这项权利的具体落实，必须通过立法使其具体化。

（二）保障劳动者的身体健康。劳动法对劳动者的工作时间和休息时间进行规定，其最根本的目的是保障职工的身体健康。

（三）有利于提高劳动者的素质，调动劳动者的生产积极性。

第二节　工作日的种类

我国的工作日分为定时工作日、不定时工作日、综合计算工作日和计件工作日。

一、定时工作日

定时工作日是指法律规定的职工在每个工作日内固定的工作时

间，是我国工时制度的主要形式。定时工作日又可分为标准工作日、缩短工作日和延长工作日。

(一)标准工作日

又称标准工时，是指由国家法律统一规定的、在一般情况下劳动者从事工作的时间。劳动法第 36 条规定："国家实行劳动者每日工作时间不得超过 8 小时、平均每周工作时间不超过 44 小时的工时制度。"1994 年 2 月 3 日国务院发布了《国务院关于职工工作时间的规定》，1995 年 3 月 25 日对其进行了修改，自同年 5 月 1 日起施行。其中第 3 条规定："职工每日工作 8 小时，每周工作 40 小时。"即从 1995 年 5 月 1 日起，我国的标准工作日为每日 8 小时，每周工作 40 小时。

(二)缩短工作日

即在特殊情况下，劳动者的工作时间长度少于标准工作时间的工时制度。劳动法第 39 条规定："企业因生产特点不能实行本法第三十六条、第三十八条规定的，经劳动行政部门批准，可以实行其他工作和休息办法。"这条规定为企业根据生产特点实行变通的工作和休息办法提供了法律依据。《国务院关于职工工作时间的规定》第 4 条规定："在特殊条件下从事劳动和有特殊情况，需要适当缩短工作时间的，按照国家有关规定执行。"目前实行缩短工时的劳动主要有：

1. 从事矿山、井下、高山、高温、低温、有毒有害、特别繁重或过度紧张等作业的职工，实行每日工作少于 8 小时的工作时间。如化工行业中从事有毒有害行业的工人实行"三工一休制"、每日工作 6 至 7 小时的工时制和"定期轮流脱离接触"的工时制度；纺织部门实行"四班三运转"工时制；煤矿井下实行四班，每班 6 至 7 小时工时制，等等。①

① 余世平、刘新主编：《劳动法实务与案例分析》，中国工商出版社 2002 年版，第 144 页。

2. 从事夜班工作的劳动者，实行缩短工作时间。夜班工作时间一般指从本日 22 时至次日 6 时的时间，其日工作时间比标准工作时间缩短 1 小时。

3. 在哺乳期工作的女职工，实行缩短工作时间。根据 1988 年 7 月 21 日国务院发布的《女职工劳动保护规定》第 9 条的规定，正在哺乳不满 1 周岁婴儿的女职工，在每日工作时间内有 2 次哺乳时间，每次 30 分钟。多胞胎生育的，每多哺乳 1 个婴儿，每次哺乳时间增加 30 分钟。哺乳时间和在本单位内哺乳往返途中的时间，算作劳动时间。

（三）延长工作日

即超过标准工作日的工作时间，具体而言，日工作时间超过 8 小时，周工作时间超过 40 小时。延长工作日主要适用于那些受自然条件或技术条件限制的具有突击性、季节性特点的行业。如制盐业、制糖业、菜园、农场等。延长工作日后，应该补休，无法补休的，可以补发工资。延长工作时间必须符合法律、法规的规定。

二、不定时工作日

不定时工作日是指无固定工作时数限制的工时制度。适用于工作性质和职责范围不受固定工作时间限制的劳动者。

（一）适用对象

根据 1994 年 12 月 14 日发布的《劳动部关于企业实行不定时工作制和综合计算工时工作制的审批办法》第 4 条的规定，企业对符合下列条件之一的职工，可以实行不定时工作制：

1. 企业中的高级管理人员、外勤人员、推销人员、部分值班人员和其他因工作无法按标准工作时间衡量的职工；

2. 企业中的长途运输人员、出租汽车司机和铁路、港口、仓库的部分装卸人员以及因工作性质特殊，需机动作业的职工；

3. 其他因生产特点、工作特殊需要或职责范围的关系，适合实行不定时工作制的职工。

(二)实行方式

根据《劳动部关于企业实行不定时工作制和综合计算工时工作制的审批办法》第 6 条的规定,企业在保障职工身体健康并充分听取职工意见的基础上,采用集中工作、集中休息、轮休调休、弹性工作时间等适当方式,确保职工的休息休假权利和生产、工作任务的完成。

(三)审批手续

实行不定时工作制的企业必须履行审批手续。《劳动部关于企业实行不定时工作制和综合计算工时工作制的审批办法》第 7 条规定:"中央直属企业实行不定时工作制和综合计算工时工作制等其他工作和休息办法的,经国务院行业主管部门审核,报国务院劳动行政部门批准。地方企业实行不定时工作制和综合计算工时工作制等其他工作和休息办法的审批办法,由各省、自治区、直辖市人民政府劳动行政部门制定,报国务院劳动行政部门备案。"

需要说明的是,不定时工作制并不是说对工作时间可以不加限制,而是基本上按标准工作时间执行,在某些情况下,其工作时间可以超过标准工作时间长度,但是超出的部分不算加班加点,只是给予补假休息。

三、综合计算工作日

综合计算工作日是指以一定时间即周、月、季、年为周期,集中安排并综合计算工作时间的工时形式。但是,其平均日工作时间和平均周工作时间应与法定标准工作时间基本相同。1994 年 12 月 14 日《劳动部关于企业实行不定时工作制和综合计算工作制的审批办法》对综合计算工作日的适用对象、适用方式和审批手续也进行了明确的规定。

(一)适用对象

根据上述审批办法第 5 条的规定,综合计算工时工作制适用于符合下列条件之一的职工：

1. 交通、铁路、邮电、水运、航空、渔业等行业中因工作性质特殊，需连续作业的职工；

2. 地质及资源勘探、建筑、制盐、制糖、旅游等受季节和自然条件限制的行业的部分职工；

3. 其他适合实行综合计算工时工作制的职工。如亦工亦农或由于受能源、原材料供应等条件限制难以均衡生产的乡镇企业的职工等。此外，对于那些在市场竞争中，由于外界因素影响，生产任务不均衡的企业的部分职工也可以参照综合计算工时工作制的办法实施。

(二)适用方式

上述审批办法第 6 条中规定，可采用集中工作、集中休息、轮休调休、弹性工作时间等方式。

(三)审批手续

综合计算工时工作制与不定时工作制的审批手续规定相同。

与不定时工作日不同的是，企业实行综合计算工时工作日无论以周、月、季、年何种形式为周期综合计算工作时间，职工的平均日工作时间和平均周工作时间应与法定标准工作时间基本相同，在综合计算周期内，某一具体日或具体周的实际工作时间可以超过 8 小时或 40 小时，但综合计算周期内的总实际工作时间不应超过总法定标准工作时间，超过部分应视为延长工作时间并按劳动法第 44 条第 1 款的规定支付工资报酬，其中法定休假日安排劳动者工作的，按劳动法第 44 条第 3 款的规定支付工资报酬。而且延长工作时间的小时数平均每月不得超过 36 小时。

四、计件工作日

计件工作日是指职工以完成一定劳动定额为计酬标准的工作时间制度。劳动法第 37 条规定：“对实行计件工作的劳动者，用人单位应当根据本法第三十六条规定的工时制度合理确定其劳动定额和计件报酬标准。”根据此规定，实行计件工作日的用人单位必须以劳动者在一个标准工作日和一个标准工作周的工作时间内能够完成的计件数量为标准，确定劳动者日或周的劳动定额。计件工作日实际上是标准工作日的特殊形式，但比标准工作日有灵活性。

对于劳动法第 37 条中的“劳动定额”和“计件报酬标准”两个概念有必要进行说明。

劳动定额是指在一定的生产技术和生产组织条件下，为生产一定量合格产品或完成一定量的工作所预先规定的劳动消耗标准，或是在单位时间内预先规定的完成合格产品数量的标准，劳动定额包括两种形式：时间定额和产量定额。劳动定额水平计算必须有科学的依据，按先进合理的原则来确定。

计件报酬标准是指预先规定的用以计算劳动者劳动报酬的计件单位。它体现了劳动成果和劳动报酬的关系，直接影响到职工的工资水平。因此，必须运用科学的方法确定。

第三节　休息与休假

休息休假是指，劳动者为行使休息权在国家规定的法定工作时间外自行支配的时间。宪法第 43 条规定了公民的休息权，明确了国家发展劳动者休息及休养设施，规定职工的工作时间和休假制度之职责。劳动法第 4 章专章规定了工作时间和休息休假。此外，国务院 1981 年 3 月 14 日发布了《关于职工探亲待遇的规定》，1995 年 3 月 25 日修订了《国务院关于职工工作时间的规定》，1999 年 9 月 18 日修订发布了《全国年节及纪念日放假办法》，1995 年 3 月 25 日原劳动部发布了《〈国务院关于职工工作时间的规定〉的实施办法》，1995 年 3 月 26 日人事部发布了《国家机关、事业单位贯彻〈国务院关于职工工作时间的规定〉的实施办法》等。

一、休息时间的种类和内容

根据劳动法和有关劳动法规的规定，劳动者的休息时间主要有：

(一)一个工作日内的间歇休息时间

也称为工作日内的间歇时间，是指工作日内给予劳动者休息和用膳的时间。间歇时间的长短由各单位根据具体情况确定，一般为1至2小时，最少不得少于半小时。间歇时间一般于工作4小时后开始，不算作工作时间。需要注意的是，有些单位实行工间操制度，即在上午和下午各4小时的工作时间中间，规定20分钟的休息时间，这种工间操时间与间歇时间不同，计入工作时间。

(二)两个工作日之间的休息时间

两个工作日之间的休息时间是指，两个邻近工作日之间的休息时间，即劳动者在一个工作日结束后到下一个工作日开始前的休息时间，其长度应以保证劳动者的体力和精力能够得到恢复为标准，一般为15至16小时。

(三)休息日

又称公休假日，是指劳动者工作满一个工作周以后的休息时间。劳动法第38条规定："用人单位应当保证劳动者每周至少休息一日。"我国目前实行五天工作制，劳动者的公休假日为每周两天，一般安排在星期六和星期天。不能实行标准工时制的单位，可根据情况灵活安排周休息日，应当保证劳动者每周至少休息一日。

二、休假时间的种类和内容

休假时间分为法定节假日、年休假和探亲假。

(一)法定节假日

是指国家法律规定用于开展纪念、庆祝活动的休息时间，包括政治性节日、职业性节日、传统习惯性节日、全民节日、宗教节日等。根据劳动法第40条和1999年9月18日国务院修订发布的《全国年节及纪念日放假办法》的规定，用人单位应当在以下节假日依法安排劳动者休假：

1. 属于全体人民的节假日

元旦（1月1日），放假1天；春节（农历正月初一、初二、初三），放假3天；劳动节（5月1日、2日、3日），放假3天；国庆节（10月1日、2日、3日），放假3天。如果适逢星期六、星期日，应当在工作日补假。

2. 属于部分人民的节假日

妇女节（3月8日），妇女放假半天；青年节（5月4日），14周岁以上的青年放假半天；儿童节（6月1日），13周岁以下的少年儿童放假1天；中国人民解放军建军纪念日（8月1日），现役军人放假半天。如果适逢星期六、星期日，则不补假。

3. 属于少数民族的节日

由少数民族自治区的人民政府，根据各民族习惯，规定放假日期。

此外，上述办法第5条还规定，二七纪念日、五卅纪念日、七七抗战纪念日、九三抗战胜利纪念日、九一八纪念日、教师节、护士节、记者节、植树节等其他节日、纪念日，均不放假。

（二）年休假

年休假是指法律规定的职工满一定的工作年限后，每年享有的保留工作带薪连续休假期间。劳动法第45条规定："国家实行带薪年休假制度。劳动者连续工作1年以上的，享受带薪年休假。具体办法由国务院规定。"目前，国务院根据劳动法制定的职工年休假的规定尚未出台，根据《劳动部关于贯彻执行〈中华人民共和国劳动法〉若干问题的意见》第72条的规定，实行新工时制度后，在国务院尚未作出新的规定之前，企业可以按照1991年6月5日《中共中央国务院关于职工休假问题的通知》安排职工休假。并规定,“确定职工休假天数时,要根据工作任务和各类人员的资历、岗位等不同情况,有所区别,最多不得超过2周。”

带薪年休假对于保护劳动者的身体健康,改善劳动者的生活环境,使其精力充沛地投入工作有重要的意义。

(三)探亲假

探亲假是指劳动者为探望两地分居的配偶和父母所享受的假期。1981年3月14日国务院颁布了《关于职工探亲待遇的规定》,该规定的具体内容有:

1. 享受探亲假的条件

凡在国家机关、人民团体和全民所有制企业、事业单位工作满1年的固定职工,与配偶不住在一起,又不能在公休假日团聚的,可以享受探望配偶的待遇;与父母都不住在一起,又不能在公休假日团聚的,可以享受探望父母的待遇。但是,职工与父亲或母亲一方能够在公休假日团聚的,不享受探望父母的待遇。集体所有制企业、事业单位的职工的探亲待遇,由各省、自治区、直辖市人民政府根据本地区的实际情况自行规定。关于其他性质的企业的职工是否能够享有探亲假,目前我国法律没有规定。

2. 职工探亲假期

职工探望配偶的,每年给予一方探亲假一次,假期30天。

未婚职工探望父母的,原则上每年给假一次,假期为20天;如果因为工作需要,本单位当年不能给予假期,或者职工自愿两年探亲一次的,可以两年给假一次,假期为45天。

已婚职工探望父母的,每四年给假一次,假期为20天。

上述假期均包括公休假日和法定节日在内。用人单位可以根据实际需要给予路程假。凡实行休假制度的职工(例如学校的教职工),应该在休假期间探亲,如果休假期较短,可由本单位适当安排,补足其探亲假的天数。

3. 探亲期间的工资待遇

职工在规定的探亲假期和路程假期内,按照本人的标准工资发给工资。职工探望配偶和未婚职工探望父母的往返路费,由所在单位负担。已婚职工探望父母的往返路费,在本人月标准工资30%以内的,由本人自理,超过部分由所在单位负担。

第四节 延长工作时间及其限制

一、延长工作时间的概念

延长工作时间是指劳动者的工作时数超过法律规定的标准工作时间,亦称加班加点。加班是指职工根据用人单位的要求,在法定节日或公休假日从事生产或工作;加点是指职工根据用人单位的要求,在标准工作日以外延长工作的时间。因为加班加点必然要占用职工的休息时间,因此,用人单位应严格按照法律法规的规定执行,不得违反法律法规的规定。

二、延长工作时间的规定

(一)一般情况下延长工作时间的规定

劳动法第 41 条规定:"用人单位由于生产经营需要,经与工会和劳动者协商后可以延长工作时间,一般每日不得超过 1 小时;因特殊原因需要延长工作时间的,在保障劳动者身体健康的条件下延长工作时间每日不得超过 3 小时,但是每月不得超过 36 小时。"根据劳动法的规定,用人单位延长工作时间不是随意的,必须符合以下规定:

1. 延长工作时间的条件。(1)必须是因生产经营需要。根据1994年 9 月 5 日《劳动部关于〈劳动法〉若干条文的说明》的解释,生产经营需要是指来料加工、商业企业在旺季完成收购、运输、加工农副产品紧急任务等情况。(2)必须与工会和劳动者协商。工会具有监督企业执行劳动法律法规的权利和维护职工权益的职能，用人单位延长工作时间必须征求工会意见，以征得工会的同意。此外，用人单位需要延长工作时间时，还应当与劳动者协商，征得劳动者的同意，不得强迫劳动。对企业违反法律、法规强迫劳动者延长工作时间的，劳动者有权拒绝。若由此发生劳动争议，可以提请劳动争议处理机构予以处理。

2. 延长工作时间的时间限度。用人单位延长工作时间，一般每日不得超过1小时；因特殊原因需要延长工作时间的，在保障劳动者身体健康的条件下，延长工作时间每日不得超过3小时，但是每月不得超过36小时。违反规定延长工作时间的，要承担相应的法律责任。劳动法第90条规定："用人单位违反本法规定，延长工作时间的，由劳动行政部门给予警告，责令改正，并可以处以罚款。"

(二)特殊情况下延长工作时间的规定

劳动法第42条规定，在特殊情况下可以延长工作时间，不受劳动法第41条规定的限制。这些特殊情形是：

1. 发生自然灾害、事故或者因其他原因，威胁劳动者生命健康和财产安全，需要紧急处理的；

2. 生产设备、交通运输线路、公共设施发生故障，影响生产和公众利益，必须及时抢修的；

3. 法律、行政法规规定的其他情形。

1995年3月25日原劳动部发布的《〈国务院关于职工工作时间的规定〉的实施办法》第7条规定，有下列特殊情形和紧急任务之一的，延长工作时间不受限制：第一，发生自然灾害、事故或者因其他原因，使人民的安全健康和国家资财遭到严重威胁，需要紧急处理的；第二，生产设备、交通运输线路、公共设施发生故障，影响生产和公众利益，必须及时抢修的；第三，必须利用法定节日或公休假日的停产期间进行设备检修、保养的；第四，为完成国防紧急任务，或者完成上级在国家计划外安排的其他紧急生产任务，以及商业、供销企业在旺季完成收购、运输、加工农副产品紧急任务的。

1995 年 3 月 26 日人事部发布的《国家机关、事业单位贯彻〈国务院关于职工工作时间的规定〉的实施办法》第 6 条规定，下列情况可以延长职工工作时间：第一，由于发生严重自然灾害、事故或其他灾害使人民的安全健康和国家财产遭到严重威胁需要紧急处理的；第二，为完成国家紧急任务或完成上级安排的其他紧急任务的。

(三)延长工作时间的工资标准

劳动法第 44 条规定："有下列情形之一的，用人单位应当按照下列标准支付高于劳动者正常工作时间工资的报酬：(一)安排劳动者延长工作时间的，支付不低于工资的 150％的工资报酬；(二)休息日安排劳动者工作又不能安排补休的，支付不低于工资的 200％的工资报酬；(三)法定休假日安排劳动者工作的，支付不低于工资的 300％的工资报酬。"

上述三种情形中，第二种情形其待遇有两种选择：一是安排补休；二是支付不低于工资 200％的加班工资。首先应安排补休，不能补休时应支付加班工资。而在第一种和第三种情形下，只能支付法律规定的加班工资报酬，不能以安排补休代替，否则是对劳动者权益的侵犯。

通过以上的规定，一方面，能够补偿劳动者额外的劳动和消耗，保护劳动者的身体健康；另一方面，能够较有效地抑制用人单位随意延长工作时间，从而保护劳动者的合法权益。

本章小结

休息权是我国宪法规定的劳动者的一项基本权利，劳动法通过对工作时间和休息休假的规定，不仅使宪法关于休息权的规定得到落实，而且对于保障劳动者的身体健康，提高劳动者的素质以及调动劳动者的积极性具有重要意义。

工作时间是职工根据法律的规定，在用人单位用于完成本职工作的时间。工作时间的主要表现形式是工作日。工作日的种类主要包括定时工作日、不定时工作日、综合计算工作日和计件工作日。

休息休假是劳动者在国家规定的法定工作时间外自行支配的时间。休息时间的种类有：一个工作日内的间歇休息时间、两个工作日之间的休息时间、休息日。休假时间包括：法定节假日、年休假、探亲假。

延长工作时间，又称加班加点，是指劳动者的工作时数超过法律规定的标准工作时间。延长工作时间因占用劳动者的休息时间，为国家法律所严格限制。用人单位延长劳动者的工作时间必须严格依照法律规定，不得违反法律规定任意延长劳动者的工作时间。

思 考 题

1. 工作日的种类有哪些？
2. 试述劳动法对延长工作时间的主要规定。
3. 简述休息休假的种类。

第七章 工资制度

[学习目标]

本章主要学习工资的概念、特征、构成形式;掌握工资分配的法律基本原则;了解基本工资制度;明确最低工资的概念、适用范围、标准及确定因素;掌握工资支付保障的内容。

[学习方法]

理解所学内容,结合案例加深记忆。

[重点难点]

重点·工资的概念及特征

·工资分配的基本原则

·最低工资的概念

·最低工资标准的确定因素

·特殊情况下的工资支付

难点·特殊情况下的工资支付

工资是劳动法的一项重要制度。在社会经济生活中,工资问题不仅直接关系到劳动者同用人单位的物质利益,而且关系到生产、消费及社会的稳定和发展。对劳动者而言,工资是劳动者的基本生活来源及劳动权益的重要内容;对用人单位而言,工资是产品成本的重要组成部分,工资水平的高低关系到产品成本的高低和市场竞争能力的强弱,工资分配是否合理关系到劳动者积极性的发挥;对社会而言,工资是反映经济发展和人民生活水平的重要指标。

第一节　工资概述

一、工资的概念和特征

(一)工资的概念

工资是指劳动者基于劳动关系取得的各种劳动收入。《劳动部关于贯彻执行〈中华人民共和国劳动法〉若干问题的意见》第53条规定,劳动法中的“工资”是指用人单位依据国家有关规定或劳动合同的约定,以货币形式直接支付给本单位的劳动者的劳动报酬,一般包括计时工资、计件工资、奖金、津贴和补贴、延长工作时间的工资报酬以及特殊情况下支付的工资等。工资与劳动报酬的概念有区别,劳动报酬是劳动者通过劳动而获得的报酬,它不仅包括工资,还包括劳务费、佣金、稿酬等。

(二)工资的特征

1. 工资是基于劳动关系而对劳动者付出劳动的物质补偿;

2. 工资标准是事先规定的,其规定的形式是工资法规、政策或集体合同、劳动合同;

3. 工资以法定货币形式定期支付给劳动者本人;

4. 工资的支付是以劳动者提供的劳动数量和质量为依据。

二、工资的构成形式

工资形式是指计量劳动和支付劳动报酬的方式。我国的工资形式主要有:

(一)计时工资

计时工资是指按计时工资标准和工作时间支付给劳动者的劳动报酬。根据计算工作的时间单位不同,计时工资分为月工资制、日工资制和小时工资制。计时工资的优点是操作简单易行，适用于任何企业和工种；缺点是以劳动时间作为计算工资报酬的依据，不能完全将工资报酬与劳动的数量和质量挂钩。

（二）计件工资

计件工资是指按照劳动者生产合格产品的数量和预先规定的计件工资标准来计算的工资。它是计时工资的转化形式。它的优点是能够使劳动成果与劳动报酬直接联系起来；缺点是容易因追求数量而忽视了质量。

（三）奖金

奖金是指支付给职工的超额劳动报酬和增收节支的劳动报酬，是计时工资的辅助形式。奖金对于调动劳动者的生产积极性，更好地体现按劳分配的原则具有重要的意义。奖金的种类有超产奖、质量奖、节约奖、安全生产奖等。

（四）津贴

津贴是对劳动者在特殊条件下的额外劳动消耗或额外费用支出给予物质补偿的一种工资形式。主要有岗位津贴、保健性津贴、技术性津贴、年功性津贴、其他津贴等。

（五）补贴

补贴是指为了保障劳动者的生活水平不受特殊因素的影响而支付给劳动者的工资形式。它与劳动者的劳动没有直接联系，其发放根据主要是国家有关政策规定，如物价补贴、边远地区生活补贴等。

（六）加班加点工资

（七）特殊情况下的工资

如因病假、事假、婚假、探亲假、年休假、履行国家和社会义务期间的工资等。

根据《劳动部关于贯彻执行〈中华人民共和国劳动法〉若干问题的

意见》第 53 条的规定，劳动者的以下收入不属于工资范围：

1. 单位支付给劳动者个人的社会保险福利费用，如丧葬抚恤救济费、生活困难补助费、计划生育补贴等；

2. 劳动保护方面的费用，如用人单位支付给劳动者的工作服、解毒剂、清凉饮料费用等；

3. 按规定未列入工资总额的各种劳动报酬及其他劳动收入，如根据国家规定发放的创造发明奖、国家星火奖、自然科学奖、科学技术进步奖、合理化建议和技术改进奖、中华技能大奖等，以及稿费、讲课费、翻译费等。

三、工资分配的原则

劳动法第 46 条规定："工资分配应当遵循按劳分配原则，实行同工同酬。工资水平在经济发展的基础上逐步提高。国家对工资总量实行宏观调控。"

(一)按劳分配原则

按劳分配原则是指根据劳动者提供的数量和质量分配个人消费品，等量劳动领取等量报酬。按劳分配，要充分体现脑力劳动和体力劳动、复杂劳动和简单劳动、熟练劳动和非熟练劳动、繁重劳动和非繁重劳动的差别，要体现奖勤罚懒、奖优罚劣的原则，既要反对平均主义，也要反对分配不公的做法。实现按劳分配，有利于调动劳动者的生产积极性，促使劳动者提高技能和劳动生产率，为国家和社会创造更多的财富。

(二)同工同酬原则

同工同酬，是指用人单位对所有劳动者同等价值的劳动应付给同等的劳动报酬。在同一工资分配单位中，从事同种类工作、同样熟练程度的劳动者，不分性别、年龄、民族、种族，只要付出同等劳动，就应当领取同等报酬。国际劳工组织 1951 年通过的《对男女工人同等价值的工作付予同等报酬公约》规定，对于所有劳动力即男劳动力和女劳动力同等价值的劳动，应付给同等的报酬。在很多国家，因职业、产业、种族、性别、年龄和受教育程度不同，工资高低差距很大，尤其是男女同工不同酬和种族歧视问题很突出。我国宪法第 48 条明确规定："国家保护妇女的权利和利益，实行男女同工同酬。"对男女同工同酬的规定，体现了法律面前人人平等的宪法基本原则，保证了公民享有真正平等的劳动报酬权。

（三）在经济发展的基础上逐步提高工资水平原则

工资水平是指一定时期内职工平均工资的高低程度。这一原则包括两方面的含义：其一是，工资水平的提高与经济的发展有密切的联系，二者是相辅相成的关系；其二是，工资增长幅度要与劳动生产率的增长幅度相适应。要使工资水平与劳动生产率之间有适当的比例关系，必须坚持工资总额增长幅度低于企业经济效益的增长幅度，职工实际平均工资增长幅度低于企业劳动生产率增长幅度。

（四）工资总量宏观调控原则

我国市场发育尚不健全，国家通过工资立法，制定工资增长计划、工资增长指导线等方式，使企业工资增长速度保持在适度范围内，实现工资总量的增长与经济发展及劳动生产率的增长相适应。

第二节　基本工资制度

劳动法第 47 条规定："用人单位根据本单位的生产经营特点和经济效益，依法自主确定本单位的工资分配方式和工资水平。"即用人单位享有工资分配自主权。

一、用人单位工资分配自主权

用人单位工资分配自主权的内容包括：

(一)有权根据生产经营状况和劳动力供求关系确定本用人单位的工资水平。

(二)有权根据生产、工作特点,采用适合本用人单位的工资形式和分配方法。

(三)有权根据实际需要,调整本用人单位职工之间的劳动关系。

(四)有权在法律、政策允许的范围内,通过增加生产、扩大经营、降低物耗等合法途径取得资金来源增加职工的工资。

二、影响用人单位确定工资分配的因素

(一)用人单位的经济效益

这是确定工资水平的决定因素,用人单位经济效益增长了,工资总额也应有增长,但是要符合"两低于"原则,即企业工资总额增长低于经济效益增长、平均工资增长低于劳动生产率的增长。

(二)用人单位的生产经营特点

用人单位由于行业、生产、经营等特点的不同,在不同时期和不同区域有时会有很大差异,即使在同一时期、同一区域,用人单位的工资水平及其分配也会有所不同。

(三)劳动生产率

劳动生产率是发展生产、提高经济效益的主要途径,是决定用人单位工资水平的基础。

(四)劳动就业供求状况

市场机制在用人单位工资分配中起着重要作用,劳动力供求双方通过公开竞争,通过价值规律对劳动力供求关系的影响,形成均衡的工资率。

三、用人单位确定工资分配的方式

(一)等级工资制

等级工资制是指根据劳动者的技术等级或职务等级划分工资区

别，按等级发放工资的制度。等级工资制有两种：一种是工人技术等级工资制；另一种是职员职务等级工资制。企业职员的职务等级工资制是企业对管理人员和各类专业技术人员所实行的按照职务规定工资等级的一种工资制度。

(二)岗位工资制

岗位工资制是按照职工在生产工作中的不同岗位确定工资的一种制度。

(三)结构工资制

结构工资制又称“分解工资”制，它由基础工资、岗位工资、工龄工资、奖励工资等职能工资组成，并按劳动条件、劳动者的素质和能力、业务技术水平以及实际劳动消耗量等诸方面的劳动差别，分别确定工资额。主要适用于技术密集型企业。

(四)岗位技能工资制

岗位技能工资制包括岗位工资和技能工资两部分。岗位工资由某一岗位的劳动繁重程度、劳动环境、工作责任大小等因素来决定。技能工资是根据劳动者的劳动技能和工作业绩来考核决定。

第三节　最低工资制度

一、最低工资概述

(一)最低工资的概念

劳动法第48条规定，国家实行最低工资保障制度。根据《劳动部关于〈劳动法〉若干条文的说明》之解释，最低工资是指劳动者在法定工作时间内履行了正常劳动义务的前提下，由其所在单位支付的最低劳动报酬。这里的法定工作时间是指规定的工作时间；正常劳动是指劳动者按劳动合同的有关规定，在法定工作时间内从事的劳动。

根据 1994 年 9 月 5 日《劳动部关于〈劳动法〉若干条文的说明》的解释，最低工资包括基本工资和奖金、津贴、补贴，但不包括加班加点工资、特殊劳动条件下的津贴，国家规定的社会保险各福利待遇排除在外。根据 2004 年 1 月 20 日劳动和社会保障部发布的《最低工资规定》第 12 条的规定，下列各项不作为最低工资的组成部分：(1)延长工作时间工资；(2)中班、夜班、高温、低温、井下、有毒有害等特殊工作环境、条件下的津贴；(3)法律、法规和国家规定的劳动者福利待遇等。现阶段劳动者福利待遇主要包括：用人单位对劳动者进行培训的费用；因执行国家有关劳动安全卫生有关方面的规定而发放给劳动者的防护用品及用人单位自身的各项用品；劳动者所得的计划生育补贴、特别困难补助等；因住房改革发给的劳动者住房补贴；用人单位为劳动者缴纳的社会保险费等。

(二)最低工资的适用范围

我国的最低工资法尚未出台，劳动法和《最低工资规定》没有规定最低工资适用的排除范围。《最低工资规定》第 2 条规定："本规定适用于在中华人民共和国境内的企业、民办非企业单位、有雇工的个体工商户(以下统称用人单位)和与之形成劳动关系的劳动者。国家机关、事业单位、社会团体和与之建立劳动合同关系的劳动者，依照本规定执行。"一般地，下列范围内的企业和劳动者不适用最低工资制的规定：

1. 公务员和公益团体的工作人员。在国际上，一般把公务员排除在最低工资制之外，因为公务员的实际工资水平大大超过维持其自身和家庭生活的水平，不需要最低工资制的保护；公益团体的工作人员(不包括其雇佣的临时工)的工作目的不是为了获取报酬，而是为了从事慈善或公益事业。

2. 租赁经营企业或承包经营企业的租赁人或承包人。租赁人或承包人虽然目前仍具有企业职工的身份，但是其收入主要来源于承包收入或租赁收入，这部分收入由承包合同或租赁合同进行确定，企业一般不向其发放工资。因此对这部分人也不适用最低工资制。但是全员承包属于例外。

3. 学徒、利用假期勤工俭学的学生、残疾人等。

(三)实行最低工资制度的意义

1. 实行最低工资制度有利于维护市场经济秩序。

2. 实行最低工资制度有利于保护劳动者的合法利益。

3. 实行最低工资制度有利于使企业工资分配制度化。

二、最低工资标准

(一)最低工资标准的确定方式与程序

最低工资标准是指劳动者在法定工作时间或依法签订的劳动合同约定的工作时间内提供了正常劳动的前提下，用人单位依法应支付的最低劳动报酬。劳动法第48条规定："最低工资的具体标准由省、自治区、直辖市人民政府规定，报国务院备案。"这就表明，我国不实行全国统一的最低工资标准，由各地根据具体情况来确定最低工资标准。

《最低工资规定》第7条规定，省、自治区、直辖市范围内的不同行政区域可以有不同的最低工资标准。第8条、第9条规定最低工资标准的确定方式和程序具体如下：

1. 最低工资标准的确定和调整方案由省级政府劳动保障行政部门、同级工会、企业联合会/企业家协会三方代表民主协商，劳动保障部对全国最低工资制度实行统一管理。为了加强和改善宏观调控，协调平衡全国各地工资关系，劳动保障部在认为地区最低工资额或其适用范围等明显不适宜时，有权直接干预，以避免地区之间在最低工资水平、适用范围等方面差距过大。

2. 省、自治区、直辖市人民政府劳动保障行政部门将确定和调整的最低工资标准及其依据、适用范围、拟订标准和说明报劳动保障部备案。劳动保障部在收到省、自治区、直辖市劳动保障行政部门的拟订方案后，应征求全国总工会、中国企业联合会或企业家协会的意见。

3. 劳动保障部若在收到方案后14日内对最低工资标准方案未提出修订意见，则视为同意。14日内未收到劳动保障部提出修订意见的，或接到修订意见对原确定的最低工资标准作出修订后，应当将其报同级人民政府批准，并于批准后7天之内在当地政府公报上和至少一种全地区性报纸上发布。

（二）确定和调整最低工资标准应综合参考的因素

劳动法第49条规定，确定和调整最低工资标准应当综合参考以下因素：1. 劳动者本人及平均赡养人口的最低生活费用；2. 社会平均工资水平；3. 劳动生产率；4. 就业状况；5. 地区之间经济发展水平的差异。根据《最低工资规定》第5条、第6条的规定，最低工资标准一般采取月最低工资标准和小时最低工资标准的形式。月最低工资标准适用于全日制就业劳动者；小时最低工资标准适用于非全日制就业劳动者。确定和调整月最低工资标准应参考当地就业者及其赡养人口的最低生活费用、城镇居民消费价格指数、职工个人缴纳的社会保险费和住房公积金、职工平均工资、经济发展水平、就业状况等因素。确定和调整小时最低工资标准，应在颁布的月最低工资标准的基础上，考虑单位应缴纳的基本养老保险费和基本医疗保险费因素，同时还应适当考虑非全日制劳动者在工作稳定性、劳动条件和劳动强度、福利等方面与全日制就业人员之间的差异。

三、最低工资的保障与监督

（一）关于最低工资保障的规定

劳动法第48条第2款规定："用人单位支付劳动者的工资不得低于当地最低工资标准。"根据《最低工资规定》第11条的规定，"用人单位应在最低工资标准发布后10日内将该标准向本单位全体劳动者公示。”第 12 条规定，用人单位支付给劳动者的工资不得低于当地最低工资标准。实行计件工资或提成工资等工资形式的用人单位，在科学合理的劳动定额基础上，其支付劳动者的工资不得低于相应的最低工资标准。根据《劳动部关于贯彻执行〈中华人民共和国劳动法〉若干问题的意见》第 56 条的规定，“在劳动合同中，双方当事人约定的劳动者在未完成劳动定额或承包任务的情况下，用人单位可低于最低工资标准支付劳动者工资的条款不具有法律效力。”不过，根据《最低工资规定》第 12 条的规定，“劳动者由于本人原因造成在法定工作时间内或依法签订的劳动合同约定的工作时间内未提供正常劳动的，不适用于本条规定。”根据第 3 条的规定，这里所说的正常劳动，是指劳动者按依法签订的劳动合同约定，在法定工作时间或劳动合同约定的工作时间内从事的劳动。劳动者依法享受带薪年休假、探亲假、婚丧假、生育(产)假、节育手术假等国家规定的假期间，以及法定工作时间内依法参加社会活动期间，视为提供了正常劳动。

(二)对执行最低工资标准的监督

《最低工资规定》第 4 条规定，县级以上地方人民政府劳动保障行政部门负责对本行政区域内最低工资执行情况进行检查监督。各级工会有权对最低工资执行情况进行监督，发现用人单位支付劳动者工资低于有关最低工资标准的，有权要求当地劳动保障行政部门处理。

四、违反最低工资规定的法律责任

劳动法第 91 条规定，用人单位低于当地最低工资标准支付劳动者工资的，“由劳动行政部门责令支付劳动者的工资报酬、经济补偿，并可以责令支付赔偿金。”根据《最低工资规定》第 13 条的规定，用人单位未履行最低工资标准应向本单位全体劳动者公示的义务时，由劳动保障行政部门责令其限期改正；用人单位在劳动者提供正常劳动情况下违反最低工资给付规定的，由劳动保障行政部门责令其限期补发所欠劳动者工资,并可责令其按所欠工资的1至5倍支付劳动者赔偿金。

根据1994年12月3日原劳动部发布的《违反和解除劳动合同的经济补偿办法》第4条的规定,“用人单位支付劳动者的工资报酬低于当地最低工资标准的,要在补足低于标准部分的同时,另外支付相当于低于部分25%的经济补偿金。”

第四节 工资支付保障

关于工资的支付,劳动法第50条规定:“工资应当以货币形式按月支付给劳动者本人。不得克扣或者无故拖欠劳动者的工资。”第51条规定:“劳动者在法定休假日和婚丧假期间以及依法参加社会活动期间,用人单位应当依法支付工资。”1994年12月6日原劳动部发布的《工资支付暂行规定》第4条规定:“工资支付主要包括:工资支付项目、工资支付水平、工资支付形式、工资支付对象、工资支付时间以及特殊情况下的工资支付。”根据以上规定,对于工资支付主要从以下两个方面来阐述:

一、工资支付的方法

(一)货币支付

根据劳动法第50条的规定,工资应当以货币形式支付。《工资支付暂行规定》第5条明确规定,不得以发放实物及有价证券替代货币支付。从世界范围来看,除了法律规定或集体合同规定的情况外,不得用实物及有价证券代替货币支付已成为国际上通行的做法。以货币支付工资的意义在于:有利于个人收入规范化、透明化;有利于充分实现劳动者的劳动价值。

(二)直接支付

根据劳动法第50条的规定,货币应支付给劳动者本人。《工资支付暂行规定》第6条规定:“用人单位应将工资支付给劳动者本人。劳动者本人因故不能领取工资时,可由其亲属或委托他人代领。用人单位可委托银行代发工资。用人单位必须书面记录支付劳动者工资的数额、时间、领取者的姓名以及签字,并保存两年以上备查。用人单位在支付工资时应向劳动者提供一份其个人的工资清单。”在法律规定用人单位应向第三人支付的情况下,用人单位应向第三人支付。如法院生效裁判文书确定每月将劳动者的全部或部分工资给第三人,在法院向用人单位发出协助执行书后,用人单位必须依协助通知书的内容将劳动者的收入向第三人支付。没有劳动者的同意或法律许可,用人单位不得向劳动者之外的第三人支付,否则要承担违约责任。

(三)定期支付

根据劳动法第50条的规定,工资应按月支付。《劳动部关于〈劳动法〉若干条文的说明》中对“按月支付”进行了解释。即“按月支付”应理解为每月至少发放一次工资,实行月薪制的单位,工资必须每月发放,超过企业与职工约定或劳动合同规定的每月支付工资的时间发放工资即为不按月支付。实行小时工资制、日工资制、周工资制的单位也可以按日或按周发放,并且要足额发放。《工资支付暂行规定》进一步规定,如遇节假日或休息日,则应提前在最近的工作日支付。对完成一次性临时劳动或某项具体工作的劳动者,用人单位应按有关协议或合同规定在其完成任务后即支付工资。劳动关系双方依法解除或终止劳动合同时,用人单位应在解除或终止劳动合同时一次付清劳动者工资。

(四)全额支付

亦称足额支付,即应支付的工资必须全额支付给劳动者,用人单位不得克扣劳动者的工资。劳动者在法定工作时间内提供了正常劳动的前提下领取足额工资,这是劳动者的合法权益,受法律保护,任何单位无正当理由不得克扣,克扣劳动者工资是侵权行为。

根据《工资支付暂行规定》第 15 条的规定，有下列情况之一的，用人单位可以代扣劳动者工资：

1. 用人单位代扣代缴的个人所得税；

2. 用人单位代扣代缴的应由劳动者个人负担的各项社会保险费用；

3. 法院判决、裁定中要求代扣的抚养费、赡养费；

4. 法律、法规规定可以从劳动者工资中扣除的其他费用。

此外，根据《对〈工资支付暂行规定〉有关问题的补充规定》(1995 年 5 月 12 日原劳动部印发)之三的解释，克扣不包括以下减发工资的情况：

1. 国家的法律、法规有明确规定的；

2. 依法签订的劳动合同中有明确规定的；

3. 用人单位依法制定并经职代会批准的厂规、厂纪中有明确规定的；

4. 企业工资总额与经济效益相联系，经济效益下浮时，工资必须下浮的(但支付给劳动者工资不得低于当地的最低工资标准)；

5. 因劳动者请事假等相应减发工资等。

根据《工资支付暂行规定》第 16 条的规定，因劳动者本人原因给用人单位造成经济损失的，用人单位可按照劳动合同的约定要求其赔偿经济损失。经济损失的赔偿，可从劳动者本人工资中扣除。但每月扣除的部分不得超过劳动者当月工资的 20%。若扣除后的剩余工资部分低于当月最低工资标准，则按最低工资标准支付。

二、特殊情况下的工资支付

特殊情况下的工资支付，是指依法或按协议在非正常情况下，由用人单位支付劳动者工资。根据劳动法第 51 条及《工资支付暂行规定》等，特殊情况下的工资支付有：

（一）法定休假日期间的工资支付

根据《劳动部关于〈劳动法〉若干条文的说明》第 51 条，法定休假日是指法律、法规规定的劳动者休假的时间，包括法定节日（即元旦、春节、国际劳动节、国庆节及其他节假日）以及法定带薪年休假。在法定休假日内，用人单位应当依法安排劳动者休假，并应依法向劳动者支付工资。

（二）婚丧假期间的工资支付

婚丧假是指劳动者本人结婚以及其直系亲属死亡时依法享受的假期。根据 1980 年 2 月 20 日《国家劳动总局、财政部关于国营企业职工请婚丧假和路程假问题的规定》，婚丧假由本单位行政领导批准，酌情给予 1 至 3 天的假期。在批准的婚丧假和路程假期间，职工的工资照发。

（三）依法参加社会活动期间的工资支付

劳动者在法定工作时间内依法参加社会活动期间，应视为提供了正常劳动，用人单位应向劳动者支付工资。根据《劳动部关于〈劳动法〉若干条文的说明》第 51 条，依法参加的社会活动是指：

1. 依法行使选举权和被选举权；

2. 当选代表，出席政府、党派、工会、青年团、妇女联合会等组织召开的会议；

3. 出任人民法院的证明人、陪审员或辩护人；

4. 出席劳动模范、先进工作者大会；

5. 工会法规定的不脱产工会基层委员会委员因工会活动占用的生产或工作时间；

6. 其他依法参加的社会活动。

（四）产假期间的工资支付

在女职工按规定享受的产假期间，工资照发。

（五）探亲假期间的工资支付

职工在探亲假期间的工资，按照本人的标准工资照发。

(六)停工期间的工资支付

非因劳动者原因造成单位停工、停产,在一个工资支付周期内的,用人单位应按劳动合同规定的标准支付劳动者工资。超过一个工资支付周期的,若劳动者提供了正常劳动,则支付给劳动者的劳动报酬不得低于当地的最低工资标准;若劳动者没有提供正常劳动,应按国家有关规定办理。

(七)企业依法破产时的工资支付

用人单位破产时,劳动者有权获得其工资。在破产清偿中,用人单位应按破产法规定的清偿程序,首先支付欠本单位劳动者的工资。

(八)关于特殊人员的工资支付

根据 1995 年 5 月 12 日原劳动部发布的《对〈工资支付暂行规定〉有关问题的补充规定》,特殊人员的工资支付包括:

1. 劳动者受处分后的工资支付:(1)劳动者受行政处分后仍在原单位工作(如留用察看、降级等)或受刑事处分后重新就业的,应主要由用人单位根据具体情况自主确定其工作报酬;(2)劳动者受刑事处分期间,如收容审查、拘留(羁押)、缓刑、监外执行或劳动教养期间,其待遇按国家有关规定执行。

2. 学徒工、熟练工、大中专毕业生在学习期、熟练期、见习期、试用期及转正定级后的工资待遇由用人单位自主确定。

3. 新就业复员军人的工资待遇由用人单位自主确定;分配到企业的军队转业干部的工资待遇,按国家有关规定执行。

本章小结

工资是用人单位依据国家有关规定和集体合同、劳动合同的约定的标准,根据劳动者提供劳动的数量和质量,以货币形式支付给劳动者的劳动报酬。其形式主要包括计时工资、计件工资、奖金、津贴、补贴、加班加点工资和特殊情况下的工资等。

工资分配的原则包括：按劳分配原则、同工同酬原则、工资水平随经济发展逐步提高原则、工资总量宏观调控原则。

工资分配自主权是市场经济发展的必然要求，企业自主确定工资水平要遵循“两低于”原则。目前我国工资制度主要有等级工资制、岗位工资制、结构工资制、岗位技能工资制等。

国家实行最低工资保障制度，用人单位支付劳动者的工资不得低于当地最低工资标准。最低工资保障的内容包括最低工资标准的确定方式和程序、最低工资的保障和监督、违反最低工资规定的法律责任等。

工资支付保障是保障劳动者依法获得劳动报酬的重要制度。工资支付的方法包括四种：即货币支付、直接支付、定期支付与全额支付。特殊情况下的工资支付主要包括法定休假日期间的工资支付、婚丧假期间的工资支付、依法参加社会活动期间的工资支付、产假期间的工资支付、探亲假期间的工资支付、停工期间的工资支付、企业依法破产时的工资支付、关于特殊人员的工资支付等。

思考题

1. 简述工资的概念与形式。
2. 简述工资分配的原则。
3. 影响最低工资标准确定的因素有哪些？
4. 试述特殊情况下的工资支付。

第八章 劳动安全卫生

[**学习目标**]

通过本章学习，了解劳动安全卫生立法的沿革；明确建立劳动安全卫生法律制度的意义；掌握劳动安全规程、劳动卫生规程及企业安全卫生管理制度的内容；明确劳动者在劳动安全卫生中的主要权利和义务。

[**学习方法**]

理解。

[**重点难点**]

重点·劳动安全卫生立法的意义

·劳动安全规程的内容

·劳动卫生规程的内容

·劳动者在安全生产中的主要权利和义务

第一节 劳动安全卫生概述

劳动安全卫生是劳动法的一项重要制度，也是劳动者的基本权利。通过劳动立法对劳动安全卫生加以规定，其目的在于保护劳动者的安全和健康。

一、劳动安全卫生的概念和意义

（一）劳动安全卫生的概念

劳动安全卫生，亦称劳动保护，是指为了保护劳动者在劳动过程中的安全和健康而制定的各种法律规范的总称。主要包括劳动安全规程、劳动卫生规程和企业安全卫生管理制度等。

(二)劳动安全卫生立法的意义

1. 有效防止和减少伤亡事故,避免和降低职业危害,保证劳动者在劳动过程中的安全和健康。劳动者是社会财富的创造者,是生产力发展的推动者。国家通过劳动安全卫生方面的立法,要求用人单位履行劳动安全方面的义务,向劳动者提供规定的劳动安全卫生条件和必要的劳动防护用品,防止和减少伤亡事故的发生,保护劳动者在生产过程中的安全和健康。

2. 改善劳动条件。劳动条件的改善可以使劳动者精神愉快地从事劳动,充分发挥劳动者的劳动主动性和创造性。

3. 促进劳动生产率的提高和生产技术的进步。劳动安全卫生立法对促进生产率的提高和技术的进步有着重要作用。

二、劳动安全卫生立法的沿革

劳动安全立法产生于资本主义工业革命以后。在工业化初期,职业伤害的后果由工人自己承担。以英国为首的资本主义国家在工业化进程中,先后都制定了有关劳动安全卫生的法律及法规。进入20世纪以来,各国在劳动安全立法方面有了较大的发展,不仅在立法内容上不断提高劳动安全标准,改善劳动条件,而且立法形式也从工厂法过渡到专门性劳动保护立法和在劳动法中专章规定劳动安全卫生问题。此外,国际劳工组织通过的国际劳工公约和建议书中涉及劳动安全卫生的内容约占一半左右。

我国在建国初期颁布实施了一系列劳动安全卫生法规和技术标准。1956年国务院颁布了关于劳动安全卫生的“三大规程”,即《工厂安全卫生规程》、《建筑安装工程安全技术规程》和《工人职员伤亡事故报告规程》,同时还颁布了《关于防止厂、矿企业中矽尘危害的决定》。

1963 年 3 月国务院颁布了《关于加强企业生产中安全工作的几项规定》，对安全卫生责任制、安全技术措施计划、安全生产教育、安全生产的定期检查、伤亡事故的调查和处理等做了明确规定。

1982 年 2 月国务院发布了《矿山安全条例》、《矿山安全监察条例》和《锅炉压力容器安全监察暂行条例》。1984 年 7 月国务院发布《关于加强防尘防毒工作的决定》。1987 年 12 月国务院发布《中华人民共和国尘肺病防治条例》，1988 年国务院颁布《女职工劳动保护规定》，1989 年 3 月国务院颁布《特别重大事故调查程序暂行规定》，1991 年国务院颁布了《企业职工伤亡事故报告规程》，1956 年的《工人职员伤亡事故报告规程》被废止。1992 年 11 月 7 日第 7 届全国人大常委会第 28 次会议通过了《中华人民共和国矿山安全法》，这是我国第一部有关劳动安全卫生的法律，该法于 1993 年 5 月 1 日正式实施。1993 年 1 月国务院批转原劳动部等部门《关于制止小煤矿乱挖滥采确保煤矿安全生产意见的通知》，8 月原劳动部颁布了《劳动监察规定》。此后，1994 年劳动法的颁布标志着劳动立法进入新的时期。劳动法专章规定“劳动安全卫生”，为进一步落实劳动法的规定，原劳动部还颁布了一系列与劳动法相配套的有关劳动安全卫生法规，如 1994 年 11 月 14 日《劳动监察员管理办法》、1994 年 12 月 19 日《未成年工特殊保护规定》。2001 年 10 月 27 日第 9 届全国人大常委会第 24 次会议通过了《中华人民共和国职业病防治法》，使我国职业病防治工作进一步规范化、法制化。2002 年 6 月 29 日通过了《中华人民共和国安全生产法》，自 2002 年 11 月 1 日起施行。

第二节　劳动安全规程和劳动卫生规程

我国劳动法第 52 条规定：“用人单位必须建立、健全劳动安全卫生制度，严格执行国家劳动安全卫生规程和标准，对劳动者进行安全卫生教育，防止劳动过程中的事故，减少职业危害。”第53条规定：“劳动安全卫生设施必须符合国家规定的标准。新建、改建、扩建工程的劳动安全设施必须与主体工程同时设计、同时施工、同时投入生产和使用。”第54条规定：“用人单位必须为劳动者提供符合国家规定的劳动安全卫生条件和必要的劳动防护用品，对从事有职业危害作业的劳动者应当定期进行健康检查。”除了劳动法的原则规定外，国家针对不同的劳动设备和条件以及不同行业的生产特点，规定了适用各行业的劳动安全和劳动卫生规程。

一、劳动安全规程

劳动安全规程是指国家为了防止和消除劳动者在生产和工作过程中的伤亡事故，保障劳动者安全和防止生产设备、工作环境遭到破坏而制定的各种法律规范。

除了劳动法关于劳动安全规程的原则规定外，劳动安全生产法对安全生产进行了全面的规定，特别是对生产经营单位的安全生产保障职责进行了具体的规定。针对不同的劳动设备和条件以及不同行业的生产特点，国家还规定了各行业的劳动安全规程。如《工厂安全卫生规程》、《建筑安装工程安全技术规程》、《乡镇煤矿安全生产若干暂行规定》、《起重机械安全规程》、《剪切机械安全技术规程》、《磨削机械安全规程》、《工业企业煤气安全规程》、《工厂企业厂内运输生产规程》、《爆破安全规程》等。

（一）工厂安全技术规程

1. 建筑物和通道的安全。工厂内的建筑物必须坚固安全，符合设计标准，符合防火防爆的规定，发现建筑物有损坏或危险象征，应立即修理。各厂矿的通道设计标准有宽度的要求。厂区内的道路要求平坦、畅通，夜间要有足够的照明设备。道路和轨道交叉处必须有明显的警告标志、信号装置或者落杆。为生产需要所设的坑、壕和池，应该有围栏或者盖板。原材料、成品、半成品和废料的堆放，应该不妨碍通行和装卸时的便利和安全。电网内外都应该有护网和明显的警告标志。

2. 工作场所的安全。工作场所是劳动者进行劳动和生产的地方，必须保持整齐清洁。机器和工作台等设备的布置，应该便于工人安全操作。

3. 机器设备的安全。机器设备是劳动者进行生产劳动的必要工具，必须符合安全要求。为预防和避免工人在使用机器设备过程中发生伤亡事故，劳动安全规程要求机器设备要有防护装置、保险装置、信号装置、危险牌示和识别标志等。

4. 电器设备的安全。电器设备在生产过程中被广泛使用，为防止工人在生产中发生触电事故和电器设备引起火灾事故，劳动安全规程作出相应规定。

5. 动力锅炉和压力容器的安全。动力锅炉和压力容器是工业生产和交通运输等部门常用的生产和运输设备，要求能承受各种温度和压力。锅炉要有安全阀、压力表和水位表，并保持其准确、有效。还要有一定的保养、检修和水压实验制度。锅炉的运行工作应由经过专门训练并经考试合格的人员担任。各种压力容器在存放使用时，必须距离明火 10 米以上，并且避免阳光曝晒，搬运时不能碰撞。

(二)建筑安装工程安全技术规程

建筑安装工程具有劳动强度大、危险性大和劳动条件差等特点，为保障建筑工人的安全和健康，各施工单位必须严格执行国家有关建筑安装工程安全技术规程的规定。《建筑安装工人安全技术操作规程》规定，从事高空作业要定期体检，不适宜在高空作业的人，不得从事高空作业。遇有恶劣气候如有 6 级以上强风时，禁止进行露天高空、起重和打桩作业。对施工现场也有一定的要求，手脚架的负荷量，每平方米不能超过 270 公斤。进行土方工程前,应做好必要的地质、水文和地下设备的调查和勘察工作。挖掘土方应从上而下施工,禁止采用挖空底脚的做法,并且应该做好排水措施。拆除工程的施工,必须在工程负责人员的统一领导和经常监督下进行。拆除建筑物,应该自上而下顺序进行,禁止数层同时拆除。

(三)矿山安全技术规程

采矿业是重要的原料工业,在国民经济中占有重要地位,但是采矿业不同于其他行业,有许多不安全的因素。保障矿山生产安全和保护劳动者的生命安全,是劳动安全生产的重要内容。

1. 矿山设计的安全要求。矿山设计必须符合矿山安全规程和行业技术规范,不符合规定的,不得批准。

2. 矿山开采的安全要求。矿山开采必须具备保障安全生产的条件,执行开采不同矿种的矿山安全规程和行业技术规范,如对于地下开采的矿山和对于露天开采的矿山有不同的要求。

3. 采矿作业场所的要求。矿山企业必须对下列危害安全的事故采取预防措施:(1)冒顶、片帮、边坡滑落和地表塌陷;(2)瓦斯爆炸、煤尘爆炸;(3)冲击地压、瓦斯突出、井喷;(4)地面和井下的火灾、水害;(5)爆破器材和爆破作业发生的危害;(6)粉尘、有毒有害气体、放射性物质和其他有害物质引起的危害,等等。矿山企业必须对作业场所中的有毒有害物质和井下空气含氧量进行检测,保证符合要求。对使用机械、电气设备、排土场、矸石山、尾矿库和矿山闭坑后可能引起的危害,应当采取预防措施。

二、劳动卫生规程

劳动卫生规程是指国家为了改善劳动条件,保障劳动者健康,防止和消除职业危害而制定的各种法律规范。包括各种行业生产卫生、医疗预防、健康检查等方面的规定。这方面的法律规范主要有:职业病防治法、《工厂安全卫生规程》、《关于防止沥青中毒办法》、《中华人民共和国尘肺病防治条例》、《工业企业设计卫生标准》、《工业企业厂界噪声标准》、《关于加强防尘防毒工作的决定》、《防暑降温措施暂行办法》、《放射防护规定》等。

(一)劳动卫生规程的内容

1. 防止粉尘危害

厂矿企业中的粉尘对劳动者的危害很大,过多地吸入粉尘,会引发肺组织纤维化的各种尘肺疾病。1987 年 12 月 3 日国务院发布的《中华人民共和国尘肺病防治条例》对工作场所中的粉尘浓度含量作出了严格规定。凡是有粉尘作业的用人单位应采取综合防尘措施和无尘措施或低尘的新技术、新工艺、新设备,使作业场所的粉尘浓度不超过国家卫生标准。作业场所的粉尘浓度超过国家卫生标准又未积极治理,严重影响职工安全健康时,职工有权拒绝操作。各用人单位对新从事粉尘作业的职工,必须进行健康检查。对在职和离职的从事粉尘作业的职工,必须定期进行健康检查。用人单位对已确诊为尘肺病的职工,必须调离粉尘作业岗位,并给予治疗和疗养。对于有粉尘作业的用人单位,必须定期测定作业场所的粉尘浓度,并建立测尘资料档案。

2. 防止有毒有害物质危害

2002 年 5 月 12 日国务院颁布的《使用有毒物品作业场所劳动保护条例》对保护劳动者的身体健康及生命安全,预防、控制和消除职业中毒危害等进行了规定。如作业场所中,有毒有害物质的浓度不得超过国家标准。作业场所与生活场所分开,作业场所不得住人。有害作业与无害作业分开,高毒作业与其他作业场所隔离。设置有效的通风装置,可能突然泄漏大量有毒物品或者易造成急性中毒的作业场所,设置自动报警装置和事故通风设施。高毒作业场所设置应急撤离通道和必要的泄险区。使用有毒物品作业场所应当设置黄色区域警示线、警示标识和中文警示说明。高毒作业场所应当设置红色区域警示线、警示标识和中文警示说明,并设置通讯报警设备。

3. 防止噪音和强光刺激

劳动者在噪声和强光的作业环境中生产和劳动,会对其视觉和听觉产生不良影响,为防止噪声的危害和强光的刺激,劳动卫生规程要求作业环境应符合规定的条件,采取必要的措施。对于发生强烈噪音的生产,应尽可能在设有消音设备的单独工作房中进行。对于在有噪声、强光、辐射热和飞溅火花、碎片、刨屑的场所操作的工人,应配备必要的个人防护用品。

4. 防暑降温

工作场所的温度应在规定的范围内,为防止中暑,室内工作地点的温度高于32℃的,应该采取降温措施。在高温条件下操作的工人,应该由工厂供给含盐清凉饮料。在防寒方面,室内工作地点的温度经常低于5℃的,应该设置取暖设备。对于经常在寒冷气候中进行露天操作的工人,工厂应设有取暖设备的休息场所。在防湿方面,生产时用水较多或产生大量湿气的车间,应采取排水防湿设施,防止顶棚滴水和地面积水。经常有水或者其他液体的地面,应该注意排水和防止液体的渗透。在脚部易受潮、受寒的工作地点,要设木头站板。经常站在有水或其他液体地面上操作的工人,应供给防水靴或防水鞋。

5. 通风和照明

根据《工厂安全卫生规程》的规定,工作场所和通道,光线应该充足,局部照明的光度应该符合操作要求。通风装置和取暖设备,必须有专职或兼职人员管理,人工照明设备应保持清洁完好,等等。

6. 防护用品

为保护劳动者的安全健康,防止职业病和慢性病损害的发生,给劳动者提供防护用具是非常必要的。劳动防护用品的种类有:防尘用品、防毒用品、防噪声用品、防电用品、防高温辐射用品、防微波和激光辐射用品、防放射性用品、防油用品、防水用品、防冲击波用品、防坠落用品、防机械外伤用品、防脏污用品、防寒用品等。

7. 职工健康管理

加强职工健康管理是保障职工健康，预防和减少职业病的重要工作。根据 2001 年 10 月 27 日颁布的《中华人民共和国职业病防治法》第 19 条的规定，用人单位应当采取以下职业病防治管理措施：(1)设置或者指定职业卫生管理机构或者组织，配备专职或兼职的职业卫生专业人员，负责本单位的职业病防治工作；(2)制定职业病防治计划和方案；(3)建立、健全职业卫生管理制度和操作规程；(4)建立、健全职业卫生档案和劳动者健康监护档案；(5)建立、健全工作场所职业病危害因素监测及评价制度；(6)建立、健全职业病危害事故应急救援预案。第 50 条规定，职业病病人依法享受国家规定的职业病待遇。此外，职业病防治法还专章规定，县级以上人民政府卫生行政部门应履行对职业病防治工作的监督、管理职责，对建设单位和用人单位的违反法律规定的行为有权予以处罚。

(二)劳动安全卫生设施与“三同时”原则

1. 劳动安全卫生设施的内容

劳动安全卫生设施是指为防止伤亡事故和职业病的发生，用人单位必须为职工提供符合国家规定的消除职业危害的防范技术措施。劳动法第 53 条规定：“劳动安全卫生设施必须符合国家规定的标准。新建、改建、扩建工程的劳动安全卫生设施必须与主体工程同时设计、同时施工、同时投入生产和使用。”劳动安全卫生设施主要指安全技术方面的设施、劳动卫生方面的设施、生产性辅助设施。

(1)劳动安全技术方面的设施。主要指防止和减少伤亡事故的发生而采取的技术设施，包括防护装置、保险装置、信号装置、危险牌示和识别标志等。

(2)劳动卫生方面的设施。主要指防止和减少有毒有害物质造成的职业损害而采取的技术措施,包括噪声、噪音的防范措施,强光下的防范措施,防辐射措施,防暑、抗低温措施,防尘、防毒措施,消毒措施,通风、照明措施等。

(3)生产性辅助措施。主要指为生产服务的辅助措施,如为劳动者设置的饮水设施、淋浴设备、食物加工设备、用膳室、更衣室、休息室、女工卫生室等。

2.“三同时”原则的内容与意义

为确保劳动者在生产过程中的安全与健康,劳动法规定了“三同时”原则,即新建、改建、扩建工程的劳动安全卫生设施必须与主体工程同时设计、同时施工、同时投产和使用。这一原则在与劳动安全卫生有关的立法性文件中均有具体规定。

具体地,“三同时”原则的内容主要包括:

(1)有关部门在组织建设项目可行性论证时,必须同时对安全条件进行论证,不具备安全条件的不能立项。

(2)设计单位在编制建设项目的初步设计文件时,应同时编制劳动安全卫生的设计,在设计中应严格按照安全卫生规程和设计规范设计,不得随意降低安全卫生设施的标准。

(3)施工单位必须严格按照施工图纸和设计要求施工,确实做到安全卫生设施与主体工程同时施工和竣工。

(4)建设项目的竣工验收必须按照有关建设项目劳动安全卫生验收规定进行。

(5)建设项目正式投入运行后,生产和安全卫生设施必须同时使用。

实行“三同时”原则对保障劳动安全卫生具有重要意义:

可以促使企业和主管部门按照安全卫生规程的要求投资解决安全卫生设施问题，避免因投资不足而随意取消用于安全卫生设施的费用；可以保证安全设施按质按量完成，避免安全卫生设施欠账，为投产后的安全生产创造良好的条件。

第三节　安全卫生教育与培训

劳动法第52条规定，对劳动者进行劳动安全卫生教育。第55条规定："从事特种作业的劳动者必须经过专门培训并取得特种作业资格。"

一、安全卫生教育

劳动安全教育是实现安全生产的重要基础工作，也是职业培训的重要内容。根据1995年11月8日原劳动部发布的《企业职工劳动安全卫生教育管理规定》第2章的规定，生产岗位职工安全教育的主要内容有：

（一）企业新职工上岗前必须进行厂级、车间级、班组级三级安全教育，三级安全教育时间不得少于40学时。内容包括劳动安全卫生法制教育、劳动纪律教育、劳动安全技术知识教育、典型事故案例教育等。通过三级安全教育并经考核合格后方可上岗。

（二）企业职工调整工作岗位或离岗1年以上重新上岗时，必须进行相应的车间级或班组级安全教育。

（三）企业在实施新工艺、新技术或使用新设备、新材料时，必须对有关人员进行相应的有针对性的安全教育。

二、特种作业人员的培训考核

根据《劳动部关于〈劳动法〉若干条文的说明》第55条之解释，特种作业指对操作者本人及他人和周围设施的安全有重大危害因素的作业。特种作业资格是指特种作业人员在独立上岗之前,必须进行安全技术培训,并经过安全技术理论考试和实际操作技能考核,考核成绩合格者由劳动部门和有关部门发给《特种作业人员操作证》。原国家经贸委 1999 年 7 月 12 日发布的《特种作业人员安全技术培训考核管理办法》对特种作业的范围、特种作业人员必须具备的条件等做了明确规定。

(一)特种作业的范围

1. 电工作业;

2. 金属焊接切割作业;

3. 起重机械(含电梯)作业;

4. 企业内机动车辆驾驶;

5. 登高架设作业;

6. 锅炉作业(含水质化验);

7. 压力容器操作;

8. 制冷作业;

9. 爆破作业;

10. 矿山通风作业(含瓦斯检验);

11. 矿山排水作业(含尾矿坝作业);

12. 由省、自治区、直辖市安全生产综合管理部门或国务院行业主管部门提出,并经原国家经济贸易委员会批准的其他作业。

(二)特种作业人员必须具备的基本条件

1. 年满 18 周岁;

2. 身体健康,无妨碍从事相应工种作业的疾病和生理缺陷;

3. 初中以上文化程度,具备相应工种的安全技术知识,参加国家规定的安全技术理论和实际操作考核并成绩合格;

4. 符合相应工种作业特点需要的其他条件。

特种作业操作证在全国通用，每两年复审1次。连续从事本工种10年以上的，经用人单位进行知识更新教育后，复审时间可延长至每4年1次。

第四节 劳动者在安全生产中的权利和义务

劳动法第56条规定："劳动者在劳动过程中必须严格遵守安全操作规程。劳动者对用人单位管理人员违章指挥、强令冒险作业，有权拒绝执行；对危害生命安全和身体健康的行为，有权提出批评、检举和控告。"2002年11月1日施行的安全生产法专章规定了劳动者的权利和义务。

一、劳动者在安全生产中的权利

（一）生产经营单位与劳动者订立的劳动合同，应当载明有关保障劳动者劳动安全、防止职业危害的事项，以及依法为劳动者办理工伤社会保险的事项。生产经营单位不得以任何形式与劳动者订立协议，免除或者减轻其对劳动者因生产安全事故伤亡依法应承担的责任。

（二）劳动者有权了解其作业场所和工作岗位存在的危险因素、防范措施及事故应急措施，有权对本单位的安全生产工作提出建议。

（三）劳动者有权对本单位安全生产工作中存在的问题提出批评、检举、控告；有权拒绝违章指挥和强令冒险作业。生产经营单位不得因劳动者对本单位安全生产工作提出批评、检举、控告或者拒绝违章指挥、强令冒险作业而降低其工资、福利等待遇或者解除与其订立的劳动合同。

（四）劳动者发现直接危及人身安全的紧急情况时，有权停止作业或者在采取可能的应急措施后撤离作业场所。生产经营单位不得因劳动者在上述紧急情况下停止作业或者采取紧急撤离措施而降低其工资、福利等待遇或者解除与其订立的劳动合同。

(五)因生产安全事故受到损害的劳动者，除依法享有工伤社会保险外，依照有关民事法律尚有获得赔偿的权利的，有权向本单位提出赔偿要求。

二、劳动者在安全生产中的义务

(一)劳动者在作业过程中，应当严格遵守本单位的安全生产规章制度和操作规程，服从管理，正确佩带和使用劳动防护用品。

(二)劳动者应当接受安全生产教育和培训，掌握本职工作所需的安全生产知识，提高安全生产技能，增强事故预防和应急处理能力。

(三)劳动者发现事故隐患或者其他不安全因素，应当立即向现场安全生产管理人员或者本单位负责人报告；接到报告的人员应当及时予以处理。

第五节 事故及职业病的统计、报告与处理

劳动法第 57 条规定："国家建立伤亡事故和职业病统计报告和处理制度。县级以上各级人民政府劳动行政部门、有关部门和用人单位应当依法对劳动者在劳动过程中发生的伤亡事故和劳动者的职业病状况，进行统计、报告和处理。"

一、事故的统计、报告和处理

(一)事故的种类

事故即伤亡事故，是指职工在劳动过程中发生的人身伤害、急性中毒事故。根据 1991 年 7 月 25 日《〈企业职工伤亡事故报告和处理决定〉有关问题的解释》，事故分为：(1)轻伤事故。指职工负伤后休息 1 个工作日以上，构不成重伤的事故；(2)重伤事故。指有重大伤害无死亡事故(仍按原劳动部[60]中劳护久字第 56 号《关于重伤事故范围的

意见》执行);(3)死亡事故。指1次死亡1人以上的事故;(4)重大死亡事故。指1次死亡3人以上(含3人)的事故。

(二)伤亡事故的报告与调查

根据1991年3月1日国务院发布的《企业职工伤亡事故报告和处理规定》,伤亡事故发生后,负伤者或者事故现场有关人员应当立即直接或者逐级报告企业负责人。企业负责人接到重伤、死亡、重大死亡事故报告后,应当立即报告主管部门和企业所在地劳动部门、公安部门、人民检察院、工会。根据《〈企业职工伤亡事故报告和处理决定〉有关问题的解释》,"立即报告"是指企业发生重伤、死亡、重大死亡事故后,企业负责人要用快速办法(包括用电话、电报、电传等方法)立即向有关部门报告,最迟不得超过24小时,报告内容包括发生事故的单位、时间、地点、伤亡情况,初步分析的事故原因等。企业主管部门和劳动部门接到死亡、重大死亡事故报告后,应当立即按系统逐级上报;死亡事故报至省、自治区、直辖市企业主管部门和劳动部门;重大死亡事故报至国务院有关部门、劳动部门。

事故发生后,必须进行调查。根据前述规定,轻伤、重伤事故,由企业负责人或其指定人员组织生产、技术、安全等有关人员以及工会成员参加的事故调查组,进行调查。死亡事故,由企业主管部门会同企业所在地设区的市(或者相当于设区的市)劳动部门、公安部门、工会组成事故调查组,进行调查。重大死亡事故,按照企业的隶属关系由省、自治区、直辖市企业主管部门或者国务院有关主管部门会同同级劳动部门、公安部门、监察部门、工会组成事故调查组,进行调查。事故调查组的职责是:(1)查明事故发生原因、过程和人员伤亡、经济损失情况;(2)确定事故责任者;(3)提出事故处理意见和防范措施的建议;(4)写出事故调查报告。

(三)事故的处理和统计

事故调查组提出的事故处理意见和防范措施建议，由发生事故的企业及其主管部门负责处理。企业及其主管部门负责处理的内容包括：(1)执行对事故有关责任人员的行政处分；(2)组织防范措施的实施；(3)做好事后的善后处理。企业及其主管部门根据事故调查组提出调查报告中的处理意见，写出《企业职工伤亡事故调查处理报告书》，报经劳动部门审查同意批复后视为结案。伤亡事故处理90日内结案，特殊情况不得超过180日。

对于因忽视安全生产、违章指挥、违章作业、玩忽职守或者发现事故隐患、危害情况而不采取有效措施，以致造成伤亡事故的，由企业主管部门或者企业按照国家有关规定，对企业负责人和直接责任人员给予行政处分，构成犯罪的，由司法机关依法追究刑事责任。对于违反规定，在伤亡事故发生后，隐瞒不报、谎报、故意迟延不报、故意破坏事故现场的，由有关部门按照国家有关规定，对有关单位负责人和直接责任人员给予行政处分，构成犯罪的，由司法机关依法追究刑事责任。对于在调查、处理伤亡事故中玩忽职守、徇私舞弊或者打击报复的，由其所在单位按照国家有关规定给予行政处分，构成犯罪的，由司法机关依法追究刑事责任。

为加强职工伤亡事故统计工作，1989年7月原劳动部发布《关于加强企业职工伤亡事故统计管理工作的通知》，要求各地区、各部门必须在每月20日以前将职工伤亡事故统计综合月报表及其文字说明报送原劳动部。对一次死亡3人以上的重大伤亡事故和一次死亡10人以上的特大伤亡事故，须在发生事故的2小时之内用电话、电传、电报将事故快速及时报原劳动部；矿山事故报矿山局；须在事故调查结束后的1个月内，将事故调查报告书等有关材料报送原劳动部。

各部门所属的企业在发生职工伤亡事故后，不论何种情况，均须在事故发生当天及时报告当地劳动部门。当地劳动部门在接到报告后，立即统计处理。凡不属于本地劳动部门统计的,要立即转告应负责统计的部门。

二、职业病报告及处理

(一)职业病的种类

职业病是指劳动者在劳动过程中,或在其他职业性活动中,接触职业毒害所引起的疾病。根据 2002 年 4 月 18 日《卫生部、劳动和社会保障部关于印发〈职业病目录〉的通知》,职业病包括:(1)尘肺;(2)职业性放射性疾病;(3)职业中毒;(4)物理因素所致职业病;(5)生物因素所致职业病;(6)职业性皮肤病;(7)职业性眼病;(8)职业性耳鼻喉口腔疾病;(9)职业性肿瘤;(10)其他职业病。

(二)职业病报告

根据职业病防治法第 43 条的规定,用人单位和医疗卫生机构发现职业病病人或者疑似职业病病人时,应当及时向所在地卫生行政部门报告。确诊为职业病的,用人单位还应当向所在地劳动保障行政部门报告。卫生行政部门和劳动保障行政部门接到报告后,应当依法作出处理。第 44 条规定,县级以上地方人民政府卫生行政部门负责本行政区域内的职业病统计报告的管理工作,并按照规定上报。此外,发生职业病危害事故时,根据 2002 年 3 月 28 日卫生部发布的《职业病危害事故调查处理办法》的规定,用人单位应当立即向所在地的县级卫生行政部门和有关部门报告。县级卫生行政部门接到职业病危害事故报告后,应当实施紧急报告:(1)特大和重大事故,应当立即向同级人民政府、省级卫生行政部门和卫生部报告;(2)一般事故,应当于 6 小时内向同级人民政府和上级卫生行政部门报告。接到遭受急性职业病危害劳动者的首诊医疗卫生机构,应当及时向所在地县级卫生行政部门报告。地方各级卫生行政部门,负责管辖范围内职业病危害事故的统计报告工作,并应当定期向有关部门和同级工会组织通报职业病危害事故发生情况，并由省级以上卫生行政部门统一对外公布。任何单位和个人不得以任何借口对职业病危害事故瞒报、虚报、漏报和迟报。

(三)职业病病人保障

根据职业病防治法第49条至第54条的规定，对职业病的处理方法，即职业病病人的保障主要包括：

用人单位应当及时安排对疑似职业病病人进行诊断，在疑似职业病病人诊断或者医学观察期间，不得解除或者终止与其订立的劳动合同，并承担相关费用。职业病病人依法享受国家规定的职业病待遇。用人单位应当按照国家有关规定，安排职业病病人进行治疗、康复和定期检查。对不适宜继续从事原工作的职业病病人，应当调离原岗位，并妥善安置。对从事接触职业病危害的作业的劳动者，应当给予适当岗位津贴。职业病病人的诊疗、康复费用，伤残以及丧失劳动能力的职业病病人的社会保障，按照国家有关工伤社会保险的规定执行。职业病病人除依法享有工伤社会保险外，依照有关民事法律，尚有获得赔偿的权利的，有权向用人单位提出赔偿请求。劳动者被诊断患有职业病，但用人单位没有依法参加工伤社会保险的，其医疗和生活保障由最后的用人单位承担；最后的用人单位有证据证明该职业病是先前用人单位的职业病危害造成的，由先前的用人单位承担。职业病病人变动工作单位，其依法享有的待遇不变。用人单位发生分立、合并、解散、破产等情形的，应当对从事接触职业病危害作业的劳动者进行健康检查，并按照国家有关规定妥善安置职业病病人。

本章小结

劳动安全卫生是国家为了保护劳动者在劳动过程中的安全和健康而制定的各种法律规范的总称，包括劳动安全规程、劳动卫生规程、企业安全卫生管理制度等。加强劳动安全卫生立法，有利于保护劳动者的安全和健康，改善劳动条件，促进劳动生产率的不断提高。

劳动安全规程包括工厂安全技术规程、建筑安装工程安全技术规程和矿山安全技术规程等。

劳动卫生规程包括防止粉尘危害、防止有毒有害物质的危害、防止噪音和强光的刺激、防暑降温、通风和照明、防护用品和职工健康管理。

为保证生产，避免或减少伤亡事故，用人单位必须对劳动者进行安全卫生教育，对从事特种作业的劳动者必须进行专门培训和考核。

在劳动安全生产中，要明确劳动者在安全生产过程中的权利和义务。

为及时了解与研究职工伤亡事故发生的情况、原因和规律，以便预防和减少事故及职业病的发生，国家应建立伤亡事故和职业病统计报告和处理制度。

思 考 题

1. 劳动安全卫生立法的意义有哪些？
2. 简述劳动安全规程的内容。
3. 简述“三同时”原则的内容。
4. 劳动者在安全生产中的权利与义务有哪些？

第九章　女职工和未成年工的特殊保护

［学习目标］

明确女职工和未成年工特殊保护的意义；掌握女职工和未成年工特殊保护的内容。

［学习方法］

查找相关法条，结合案例加深理解所学内容。

［重点难点］

重点·女职工和未成年工特殊保护的意义

·女职工特殊保护的内容

·未成年工特殊保护的内容

难点·女职工“四期”的特殊劳动保护

第一节　女职工和未成年工特殊保护概述

一、女职工和未成年工特殊保护的概念

女职工是指所有以工资收入为主要生活来源的女性劳动者。女职工特殊保护是指根据女职工身体结构、生理机能的特点以及抚育子女的特殊需要，在劳动方面对妇女特殊权益的法律保障。

未成年工是指年满16岁未满18周岁的劳动者。未成年工的特殊保护是指根据未成年工的身体发育尚未定型的特点，对未成年工在劳

动方面特殊权益的法律保障。

最早的劳动立法是针对童工和女工的劳动保护而规定的。如1802 年英国通过了限制纺织工厂童工工作时间的《学徒健康与道德法》,1842 年英国颁布的工厂法规定,禁止使用女工和 10 岁以下的童工从事矿坑内劳动。第二次世界大战后,许多国家都相继制定了对女工和未成年工实行特殊保护的法律,国际劳工组织通过了许多公约,我国 1980 年批准了联合国《消除对妇女一切形式歧视公约》,1984 年批准了《确定准许使用儿童从事工业劳动的最低年龄公约》。但从世界范围看,妇女就业率低、同工不同酬、雇佣童工现象仍是各国普遍存在的问题。

我国是社会主义国家,历来重视对妇女和儿童的保护,体现了社会主义制度的优越性。改革开放以来,我国在此方面的立法有了进一步的发展。在女职工特殊保护方面,1988 年 7 月 21 日国务院颁布了《女职工劳动保护规定》,这是我国第一部综合性女职工劳动保护法规。1990 年 1 月 18 日原劳动部颁布了《女职工禁忌劳动范围的规定》,1992 年 4 月 3 日第 7 届全国人大第 5 次会议通过了《中华人民共和国妇女权益保障法》,其中第 4 章对妇女的劳动权益做了明确的规定;在未成年工特殊保护方面,1991 年国务院颁布《禁止使用童工规定》,2002 年 12 月 1 日被废止,同时施行新的《禁止使用童工规定》,1991 年 9 月 4 日第 7 届全国人大常委会第 21 次会议通过了《中华人民共和国未成年人保护法》,1994 年 12 月 9 日原劳动部发布了《未成年工特殊保护规定》。我国劳动法对女职工和未成年工的特殊保护作出专章规定,此外,在第 2 章“促进就业”中规定了妇女的劳动权和禁止使用童工的原则,在第 5 章“工资”中规定了男女同工同酬。

二、女职工和未成年工特殊保护的意义

(一)有利于促进我国生产力的发展和提高劳动者的素质

妇女是重要的劳动力资源，妇女就业范围十分广泛，涉及各行各业。基于女职工的生理特点对其进行特殊保护，可以更有效地调动女职工的生产积极性和创造性，使其发挥更大的作用。未成年工是劳动力的组成部分，对未成年工进行特殊保护，既能够保护未成年工的身体健康，又能够提高他们的文化水平和劳动技能，这对提高劳动力素质具有重要意义。

(二)有利于保证人类健康繁衍生存和劳动力再生产质量

对女职工进行特殊保护，不仅有利于妇女，而且有利于下一代的健康。未成年工处于身体发育阶段，他们的生理和心理都需要特殊保护，对其从事的工种、工作时间和劳动强度等进行限制，可以使未成年工健康成长。

第二节　女职工的特殊劳动保护

女职工特殊劳动保护是指根据女职工的生理特点，在劳动安全卫生方面采取的不同于男职工的特殊保护。劳动法第 58 条规定，国家对女职工实行特殊劳动保护。

一、女职工禁忌从事的劳动范围

劳动法第 58 条规定，国家对女职工实行特殊劳动保护。第 59 条规定："禁止安排女职工从事矿山井下、国家规定的第四级体力劳动强度的劳动和其他禁忌从事的劳动。"《女职工劳动保护规定》第 5 条规定："禁止安排女职工从事矿山井下、国家规定的第四级体力劳动强度的劳动和其他女职工禁忌从事的劳动。"根据《女职工禁忌劳动范围的规定》第 3 条的规定，女职工禁忌劳动的范围包括：

(一)矿山井下作业。矿山井下作业是指常年在矿山井下从事各种劳动，不包括临时性的工作，如医护人员下矿井进行治疗和抢救等。

（二）森林业伐木、归楞及流放作业。

（三）《体力劳动强度分级》标准中第4级体力劳动强度的作业。根据1989年1月20日原劳动部印发的《〈女职工劳动保护规定〉问题解答》第6条的解释，体力劳动强度的大小是以劳动强度指数来衡量的，劳动强度指数是由该工种的平均劳动时间率、平均能量代谢率两个因素构成的。劳动强度指数越大，体力劳动强度也越大；反之，体力劳动强度就小。劳动强度指数小于15，体力劳动强度为1级；大于15，小于20，为2级；大于20，小于25，为3级；大于25，为4级。若需了解某工程劳动强度的大小，可请当地劳动部门劳动安全卫生检测站实地测量和计算。

（四）建筑业脚手架的组装和拆除作业，以及电力、电信行业的高处架线作业。

（五）连续负重（指每小时负重次数在6次以上）每次负重超过20公斤，间断负重超过25公斤的作业。

二、女职工“四期”的特殊劳动保护

所谓“四期”是指经期、孕期、产期和哺乳期。这是妇女生理机能发生变化的时期，对女职工的“四期”保护，是指针对女职工生理机能的变化，在女职工经期、孕期、产期和哺乳期间给予的特殊保护。

（一）经期保护

经期保护是指对女职工月经期间的特殊保护。劳动法第60条规定：“不得安排女职工在经期从事高处、低温、冷水作业和国家规定的第三级体力劳动强度的劳动。”《女职工劳动保护规定》第6条也作出了同样的规定。《女职工禁忌劳动范围的规定》第4条规定：女职工在月经期间禁忌从事的劳动范围为：(1)食品冷冻库内及冷水等低温作业；(2)《体力劳动强度分级》标准中第3级体力劳动强度的作业；(3)《高处作业分级》标准中第2级（含2级）以上的作业。根据《劳动部关于〈劳动法〉若干条文的说明》第 60 条的解释，所谓高处作业是指 2 级高处作业，即在坠落高度基准面 5 米以上（含 5 米）有可能坠落的高处进行的作业。低温作业是指在劳动生产过程中，其工作地点平均气温等于或低于 5℃的作业。冷水作业是指在劳动生产过程中，操作人员接触冷水温度等于或小于 12℃的作业。女职工月经期间，机体抵抗力下降，接触冷水及低温作业会对机体造成不良影响，从事高处作业，易发生事故。如不对其进行保护，将会影响女职工的健康及生育能力。

（二）孕期保护

孕期保护是指对女职工怀孕期间的特殊保护。劳动法第 61 条规定："不得安排女职工在怀孕期间从事国家规定的第三级体力劳动强度的劳动和孕期禁忌从事的劳动。对怀孕七个月以上的女职工，不得安排其延长工作时间和夜班劳动。"《女职工禁忌劳动范围的规定》第 5 条、第 6 条作出了具体的规定：

1. 已婚待孕女职工禁忌从事的劳动范围是：铅、汞、苯、镉等作业场所属于《有毒作业分级》标准中第 3、4 级的作业。有毒作业分级标准主要根据毒物危害程度、有毒作业时间、毒物浓度超标倍数 3 项指标，分为 1 级为极度危害；2 级为高度危害；3 级为中毒危害；4 级为轻度危害。

2. 怀孕女职工禁忌从事的劳动范围具体包括：

（1）作业场所空气中铅及其化合物、汞及其化合物、苯、铝、铍、砷、氰化物、氮氧化物、一氧化碳、二硫化碳、氯、己内酰胺、氯丁二烯、氯乙烯、环氧乙烷、苯胺、甲醛等有毒物质浓度超过国家卫生标准的作业；（2）制药行业中从事抗癌药物及己烯雌酚生产的作业；（3）作业场所放射性物质超过《放射防护规定》中规定剂量的作业；（4）人力进行的土方和石方作业；（5）《体力劳动强度分级》标准中第 3 级体力劳动强度的作业；（6）伴有全身强烈震动的作业，如风钻、捣固机、锻造等作业；（7）工作中需要频繁弯腰、攀高、下蹲的作业，如焊接作业；(8)《高处作业分级》标准所规定的高处作业。

对怀孕7个月以上的女职工，不得安排其延长工作时间和夜班劳动。根据1989年1月20日原劳动部印发的《〈女职工劳动保护规定〉问题解答》第7条的解释，夜班劳动是指在当日22点至次日6点这段时间从事劳动或工作。此外，根据1989年1月20日原劳动部印发的《〈女职工劳动保护规定〉问题解答》第9条的解释，"女职工产前检查应按出勤对待，不能按病假、事假、旷工处理。"当然，这里的产前检查应是定期的常规检查，不包括孕期其他的检查和治疗。[①]

(三)产期保护

产期保护是指对女职工生育期间的特殊保护。劳动法第62条规定："女职工生育享受不少于90天的产假。"根据《女职工劳动保护规定》第8条的规定："女职工产假为90天，其中产前休假15天。难产的，增加产假15天。多胞胎生育的，每多生育1个婴儿，增加产假15天。女职工怀孕流产的，其所在单位应当根据医务部门的证明，给予一定时间的产假。"

根据1989年1月20日原劳动部印发的《〈女职工劳动保护规定〉问题解答》第10条及第11条的解释，女职工产假90天，分为产前假、产后假两部分。产前假15天，产后假75天。产前假是指预产期前15天的休假，产前假不得放到产后使用，若孕妇提前生产，可将不足的天数与产后假合并使用；若孕妇推迟生产，可将超出的天数按病假处理。国家规定产假90天，是为了能保证产妇恢复身体健康，因此产假不能提前或推后。至于教师产假正值寒暑假期间，能否延长寒暑假的时期，

① 余世平、刘新主编：《劳动法实务与案例评析》，中国工商出版社2002年版，第404页。

则由主管部门确定。

女职工怀孕流产的，根据1988年9月4日《劳动部关于女职工生育待遇若干问题的通知》的规定，其所在单位应当根据医务部门的证明，给予一定时间的产假。即女职工怀孕不满4个月流产时，应当根据医务部门的意见，给予15天至30天的产假；怀孕满4个月以上流产者，给予42天产假。产假期间，工资照发。

（四）哺乳期保护

哺乳期保护是指对女职工哺乳未满1周岁婴儿期间的保护。劳动法第63条规定："不得安排女职工在哺乳未满1周岁的婴儿期间从事国家规定的第三级体力劳动强度的劳动和哺乳期禁忌从事的其他劳动，不得安排其延长工作时间和夜班劳动。"《女职工劳动禁忌范围的规定》规定了哺乳未满1周岁的婴儿期间的乳母禁忌从事的劳动范围，即：（1）怀孕女职工禁忌从事劳动范围的第1、5项的作业，即作业场所空气中铅及其化合物、汞及其化合物、苯、铝、铍、砷、氰化物、氮氧化物、一氧化碳、二硫化碳、氯、己内酰胺、氯丁二烯、氯乙烯、环氧乙烷、苯胺、甲醛等有毒物质浓度超过国家卫生标准的作业；《体力劳动强度分级》标准中第3级体力劳动强度的作业。（2）作业场所空气中锰、氟、溴、甲醇、有机磷化合物、有机氯化合物的浓度超过国家卫生标准的作业。

根据《女职工劳动保护规定》第9条的规定，有不满1周岁婴儿的女职工，其所在单位应当在每班劳动时间内给予其2次哺乳（含人工喂养）时间，每次30分钟。多胞胎生育的，每多哺乳1个婴儿，每次哺乳时间增加30分钟。女职工每班劳动时间内的两次哺乳时间，可以合并使用。哺乳时间和在本单位内哺乳往返途中的时间，算作劳动时间。女职工哺乳婴儿满周岁后，一般不再延长哺乳期。如果婴儿身体特别虚弱，经医务部门证明，可将哺乳期酌情延长。如果哺乳期满时，正值夏季，也可延长一两个月。

劳动法第29条规定，女职工在孕期、产期、哺乳期内的，用人单位不得依据第26条非过失性辞退、第27条用人单位经济性裁员的规定，解除劳动合同。

第三节　未成年工的特殊劳动保护

未成年工的特殊劳动保护是指根据未成年工的身体发育尚未定型的特点，对未成年工在劳动过程中特殊权益的保护，包括限制就业年龄、限制工作时间、禁止从事某些作业、定期进行健康检查等内容。

一、最低就业年龄的规定

根据劳动法第58条的规定，未成年工是指年满16周岁未满18周岁的劳动者。此外，劳动法第15条规定，禁止用人单位招用未满16周岁的未成年人。从这些规定看，最低就业年龄为16周岁。特殊行业需招收16周岁以下的人员时，需经劳动人事部门批准。劳动法第15条规定，文艺、体育和特种工艺单位招用未满16周岁的未成年人，必须依照国家的有关规定，履行审批手续，并保障其接受义务教育的权利。

二、未成年工禁忌劳动的范围

劳动法第64条规定："不得安排未成年工从事矿山井下、有毒有害、国家规定的第四级体力劳动强度的劳动和其他禁忌从事的劳动。"1994年12月9日原劳动部发布的《未成年工特殊保护规定》第3条对未成年工禁忌从事的劳动范围做了具体规定，即用人单位不得安排未成年工从事以下范围的劳动：

1.《生产性粉尘作业危害程度分级》国家标准中第1级以上的接尘作业；

2.《有毒作业分级》国家标准中第1级以上的有毒作业；

3.《高处作业分级》国家标准中第2级以上的高处作业；

4.《冷水作业分级》国家标准中第2级以上的冷水作业；

5.《高温作业分级》国家标准中第3级以上的高温作业；

6.《低温作业分级》国家标准中第3级以上的低温作业；

7.《体力劳动强度分级》国家标准中第4级体力劳动强度的作业；

8. 矿山井下及矿山地面采石作业；

9. 森林业中的伐木、流放及守林作业；

10. 工作场所接触放射性物质的作业；

11. 有易燃易爆、化学性烧伤和热烧伤等危险性大的作业；

12. 地质勘探和资源勘探的野外作业；

13. 潜水、涵洞、涵道作业和海拔3000米以上的高原作业(不包括世居高原者)；

14. 连续负重每小时在6次以上并每次超过20公斤，间断负重每次超过25公斤的作业；

15. 使用凿岩机、捣固机、气镐、气铲、铆钉机、电锤的作业；

16. 工作中需要长时间保持低头、弯腰、上举、下蹲等强迫体位和动作频率每分钟大于50次的流水线作业；

17. 锅炉司炉。

此外，该规定对未成年工患有某种疾病或具有某些生理缺陷(非残疾型)时，用人单位不得安排从事劳动的范围进行了规定。

三、对未成年工定期健康检查制度

劳动法第65条规定："用人单位应当对未成年工定期进行健康检查。"身体发育尚未成熟的未成年工，不能适应过重的劳动，过大的劳动消耗对其身体的发育极为不利，因此，为保护未成年工的身心健康，需要对其实行定期健康检查制度。《未成年工特殊保护规定》第6条、第7条及第8条对未成年工定期健康检查制度做了具体规定。

(一)用人单位应对未成年工定期进行健康检查的情况

1. 安排工作岗位之前；

2. 工作满1年；

3. 年满18周岁，距前一次的体检时间已超过半年。

(二)未成年工的健康检查项目

未成年工的健康检查项目，应按原劳动部统一制作的《未成年工健康检查表》列出的项目进行。

(三)健康检查后的工作安排

用人单位应根据未成年工的健康检查结果安排其从事适合的劳动；对不能胜任原劳动岗位的，应根据医务部门的证明，予以减轻劳动量或安排其他劳动。

本章小结

对女职工和未成年工的特殊劳动保护是由女职工的生理机能和身体结构以及未成年工的身体特点决定的。对女职工和未成年工的特殊劳动保护，有利于促进我国社会生产力的发展，提高劳动者的素质，也有利于保证人类健康繁衍和劳动力再生产质量。

女职工特殊劳动保护是指根据女职工的生理特点，在劳动安全卫生方面采取的不同于男职工的特殊保护。对女职工的特殊劳动保护包括合理安排女职工的工种和工作；对女职工在孕期、经期、产期、哺乳期的特殊劳动保护。

未成年工的特殊劳动保护是指根据未成年工的身体发育尚未定型的特点，对未成年工在劳动过程中特殊权益的保护。其内容主要包括：最低就业年龄的规定、禁止未成年工从事的劳动范围、对未成年工定期进行健康检查等。

思 考 题

1. 试述对女职工和未成年工特殊劳动保护的意义。

2. 女职工“四期”保护的内容有哪些？

3. 未成年工特殊劳动保护的主要内容有哪些？

第十章 职业培训

[学习目标]

本章主要明确职业培训的意义；掌握职业培训的分类；了解职业技能的考核鉴定及职业资格证书制度。

[学习方法]

理解。

[重点难点]

重点·职业培训的意义

·职业培训的分类

·职业技能考核鉴定与职业资格证书制度

第一节 职业培训概述

一、职业培训的含义

职业培训，又称职业技能开发，是指对具有劳动能力的劳动者从事某种职业和做好工作所必需的专业技术知识、实际操作技能和职业道德、职业纪律而进行的教育训练。各国都非常重视劳动者的职业培训，20 世纪 60 至 70 年代各国纷纷制定职业培训法，如日本 1958 年的《职业培训法》，美国 1963 年的《职业培训法》，德国 1969 年先后颁布了《职业训练法》、《训练奖励法》、《雇佣促进法》，1976 年颁布了《改进训练场所法》等。我国原劳动部 1961 年 5 月颁布了《技术学校通则》，1990 年

7月颁布了《工人考核条例》,1994 年 12 月颁布了《关于就业训练规定》,全国人大常委会 1996 年 5 月颁布了职业教育法,同年 10 月原劳动部和国家经贸委发布了《企业职工培训规定》。我国目前已建立起了一套职业培训法律制度。

二、职业培训的意义

(一)职业培训是实现就业的必要条件。

(二)职业培训是增强国力的重要途径。

(三)职业培训是提高劳动者素质的重要手段。

第二节　职业培训的分类

劳动法第 66 条规定:“国家通过各种途径,采取各种措施,发展职业培训事业,开发劳动者的职业技能,提高劳动者素质,增强劳动者的就业能力和工作能力。”第 67 条规定:“各级人民政府应当把发展职业培训纳入社会经济发展的规划,鼓励和支持有条件的企业、事业组织、社会团体和个人进行各种形式的职业培训。”职业培训,是劳动者实现就业的必要条件,是提高劳动力素质的重要手段。职业培训按不同的标准有不同的分类:

一、就业前的职业培训和就业后的职业培训

这是以培训对象为标准来划分的。

(一)就业前的职业培训

就业前的培训是指对具有就业愿望的公民提供的专业知识和操作技能的教育与训练。接受培训的人员包括:城乡初次求职的劳动者、曾经就业现在失业的职工和需要转换职业的企业富余职工、准备从事非农业工作及进城务工的农村劳动者等。其中国家对新生劳动力和从事技术工种的劳动力的职业培训作出特殊的规定。

1. 新生劳动力与劳动预备制度。劳动预备制度是国家为提高青年劳动者素质，培养劳动后备军而建立和推行的新型培训就业制度。实行劳动预备制度的主要对象是城镇未能继续升学的初、高中毕业生和农村未能继续升学准备从事非农业工作或进城务工的初、高中毕业生。各地可根据实际情况引导城镇失业人员和国有企业下岗职工参加劳动预备制培训。

1996 年 5 月 15 日第 8 届全国人大常委会第 19 次会议通过的《中华人民共和国职业教育法》第 8 条第 2 款规定："国家实行劳动者在就业前或者上岗前接受必要的职业教育的制度。"1998 年 6 月 9 日《中共中央国务院关于切实做好国有企业下岗职工基本生活保障和再就业工作的通知》中指出，"要普遍实行劳动预备制度，对城镇未能继续升学的初、高中毕业生，进行 1—3 年的职业技术培训。"根据 1999 年 6 月 27 日《国务院办公厅转发劳动保障部等部门关于积极推进劳动预备制度加快提高劳动者素质意见的通知》，从 1999 年起，在全国城镇普遍推行劳动预备制度，组织新生劳动力和其他求职人员，在就业前接受 1—3 年的职业培训和职业教育，使其取得相应的职业资格或掌握一定的职业技能后，在国家政策的指导和帮助下，通过劳动力市场实现就业。

根据 1996 年 12 月 31 日《劳动部关于进行劳动预备制度试点工作的通知》，参加劳动预备制的人员进行职业培训原则上实行免试入学，需要经过文化考核和能力测试的，由当地政府确定；进入各类职业学校学习按国家或地方有关规定进行。培训所需经费原则上由个人和用人单位承担，政府给予必要的支持。对家庭经济确有困难的，可酌情减免培训费用。培训内容主要是进行职业技能和专业理论学习，并进行必要的文化知识学习和创业能力培训，同时进行职业道德、职业指导、法制观念等教育。对劳动预备人员进行培训，可采取灵活多样的形式。劳动预备制人员培训或学习期满，取得相应证书后，方可就业。

2. 从事技术工种的劳动者与就业准入制度。劳动法第 68 条第 2 款规定:“从事技术工种的劳动者,上岗前必须经过培训。”技术工种是指技术复杂、通用性广,涉及国家财产、人民生命安全和消费者利益的工种或职业。所谓就业准入制度是指从事技术工种的劳动者必须经过培训,并取得职业资格证书后,方可就业上岗。实行就业准入的职业范围由劳动和社会保障部确定并向社会发布。

(二)就业后的职业培训

就业后的培训又称在职培训,是指以已经就业的劳动者为培训对象的培训。劳动法第 68 条规定:“用人单位应当建立职业培训制度,按照国家规定提取和使用职业培养经费,根据本单位实际,有计划地对劳动者进行职业培训。”1996 年 10 月 30 日原劳动部发布的《企业职工培训规定》第 8 条规定:“企业应建立健全职工培训的规章制度,根据本单位的实际对职工进行在岗、转岗、晋升、转业培训,对学徒及其他新录用人员进行上岗前的培训。”第 9 条规定:“企业应将职工培训列入本单位的中长期规划和年度计划,保证培训经费和其他培训条件。”第 21 条规定,企业应按照以下国家规定提取、使用职工培训经费:(1)职工培训经费按照职工工资总额的 1.5%计取,企业自有资金可有适当部分用于职工培训;(2)职业培训经费应根据企业需要,安排合理比例用于职工技能培训;(3)企业用于引进项目、技术改造项目的技术培训费用可以在项目中列支;(4)工会用于职工业余教育的经费由各级工会掌握使用;(5)企业职工培训经费应合理使用,当年结余的可结转到下一年使用。根据职业教育法第 28 条的规定,用人单位应当承担对本单位的职工和准备录用的人员进行职业教育的费用,而不是由职工个人负担,对用人单位在录用职工时非法向劳动者个人收取费用的,应责令用人单位立即退还劳动者。

在职培训应贯彻按需施教、学用结合、定向培训的原则。在培训方式上，可以根据需要，单独或联合设立职工培训机构进行培训，也可委托社会公共培训机构进行培训。

二、学徒培训、就业训练中心培训、学校培训

这是以培训形式为标准进行的分类。

(一)学徒培训

学徒培训是指企业在生产过程中培训新工人的培训方式。通过学徒培训合同，明确师徒之间的权利义务关系，完成培训目标。一般培训期限为3年，企业可根据培训工种的技术复杂程度适当延长或缩短培训期限。

(二)就业训练中心培训

就业训练中心培训是指由劳动就业服务机构管理和指导的就业训练实体组织和举办的职业培训。就业训练中心培训的特点是：按照劳动力市场的需求设置专业和培训标准，根据专业的内容和受训人员的素质确定培训的期限，实行长短结合，一般培训期为3个月至1年；培训形式多样，具有较强的适应性；举办培训的主体为国家、地方政府或企业。主要以就业后培训为主，包括就业前培训。

(三)学校培训

学校培训是指由职业学校、技工学校和成人高等学校等教学机构承担的职业培训。

1. 职业(技术)学校培训。主要是培养初级技术人员的学校。其招收的对象为初中毕业生或初中文化水平以下的人员，学制2至3年。重点是在农村发展，为农村培养各类专业技术人员。

2. 技工学校培训。技工学校是培养中等技术水平和中等文化程度的技术工人的学校。招收对象为年满15周岁至22周岁的初、高中毕业生。学制为2至3年。

3. 成人高等学校培训。主要有教育学院、干部管理学院、职工大

学和各类业余大学。重点培养中、高级专业技术人才。

职业教育法第 24 条、1994 年 12 月 14 日原劳动部颁布的《职业培训实体管理规定》对设立职业培训实体，如职业学校和职业培训机构等的条件及程序进行了具体的规定。

第三节　职业技能考核鉴定和职业资格证书制度

劳动法第 69 条规定："国家确定职业分类，对规定的职业制定职业技能标准，实行职业资格证书制度，由经过政府批准的考核鉴定机构负责对劳动者实施职业技能考核鉴定。"

一、职业技能考核

职业技能考核是指有关机构或部门对劳动者实际业务水平的考查和评定。不同的职业其考核的标准不同。职业技能考核是工人考核的重要组成部分，1990 年 7 月 12 日原劳动部发布施行的《工人考核条例》，对劳动者职业技能考核的种类、内容、方法及组织管理等做了明确的规定。

(一)考核的种类

工人考核分为录用考核、转正定级考核、上岗转岗考核、本等级考核、升级考核及技师任职资格的考评。

(二)考核的内容和方法

考核的内容包括思想政治表现、生产工作成绩和技术业务水平三方面。针对不同的内容考核方法也不同。

(三)考核的组织和管理

全国工人考核由原劳动部综合管理，制定有关规定；省级和计划单列市劳动行政部门和国务院有关部门的劳动工资机构，制定实施办法，成立工人考核委员会，负责组织本地区、本部门的工人考核工作；企业、事业单位或企业的主管部门应根据实际情况组成不同专业的考核组织,负责具体考核工作。

二、职业技能鉴定

职业技能鉴定是指依据职业技能标准对劳动者的技术水平和工作能力进行评估和认定。1993 年 7 月 9 日原劳动部颁布了《职业技能鉴定规定》,对职业技能鉴定的机构、对象、鉴定工作的实施进行了规定。

职业技能鉴定的机构分为职业技能鉴定指导中心和职业技能鉴定站(所)。职业技能鉴定中心分为国务院劳动行政主管部门所属的指导中心、省、自治区、直辖市人民政府劳动行政主管部门所属的指导中心和经国务院劳动行政主管部门批准的有关行业建立的指导中心。职业技能鉴定站(所)是具体实施职业技能的鉴定机构。

职业技能鉴定的对象包括各类职业技能学校和培训机构毕(结)业生、企业、事业单位学徒期满的学徒工、自愿申请职业技能鉴定的人员。

职业技能鉴定站(所)享有独立进行职业技能鉴定的权利,有权拒绝任何组织或个人更改鉴定结果的非正当要求。

三、职业资格证书制度

职业资格证书制度在劳动法和职业教育法中均有规定,1994 年 2 月 22 日原劳动部、人事部颁布了《职业资格证书规定》。职业资格是对从事某一职业所必须具备的学识、技术和能力的基本要求。职业资格证书是由政府认定的考核鉴定机构,按照国家规定的职业技能标准或任职资格条件,对劳动者的技能水平或职业资格进行客观公正、科学规范的评价和鉴定的结果,是劳动者具备某种职业所需要的专门知识和技能的证明。

实行职业证书制度有利于加强劳动力的科学管理,促进劳动力的合理流动;有利于客观公正地评价专业技术人才,克服和改变以学历文凭为主的旧人才观念。

本章小结

职业培训是指对具有劳动能力的劳动者获得从事某种职业和做好工作所必需的专业技术知识、实际操作技能和职业道德、职业纪律而进行的教育训练。职业培训的意义在于:职业培训是实现就业的必要条件;是增强国力的重要途径;是提高劳动者素质的重要手段。

职业培训的分类因标准不同而有区别。以培训对象为标准可将职业培训分为就业前的培训和就业后的培训;以培训的形式为标准可将职业培训分为学徒培训、就业训练中心的培训和学校培训。

对经过职业培训的劳动者,国家规定了职业技能考核鉴定与职业资格证书制度。

思 考 题

1. 简述职业培训的概念与意义。
2. 简述职业培训的分类。
3. 简述劳动预备制度的内容。
4. 简述职业技能考核鉴定和职业资格证书制度。

第十一章　劳动争议处理

[**学习目标**]

通过本章的学习，掌握劳动争议的概念和分类；明确劳动争议的处理原则及其处理机构；掌握劳动争议的处理程序。

[**学习方法**]

对照相关法条，理解所学知识；分析案例，进一步巩固和消化所学知识。

[**重点难点**]

重点·劳动争议的概念和种类

·劳动争议的处理原则

·劳动争议的调解

·劳动争议的仲裁

·劳动争议的诉讼

难点·劳动争议的仲裁和诉讼

第一节　劳动争议处理概述

一、劳动争议的概念

劳动争议又称劳动纠纷，是指用人单位与劳动者之间因劳动权利和义务所发生的争议。

二、劳动争议的特征

(一)劳动争议的主体

劳动争议的主体必须是劳动关系的当事人,即一方是用人单位(包括具有法人资格的企业和不具有法人资格的企业),另一方是与用人单位建立劳动关系的劳动者。如果不是这二者之间发生争议,就不属于此范围。劳动法第2条第2款规定:"国家机关、事业组织、社会团体和与之建立劳动合同关系的劳动者,依照本法执行。"在这里要注意的是,当用人单位是国家机关、事业组织和社会团体时,如果该用人单位没有实行劳动合同制度,也并非按规定应当实行劳动合同制度,而是实行公务员制度或比照公务员制度,国家对其实行全部或部分拨款,且未实行企业化管理,双方订立的合同不属于劳动合同或不具有劳动合同的性质,就不能按照劳动争议处理,而是属于人事争议,应由人事争议仲裁委员会受理和处理。

(二)劳动争议的内容

劳动争议的内容是劳动争议的主体之间发生的劳动权利义务关系的纠纷,如不是这方面的纠纷,就不属于劳动争议。

(三)劳动争议的客体

劳动争议的客体是指劳动争议所指向的对象,是当事人一方对另一方的行为是否符合劳动法及其他法规的规定而提出的争议。

三、劳动争议的分类

(一)按参与争议的人数的多少分类

按参与争议的人数的多少,可分为个人劳动争议和集体劳动争议。个人劳动争议是劳动者个人与用人单位发生的劳动争议;集体劳动争议是指劳动者一方当事人在3人以上,有共同理由的劳动争议。

(二)按劳动者争议的内容分类

按照劳动者争议的内容,可分为因履行劳动合同发生的争议;因履行集体合同发生的争议;因企业开除、除名、辞退职工和职工辞职、自动离职发生的争议；因执行国家有关工作时间和休息休假、工资、保险、福利、培训、劳动保护的规定发生的争议等。

（三）按当事人国籍的不同分类

按照当事人国籍的不同，可分为国内劳动争议和涉外劳动争议。涉外劳动争议是指具有涉外因素的劳动争议，包括我国在国外设立的机构与我国派往该机构工作的人员之间发生的劳动争议、外商投资企业的用人单位与劳动者之间发生的劳动争议。

四、劳动争议的处理原则

劳动法第78条规定："解决劳动争议，应当根据合法、公正、及时处理的原则，依法维护劳动争议当事人的合法权益。"1993年7月6日国务院颁布的《中华人民共和国企业劳动争议处理条例》第4条规定："处理劳动争议，应当遵循下列原则：（一）着重调解，及时处理；（二）在查清事实的基础上，依法处理；（三）当事人在适用法律上一律平等。"

五、劳动争议的受案范围

因劳动法未对劳动争议的受案范围进行规定，关于劳动争议的范围，根据《中华人民共和国企业劳动争议处理条例》第2条、1995年8月4日《劳动部关于贯彻执行〈中华人民共和国劳动法〉若干问题的意见》第82条、1995年9月1日《劳动部关于劳动争议仲裁工作几个问题的通知》、1994年11月14日原劳动部发布的《企业经济性裁减人员规定》第10条、1994年12月6日原劳动部发布的《工资支付暂行规定》第19条、2004年1月20日劳动和社会保障部发布的《集体合同规定》第55条、2001年4月16日《最高人民法院关于审理劳动争议案件适用法律若干问题的解释》第1条等，劳动争议的受案范围大致包括：

因企业开除、除名、辞退职工和职工辞职、自动离职发生的争议；因执行国家有关工资、社会保险、福利、培训、劳动保护的规定发生的争议；因履行劳动合同和集体合同发生的争议，包括因执行、变更、解除、终止劳动合同的劳动争议；因职工流动、停薪留职、从事第二职业发生的争议；因用人单位裁减人员而发生的争议；因经济补偿和赔偿发生的争议；因用人单位录用职工非法收费而发生的争议；因劳动者与用人单位没有订立书面劳动合同，但已形成劳动关系后发生的争议；劳动者退休后，与尚未参加社会保险统筹的原用人单位因追索养老金、医疗费、工伤保险待遇和其他社会保险费而发生的争议；法律、法规规定受理的其他劳动争议案件。

第二节　劳动争议处理机构

一、劳动争议调解委员会

劳动争议调解委员会是依法成立的调解本单位发生的劳动争议的群众性组织。劳动法第80条规定："在用人单位内，可以设立劳动争议调解委员会。劳动争议调解委员会由职工代表、用人单位代表和工会代表组成。劳动争议调解委员会主任由工会代表担任。劳动争议经调解达成协议的，当事人应当履行。"根据《中华人民共和国企业劳动争议处理条例》的规定，职工代表由职工代表大会（或者职工大会）推举产生；企业代表由厂长（经理）指定；工会代表由工会委员会指定。调解委员会组成人员的具体人数由职工代表大会提出，并与厂长（经理）协商确定，企业代表的人数不得超过调解委员会成员总数的1/3。调解委员会主任由企业工会代表担任，调解委员会的办事机构设在工会委员会。没有建立工会组织的企业，调解委员会的设立及其组成由职工代表和企业代表协商决定。

二、劳动争议仲裁委员会

劳动争议仲裁委员会是国家授权、依法独立地对劳动争议案件进行仲裁的专门机构。根据《中华人民共和国企业劳动争议处理条例》第

17 条及第 18 条的规定，县、市、市辖区应当设立劳动仲裁委员会，负责本行政区域内发生的劳动争议。设区的市的仲裁委员会和市辖区的仲裁委员会受理劳动争议案件的范围，由省、自治区人民政府规定。发生劳动争议的企业与职工不在同一仲裁委员会管辖地区的，由职工当事人工资关系所在地的仲裁委员会处理。

劳动法第 81 条规定：劳动争议仲裁委员会由下列人员组成：劳动行政部门的代表、同级工会的代表、用人单位方面的代表组成。劳动争议仲裁委员会主任由劳动行政部门代表担任。根据《劳动部关于〈劳动法〉若干条文的说明》之解释，用人单位方面的代表是指政府指定的经济综合管理部门或者有关社会团体的代表。根据《中华人民共和国企业劳动争议处理条例》及 1993 年 11 月 5 日原劳动部发布的《劳动争议仲裁委员会组织规则》的规定，仲裁委员会的组成人员必须是单数。劳动仲裁委员会实行少数服从多数的原则。

仲裁委员会处理劳动争议，实行仲裁员、仲裁庭制度。即组成仲裁庭，仲裁庭由 3 名仲裁员组成，简单劳动争议案件，仲裁委员会可以指定 1 名仲裁员处理。仲裁委员会可以聘任劳动行政主管部门或者政府其他有关部门的人员、工会工作者、专家学者和律师为专职的或者兼职的仲裁员。兼职仲裁员与专职仲裁员在执行公务时享有同等权利。

三、人民法院

劳动争议当事人不服劳动争议仲裁委员会的裁决，在规定的期限内向人民法院起诉，人民法院依法受理。审理劳动争议案件的是各级人民法院的民事审判庭。

根据 2001 年 4 月 16 日公布的《最高人民法院关于审理劳动争议案件适用法律若干问题的解释》第 1 条的规定，“劳动者与用人单位之间发生的下列纠纷，属于《劳动法》第二条规定的劳动争议，当事人不服劳动争议仲裁委员会作出的裁决，依法向人民法院起诉的，人民法院应当受理:(一)劳动者与用人单位在履行劳动合同过程中发生的纠纷;(二)劳动者与用人单位之间没有订立书面劳动合同,但已形成劳动关系后发生的纠纷;(三)劳动者退休后,与尚未参加社会保险统筹的原用人单位因追索养老金、医疗费、工伤保险待遇和其他社会保险费用而发生的纠纷。”

第三节 劳动争议处理程序

劳动法第77条规定:“用人单位与劳动者发生争议,当事人可以依法申请调解、仲裁、提起诉讼,也可以协商解决。调解原则适用于仲裁和诉讼程序。”根据这条规定,处理劳动争议的途径或程序可分为:协商、调解、仲裁、诉讼。

一、协商

劳动争议发生后,首先应进行协商,协商一致后,双方可达成和解协议,由双方当事人自觉履行。当事人双方自行协商不是处理劳动争议的必经程序,当事人不愿协商或者协商不成的,可以向本单位劳动争议调解委员会申请调解或向劳动争议仲裁委员会申请仲裁。

二、调解

劳动争议的调解,是指企业劳动争议调解委员会对受理的劳动争议在查明事实、分清责任的基础上,依照有关劳动法规,以民主协商的方式促使用人单位与劳动者就争议的解决达成协议的全部活动。

劳动争议的调解与人民调解委员会的调解、企业主管部门的行政调解、劳动争议仲裁及诉讼程序中的调解不同,它是企业内基层群众组织的调解。在劳动争议处理过程中,企业调解委员会的调解占有重要的地位。但是,企业劳动争议调解委员会的调解并非解决劳动争议的必经程序,劳动争议发生后,当事人不愿协商或者协商不成的,可以向调解委员会申请调解，也可以不向调解委员会申请调解，而直接申请仲裁。企业劳动争议调解委员会的调解为群众性调解，调解协议无必须履行的法律效力。

劳动争议发生后，当事人双方愿意调解的，可以书面或者口头形式向劳动争议调解委员会申请调解。根据 1993 年 11 月 5 日原劳动部发布的《企业劳动争议调解委员会组织及工作规则》第 14 条的规定，当事人申请调解，应当自知道或者应当知道其权利被侵害之日起 30 日内，以口头或书面形式向调解委员会提出申请，并填写《劳动争议调解申请书》。上述规则第 15 条规定，调解委员会接到申请后，应当询问对方当事人意见，对方当事人不愿参加调解的，应做好记录，在 3 日内以书面形式通知申请人。对方当事人愿意参加调解的，调解委员会应 4 日内作出受理或不受理的决定，第 18 条规定，调解委员会调解劳动争议，应当自当事人申请调解之日起 30 日内结束。到期未结束的，视为调解不成。经调解达成协议的，制作调解书，双方当事人自觉履行。若当事人反悔，可以向仲裁机关申请仲裁。

三、仲裁

劳动争议的仲裁是指劳动争议仲裁机构依据劳动争议当事人的请求，对劳动争议的事实与责任依法作出裁决，对当事人双方均有强制力，并可强制执行的争议处理方式。

劳动争议发生后，当事人任何一方都可向劳动争议仲裁委员会申请仲裁。劳动法第 82 条规定："提出仲裁要求的一方应当自劳动争议发生之日起 60 日内向劳动争议仲裁委员会提出书面申请。"如果期限届满，仲裁委员会对其仲裁申请不予受理。当事人不服，依法向人民法院起诉的，根据《最高人民法院关于审理劳动争议案件适用法律若干问题的解释》第 3 条的规定，人民法院应当受理，对确已超过仲裁申请期限，又无不可抗力或者其他正当理由的，依法驳回其诉讼请求。

劳动争议仲裁委员会接到仲裁申请后，应当在7日内作出是否受理的决定。受理后，应当在收到仲裁申请的60日内作出仲裁裁决。劳动法第82条规定："仲裁裁决一般应在收到仲裁申请的60日内作出。对仲裁裁决无异议的，当事人必须履行。"《中华人民共和国企业劳动争议处理条例》第32条规定，案情复杂需要延期的，经报仲裁委员会批准，可以适当延期，但是延长期限不得超过30日。

仲裁裁决可以依法进行调解，劳动法第77条规定："调解原则适用于仲裁和诉讼程序。"根据《中华人民共和国企业劳动争议处理条例》的规定，经调解达成协议的，制作仲裁调解书。仲裁调解书自送达之日起具有法律效力。调解未达成协议或者调解书送达前当事人反悔的，仲裁庭应当及时裁决。仲裁庭作出裁决后，应当制作裁决书，送达双方当事人。

劳动法第83条规定："劳动争议当事人对仲裁裁决不服的，可以自收到仲裁裁决书之日起15日内向人民法院提起诉讼。一方当事人在法定期限内不起诉又不履行仲裁裁决的，另一方当事人可以申请人民法院强制执行。"也就是说，当事人对仲裁裁决不服的，自收到裁决书15日内，可以向人民法院起诉；期满不起诉的，裁决书即发生法律效力。当事人对发生法律效力的仲裁调解书和裁决书，应当依照规定的期限履行，一方当事人逾期不履行的，另一方当事人可以申请人民法院强制执行。

根据1993年10月18日原劳动部发布的《劳动争议仲裁委员会办案规则》第36条的规定，仲裁职工一方在30人以上的集体劳动争议适用特别审理程序。

从以上关于仲裁的内容看，我国劳动争议的仲裁采取的是强制性的、多轨制的一裁终局体制。所谓强制性是指仲裁是解决劳动争议的必经程序，即仲裁前置；所谓多轨制是指对仲裁裁决不服，还可向人民法院提起诉讼，并非只能在仲裁与诉讼之间二者择一；所谓一裁终局是指劳动争议仲裁只设一级仲裁机构，当事人只能申请一次仲裁。

四、诉讼

劳动法第 79 条规定："劳动争议发生后，当事人可以向本单位劳动争议调解委员会申请调解；调解不成，当事人一方要求仲裁的，可以向劳动争议仲裁委员会申请仲裁。当事人一方也可以直接向劳动争议仲裁委员会申请仲裁。对仲裁裁决不服的，可以向人民法院提起诉讼。"劳动争议的诉讼，是解决劳动争议的最终程序，人民法院审理劳动争议案件适用民事诉讼法所规定的诉讼程序。

（一）劳动争议诉讼案件的管辖

劳动争议诉讼的管辖遵循民事诉讼法的管辖规定。《最高人民法院关于审理劳动争议案件适用法律若干问题的解释》第 8 条规定："劳动争议案件由用人单位所在地或者劳动合同履行地的基层人民法院管辖。劳动合同履行地不明确的，由用人单位所在地的基层人民法院管辖。"第 9 条规定："当事人双方不服劳动争议仲裁委员会作出的同一仲裁裁决，均向同一人民法院起诉的，先起诉的一方当事人为原告，但对双方的诉讼请求，人民法院应当一并作出裁决。当事人双方就同一仲裁裁决分别向有管辖权的人民法院起诉的，后受理的人民法院应当将案件移送给先受理的人民法院。"

（二）劳动争议诉讼案件的类型

根据劳动法第 79 条的规定，劳动争议的案件必须是因不服劳动争议仲裁委员会的仲裁而向人民法院起诉的案件。然而，在实践中，劳动争议案件的表现形式复杂多样。根据《最高人民法院关于审理劳动争议案件适用法律若干问题的解释》的规定，劳动争议诉讼案件还包括以下类型的案件：

1. 当事人因劳动争议仲裁委员会以当事人申请仲裁的事项不属

于劳动争议为由不予受理而起诉的案件。劳动争议仲裁委员会以当事人申请仲裁的事项不属于劳动争议为由，作出不予受理的书面裁决、决定或者通知，当事人不服，依法向人民法院起诉的，人民法院应当分别情况予以处理：第一，属于劳动争议案件的，应当受理；第二，虽不属于劳动争议案件，但属于人民法院主管的其他案件，应当依法受理。

2. 当事人因劳动争议仲裁委员会以仲裁申请超过仲裁时效为由不予受理而起诉的案件。劳动争议仲裁委员会以当事人的仲裁申请超过60日期限为由，作出不予受理的书面裁决、决定或者通知，当事人不服，依法向人民法院起诉的，人民法院应当受理；对确已超过诉讼期限，又无不可抗力或者其他正当理由的，依法驳回其起诉。

3. 劳动争议仲裁委员会以申请仲裁的主体不合格为由，作出不予受理的书面裁决、决定或者通知，当事人不服，依法向人民法院起诉的，经审查，确属主体不适格的，裁定不予受理或驳回起诉。

4. 当事人不服重新作出的仲裁裁决而起诉的案件。劳动争议仲裁委员会为纠正原仲裁裁决错误重新作出裁决，当事人不服，依法向人民法院起诉的，人民法院应当受理。

5. 劳动争议仲裁委员会仲裁的事项不属于人民法院受理的案件范围，当事人不服，依法向人民法院起诉的，裁定不予受理或者驳回起诉。

本章小结

劳动争议又称劳动纠纷，是指用人单位与劳动者之间因劳动权利和义务而发生的争议。劳动争议的特征表现在争议的主体、争议的内容及争议的客体等方面。

劳动争议的分类因标准不同而有区别。可按劳动争议的参加人数划分；也可按劳动争议的内容划分；还可按当事人的国籍划分。

劳动争议的处理机构有劳动争议调解委员会、劳动争议仲裁委员会和人民法院。

劳动争议的处理程序包括协商、调解、仲裁和诉讼四个阶段，其中仲裁是必经程序。

思　考　题

1. 简述劳动争议处理的原则。

2. 简述劳动争议的调解、仲裁、诉讼之间的关系。

社会保障法

第十二章　社会保障法总论

［学习目标］

了解社会保障（法）的概念、特征与调整对象；明确社会保障法的理念及原则；介绍社会保障法的历史沿革。

［学习方法］

了解社会保障的相关知识，为社会保障法的学习打下基础。

［重点难点］

重点·社会保障的概念与特征

·社会保障法的特征

·社会保障法的理念与原则

难点·社会保障法的理念

第一节　社会保障法的概念、特征与调整对象

一、社会保障的概念和特征

（一）社会保障的概念

建立和发展社会保障制度对世界各国来说都是一个重要的课题。关于社会保障的概念，国内外有着各种各样的表述，但是，对"社会保障"一词如何下一个完整、严密的定义，却是困难的。对于初学社会保障法的人来说，这并不是最重要的。总体来说，社会保障是一个历史的概念，也是一个具有目的性的统合概念。如果把社会保障作为一项法

律制度来看的话，又可以称其为社会保障法，即所谓社会保障法，是指从法学角度考察社会保障制度。社会保障作为法律概念，最早出现在1935年美国罗斯福总统签署的一项历史性法案——《社会保障法》中。以后，“社会保障”一词逐渐为世界各国普遍采用。

从世界各国关于社会保障的定义看，“社会保障”一词应具有以下内容：即社会保障的责任主体是国家；社会保障的根本目的在于满足社会全体成员的基本生活需要，是对公民在年老、疾病、伤残、失业、生育、死亡、遭遇灾害、面临生活困难时给予的帮助；社会保障制度的建立是以国家立法为依据；社会保障的内容随着社会经济的发展会不断有所发展和提高；社会保障的价值在于实现社会公平和社会正义。

(二)社会保障的特征

1. 安全性。社会保障的根本目的在于保障全体社会成员在遭遇各种生活风险时，能够从国家和社会获得必要的帮助和补偿。

2. 强制性。社会保障的强制性是确保社会保障制度有效运作并发挥作用的重要前提。为使社会保障制度得以实施，各国都采用法律的形式对社会保障制度加以规制。

3. 社会性。社会保障涉及的是社会问题，这种社会问题并非个人力量所能解决，必须借助国家力量来制定社会政策，将全体社会成员纳入到社会保障的体系之内，使他们在遭遇各种风险时，基本生活能够得到保障。

4. 互助性。社会保障是借助国家力量对国民收入进行再分配的一种方式，是国民收入在不同群体之间的转移。社会保障的互助性有利于调节收入，实现社会公正。[①]

---

① 林嘉：《社会保障法的理念、实践与创新》，中国人民大学出版社 2002 年版，第 12 页—第14 页。

（三）社会保障的内容

关于社会保障的内容，理论上有多种提法。1985 年《中共中央关于制定第七个五年计划的建议》中把我国社会保障的内容划分为社会保险、社会救济、社会福利和优待抚恤四大部分。1992 年中共中央在《关于建立社会主义市场经济体制若干问题的决定》中，将社会保障体系阐述为："社会保障体系包括社会保险、社会救济、社会福利、优抚安置和社会互助、个人储蓄积累保障。……发展商业性保险业，作为社会保险的补充。"理论界对社会保障的内容并无大的分歧，主要是对内容范围的宽窄看法不一致。从我国社会保障发展的历史与现状看，一般地认为，社会保障的内容包括社会保险、社会救助、社会福利和社会优抚四个方面。

社会保险是指国家通过立法强制建立社会保险基金，对劳动者在丧失劳动能力或失业时给予必要的物质帮助的制度。其内容包括养老保险、疾病保险、失业保险、工伤保险和生育保险。

社会救助又称国家扶助，是指国家对陷入贫困状态而不能维持最低生活标准的公民提供帮助，以保障其最低生活水平的制度。社会救助主要包括最低生活保障、灾害救助、扶贫救助等。

社会福利是指国家为全体社会成员提供的各种福利性补贴和举办各种福利事业，具体包括一般社会福利、职工福利和特殊社会福利。

社会优抚是指国家对维护国家安全和社会秩序作出贡献和牺牲的人员及其家属给予优待和抚恤的制度，主要包括社会优待、残疾抚恤和死亡抚恤。

二、社会保障法的概念与特征

（一）社会保障法的概念

社会保障法是指调整社会保障关系的法律规范的总称。具体地说，是指调整国家、社会和全体社会成员之间，在保障社会成员基本生活需要并不断提高其生活水平的过程中，所产生的社会保障关系的法律规范的总和。

(二)社会保障法的特征

1. 广泛的社会性

主要表现在：享受权利主体的普遍性，涉及全体社会成员；社会保障责任和义务的社会化，社会保障法要求国家、社会和全体成员共同承担社会保障的义务和责任，共担风险，共同筹措社会保障基金。

2. 严格的法定性

社会保障法是社会法，它是在批判传统私法原理基础上产生的，带有明显的国家干预的性质，即国家为保障公民的基本生活需要而强行规定的一系列准则，从社会保障项目的建立、社会保障资金的筹集和缴纳、社会保障金的发放到享受社会保障的主体范围都有明确的法律规定。

3. 实体法和程序法的统一性

一般来说，实体法和程序法互相依存，有一定的实体法，就有一定的程序法。但是社会保障法既有实体性法律规范，又有程序性法律规范，这是因为社会保障法所调整的法律关系具有复杂性，各种社会保障关系具有特定的要求，为了直接针对和便于适用，社会保障立法必须与各种社会保障关系的特定内容和运行环节相对应。

4. 特定的立法技术性

社会保障立法在立法技术上有较高的技术性，以数理计算为基础的"大数法则"和"平均数法则"等一些数理法则经常在立法中运用。[①]

三、社会保障法的调整对象

---

① 林嘉：《社会保障法的理念、实践与创新》，中国人民大学出版社 2002 年版，第 21 页—第22 页。

社会保障法的调整对象包括社会保障关系和与社会保障关系有密切联系的其他关系。[①]

(一)社会保障关系

一般认为,社会保障关系包括社会保险关系、社会救助关系、社会福利关系及社会优抚关系。

(二)与社会保障关系有密切联系的其他关系

具体包括:社会保障行政管理关系,即社会保障行政管理机关在行政管理过程中与社会保障经办机构、用人单位形成的社会关系;社会保障经办关系,即社会保障经办机构在经办社会保障事务过程中,与用人单位和社会成员之间所形成的关系;社会保障监督关系,即各种享有监督权的有关国家机关在对社会保障运行的监督过程中所形成的关系;处理社会保障争议所发生的某些社会关系,如社会保障经办机构与社会成员之间产生的争议、社会保障经办机构与用人单位之间发生的争议等。

第二节　社会保障法的理念与原则

一、社会保障法的理念

社会保障法的基本理念是社会保障法产生的理论基础和重要依据。社会保障法的理念主要有三:其一是生存权保障;其二是社会公平;其三是社会连带。

(一)生存权保障

最早将生存权规定在宪法中的是德国1919年魏玛宪法。第二次世界大战后,生存权的概念在世界范围内被普遍接受,许多国家在宪法

① 余卫明:《社会保障法学》,中国方正出版社2002年版,第31页。

中规定生存权的内容。在国际上，1948 年联合国大会通过的《世界人权宣言》明确规定，所有公民，作为社会成员之一，都享有社会保障权。1966 年联合国大会通过的《经济、社会和文化权利国际公约》具体规定了社会、经济和文化方面的权利。我国宪法第 44 条、第 45 条集中规定了社会保障权，我国于 1997 年 10 月 27 日签署了《经济、社会和文化权利国际公约》。社会保障法作为宪法关于生存权保障规定的具体化，就是对基本人权保障的实际落实。

（二）社会公平思想

社会保障是对国民收入的分配和再分配，是国民收入的一种转移。这种转移的理论基础是社会公平。公平是指合理的分享，公平的理念就是建立在平等的基础上的。然而，完全的平等并非绝对的公平。从法律的角度来说，宪法规定了人人平等原则，并在其他法律中得到体现。由于私法信奉形式平等、意思自治，对不同的人适用同一规则，任由不同的人们在同一规则下自由竞争，优胜劣汰，结果并不能真正实现平等。国家不能放任竞争，弱肉强食，国家必须进行干预，对社会的弱者进行救助，保障他们最基本的生活权利。

（三）社会连带思想

即把社会保障看成是一种连带社会责任或公共责任。所谓社会连带是指社会中人与人之间的相互作用、相互依赖的关系。社会中的人们为实现共同需要彼此之间要相互援助，照顾社会所有的人，既是个人的义务，也是社会的责任，只有每个人都保持基本的生活水准，社会才能稳定和发展。从社会保障的运作和功能看，无不渗透着强烈的社会连带思想。

二、社会保障法的基本原则

社会保障法的基本原则是指贯穿社会保障法律规范始终并对社会保障法律规范体系起主导作用的基本准则。

（一）生存权保障原则

作为宪法中的一项纲领性权利，生存权保障成为社会保障立法的最基本原则。

（二）普遍性原则

一切社会成员均享有社会保障的权利，即任何一个公民在年老、疾病、失业或无法维持最低生活等生活困难发生时，有请求国家给予社会保障的权利。

（三）社会共同责任原则

通过强制性立法建立社会共同责任机制，使社会风险由全体社会成员共同承担。但这并不否认国家责任，并且在诸如最低生活保障等方面只能实行国家责任原则。

（四）社会保障水平与经济发展相适应原则

社会保障发展水平受到一国经济发展水平的制约，在制定有关社会保障的项目及标准的立法时，必须从国家经济发展的实际情况出发，考虑国家、社会及社会成员可能负担的财力和物力等。

（五）社会公平和提高经济效率相结合原则

社会保障是实现公平的一种政府机制，但是这种公平必须和经济发展的效果结合起来，否则，将阻碍经济的发展，反而不利于社会问题的解决。

第三节　社会保障法的历史沿革

一、外国社会保障法的历史沿革

（一）萌芽时期

最早对社会保障进行专门立法的是英国。1601 年英国女王伊丽莎白颁布了《济贫法》，决定用征税的办法对圈地运动中流离失所的贫民进行救济。这部法律标志着社会保障从随意性走向制度化、法律化。瑞典于1763年制定了《济贫法》，决定由政府征收济贫税，承担救济贫民的责任。1834年英国通过《济贫法修正案》。

（二）形成时期

现代意义上的社会保障法形成于19世纪下半叶的德国。俾斯麦执政时期，通过了1883年《疾病保险法》、1884年《工伤保险法》、1889年《养老与残废保险法》。1911年，上述三部法律被确定为德国统一的法律文本，另增《孤儿寡妇保险法》，形成著名的《社会保险法典》。其他工业化国家也陆续颁布有关社会保障方面的法律。

（三）发展时期

20世纪30年代资本主义国家发生了严重的经济危机，造成严重的经济后果。为摆脱经济危机，稳定社会，缓和劳资矛盾，美国实行"新政"，强调国家干预经济生活。1933年美国颁布了《联邦紧急救济法案》，1935年颁布了著名的《社会保障法》，该法在社会保障立法史上具有重要的历史意义，是世界上第一部对社会保障进行全面系统规范的法律，其所确立的社会保障的普遍性和社会性原则成为世界各国社会保障立法的基本原则。

（四）完善时期

二战后，英国的贝弗里奇于1942年11月提出了《社会保险及相关服务》的报告，即"贝弗里奇报告"，这个报告强调将社会保障作为国家责任确立下来，制定了国家对于国民从"摇篮到坟墓"，即由出生到死亡的全面广泛的社会保障计划。以此为基础，英国进行了一系列社会保障立法，1945年颁布了《家庭补助法》，1946年颁布了《国民保险法》、《工业伤害保险法》和《国民健康服务法》，1948年颁布了《国民救助法》。上述法律于1948年7月5日同时生效，英国宣称建立了福利国家。在英国的影响下，世界各国纷纷进行社会保障立法。1952年国际劳工组织制定了《社会保障最低标准公约》，该公约对退休待遇、疾病津贴、医疗护理、失业救济、工伤补偿、残疾津贴、子女补助、死亡补助等内容做了规定。该公约对协调各国社会保障立法，促进社会保障的发展起了积极的作用。

二、我国社会保障法的历史沿革

(一)新中国成立前的社会保障立法

我国具有现代意义的社会保障制度始于革命根据地时期。1922年8月，在中国劳动组合书记部拟定的《劳动立法原则》中，就有关于社会保险的内容，如第17条规定："一切保险事业规章之订立，均应合劳动者参加之，俾可保障政府、公共及私人企业中劳动者所受到的损失，其保险费完全由雇主或国家分担之，不得使被保险者担负。"此后，在中国共产党领导下召开的历次全国劳动大会通过的各种决议案中，明确提出了实行社会保险的基本主张与要求。

土地革命时期，中国共产党在中央苏区颁布和实施了有关社会保障的立法。1930年6月在全国苏维埃区域代表大会上通过的《劳动保护法》中，规定了"保障与抚恤"和"社会保险"。1931年12月颁布的《中华苏维埃共和国劳动法》第10章是关于社会保险的内容，规定"社会保险对于一切雇佣劳动者不论他在国家企业、合作社或私人企业，不论工作时间之久暂，及给付工资的形式如何，都得施及之"。1933年在修订该法时，不仅对上述内容进行了补充完善，还规定"关于农业工人、苦力、家庭工人与零工的社会保障，中央劳动部得制定特别章程实施之"。

抗日战争时期，各抗日根据地制定的劳动保护条例也有关于社会保险的内容，主要是关于安置失业工人和保护女工的规定。

解放战争时期，1948年7月在哈尔滨举行了全国第6次劳动大会，通过了《关于中国职工运动当前任务的决议》，提出了有关社会保障的立法建议，即："劳动保险、伤害、疾病、老残等的医疗津贴抚恤，暂由工厂负责办理或由工厂和工会共同办理，其办法由政府规定或批准并监督实行，在工厂集中的城市或条件具备的地方，可以创办劳动的社会保险。职工福利事业由工厂和工会共同负责，或分别负责办理。"同年公布的《东北公营企业战时暂行劳动保险条例》，是我国保险立法史上第一个关于社会保险方面的专门法律。新中国成立前的立法活动，为以后的社会保障法律制度的建立奠定了一定的基础。

（二）建国后至十一届三中全会前的社会保障立法

从建国初期到1957年的创立时期，我国颁布了一系列的社会保障方面的法律法规，初步确立了社会保障的基本制度。1950年6月政务院颁布了《关于救济失业工人的指示》，原劳动部公布了《救济失业工人暂行办法》。1951年2月政务院颁布了《中华人民共和国劳动保险条例》，该条例对职工的养老、医疗、伤残、生育、失业、死亡保险等作出了具体规定。与此同时，关于国家机关、事业单位的社会保障制度也以单行法规的形式建立起来。如1950年内务部颁布了《革命工作人员伤亡褒恤暂行条例》，同时还颁布了《革命烈士家属优待暂行条例》、《革命残废军人优待抚恤暂行条例》、《革命军人牺牲、病故褒恤暂行条例》、《民兵民工伤亡抚恤暂行条例》，1952年颁布了《各级人民政府工作人员在患病期间待遇暂行办法》，1954年颁布了《关于女工作人员生育假期的规定》，1955年发布了《国家机关工作人员退休处理暂行办法》。

从1958年到1966年的改革时期，国家颁布了一些法律法规，以适应改革调整的需要。1958年政务院颁布了《关于工人、职员退休处理的暂行规定》、《关于企业、事业单位和国家机关中普通工和勤杂工的工资待遇的暂行规定》、《关于国营、公私合营、合作社营、个体经营的企业和事业单位的学徒的学习期限和生活补贴的暂行规定》、《关于工人、职员回家探亲的假期和工资待遇的暂行规定》。1962 年国务院发布了《关于精简职工安置办法的若干规定》。1965 年卫生部和财政部发出了《关于改进公费医疗管理问题的通知》。

从 1966 年到 1978 年的停滞时期，法制建设遭到极大破坏，社会保障立法处于停滞状态。

（三）十一届三中全会以来的社会保障立法

从 20 世纪 80 年代开始，我国开始逐步建立与市场经济体制相适应的社会保障制度，并对原有的社会保障制度进行改革，颁布了众多的有关社会保障的法律、法规及规章，并且，随着建立市场经济目标的明确化，从 20 世纪 90 年代中期开始，我国社会保障立法进入了突破性发展阶段。尤其值得一提的是，2004 年 3 月 14 日第十届全国人民代表大会第二次会议通过的《中华人民共和国宪法修正案》第 23 条在宪法第 14 条中增加了一款，作为第 4 款，即："国家建立健全同经济发展水平相适应的社会保障制度。"宪法修正案第 24 条在宪法第 33 条增加一款，作为第 3 款，即："国家尊重和保障人权。"这两条宪法修正案的内容具有重要的意义：一方面，表明了实行社会保障是国家的责任，国家对公民享有的社会保障权利予以保障；另一方面，为我国的社会保障立法提供了直接的宪法依据。

关于建国以后，特别是十一届三中全会以来的社会保障立法的发展，将在以下各章中分别阐述。

（四）我国社会保障立法存在的主要问题

目前，我国社会保障法律体系初步形成，但是，社会保障立法还存在一些问题，主要表现在：第一，立法仍不完备，一些重要的法律尚未制定出来。第二，立法层次偏低。已有的社会保障立法除社会福利方面的立法，大都以行政法规、部门规章等形式出现。第三，实施机制较弱，拖欠社会保险费和违规使用社会保险基金的情况仍然存在。[①]

本章小结

社会保障作为法律概念最早始于1935年美国的《社会保障法》。社会保障具有安全性、强制性、社会性和互助性的特征。我国社会保障的内容主要包括社会保险、社会救助、社会福利和社会优抚四个方面。

社会保障法是调整社会保障关系的法律规范的总称。社会保障法具有广泛的社会性、严格的法定性、实体法和程序法的统一性和特定的立法技术性。

社会保障法的基本原则包括:生存权保障原则、普遍性原则、社会共同责任原则、保障水平和经济发展相适应原则、社会公平与经济效率相结合原则。

社会保障萌芽于1601年英国的《济贫法》。现代意义上的社会保障法产生于19世纪下半叶的德国。1935年美国的《社会保障法》是世界上第一个对社会保障进行全面系统规范的法律,在社会保障立法史上具有重要的意义。我国十一届三中全会后,逐步建立起了适应市场经济的社会保障法律制度。

思 考 题

1. 社会保障法具有哪些特征?
2. 我国社会保障的内容有哪些?
3. 简述社会保障法的基本原则。

---

① 余卫明:《社会保障法学》,中国方正出版社2002年版,第41页—第42页。

第十三章　养老保险

［学习目标］

明确养老保险的概念和目的；了解养老保险立法的历史发展状况和我国养老保险的现状及改革目标；了解我国企业职工基本养老保险法律制度的主要内容。

［学习方法］

了解相关背景知识，理解所学内容。

［重点难点］

重点·养老保险的法律特征

·我国养老保险的改革

·基本养老保险制度的原则

·基本养老保险基金的筹集

难点·我国基本养老保险法律制度的改革

第一节　养老保险概述

一、养老保险的概念

养老保险又称老年保险或年金保险，是指国家通过立法建立养老保险基金，对因年老而退出劳动领域的劳动者提供物质帮助的一种社会保险制度。养老保险的目的是为了保障劳动者在年老退休时有可靠的经济来源，以使其老有所养，安度晚年。养老保险在整个社会保险制度中占据最重要的地位，在各项社会保险项目中，养老保险是实施最广泛的一个险种。在劳动领域的各种风险中，工伤、失业、疾病和生育等风险对于个体来说具有偶然性，但是因年老丧失劳动能力而导致丧失劳动收入的风险对劳动者来说却是无法避免的。养老保险必须尽可能地将所有劳动者纳入其范围内，这已成为各国养老保险制度发展的一项原则。

二、养老保险的特征

养老保险作为社会保险的组成部分，与其他社会保险项目相比，具有以下特征：

(一)养老保险的支付前提有特殊规定。

养老保险以劳动者达到法定退休年龄，永久退出劳动领域为前提，而其他社会保险项目是以劳动者暂时丧失劳动能力或失去劳动机会为前提。

(二)养老保险具有强制性。

养老保险由国家立法强制实行，用人单位、个人必须加入。

(三)养老保险费用由国家、集体和个人三方负担，并非全由政府承担。

(四)享受养老保险待遇的权利和义务在时间上是分离的。

三、养老保险的种类

(一)根据实施的主体和强制性程度不同，养老保险分为基本养老保险、补充养老保险和个人储蓄养老保险。

1. 基本养老保险，也称社会养老保险，是根据法律规定，由国家统一组织强制实施的保障退休人员基本生活的养老保险制度。

2. 补充养老保险，是指在养老保险的基础上，职工所在单位根据自身的经济情况，为本单位职工投保的养老保险。补充养老保险既是一种养老保险，也是用人单位的一项福利待遇。

3. 个人储蓄性养老保险，是指社会成员为了自己年老后生活能够获得保障，根据自己的收入水平自愿通过储蓄积累的方式进行的养老保险。

（二）根据实施方式的不同，养老保险可分为传统型、国家统筹型、强制储蓄型三种。

1. 传统型的养老保险又称雇佣相关模式或自保公助模式，最早为德国俾斯麦政府 1889 年颁布的养老法所规定，后被美国、日本等国家采纳。其特点是：国家通过有关的立法，依法强制实施；保险费以雇员和雇主缴纳为主，个人只有在履行缴费义务取得享受资格后，才能领取养老保险金；养老保险待遇水平与个人收入挂钩；国家对养老保险给予资助。

2. 国家统筹型养老保险分为福利国家型养老保险和苏联东欧型养老保险。前者强调享受对象的普遍性，实行完全的现收现付制度，并按"支付确定"的方式确定养老金水平，国家承担养老保险的主要资金责任。其优点是运作简单易行，通过收入再分配的方式提供养老保险；缺点是政府的负担过重。后者与前者不同的是适用的对象并非全体社会成员，只是在职的劳动者。

3. 强制储蓄型养老保险是指国家通过立法强制要求雇员和雇主各缴纳等额的保险费，共同出资建立特别基金，作为专款记入每个雇员的账户，作为雇员的存款，当受保人发生事故时，连本带息一次性发给本人，也可以分期领取，或者将存款交给遗属。这类养老保险强调自我保障和个人责任。代表国家为新加坡、智利等国。

四、养老保险的作用

（一）保障劳动者退休后的基本生活。

（二）促进经济发展。养老保险多实行养老保险待遇标准与工作业绩挂钩的方法。劳动者退休后领取养老金的数额，与其在职期间的工资收入、缴费年限等有关,养老保险正是通过内在的激励机制,鼓励劳动者勤奋工作,提高效率。

(三)有利于社会的稳定。

第二节　养老保险立法概况

一、外国养老保险立法概况

养老保险法,是指调整养老保险关系的法律规范的总称。现代意义上的养老保险制度起源于19世纪末期的德国。1889年,德国颁布了《养老与残废保险法》。根据该法规定,工人和普通官员一律实行老年和残废保险,保险基金由政府、企业主和工人三方负担,企业主和工人各承担保险费的一半,国家提供一定的补贴;退休者的退休金数额,根据其在职时的工资收入等级而定;凡年满71周岁、缴纳保险费在30年以上者,就有权享受养老保险待遇。[①] 继德国之后,丹麦、挪威、奥地利、英国、法国、意大利、西班牙等国都纷纷立法建立起了养老保险制度。前苏联及东欧国家大都于20世纪20年代开始实行养老保险,到20世纪50年代,许多发展中国家也建立起了养老保险制度。

二、我国养老保险的立法状况

我国养老保险立法经历了四个阶段:

(一)初创阶段(20世纪50年代初期)

这个时期的养老保险立法主要体现在1951年《中华人民共和国劳动保险条例》中。

(二)调整发展时期(20世纪50年代末期至60年代初期)

这个时期的养老保险立法主要体现在1958年国务院制定的《关于

---

① 余卫明:《社会保障法学》,中国方正出版社2002年版,第107页。

工人、职员退职处理的暂行规定》和《关于工人、职员退休处理的暂行规定》中。

(三)文革时期(20 世纪 60 年代中期至 70 年代中期)

养老保险立法出现停滞状况。

(四)改革时期(20 世纪 80 年代至今)

这个时期的养老保险立法主要表现在:1986 年国务院颁布《国营企业实行劳动合同制暂行规定》、1991 年国务院颁布《关于企业职工养老保险制度改革的决定》、1995 年国务院发布《关于深化企业职工养老保险制度改革的通知》、1997 年国务院发布《关于建立统一的企业职工基本养老保险制度的决定》。20 世纪 90 年代国务院颁布的这三个重要文件是我国养老保险立法的重要基础,指导着养老保险改革的实践;劳动和社会保障部以及其他部委的规章,指导着养老保险制度的具体操作。

我国至今尚未制定出养老保险的专门法律,甚至连较为规范的行政法规也没有制定出来。

第三节　中国基本养老保险法律制度

我国宪法第 44 条、第 45 条规定,保障公民在年老或退休后有从国家获得物质帮助的权利,劳动法第 70 条、第 73 条也规定建立社会保险制度,保证劳动者退休基本生活。此外,劳动法第 75 条规定:"国家鼓励用人单位根据本单位实际情况为劳动者建立补充保险。国家提倡劳动者个人进行储蓄性保险。"这就是说,我国实行多层次养老保险制度,即基本养老保险、企业补充养老保险和劳动者个人储蓄性养老保险制度。然而,到目前为止,我国养老保险制度改革的重点主要在基本养老保险制度上。

一、基本养老保险的适用范围

养老保险的范围，通常称之为养老保险的覆盖面，是指在一定范围内，享受养老保险的劳动者的量的界限。根据国务院1997年《关于建立统一的企业职工基本养老保险制度的决定》之六、十的规定，我国目前"基本养老保险制度要逐步扩大到城镇所有企业及其职工。城镇个体劳动者也要逐步实行基本养老保险制度"，"实行企业化管理的事业单位，原则上按照企业养老保险制度执行"。根据规定，目前基本养老保险的适用范围包括：城镇各类企业职工，包括国有企业、城镇集体企业、外商投资企业、城镇私营企业的职工；城镇个体劳动者和实行企业化管理的事业单位职工。

目前，就养老保险的范围问题，争议较大的是，第一，是否应当将公务员以及由国家拨款的事业单位工作人员纳入现行的养老保险体系。目前，国家机关、事业单位职工尚未纳入到统一的社会养老保险制度之中，退休者仍按原有制度领取退休工资。第二，是否应将城镇劳动者全部纳入到养老保险体系。这其实是个时间问题。从各国养老保险制度运作情况来看，并不是一开始就把全体雇员都纳入到统一的养老保险范围，而是在经济发展水平较高阶段才实行统一的养老保险制度。统一养老保险是世界各国养老保险发展的趋势。我国应从实际出发，采取逐步扩大的方式。第三，农村劳动者的养老保险如何解决。我国有8亿多农民，农民的养老问题如何解决关系到社会的稳定和社会保障目的的实现。20世纪80年代农村经济体制改革以前，农民养老主要由农村集体经济组织承担了大部分的责任。但是，随着农村经济体制改革的进行，家庭联产承包责任制的推行削弱了集体的保障能力，计划生育政策的推行使农村家庭结构趋于小型化，家庭保障功能减弱，随着工业化和户籍制度的松动，大批农村青年涌入城市，加速了农村的养老负担。面对这种形势，建立农村养老保险势在必行。1991年6月，根据国务院的决定，民政部制定了《县级农村社会养老保险基本方案》，开始进行试点。目前存在的主要问题是养老金回报率过低。[①]

二、基本养老保险制度的原则

（一）与经济发展水平相适应原则

我国劳动法第71条规定："社会保险水平应当与社会经济发展水平和社会承受能力相适应。"要根据生产力发展水平和各方面的承受能力，合理地确定包括养老保险在内的社会保险的范围、水平。既要保障劳动者基本生活的需要，又要充分考虑国情国力。

（二）社会互济与自我保障相结合原则

互济是保险机制的必然体现，自我保障则反映出个人缴费与享受养老金之间的因果关系。养老保险中的社会统筹和个人账户反映了这一原则的要求。

（三）权利与义务相对应原则

对劳动者而言，一方面劳动者需按规定缴纳基本养老保险费，这是其应尽的义务；另一方面，劳动者在退休后就享有取得养老金的权利。先尽义务后享权利，权利与义务相对应，这是基本养老保险赖以存在和发展的基础。

（四）公平与效率相结合原则

基本养老保险作为国民收入的再分配形式，其养老金待遇水平的差距应小于初次分配，以体现社会公平。同时，养老金的待遇水平也必须与劳动贡献相联系，以激励职工，提高效率。

（五）行政管理和基金管理分开原则

基本养老保险制度的施行有赖于科学的管理手段，将其行政管理

① 林嘉：《社会保障法的理念、实践与创新》，中国人民大学出版社2002年版，第167页—第170页。

与基金管理分开，由不同的机构承担，这有助于养老保险行政权的规范行使和养老保险基金的安全运作，防止养老保险基金被贪污、挪用，避免管理上的疏漏。

三、享受基本养老保险待遇的条件和计发方式

（一）享受基本养老保险待遇的条件

享受养老保险待遇必须具备相应的资格条件，主要包括年龄、工龄及缴费年限、退出劳动领域条件、居住期限和公民资格等。我国目前主要对年龄、工龄及缴费年限作出了规定。

1. 年龄条件。退休年龄是享受基本养老保险待遇的基本条件，退休年龄的高低直接影响养老保险基金的筹集和发放。退休的年龄，是一个国家根据社会经济发展的需要、人口的平均寿命及劳动力供求状况对劳动年龄的上限所做的规定。根据 1993 年《国家公务员暂行条例》和 1978 年《国务院关于工人退休、退职的暂行办法》的规定，退休年龄一般为男性年满 60 岁，女干部年满 55 岁，女工人年满 50 岁。此外，还规定了符合一定条件的特殊退休年龄。

2. 工龄条件。享受养老保险待遇，除达到退休年龄外，一般还要同时达到一定工龄。工龄是劳动者以工资收入为其全部或主要生活来源的劳动年龄。工龄的长短表示职工劳动时间的长短以及为社会积累劳动贡献的大小和技术熟练程度的高低，因而也是确定劳动者能否享受养老保险待遇及其金额多少的重要依据。根据 1993 年《国家公务员暂行条例》的规定，国家公务员符合下列条件之一的，本人提出要求，经任免机关批准，可以提前退休：(1) 男年满 55 周岁，女年满 50 周岁，且工作年限满 20 年的；(2) 工作年满 30 年的。此外，根据 1978 年《国务院关于工人退休、退职的暂行办法》的规定，工人退休的连续工龄应满 10 年。

3. 缴费年限。缴费年限是指企业和职工共同缴纳养老保险费的

年限。各国均规定一个最低缴费年限，又称最低保龄。最低保龄是参照人的一生正常寿命和可能的工作年限并结合保险金支出的财务状况估算而确定的。关于最低保龄的长短，国际劳工组织建议为15年。根据1997年国务院《关于建立统一的企业职工基本养老保险制度的决定》之规定，本决定实施后参加工作的职工，个人缴费年限累计满15年的，退休后按月发给基本养老金。个人缴费年限累计不满15年的，退休后不享受基本养老金待遇。其个人账户储存额一次支付给本人。本决定实施前已经离退休的人员，仍按国家原来的规定发给养老金，同时执行养老金调整办法。本决定实施前参加工作、实施后退休且个人缴费和视同缴费年限累计满15年的人员，按照新老办法平稳衔接、待遇水平基本平衡等原则，在发给基础养老金和个人账户养老金的基础上再确定过渡性养老金，过渡性养老金从养老保险基金中解决。

（二）养老保险金的计发方式

由于我国基本养老保险制度尚处于改革、转轨时期，情况较为复杂。实行个人账户以后，对不同年龄段的职工因缴费年限不同所引起的情况采取区别对待的办法计发养老金，即所谓“新人新办法，老人老办法，中人中办法”。

1. 新人新办法。即社会统筹和个人账户相结合的改革方案实施后参加工作的新职工的基本养老金计发办法。统一制度实施后参加工作的职工退休时，个人缴费年限累计满15年的，退休后按月发给基本养老金。基本养老金由基础养老金和个人账户养老金组成。退休时的基础养老金月标准为省、自治区、直辖市或地（市）上年度职工月平均工资的20%，个人账户养老金月标准为本人账户储存额除以120。个人缴费不满15年的，退休后不享受基础养老金待遇，其个人账户储存额一次支付给本人。

2. 老人老办法。即改革前参加工作的老职工的基本养老金的计发办法。统一制度实施前已经退休的人员，仍按国家原来的规定发给养老金，同时执行养老金调整办法，即与其他离退休人员一样，享受基本养老金的正常调整机制。

3. 中人中办法。即统一制度实施前参加工作，实施后退休的职工的养老金计发办法。统一制度实施前参加工作，实施后退休的职工，个人缴费和视同缴费年限累计满 15 年的人员，按照新老办法平衡衔接、待遇水平基本平衡等原则，在发给基础养老金和个人账户养老金的基础上，再发给过渡性养老金。过渡性养老金从养老保险基金中解决。

四、养老保险待遇的内容和标准

(一)养老保险待遇的内容

主要是指养老保险待遇发放项目。从世界范围看，各国情况不同，发放项目多少不一。一般而言，包括基本退休金、低收入补贴、看护补贴、配偶、未成年子女及其他供养亲属补贴、超龄退休补贴等。

根据 1978 年 6 月 2 日公布施行的《国务院关于工人退休、退职的暂行规定》、1980 年 10 月 7 日公布施行的《国务院关于老干部离职休养的暂行规定》等，我国职工养老保险待遇因退休、离休、退职而有所不同。退休待遇的内容，一般包括：第一，退休金；第二，医疗待遇和死亡待遇，与在职期间相同；第三，其他待遇，如住房补贴、冬季取暖补贴等。离休干部的待遇包括：第一，政治待遇，颁发离退休干部荣誉证、提高干部级别；第二，离休费；第三，享受公费医疗和司局级以上干部的保健医疗；第四，与同级在职干部相同享受非生产性福利结果。退职待遇的内容包括：第一，按月发给相当于本人退职前基本工资一定比例的退职生活费，其数额不得低于国家规定的最低标准；第二，医疗待遇、死亡待遇与在职职工相同。

(二)养老保险金标准的确定

养老保险金标准的确定有两种方式：一种是以最低生活费用为标

准，主要被实行普遍养老保障制度的国家所采用；另一种方式是收入关联方式，主要被实行养老保险制度的国家所采用。现在已成为主要方式。[①] 养老保险金一般以劳动者在职时的收入为基础，再辅之以缴费年限和退休年龄进行计算。养老保险金水平的高低，通常用养老金与退休前一年的工资水平的百分数来衡量，称为工资替代率。我国职工的养老保险金计发基数，自 1954 年确立以标准工资为计发基数以来，一直未作改变。

（三）养老保险金标准的调整

国外一般采取四种方式来调整养老保险金标准：

1. 根据物价指数的变化进行调整，如美国、日本。

2. 根据工资水平的变化进行调整，如德国、法国。

3. 将养老保险金与物价和工资的变化双挂钩，如英国。

4. 在基本养老保险金外，再加发与工资收入挂钩的补充养老金，如挪威、加拿大。

根据 1991 年 6 月 26 日《国务院关于企业职工养老保险制度改革的决定》，“国家根据城镇居民生活费用价格指数增长情况，参照在职职工工资增长情况对基本养老金进行适当调整，所需费用从基本养老保险金中开支。”由此可见，我国养老保险金标准的调整采用的是养老保险金与物价、工资双挂钩方式。[②]

五、养老保险基金的筹集与管理

（一）养老保险基金的负担

目前，世界上养老保险基金的分担主要有三种模式：

1. 用人单位和被保险人负担，如美国。

---

① 郭成伟、王广彬：《公平良善之法律规制——中国社会保障法制研究》，中国法制出版社 2003 年版，第 125 页—第 126 页。

② 王益英主编：《社会保障法》，中国人民大学出版社 2001 年版，第 69 页。

2. 用人单位、被保险人和国家三方负担，如英国、德国、日本等。

3. 用人单位和国家共同负担，如瑞典、丹麦、挪威、苏联等。

根据我国1991年国务院颁布的《关于企业职工养老保险制度改革的决定》之规定，我国“改变养老保险完全由国家、企业包下来的办法，实行国家、企业、个人三方共同负担，职工个人也要缴纳一定的费用”。

(二)养老保险基金的筹集模式

养老基金的筹集模式主要有三种：现收现付式、完全积累式和部分积累式。

1. 现收现付式。也称以支定收式、纳税方式。是指在一段时间内，根据养老保险费用收与支大致相等的原则，筹集本段时间内的养老保险资金。它的优点是通过社会统筹资金，操作简便易行，短期内社会保险负担较轻，不存在基金的保值问题。缺点是没有必要的积累，特别是随着人口老龄化，退休人员占在职职工的比例越来越高，养老金负担越来越重，易造成养老金的支付危机，影响经济发展和社会稳定。

2. 完全积累式。也称全基金式，是指以长期的个人的纵向资金收支平衡为原则，来筹集养老保险费用的办法。完全积累式实际上是个人账户储存积累式，劳动者和用人单位依法逐月缴纳养老保险费，并记入个人账户，计算利息，待劳动者退休时一次领取或逐月领取资金。这是通过立法强制个人在年轻时储蓄以保障年老失去劳动能力时生活的办法。这种办法的好处是能积累大量资金，使退休人员的生活有了稳定的经济保证，但是这种方式社会保险负担太重，企业在经济上难以承受。

3. 部分积累式。也称混合式，是现收现付式与完全积累式的混合，是指在满足一定阶段支出需要的前提下，又留有一定储备。部分积累式吸收了前两种方式的优点，其好处在于：可以在较长时期内平衡费率，缓解老年化加快时国家和企业的负担，避免养老保险费率的过度波动和过快上升。

在西方国家,养老保险最初采用完全积累式,但目前大都是以现收现付式为基础。我国自20世纪50年代以来建立的退休制度就是现收现付式,适用于国家机关、事业单位公职人员以及国营企业职工,保障水平很高。但是,随着劳动制度的改革和市场经济的建立,难以再运作下去。80年代中期我国开始对企业职工的养老保险制度进行改革,对劳动合同制工人实行养老保险制度,后来又对企业的退休人员的退休费用实行社会统筹。1991年国务院《关于企业职工养老保险制度改革的决定》明确规定:“基本养老基金由政府根据支付费用的实际需要和企业、职工的承受能力,按照以支定收、略有结余、留有部分积累的原则统一筹集。”1995年3月1日国务院发布了《关于深化企业职工养老保险制度改革的通知》,明确提出了城镇职工养老保险实行社会统筹和个人账户相结合的办法,即为每一个职工设立一个账户,由企业和个人共同缴费,个人缴费全部记入个人账户,企业的缴费一部分归为社会统筹,另一部分记入职工的个人账户。部分积累式是我国养老保险改革的主要目标。

(三)缴费范围

凡被纳入企业职工基本养老保险适用范围的企业及职工,均须按规定缴纳基本养老保险费。

(四)缴费比例和方式

企业缴纳的养老保险费是基本养老保险费用的最主要来源,劳动者个人缴纳的养老保险费,也是养老保险基金的重要组成部分。根据1997年国务院颁布的《关于建立统一的企业职工基本养老保险制度的决定》之规定:“企业缴纳基本养老保险费的比例,一般不得超过企业工资总额的20%,具体比例由省、自治区、直辖市人民政府确定。少数省、自治区、直辖市因离退休人数较多、养老保险负担过重,确需超过企业工资总额20%的，应报劳动部、财政部审批。个人缴纳基本养老保险费（以下简称“个人缴费”）的比例，1997年不得低于本人缴纳工资的4%，1998年起每两年提高1个百分点，最终达到本人缴纳工资的8%，有条件的地区和工资增长较快的省份，个人缴费比例提高的速度应适当加快。”

根据国务院的上述规定，基本养老基金分为个人账户和统筹基金两部分，个人账户的资金来源于两个部分，其一是职工个人缴纳的本人工资的8%，全部进入个人账户，另一部分是企业按其工资总额20%缴纳的基本养老保险费中，划出3%进入个人账户。个人账户储存额只用于职工养老，不得提前支取。职工调动时，个人账户全部随同转移。职工或退休人员死亡，个人账户中的个人缴费部分可以继承。基本养老金的统筹基金来源于企业缴费部分。统筹基金属于全体参保人员，由社会保险经办机构集中管理，统一调剂使用。

用人单位和劳动者个人的缴费方式，根据1991年国务院颁布的《关于企业职工养老保险制度改革的决定》之规定，“企业缴纳的基本养老保险费，按本企业职工工资总额和当地政府规定的比例在税前提取，由企业开户银行按月代为扣缴。”这实际上是国家以让利的形式给予养老保险的资助。“职工个人缴纳的基本养老保险费，由企业在发放工资时代为收缴。”

国家承担养老保险基金份额的方式有让税、让利和补贴。如我国1999年10月以后开始征收利息税，利息税的收入用于补充社会保障支出，主要用于补充养老保险和失业保险基金。

（五）养老保险基金的管理

养老保险基金的管理包括基金的征缴、管理和运营等方面。

1. 养老保险基金的征缴

根据国务院1999年1月22日发布的《社会保险费征缴暂行条例》

的规定,(1)我国养老保险费同其他社会保险缴费实行统一征收,征缴的社会保险费纳入社会保险基金,专款专用,任何单位和个人不得挪用。社会保险基金实行收支两条线管理,由财政部门和审计部门依法进行监督。(2)养老保险费的征缴范围是:城镇各类企业和职工、实行企业化管理的事业单位和职工。(3)缴费单位自成立30日内,向当地的社会保险经办机构申请办理社会保险登记。(4)养老保险费由社会经办机构或者地方税务部门征缴,存入财政部门在国有银行开设的社会保险基金财政专户,单独核算,汇总情况报劳动保障行政部门。(5)经办机构应当建立和妥善保存缴费记录,并记入个人账户,至少每年向缴费个人发送一次基本养老保险个人账户通知单,缴费单位和个人有权按照规定查询缴费记录。(6)经办机构定期稽核缴费单位和个人的缴费情况,劳动保障部门监督检查养老保险费的征缴情况,对违反养老保险法律法规的行为有权作出限期改正、缴纳滞纳金以及其他处罚。

2. 养老保险基金的管理

根据1997年国务院发布的《关于建立统一的企业职工基本养老保险制度的规定》,我国养老保险基金实行收支两条线管理,要保证专款专用,全部用于职工养老保险,严禁挤占挪用和挥霍浪费。基金结余额,除预留额相当于2个月的支付费用外,应全部购买国家债券和存入专户,严格禁止投入其他金融和经营性事业。要建立健全保险基金监督机构,财政、审计部门要依法加强监督,确保基金安全。

3. 养老保险基金的运营

我国劳动法第73条规定:“劳动者享受的社会保险金必须按时足额支付。”1997年国务院发布的《关于建立统一的企业职工基本养老保险制度的规定》中明确要求:“提高社会保险管理服务的社会化水平,尽快将目前由企业发放养老金改为社会化发放,积极创造条件将离退休人员的管理服务工作逐步由企业转向社会,减轻企业的社会事务负担。”具体的发放形式是由社会保险经办机构统一办理，通过银行转账、邮局寄发、社会保险经办机构上门发放或委托中介机构等方式进行。

本章小结

养老保险又称老年保险或年金保险，是指国家通过立法建立养老保险基金，对因年老而退出劳动领域的劳动者提供物质帮助的一种社会保险制度。养老保险除具有社会保险的一般特征外，还具有以下特征：养老保险的支付前提有特殊规定；由国家立法强制实行，企业、个人必须参加；费用由国家、企业和个人三方负担；享受养老保险待遇的权利和义务在时间上是分离的。

养老保险的种类根据实施的主体和强制程度不同，分为基本养老保险、补充养老保险和个人储蓄养老保险；根据实施方式不同，分为传统型、国家统筹型和强制储蓄型三种。

养老保险的作用在于保障劳动者退休后的基本生活，有利于社会稳定，促进经济发展。

现代意义上的养老保险立法始于德国。20 世纪 50 年代以来，养老立法得到了国际社会的重视和支持。目前，我国的养老保险立法还相对滞后。

我国养老保险制度的原则包括：与经济发展水平相适应原则、社会互济与自我保障相结合原则、权利与义务相对应原则、公平和效率相结合原则、行政管理和基金管理分开原则。

我国养老保险的适用范围为城镇所有企业的职工、个体劳动者和实行企业化管理的事业单位的职工。养老保险金标准的确定及其调整直接关系到劳动者的经济利益。养老保险基金是保障劳动者享受养老保险待遇的重要方式，我国养老保险基金筹集的模式采取的是部分积累式。在养老保险基金的负担上，实行国家、企业和个人共同分担的原则。享受养老保险待遇的条件主要有年龄条件、工龄条件和缴费年限。建立健全养老保险基金的管理和监督制度对于养老保险基金保值、增值及安全具有重要的意义。

思考题

1. 养老保险的法律特征有哪些？
2. 简述我国养老保险制度适用的范围和原则。
3. 简述养老保险基金的筹集模式。

第十四章 失业保险

[学习目标]

了解失业的概念和特点;掌握失业保险的概念、特点与作用;了解失业保险的历史沿革及在我国的发展情况;掌握我国现行失业保险制度的内容,包括失业保险的对象和享受失业保险待遇的条件;失业保险基金的筹集与管理;失业保险金的给付;失业保险的管理与监督;法律责任。

[学习方法]

理解所学内容,分析相关案例巩固知识。

[重点难点]

重点 · 失业保险的特点

· 享受失业保险待遇的对象和条件

· 失业保险基金的筹集与管理

· 失业保险金给付的标准及期限

难点 · 失业保险金的给付

第一节 失业保险概述

一、失业的概念和种类

(一)失业的概念

失业是指具有劳动能力并有劳动意愿的劳动者得不到劳动机会或

者就业后又失去工作的状态。在社会主义国家对失业曾有过错误的认识,认为失业是资本主义国家的特有现象。基于这种认识,我国对劳动力的管理一直采用国家安排就业办法,实行固定工制度。劳动者一旦就业,用人单位就不得辞退,“铁饭碗”式的就业保障制度由此而来。实际上,我国在较长时期内没有出现显性失业,是以大量的隐性失业和数以千计的城市青年上山下乡为代价的。现在,一般认为,失业是社会化大生产和市场经济的产物。在农业社会,人们守着土地生活,不会存在失业问题。到了工业社会,一部分社会成员逐渐丧失了土地,成为机器的附庸,而优胜劣汰的市场规则又使一些人失去了工作。于是,失业现象便产生了。从世界范围看,失业问题一直困扰着各国政府。西方经济学家认为,在实行市场经济的社会,劳动力市场给予个人选择工作的自由,因此在任何时候都必然存在某种程度的失业,即所谓正常性失业。只要失业不超过这个限度就是正常的。那么,到底正常性失业的标准是多少?经济学家提出的标准各不相同,但一般认为,正常的失业率大概在3%到6%之间。

(二)失业的种类

失业可分为自愿性失业和非自愿性失业两类。解决失业问题主要是指解决非自愿性失业问题。根据引起失业的原因不同,可将失业分为:

1. 周期性失业。也称循环性失业,是指因经济萧条和经济危机的出现,使劳动力供大于求而出现的失业。周期性是市场经济的一个显著特征,一个经济周期一般需经历危机、萧条、复苏和高涨四个阶段。在危机和萧条阶段,由于社会总需求不足,就导致就业率不高,失业率上升。

2. 结构性失业。是指由于经济、产业结构以及生产形式、规模的变化,促使劳动力结构进行相应的调整而导致的失业。在社会经济的发展过程中，不断会涌现出一些新的生产和服务领域，为社会提供新的就业机会，但同时也不断会有一些旧的生产和服务领域被淘汰，将一些劳动者抛入失业队伍中。

3. 技术性失业。是指由于新技术、新机器以及新的生产管理方式的采用，而导致社会局部劳动力过剩所形成的失业。这种失业对受教育程度较低、劳动技能较差的劳动者影响最大。

4. 摩擦性失业。是指由于求职的劳动者与能够提供的岗位之间存在着时间上的差异而导致的失业。如刚毕业的学生一时找不到工作。这种失业是一种长期存在的失业，对社会经济的负面影响不是很大。通过完善劳动力市场，沟通供求双方的信息渠道，可得到缓解。

5. 季节性失业。是指在某些行业中，受生产周期的季节性影响而产生的失业。如受气候、产品的式样、劳务与商品的消费需求等季节性影响，使得某些行业出现劳动力的闲置，从而产生失业，如建筑业、旅游业、晒盐业等。

失业虽然是市场经济的必然现象，但具体到某一个国家，其失业的原因和程度是有差异的。就我国的情况看，失业的原因有四：一是劳动力供大于求；二是经济结构的调整步伐加快，出现结构性失业；三是科学技术的迅速发展和劳动生产率的不断提高，出现技术性失业；四是一些劳动者受教育程度低，不能适应社会的需要。

二、失业保险的概念和特点

（一）失业保险的概念

所谓失业保险，是指国家通过立法建立失业保险基金，对因失业而暂时中断生活来源的劳动者在法定期间内给予失业保险金，以维持其基本生活需要的一项社会保险制度。

（二）失业保险的特点

与其他种类的社会保险项目比，失业保险的特点主要有：

1. 失业保险的对象为失业劳动者。具体而言,失业劳动者是指有劳动能力但没有劳动机会,且在劳动年龄内的人。

2. 享受失业保险待遇有一定期限。失业保险相对于养老保险、工伤保险等,属于短期支付的险种,享受失业保险待遇有一定的期限限制。这是因为劳动者失业通常与经济发展的周期性或经济的结构性调整有关,失业多表现为暂时的现象。此外,规定享受失业保险有一定的期限,也是为了促使劳动者积极寻找就业机会,实现再就业。

3. 失业保险提供的不仅是物质帮助,还具有提供就业服务的功能。

三、失业保险的作用

(一)为失业者提供基本生活保障。

(二)帮助失业者重新就业。除为劳动者提供物质帮助外,还具有积极促进其再就业的功能,如为其提供就业帮助等。

(三)维护社会稳定、促进社会公平。

第二节 失业保险立法概况

一、外国失业保险立法发展概况

失业保险法是调整失业保险关系的法律规范的总称。失业保险法出现相对较晚,1905 年法国率先颁布了《失业保险法》,建立了非强制性失业保险制度。挪威、丹麦也分别于 1906 年和 1907 年建立了类似于法国的失业保险制度。1911 年英国颁布《国民保险法》,对矿山、建筑、纺织等部门实行强制保险制度,失业保险被纳入国民保险范围,后被许多国家沿用。1933 年世界经济危机席卷资本主义世界,美国的失业问题十分严重。据统计,1933 年美国的失业者及其家属的人数占全美总人口的1/3。美国于1935年通过了包括失业、养老保险在内的综合性社会保障法案——《社会保障法》。二战后，日本的失业问题也非常严重，日本于1947年颁布了《失业保险法》，1975年又颁布了《雇佣保险法》，取代了《失业保险法》，其显著特点是将促进就业作为失业保险的主要目的。目前，世界上已有许多国家和地区建立了失业保险制度。

二、我国失业保险立法概况

（一）建国初期的失业保险立法

主要有1950年的《关于救济失业工人的暂行办法》和《关于救济失业教师与处理学生失学问题的指示》。严格地说，这些措施属于社会救助，而非失业保险。1957年我国政府宣布消灭了失业。

（二）改革开放以来的失业保险立法

1986年7月12日国务院发布了《国营企业职工实行待业保险暂行规定》，标志着我国失业保险制度正式建立。1989年原劳动部发布了《国营企业职工待业保险基金管理办法》，以加强对失业保险基金的统筹和管理。1990年原劳动部发布了《关于使用职工待业保险基金解决部分企业职工生活问题的通知》，要求应妥善解决治理整顿期间关停企业的职工生活问题。1993年4月12日，国务院发布《国有企业职工待业保险规定》扩大了失业保险的适用范围，使失业保险制度有了进一步的发展。但是，这部规定仍然存在着较大的局限，如职工个人仍不承担缴费义务，适用范围仍限于国有企业，仍使用“待业”一词等。为改变这种状况，1999年1月22日国务院颁布了《失业保险条例》，将“待业”明确改为“失业”，对失业保险的适用范围、基金筹集、享受条件、失业保险金给付、管理监督等方面作出了规定，为失业人员的合法权益提供了具体的法律保障。

第三节 中国失业保险法律制度

一、失业保险的对象和享受失业保险的条件

(一)失业保险的对象

失业保险的对象是指依照失业保险法的规定有权获得失业保险的人。关于失业保险对象的范围界定,往往和失业者的概念联系在一起。在传统立法上,失业保险的对象一般仅限于正式参加经济活动,有稳定的职业,暂时失去工作岗位的工薪劳动者。但随着社会经济的发展,对失业的解释也在扩大,1988 年国际劳工组织在第 75 届国际劳工大会上对失业做了界定:即凡是有能力参加经济活动,可以工作,并且确实在寻找职业而未能得到适当工作,以致没有任何工资收入、生活无着落的劳动者,均属于失业者,均应受到失业保险的覆盖。

我国《失业保险条例》第 2 条规定:"城镇企业事业单位、城镇企业事业单位职工依照本条例的规定,缴纳失业保险费。城镇企业事业单位失业人员依照本条例的规定,享受失业保险待遇。本条所称城镇企业,是指国有企业、城镇集体企业、外商投资企业、城镇私营企业以及其他城镇企业。"第 32 条规定:"省、自治区、直辖市人民政府根据当地实际情况,可以决定本条例适用于本行政区域内的社会团体及其专职人员、民办非企业单位及其职工、有雇工的城镇个体工商户及其雇工。"据此,可以认为,我国享受失业保险的对象是广泛的,几乎包括了除国家机关职工之外的所有城镇单位的职工。从总体上来看,农民合同制工人、国家公务员、乡镇企业职工仍被排除在国家统一的失业保险制度之外。

(二)享受失业保险的条件

我国《失业保险条例》第 14 条对失业人员领取失业保险金的条件

做了具体的规定。按照条例规定，失业人员具备以下条件的，可以领取失业保险金：

1. 按照规定参加失业保险，所在单位和本人已按照规定履行缴费义务满 1 年的。这是领取失业保险金的最基本条件，失业人员只有在尽了一定期限缴费义务的前提下，才享有领取失业保险金的权利。

2. 非因本人意愿中断就业的。即指非自愿性失业。如果是个人原因造成的自愿中断就业，则不能享受失业保险待遇。如自动离职、无正当理由拒不接受当地人民政府指定的部门或机构介绍的工作的。根据 2000 年 10 月 26 日劳动和社会保障部颁布、2001 年 1 月 1 日起施行的《失业保险金申领发放办法》第 4 条的规定，非因本人意愿中断就业的是指下列人员：(1)终止劳动合同的；(2)被用人单位解除劳动合同的；(3)被用人单位开除、除名和辞退的；(4)根据劳动法第 32 条第 2、3 项与用人单位解除劳动合同的(即因用人单位以暴力、威胁或者非法限制人身自由的手段强迫劳动的和用人单位未按照劳动合同约定支付劳动报酬或者提供劳动条件而由劳动者提出解除劳动合同的情形)；(5)法律、行政法规另有规定的。

3. 已办理失业登记，并有求职要求的。失业登记是指失业人员应持本单位出具的终止或解除劳动关系的证明，到指定的社会保险经办机构办理失业登记。办理失业登记是失业人员享受失业保险待遇的必经程序。求职要求是指，有重新就业的愿望，具体包括在职业介绍机构登记求职，并参加再就业的培训和指导。失业人员在领取失业保险金期间，按照规定同时享受其他失业保险待遇。如患病时可领取医疗补助费；接受职业培训、职业介绍时可领取相关补贴等。

根据《失业保险条例》第 15 条规定，失业人员在领取失业保险金期间有下列情形之一的，停止领取失业保险金，并同时停止享受其他失业保险待遇：(1)重新就业的。(2)应征服兵役的。(3)移居境外的。(4)

享受基本养老金保险待遇的。失业人员在享受失业保险期间达到退休年龄并享受养老保险待遇时，其身份已从失业人员转为退休人员，其基本生活由养老保险金予以保障，故应终止其失业保险待遇。(5)被判刑收监执行或者被劳动教养的。需要注意的是，对于被判刑却未被收监执行或被处以其他行政处罚的，不得停止其失业保险待遇。(6)无正当理由，拒不接受当地人民政府指定的部门或者机构介绍的工作的。(7)有法律、行政法规规定的其他情形的。

二、失业保险基金的筹集和管理

(一)失业保险基金的构成

失业保险基金的构成是指失业保险基金的来源渠道或筹集方式。各国因采取失业保险的类型不同，故失业保险基金的筹集渠道和负担比例也不同，大致有：

1. 由政府、企业和被保险人三方共同负担。三方各自负担的比例根据各国法律规定的不同而有区别。采取此种方式的有德国、日本、加拿大等。

2. 由企业和被保险人负担。如法国、荷兰等。

3. 由政府和企业负担。如意大利、美国(部分州)、丹麦等。

4. 由企业全部负担。如印度尼西亚等。

5. 由政府全部负担。如澳大利亚、新西兰等。

6. 由被保险人全部负担。如南斯拉夫。

根据我国《失业保险条例》第2章的规定，失业保险基金由下列各项构成：

1. 城镇企业事业单位缴纳的失业保险费。根据规定，城镇企业事业单位须按照本单位工资总额的2%缴纳失业保险费。缴费单位必须按月向社会保险经办机构申报应缴纳的失业保险费数额，经社会保险经办机构核定后，在规定的期限内缴纳失业保险费。

2. 城镇企业事业单位职工缴纳的失业保险费。根据规定，城镇企业事业单位职工须按照本人工资的1%缴纳失业保险费。个人应当缴纳的失业保险费，由所在单位从其本人工资中代扣代缴。

3. 失业保险基金的利息。根据规定，失业保险基金必须存入财政部门在国有商业银行开设的社会保障基金财政专户。存入银行和按照国家规定购买国债的失业保险基金，分别按照城乡居民同期存款利率和国债利息计息。失业保险基金的利息并入失业保险基金。

4. 财政补贴。统筹地区的失业保险基金不敷使用时，由失业保险调剂金调剂和地方财政补贴。

5. 依法纳入失业保险基金的其他资金。

(二)失业保险基金的统筹

根据《失业保险条例》第7条的规定，失业保险基金在直辖市和设区的市实行全市统筹。其他地区的统筹层次由省、自治区人民政府规定。

(三)失业保险费费率的调整

根据《失业保险条例》第9条的规定，省、自治区、直辖市人民政府根据本行政区域失业人员数量和失业保险基金数额，报经国务院批准，可以适当调整本行政区域失业保险费的费率。

(四)失业保险基金的支出

根据《失业保险条例》第10条的规定，失业保险基金用于下列支出：

1. 失业保险金。这是最主要的支出。

2. 领取失业保险金期间的医疗补助金。由于我国医疗保险制度尚不健全，失业者的医疗费从失业保险基金中支出。医疗补助金一般采取门诊费定额补助和住院费按比例补助的办法，具体标准和申领程序由各地根据情况确定。

3. 领取失业保险金期间死亡的失业人员的丧葬补助金和其供养的配偶、直系亲属的抚恤金。这是针对死亡失业人员家属的开支项目，向社会保险经办机构申请。

4. 领取失业保险金期间接受职业培训、职业介绍的补贴。补贴的办法和标准由省、自治区、直辖市人民政府规定。

5. 国务院规定或者批准的与失业保险有关的其他费用。

（五）失业保险基金的管理

根据《失业保险条例》第 11 条、第 12 条、第 13 条的规定，失业保险基金必须存入财政部门在国有商业银行开设的社会保障基金财政专户，实行收支两条线管理，由财政部门依法进行监督。失业保险基金必须专款专用，不得挪作他用，不得用于平衡财政收支。失业保险基金收支的预算、决算，由统筹地区社会保险经办机构编制，经同级劳动保障行政部门复核、同级财政部门审核，报同级人民政府审批。失业保险基金的财务制度和会计制度按照国家有关规定执行。

三、失业保险金的给付

（一）确定失业保险给付的原则

从世界范围看，一般而言，确定失业保险给付的原则主要包括：

1. 应维持失业人员的基本生活。应考虑失业人员及其赡养人口的基本生活需要，失业保险给付的标准不应低于也不应等于最低生活标准，否则，则失去失业保险的意义。

2. 给付标准应适当低于失业者原有工资水平。

3. 失业保险权利和义务相对等。

（二）失业保险金的给付标准

关于失业保险金的给付标准，各国规定不同，大致有工资比例制、固定金额制、混合制、一次性给付等。根据《失业保险条例》第 18 条的规定，我国失业保险金的标准，按照低于当地最低工资标准、高于城市居民最低生活保障标准的水平，由省、自治区、直辖市人民政府确定。规定失业保险金的标准低于最低工资标准，有利于促进失业人员再就业；规定失业保险金的标准高于城市居民最低生活标准，有利于保障失业人员失业期间的基本生活。

(三)失业保险金的给付期限

失业保险是短期给付的一种社会保险。失业人员领取失业保险金的期限，因其所在单位和本人累计缴费时间的长短而不同。根据《失业保险条例》第 17 条的规定，具体分为以下几种情况：

1. 失业人员失业前所在单位和本人按照规定累计缴费时间满 1 年不足 5 年的，领取失业保险金的最长期限为 12 个月；

2. 累计缴费时间满 5 年不足 10 年的，领取失业保险金的期限最长期限为 18 个月；

3. 累计缴费时间 10 年以上的，领取失业保险金的期限最长为 24 个月；

4. 重新就业后再次失业的，缴费时间重新计算；

5. 领取失业保险金的期限可以与前次失业应领取尚未领取的失业保险金的期限合并计算，但是最长不得超过 24 个月。

(四)农民合同制工人的失业保险待遇

农民合同制工人是指企业事业单位招用的、具有农业户口并与招用单位签订了劳动合同的劳动者。根据《失业保险条例》第 21 条的规定，单位招用的农民合同制工人连续工作满 1 年，本单位并已缴纳失业保险费，劳动合同期满未续订或者提前解除劳动合同的，由社会保险经办机构根据其工作时间长短，对其支付一次性生活补助。补助的办法和标准由省、自治区、直辖市人民政府规定。农民合同制工人在农村尚有土地，失业后可返乡务农，所以对其失业保险待遇的规定有别于一般城镇失业者。

(五)失业保险金的给付程序

根据《失业保险条例》第 16 条的规定,具体程序为:

1. 用人单位出具终止或解除劳动关系的证明。

2. 到指定的社会保险经办机构办理失业登记,从失业登记之日起计算失业保险金。我国未规定失业保险金的给付等待期,即失业者从失业到领取失业保险金须经过一段等待时间。规定等待期的目的在于:一方面有利于社会保险经办机构合理审查申请者资料,防止冒领保险金;另一方面,也明确了申请者领取失业保险金的具体时间。

3. 按月到指定银行领取。

四、失业保险的管理和监督

我国失业保险采取的是国家管理体制。《失业保险条例》第 3 条规定:"国务院劳动保障行政部门主管全国的失业保险工作。县级以上地方各级人民政府劳动保障行政部门主管本行政区域内的失业保险工作。劳动保障行政部门按照国务院规定设立的经办失业保险业务的社会保险机构依照本条例的规定,具体承办失业保险工作。"

根据条例第 24 条的规定,劳动行政保障部门管理失业保险工作的主要职责有:

(一)贯彻实施失业保险法律、法规;

(二)指导社会保险经办机构的工作;

(三)对失业保险费的征收和失业保险待遇的支付进行监督检查。

根据条例第 25 条的规定,社会保险经办机构的职责是:

(一)负责失业人员的登记、调查、统计;

(二)按照规定负责失业保险基金的管理;

(三)按照规定核定失业保险待遇,开具失业人员在指定银行领取失业保险金和其他补助金的单证;

(四)拨付失业人员职业培训、职业介绍补贴费用;

（五）为失业人员提供免费咨询服务；

（六）国家规定由其履行的其他职责。

根据条例第 26 条的规定，财政部门和审计部门依法对失业保险基金的收支、管理情况进行监督。

五、法律责任

根据《失业保险条例》第 5 章的规定，法律责任主要包括：

（一）骗取失业保险金和其他失业保险待遇的法律责任

按规定由社会经办机构责令退还；情节严重的，由劳动保障行政部门处以骗取金额 1 倍以上 3 倍以下的罚款。

（二）社会保险经办机构工作人员违规开具单证的法律责任

违规开具单证致使失业保险基金损失的，由劳动保障行政部门责令追回；情节严重的，依法给予行政处分。

（三）劳动保障行政部门和社会保险经办机构工作人员滥用职权、玩忽职守、徇私舞弊，造成保险基金损失的责任

由劳动保障行政部门追回损失；构成犯罪的，依法追究刑事责任；尚不构成犯罪的，依法给予行政处分。

（四）挪用失业保险基金的法律责任

任何单位、个人挪用失业保险基金的，追回挪用的失业保险基金；有违法所得的，没收违法所得，并入失业保险基金；构成犯罪的，依法追究刑事责任；尚不构成犯罪的，对直接负责的主管人员和其他直接责任人员依法给予行政处分。

本章小结

失业保险是国家通过立法建立失业保险基金，对因失业而暂时中断生活来源的劳动者在法定期间内给予失业保险金，以维持其基本生

活需要的一项社会保险制度。失业保险的特点是:其对象为失业劳动者;享受失业保险待遇具有一定的期限;除提供物质帮助外,还具有促进就业的功能。

失业保险制度起源于法国。自改革开放以来,我国失业保险制度得到了一定的发展,目前已初步建立失业保险法律制度。

我国失业保险的对象包括所有城镇企业事业单位的职工。享受失业保险待遇的条件有:按规定参加失业保险,所在单位和本人已按规定履行缴费义务满 1 年;非因本人意愿中断就业;已办理失业登记并有求职要求。

失业保险基金是社会保险基金中的一种专项基金,是按国家法律规定建立的用以保障失业人员失业期间的基本生活的资金。我国的失业保险基金由城镇企业事业单位及职工缴纳的失业保险费、财政补贴、失业保险基金的利息、依法纳入失业保险基金的其他基金构成。

我国失业保险金的给付标准,按照低于当地最低工资标准、高于城市居民最低生活保障标准的水平给付。失业保险金的给付期限,因其所在单位和本人累计缴费时间的长短而不同,但最长不得超过 24 个月。

失业保险基金专款专用,不得挪作他用,不得用于平衡财政收支。

思 考 题

1. 简述失业保险的特点。
2. 简述失业保险的对象和享受失业保险的条件。
3. 简述我国立法对失业保险金的筹集、支出和管理的规定。

第十五章　疾病保险

［**学习目标**］

明确疾病保险的概念、特征及意义；了解外国疾病保险立法的概况和我国疾病保险的立法现状；掌握我国疾病保险法律制度的主要内容。

［**学习方法**］

理解。

［**重点难点**］

重点·疾病保险的概念与特征

·疾病保险的对象

·疾病保险基金的筹集和管理

难点·疾病保险的范围

·统筹基金与个人账户的支付

第一节　疾病保险概述

一、疾病保险的概念

疾病保险是指劳动者及其供养亲属患病或非因工负伤后在生活和医疗方面获得物质帮助的一种社会保险制度。也可以说，疾病风险是为分担疾病和伤害风险带来的经济损失而建立的一种社会保险制度。关于疾病保险和医疗保险是否为同一概念，我国学术界看法不一致。有的学者认为，疾病保险和医疗保险为同一概念；有的学者认为，医疗保险着眼于患者医疗服务费用的补偿，而疾病保险则主要体现为给伤病者提供一种收入保障，前者是劳动者及其供养亲属患病或非因工负伤后在医疗方面获得物质帮助，不包括疾病津贴。从世界范围看，各国关于疾病保险概念有不同的称谓，有的称为健康保险或伤害健康保险，有的称为医疗保险，其功能和范围不尽相同，但是所指的内容和实质却基本相同。在这里，我们所说的疾病保险包括两部分：其一是在医疗方面获得的物质帮助，称为医疗待遇或医疗保险；其二是生活方面的物质帮助，或叫疾病津贴（在我国主要是指病假工资）。[①]

二、疾病保险的特征

（一）适用范围具有广泛性。疾病风险的广泛性决定了疾病保险的广泛性。

（二）风险事故的高发性。其他社会保险项目的风险事故的发生率与疾病保险的相比，相对要低一些。

（三）与其他社会保险的交叉性。疾病保险与工伤保险、生育保险存在交叉性。

三、疾病保险的意义

（一）保证劳动者的基本生活

实行疾病保险，不仅可以使劳动者的医疗费用负担减轻，及时获得治疗，而且劳动者可以获得病假工资，不至于因患病暂时不能工作而影响家庭的基本生活。

（二）体现社会公平

疾病保险通过征收保险费用和偿付用于治疗的医疗费来调节收入差别，体现了社会公平，即由社会来分担个人的风险，最终达到化解个

---

① 郭成伟、王广彬：《公平良善之法律规制——中国社会保障法制探究》，中国法制出版社 2003 年版，第 173 页—第 174 页。黎建飞编著：《劳动法和社会保障法》，中国人民大学出版社 2003 年版，第 414 页—第 415 页，第 427 页。

人风险的目的。

第二节 疾病保险立法概况

一、外国疾病保险立法概况

疾病保险立法最早起源于19世纪末的德国。1883年德国颁布《疾病保险法》,实行强制性的疾病保险制度,关于保险费用,雇主承担30%,雇员承担70%。继德国之后,欧洲大多数工业化国家,纷纷于19世纪末或20世纪初制定有关疾病保险的法律。国际劳工组织于1927年通过了《工商业工人及家庭佣工疾病保险公约》(第24号公约)和《农业工人疾病保险公约》(第25号公约),分别规定在工商业和农业中实行强制性保险。1944年,国际劳工组织通过了《医疗护理建议书》,呼吁各国政府对公民实行综合的、普遍的健康保护。1952年国际劳工大会通过了《医疗保健和疾病补助最低标准公约》(第103号公约),1969年通过了《医疗保健和疾病补助公约》(第130号公约),并对24号和25号公约进行了修改,对医疗保健和疾病补助提供了重要的国际标准,扩大了疾病保险的适用范围。目前,世界上大多数国家实行了疾病保险制度。

从世界范围看,疾病保险模式主要有以下四种模式:

(一)现收现付型的社会保险模式。即由雇主和个人缴纳保险费,建立疾病保险基金,政府酌情补贴。这种模式体现了互助共济,风险分担的原则。目前,世界上大多数国家采取这种模式,代表国家有德国、日本。

(二)免费型的国家保险模式。即由政府直接主办,疾病保险通过国民纳税形式筹集,然后再以国家财政拨款的方式分配给相关的医疗机构,向国民提供免费或低收费的医疗服务。代表国家为英国、瑞典等。

（三）个人积累型的储蓄保险模式。即通过立法强制性地以家庭为单位积累疾病保险基金。这种模式强调个人责任，代表国家是新加坡。

（四）商业保险模式。采用商业疾病保险模式，即商业保险公司承办，参保自由，项目多样，能适应不同层次的要求。美国是实行商业疾病保险的典型国家。但低收入者往往因保险费用过高而不愿或无法参保。为此，美国对 65 岁以上的老年人、残疾人以及贫困者实行医疗救助。

二、我国疾病保险立法概况

我国的疾病保险制度始于新中国建立初期。1951 年 2 月 26 日政务院颁布了《中华人民共和国劳动保险条例》，1953 年又发布此条例修正案，建立了适用于企业职工的劳保医疗制度。保险的范围包括全民所有制工厂、矿场、铁路、航运、邮电、交通、基建、商业、粮食等产业和部门的职工及其供养的直系亲属，城镇所有制企业参照该条例执行。劳保医疗经费按企业职工工资总额和国家规定的比例，在生产成本项目中列支，享受劳保医疗的职工在本企业自办医疗机构或指定的社会医疗机构就医，享受免费医疗待遇，其供养的直系亲属可享受半费医疗待遇。1952 年 6 月 27 日政务院发布《关于全国各级人民政府、党派、团体及所属单位的国家机关工作人员实行公费医疗预防措施的指示》，公费医疗制度开始在全国实行。根据该指示，公费医疗制度的适用对象为各级国家机关、党派、团体以及文化、教育、科研、卫生、体育等事业单位的工作人员，离退休人员，在乡二等乙级以上的革命残废军人，大专院校在校学生等，公费医疗费用由国家和地方各级人民政府从财政预算中拨款，从各单位的公费医疗经费项目中开支，享受公费医疗的人员在指定的医疗机构就诊、住院。1956 年，第一届全国人大第 3 次会议通过了《高级农村合作社示范章程》，不久在农村出现了合作医疗制度，这种制度是以集体经济为基础，以农民自愿参加为原则，合作医疗基金通过集体和个人集资筹集。长期以来，我国疾病保险制度主要是劳保医疗制度、公费医疗制度和农村合作医疗制度三种形式。

自20世纪80年代以来，我国开始对医疗保险制度进行改革。经过一系列改革试点后，1998年12月14日国务院发布了《关于建立城镇职工医疗保险制度的决定》(以下简称“决定”)。该“决定”对我国城镇职工医疗保险制度改革的任务和原则，适用范围和缴费办法，建立基本医疗保险统筹基金和个人账户，基本医疗保险基金的管理与监督，医疗服务管理，以及特定人员的医疗保险待遇做了原则规定。此外，还明确规定了建立城镇职工基本医疗制度的原则，即基本保险的水平与生产力发展水平相适应原则；城镇所有用人单位及其职工都要参加基本医疗保险，实行属地管理原则；基本医疗费由用人单位和职工双方共同负担原则；基本医疗保险基金实行社会统筹和个人账户相结合原则。1999年1月22日国务院颁布了《社会保险费征缴暂行条例》。为贯彻“决定”，1999年5月12日，劳动和社会保障部、国家发展计划委员会、原国家经济贸易委员会、财政部、卫生部、国家药品监督管理局、国家中医药管理局联合发布了《城镇职工基本医疗保险用药范围管理暂行办法》，2000年1月5日劳动和社会保障部发布了《城镇职工医疗保险业务管理规定》，2000年5月25日发布了《劳动和社会保障部关于印发国家基本医疗保险药品目录的通知》，等等。目前，“决定”是我国规范医疗保险制度的基本法规，标志着我国医疗保险法律制度已经发展到一个新的阶段。

需要说明的是，以上法规及规章等内容涉及的只是关于医疗服务保险项目的规定，还不是完全意义上的疾病保险法律制度，关于病假工资、伤残补助和遗属抚恤仍按原来的劳保医疗和公费医疗办法实行。[1]

---

① 郭成伟、王广彬：《公平良善之法律规制——中国社会保障法制探究》，中国法制出版社2003年版，第180页。

以下介绍的中国疾病保险法律制度主要是围绕着基本医疗保险法律制度而进行的。

第三节　中国疾病保险法律制度

一、疾病保险的对象和范围

根据“决定”，基本医疗保险的范围是城镇所有用人单位，包括企业（国有企业、集体企业、外商投资企业、私营企业等）、事业单位、社会团体、民办非企业单位及其职工。乡镇企业及其职工、城镇个体经济组织业主及其从业人员是否参加基本医疗保险，由各省、自治区、直辖市人民政府决定。从基本医疗保险的范围看，这是我国所有社会保险项目中覆盖范围最广的一种。然而，从其范围规定可以看出，广大的农业人口以及城镇中的非从业人员被排除在基本医疗保险范围之外，这些人大部分是低收入或无收入。另外，“决定”未对被保险人的直系亲属的医疗保险作出规定。从世界发达国家的实践看，疾病保险的范围经历了逐步扩大的过程。目前，疾病保险的适用范围已达100%，即实现全民皆保险的国家有瑞典、丹麦、意大利、日本和加拿大等国，但大部分国家的疾病保险范围是有一定限制的，尤其是发展中国家，疾病保险的范围更窄。

二、建立城镇疾病保险制度的原则

根据“决定”，建立城镇基本医疗保险制度应遵循一定的原则。

（一）基本医疗保险的水平与生产力发展水平相适应

医疗保险制度的实行很大程度上取决于一国的国力水平，因此，制定医疗保险的项目及受给程度时，必须从实际出发，切实可行。

（二）属地管理

即城镇所有用人单位和职工参加所在统筹地区的基本医疗保险，

实行基本医疗保险基金的统一筹集、使用、管理与监督。

(三)双方负担

即基本医疗保险费用由用人单位和职工双方负担。这样规定目的在于,扩大保险基金筹集渠道,均衡负担风险。

(四)统筹结合

即社会统筹与个人账户相结合,一方面发挥统筹基金的互助共济作用,另一方面增强参保人员的自我保障和节约意识。

三、疾病保险基金的筹集和管理监督

(一)疾病保险基金的筹集

1. 缴费比例。凡被纳入基本医疗保险覆盖范围的单位和个人,均需按规定缴纳基本医疗保险费。但是,根据"规定",退休人员参加基本医疗保险,个人不缴纳基本医疗保险费。国有企业下岗职工的基本医疗保险费,包括单位缴费和个人缴费,均由再就业服务中心按照当地上年度职工平均工资的60%为基数缴纳。根据"决定"的规定,在我国,职工基本医疗保险费用由用人单位和职工共同缴纳。用人单位缴费率应控制在职工工资总额的6%左右,职工个人缴费率为本人工资收入的2%。随着经济发展,用人单位和职工缴费率可作相应调整。

2. 个人账户和统筹基金。基本医疗保险基金由统筹基金和个人账户构成。职工个人缴纳的基本医疗保险费,全部记入个人账户。用人单位缴纳的基本医疗保险费分成两部分:一部分用于建立统筹基金,统筹基金属于全体参保人员,由社会保险经办机构集中管理,统一调剂使用;一部分划入个人账户。划入个人账户的比例为用人单位缴费的30%左右,具体比例由统筹地区根据个人账户的支付范围和职工年龄等因素确定。

3. 统筹基金和个人账户的支付。统筹基金和个人账户要划定各自的支付范围,不得互相挤占。但到底怎样划分支付范围,并不明确。

目前，我国大部分地区的做法是以门诊和住院作为划分个人账户和统筹基金支付的基础，同时将一些可在门诊治疗而费用较高的病种纳入统筹基金支付范围。要确定统筹基金的起付标准和最高支付限额，起付标准原则控制在当地职工平均工资的10％左右，最高支付限额原则上控制在当地职工年平均工资的4倍左右。起付标准以下的医疗费用，从个人账户中支付或由个人支付。起付标准以上、最高支付限额以下的医疗费用，主要从统筹基金中支付，个人也要负担一定比例。超过最高支付限额的医疗费用，可以通过商业医疗保险等途径解决。统筹基金的具体起付标准、最高支付限额以及在起付标准以上和最高支付限额以下医疗费用的负担比例，由统筹地区根据以收定支、收支平衡的原则确定。

(二)疾病保险基金的管理监督

在我国，疾病保险基金的管理是指医疗保险基金基本的管理。根据“决定”，基本医疗保险基金纳入财政专户管理，专款专用，不得挤占挪用。社会保险经办机构负责基本医疗保险基金的筹集、管理和支付，并要建立健全预决算制度、财务会计制度和内部审计制度。社会保险经办机构的事业经费不得从基金中提取，由各级财政预算解决。在基本医疗保险基金的监督上，各级劳动保障部门和财政部门要加强对基本医疗基金的监督管理。审计部门要定期对社会保险经办机构的基金收支情况和管理情况进行审计，统筹地区要设立由政府有关部门代表、用人单位代表、医疗机构代表、工会代表和有关专家参加的医疗保险基金监督组织，加强对基本医疗保险基金的社会监督。

四、医疗服务的管理

根据“决定”的规定，医疗服务管理的内容主要有：

(一)确定基本医疗保险的服务范围和标准

由劳动保障部会同卫生部、财政部等有关部门制定基本医疗服务的范围、标准和医疗费用结算办法，制定国家基本医疗保险药品目录、诊疗项目、医疗服务设施标准及相应的管理办法。基本医疗保险的服务范围主要限定在基本医疗服务上，疾病津贴则由患者所在单位承担。基本医疗保险的服务范围一般可按照基本医疗保险药品目录、基本医疗诊疗项目、基本医疗保险服务设施范围、基本医疗保险费用偿付标准四个方面，进行单项或综合界定。

(二)实行定点医疗机构和定点药店管理

社会保险经办机构负责确定定点医疗机构和定点药店，并与之签订合同，明确各自的责任、权利和义务。要引入竞争机制，由职工来选择若干定点医疗机构就医、购药，或持处方在若干定点药店购药。

(三)实行医药分开核算、分别管理的制度

对医疗机构进行成本核算，实行医药分开核算、分别管理的制度，合理控制医药费用水平，规范医药服务行为，理顺医疗服务价格。我国城镇职工基本医疗保险用药的管理，主要是通过制定《基本医疗保险药品目录》进行的。

(四)发展社区卫生服务

积极发展社区卫生服务，将社区卫生服务中的基本医疗服务项目纳入基本医疗保险范围。

五、有关人员的医疗待遇

(一)离休人员、老红军的医疗待遇

离休人员、老红军的医疗待遇不变，医疗费用按原资金渠道解决，支付确有困难的，由同级人民政府帮助解决。离休人员、老红军的医疗管理办法由省、自治区、直辖市人民政府制定。

(二)二等乙级以上革命伤残军人的医疗待遇

二等乙级以上革命伤残军人的医疗待遇不变，医疗费用按原资金渠道解决，由社会保险经办机构单独列账管理。医疗支付不足部分，由当地人民政府帮助解决。

(三)退休人员的医疗待遇

退休人员参加基本医疗保险,个人不缴纳基本医疗保险费。对退休人员个人账户的计入金额和个人负担医疗费的比例给予适当照顾。

(四)国家公务员的医疗待遇

国家公务员在参加基本医疗保险的基础上,享受医疗补助政策。具体办法另行制定。

本章小结

疾病保险是指劳动者及其供养亲属患病或非因工负伤后在生活和医疗方面获得物质帮助的一种社会保险制度,其具有保障对象的广泛性、风险事故的高发性、与其他社会保险的交叉性。实行疾病保险,能够消除和化解劳动者所遭遇的疾病风险,保证劳动者的基本生活;有利于调节公民收入之间的差别,体现社会公平。

世界上关于疾病保险立法最早起源于德国1883年的《疾病保险法》。继德国之后,许多国家也颁布了相关立法。我国疾病保险制度改革前,实行的是以劳保医疗、公费医疗和农村合作医疗为主要内容的疾病保险制度。疾病保险制度实行改革以来,取得了一系列试点经验,1998年国务院颁布了《关于建立城镇职工基本医疗保险制度的决定》,这是我国目前关于疾病保险制度最主要的规范性文件。

我国的疾病保险法律制度内容主要包括:疾病保险的适用范围和对象;疾病保险制度建立的原则;疾病保险基金的筹集和管理监督;医疗服务的管理和有关人员的医疗待遇。

思　考　题

1. 简述疾病保险的特征与意义。

2. 简述我国疾病保险的对象和范围。

3. 如何理解社会统筹与个人账户的支付？

4. 试述我国疾病保险基金的筹集。

第十六章　工伤保险

[**学习目标**]

掌握工伤保险的概念与特征；明确工伤保险的意义；了解工伤保险的国内外立法概况；掌握我国工伤保险法律制度的内容。

[**学习方法**]

理解所学内容，结合案例分析巩固知识。

[**重点难点**]

重点·工伤保险的特征

·工伤保险的适用范围

·工伤保险基金

·工伤认定

·劳动能力鉴定

·工伤保险待遇

难点·工伤保险待遇

第一节　工伤保险概述

一、工伤的概念

一般来说，工伤是指劳动者在从事生产劳动过程中所受到的伤害。然而，工伤这个概念随着社会的发展其内容也在变化。1921年的《国际劳工公约》对工伤的定义是："由于工作直接或间接引起的事故为工伤。”1964年国际劳工大会通过的《工伤事故津贴公约》将职业病和上下班交通事故纳入到工伤的范围之内。现在，工伤又称为职业伤害，一般是指劳动者在劳动过程中，因意外事故造成伤、残、死亡或职业病，主要包括三种情形：（一）工作过程中的人身伤害事故；（二）职业病；（三）上下班交通事故。

职业病是指劳动者在劳动过程及其他职业性活动中，接触职业性有害因素而引起的疾病。职业性疾病一般由国家法律予以规定，又称法定职业病。在我国，根据2002年4月18日发布的《卫生部、劳动和社会保障部关于印发〈职业病目录〉的通知》之规定，目前我国的职业病共有10类，共115种。

二、工伤保险的特征

工伤保险又称职业伤害保险，是指劳动者在生产工作中或法定的特殊情形下发生意外事故，或因职业性有害因素危害而负伤（或患职业病）、致残、死亡时，对其本人或供养亲属给予物质帮助或经济补偿的一种社会保险制度。

工伤保险具有以下特征：

（一）工伤保险责任实行无责任补偿原则

在工伤保险制度产生前，因工伤引起的赔偿适用民法上的过错赔偿原则。无责任补偿是指劳动者只要因工伤事故和职业病造成伤害时，就享有工伤保险的权利，而不管伤害是由谁造成的，即使劳动者对工伤的发生有过错，也不能因此减少对劳动者的补偿。无责任补偿原则是基于职业危险理论而确立的。

（二）工伤保险费用由用人单位承担

即用人单位为投保人，被保险人是与该用人单位建立了劳动关系的职工，被保险人无需缴费。

（三）工伤保险待遇标准较高

工伤保险待遇的标准一般高于非因工伤残的待遇，除了保障伤残人员的生活外，要根据其伤残情况补偿因工受伤的经济损失；在享受工伤保险待遇的条件方面没有工龄和缴费的限制；待遇项目不仅包括免费治疗、住院以及治疗期间照发的工资，还包括住院期间的饮食补助、负伤后的工伤津贴，工伤致残后的一次性和定期残疾补助，负伤致残后的康复和再就业培训，以及因工死亡后的遗属抚恤金。

三、工伤保险的意义

(一)保障劳动者的合法权益

工伤事故是很难避免的，其危害到劳动者的生命与健康，并给劳动者及其家属带来莫大的精神痛苦与经济损失。实行工伤保险，可以保障劳动者遭遇工伤事故时获得医疗救治和经济补偿，促进职业康复，维护其合法权利。

(二)分散用人单位的工伤风险

工伤事故不仅危害劳动者的生命与健康，而且给用人单位带来沉重的经济损失。由国家立法强制实行工伤保险，有利于分散用人单位的工伤风险，减轻用人单位的负担。

(三)促进工伤预防

实行工伤保险，督促用人单位加强劳动安全卫生工作，防止或减少工伤事故发生，保护职工的健康与安全。

第二节　工伤保险立法概况

一、外国工伤保险立法概况

德国于 1884 年颁布了《工伤保险法》，最早确立了工伤保险制度，使工伤保险成为社会保险的一项重要内容。此后，欧洲国家都相继颁布了有关工伤保险的法律。早期的工伤保险立法主要是对突发性生产事故导致的工伤伤害进行规定，对受害者给予一定的经济补偿。后来，随着职业病的增多，一些国家开始把职业病纳入到工伤保险的范围，进行专门立法。第二次世界大战后，工伤保险制度得到了发展和完善，欧洲绝大多数国家和拉美、亚洲的一些国家都先后建立了工伤保险制度。

国际劳工组织对工伤保险的立法也起了重要的作用。1921 年国际劳工大会通过了《农业工人赔偿公约》(第 12 号公约)，1925 年通过了《工人职业伤害赔偿公约》(第 17 号公约)和《工人职业病赔偿公约》(第 18 号公约)。1964 年国际劳工大会在对第 18 号公约进行修订的基础上，又通过了《工伤事故津贴公约》(第 121 号公约)，这是目前工伤赔偿的重要国际公约。

二、我国工伤保险立法概况

我国的工伤保险制度建立于 20 世纪 50 年代。1951 年 2 月政务院颁布了《中华人民共和国劳动保险条例》，其中就有关于工伤保险的规定。1953 年政务院又修订颁布了《中华人民共和国劳动保险条例》，同年原劳动部制定了《劳动保险实施细则》，对工伤保险做了具体规定。国务院 1958 年颁布了《关于工人、职员退休处理暂行办法》，1978 年颁布了《关于工人退休退职的暂行办法》，并对工伤保险待遇做了调整和提高。1957 年卫生部发布了《职业病范围和职业病患者处理办法的规定》，将严重危害工人、职员健康，职业性比较明显的职业中毒、尘肺病等 14 种与职业有关的疾病正式纳入职业病的范围，以后又陆续有所补充。

我国自 20 世纪 80 年代末开始对工伤保险制度进行改革，因为原有的工伤保险制度具有局限性，如适用范围较窄，只在全民所有制企业中实行；企业保险模式造成企业负担过重或过轻，难以有效分散工伤风险；待遇规定不合理等。经过广泛试点改革，总结经验，1996 年 8 月 12 日原劳动部发布了《企业职工工伤保险试行办法》，于同年 10 月 1 日起正式施行。国家技术监督局于1996年3月颁布了《职工工伤与职业病致残程度鉴定》。经过数年的实践,2003年4月27日国务院颁布了《工伤保险条例》,同年9月23日劳动和社会保障部发布了《工伤认定办法》、《因工死亡职工供养亲属范围规定》和《非法用工单位伤亡人员一次性赔偿办法》,这4部法规及规章均自2004年1月1日起施行。这些法律文件的颁布实施,强有力地推动了我国工伤保险制度的改革,标志着我国工伤保险制度开始走向成熟。

第三节　中国工伤保险法律制度

除了宪法第45条和劳动法第70条、第73条的原则性规定外,工伤保险的实施主要是依据《工伤保险条例》和其他法规规章,在这里,主要介绍《工伤保险条例》的内容规定。

一、工伤保险的适用范围

工伤保险的适用范围主要是指工伤保险的覆盖范围。从工伤保险的发展历史看,工伤保险的适用范围在不同国家和不同时期规定有所不同。工伤保险最初是在高风险的行业、职业和较大的企业中实行,工伤保险的对象主要是靠工资收入从事有危险工作的体力劳动者,后来,逐步扩展到其他劳动者。从世界发展趋势看,工伤保险的适用范围呈不断扩大的趋势。国际劳工组织1964年《工伤事故津贴公约》规定,工伤保险的对象包括:(1)因工伤致残者;(2)按照国家法律规定,因工伤不能工作并中断收入者;(3)因工伤永久地全部丧失或部分丧失工作能力至超过规定的限度者,或者丧失智能者;(4)由于家庭生活的赡养人因工负伤致死,造成法定的受保护人失去依靠者。这种保障的适用范围应当包括公营部门、私营部门、合作社的所有被雇佣者,也包括学徒。在经济和医疗卫生设施不够发达的国家,可以把适用范围先限定在规定类别的被雇佣者，但其人数应当不少于工业企业事业全部被雇佣者的75％。对海员、公务员的因工负伤补偿，另有单行办法的国家，可以不把海员、公务员包括在适用范围内，但单行办法所规定的待遇应当至少同本公约规定的待遇相当。

根据《工伤保险条例》第2条第1款、第61条第1款的规定，我国工伤保险的适用范围是中华人民共和国境内的各类企业、有雇工的个体工商户及其职工或雇工。这里所称职工，是指与用人单位存在劳动关系（包括事实劳动关系）的各种用工形式、各种用工期限的劳动者。这些规定对工伤保险的对象作出了较为明确的界定。除此之外，第62条对国家机关、事业组织等的工伤管理也作出了规定，即“国家机关和依照或者参照国家公务员制度进行人事管理的事业单位、社会团体的工作人员因工作遭受事故伤害或者患职业病的，由所在单位支付费用。具体办法由国务院劳动保障行政部门会同国务院人事行政部门、财政部门规定。其他事业单位、社会团体以及各类民办非企业单位的工伤保险等办法，由国务院劳动保障行政部门会同国务院人事行政部门、民政部门、财政部门等部门参照本条例另行规定，报国务院批准后施行。”对于非法用工单位伤亡人员，第63条第1款规定：“无营业执照或者未经依法登记、备案的单位以及被依法吊销营业执照或者撤销登记、备案的单位的职工受到事故伤害或者患职业病的，由该单位向伤残职工或者死亡职工的直系亲属给予一次性赔偿，赔偿标准不得低于本条例规定的工伤保险待遇；用人单位不得使用童工，用人单位使用童工造成伤残、死亡的，由该单位向童工或者童工的直系亲属给予一次性赔偿，赔偿标准不得低于本条例规定的工伤保险待遇。具体办法由国务院劳动保障行政部门规定。”2003年9月23日劳动和社会保障部发布的、自2004年1月1日起施行的《非法用工单位伤亡人员一次性赔偿办法》对此进行了规定。

二、工伤认定

(一)工伤事故的认定

根据《工伤保险条例》第 14 条的规定,职工有下列情形之一的,应当认定为工伤:

1. 在工作时间和工作场所内,因工作原因受到事故伤害的;

2. 工作时间前后在工作场所内,从事与工作有关的预备性或者收尾性工作受到事故伤害的;

3. 在工作时间和工作场所内,因履行工作职责受到暴力等意外伤害的;

4. 患职业病的;

5. 因工外出期间,由于工作原因受到伤害或者发生事故下落不明的;

6. 在上下班途中,受到机动车事故伤害的;

7. 法律、行政法规规定应当认定为工伤的其他情形。

根据《工伤保险条例》第 15 条的规定,职工有下列情形之一的,视同工伤:

1. 在工作时间和工作岗位,突发疾病死亡或者在 48 小时之内经抢救无效死亡的;

2. 在抢险救灾等维护国家利益、公共利益活动中受到伤害的;

3. 职工原在军队服役,因战、因公负伤致残,已取得革命伤残军人证,到用人单位后旧伤复发的。

但是,根据《工伤保险条例》第 16 条的规定,职工有下列情形之一的,不得认定为工伤或者视同工伤:

1. 因犯罪或违反治安管理伤亡的;

2. 醉酒导致死亡的;

3. 自残或者自杀的。

(二)职业病的认定

1. 职业病的范围。职业病属于工伤的一种,是指劳动者在生产劳动及其他职业活动中,接触职业性有害因素引起的疾病。职业病与劳动条件密切相关,发病具有群体性,具有临床特征,病因明确。根据2002年4月18日《卫生部、劳动和社会保障部关于印发〈职业病目录〉的通知》,职业病包括尘肺、职业性放射性疾病、职业中毒、物理因素所致职业病、生物因素所致职业病、职业性皮肤病、职业性眼病、职业性耳鼻喉口腔疾病、职业性肿瘤、其他职业病共10类115种。

2. 职业病的诊断与鉴定。根据2001年10月27日第9届全国人大常委会第24次会议通过、2002年5月1日起施行的《中华人民共和国职业病防治法》第39条、第40条的规定,职业病诊断应当由省级以上人民政府卫生行政部门批准的医疗卫生机构承担。劳动者可以在用人单位所在地或者本人居住地依法承担职业病诊断的医疗卫生机构进行职业病诊断。根据同法第42条的规定,职业病诊断应当综合分析下列因素:(1)病人的职业史;(2)职业病危害接触史和现场危害调查与评价;(3)临床表现以及辅助检查结果等。没有证据否定职业病危害因素与病人临床表现之间的必然联系的,在排除其他致命因素后,应当诊断为职业病。承担职业病诊断的医疗卫生机构在进行职业病诊断时,应当组织3名以上取得职业病诊断资格的执业医师集体诊断。职业病诊断证明书应当由参与诊断的医师共同签署,并经承担职业病诊断的医疗卫生机构审核盖章。根据同法第45条的规定,当事人对职业病诊断有异议的,可以向作出诊断的医疗卫生机构所在地地方人民政府卫生行政部门申请鉴定。职业病诊断争议由设区的市级以上地方人民政府卫生行政部门根据当事人的申请,组织职业病诊断鉴定委员会进行鉴定。当事人对设区的市级职业病诊断鉴定委员会的鉴定结论不服的,可以向省、自治区、直辖市人民政府卫生行政部门申请再鉴定。根据同法第48条的规定，职业病诊断、鉴定需要用人单位提供有关职业卫生和健康监护等资料时，用人单位应当如实提供，劳动者和有关机构也应当提供与职业病诊断、鉴定有关的资料。此外，2002年3月28日卫生部发布、2002年5月1日起施行的《职业病诊断与鉴定管理办法》对职业病的诊断与管理作出详细的规定。

（三）工伤的认定程序

工伤的认定，根据《工伤保险条例》的规定，需经过申请、审查和决定三个步骤。

1. 申请。职工发生事故伤害或者按照职业病防治法规定被诊断、鉴定为职业病，所在单位应当自事故伤害发生之日或者被诊断、鉴定为职业病之日起30日内，向统筹地区劳动保障行政部门提出工伤认定申请。遇有特殊情况，经报劳动保障行政部门同意，申请时限可以适当延长。用人单位未按规定提出工伤认定申请的，工伤职工或者其直系亲属、工会组织在事故发生之日或者被诊断、鉴定为职业病之日起1年内，可以直接向用人单位所在地统筹地区劳动保障行政部门提出工伤认定申请。用人单位未在规定的时限内提交工伤认定申请，在此期间发生符合条例规定的工伤待遇等有关费用由该用人单位负担。提出工伤认定申请应当提交下列材料：(1)工伤认定申请表，应当包括事故发生的时间、地点、原因以及职工伤害程度等基本情况；(2)与用人单位存在劳动关系（包括事实关系）的证明材料；(3)医疗诊断证明或者职业病诊断证明书（或者职业病诊断鉴定书）。工伤认定申请人提供材料不完整的，劳动保障行政部门应当一次性书面告知工伤认定申请人需要补正的全部材料。申请人按照书面告知要求补正材料后，劳动保障行政部门应当受理。

2. 审查。劳动保障行政部门受理工伤认定申请后，根据审核需要可以对事故伤害进行调查核实，用人单位、职工、工会组织、医疗机构以及有关部门应当予以协助。职业病诊断和诊断争议的鉴定，依照职业病防治法的有关规定执行。对依法取得职业病诊断证明书或者职业病诊断鉴定书的，劳动保障行政部门不再进行调查核实。职工或者其直系亲属认为是工伤，用人单位不认为是工伤的，由用人单位承担举证责任。

3. 决定。劳动保障行政部门应当自受理工伤认定申请之日起60日内作出工伤认定的决定，并书面通知申请工伤认定的职工或者其直系亲属和该职工所在单位。劳动保障行政部门工作人员与工伤认定申请人有利害关系的，应当回避。

三、劳动能力鉴定

根据《工伤保险条例》第22条的规定，劳动能力鉴定是指劳动功能障碍程度和生活自理障碍程度的等级鉴定。劳动功能障碍分为10个伤残等级，最重的为1级，最轻的为10级；生活自理能力障碍分为3个等级，即生活完全不能自理、生活大部分不能自理和生活部分不能自理。劳动能力鉴定标准由国务院劳动保障行政部门会同国务院卫生行政部门等部门制定。

(一)劳动能力鉴定的申请

根据《工伤保险条例》第23条的规定，劳动能力鉴定由用人单位、工伤职工或者其直系亲属向设区的市级劳动能力鉴定委员会提出申请，并提供工伤认定决定和职工工伤医疗的有关资料。

(二)劳动能力鉴定委员会的构成及其鉴定

我国的劳动鉴定工作由劳动能力鉴定委员会负责。劳动能力鉴定委员会分为省、自治区、直辖市劳动能力鉴定委员会和设区的市级劳动能力鉴定委员会。根据《工伤保险条例》第24条、第25条第1款的规定，省、自治区、直辖市劳动能力鉴定委员会和设区的市级劳动能力鉴定委员会分别由省、自治区、直辖市和设区的市级劳动保障行政部门、人事行政部门、卫生行政部门、工会组织、经办机构代表以及用人单位代表组成。劳动能力鉴定委员会建立医疗卫生专家库。列入专家库的医疗卫生专业技术人员应当具备以下条件:(1)具有医疗卫生高级专业技术职务任职资格;(2)掌握劳动能力鉴定的相关知识;(3)具有良好的职业品德。设区的市级劳动能力鉴定委员会收到劳动能力鉴定申请后,应当从其建立的医疗卫生专家库中随机抽取3名或者5名相关专家组成专家组,由专家组提出鉴定意见。设区的市级劳动能力鉴定委员会根据专家组的鉴定意见作出劳动能力鉴定结论;必要时,可以委托具备资格的医疗机构协助进行有关的诊断。根据第27条的规定,劳动能力鉴定工作应当客观、公正。劳动能力鉴定委员会组成人员或者参加鉴定的专家与当事人有利害关系的,应当回避。

(三)劳动能力鉴定结论作出的期限、再鉴定及复查鉴定

根据《工伤保险条例》第25条第2款的规定,劳动能力鉴定结论应自收到申请后60日内作出,必要时,作出劳动能力鉴定结论的期限可以延长30日。根据第26条的规定,申请鉴定的单位或个人对劳动能力鉴定结论不服时,可以在收到该鉴定结论之日起15日内向省、自治区、直辖市劳动能力鉴定委员会提出再次鉴定申请。省、自治区、直辖市劳动能力鉴定委员会作出的劳动能力鉴定结论为最终结论。另外,根据第28条的规定,自劳动能力鉴定结论作出之日起1年后,工伤职工或者其直系亲属、所在单位或者经办机构认为伤残情况发生变化的,可以申请劳动能力复查鉴定。

四、工伤保险待遇

根据《工伤保险条例》第2条第2款的规定,我国境内的各类企业的职工和个体工商户的雇工,均有享受工伤保险待遇的权利。

(一)工伤医疗待遇

根据《工伤保险条例》第29条、第30条、第31条及第32条的规

定，职工因工作遭受事故伤害或者患职业病进行治疗，享受工伤医疗待遇。具体包括：

1. 职工治疗工伤应当在签订服务协议的医疗机构就医，情况紧急时可以先到就近的医疗机构急救。

2. 医疗费用。治疗工伤所需费用符合工伤保险诊疗项目目录、药品目录、住院服务标准的，从工伤保险基金支付。工伤职工治疗非工伤引发的疾病，不享受工伤医疗待遇，按照基本医疗保险办法处理。工伤职工到签订服务协议的医疗机构进行康复性治疗的费用，符合工伤保险诊疗目录、药品目录、住院服务标准的，从工伤保险基金支付。

3. 住院伙食补助费用。职工住院治疗工伤的，由所在单位按照本单位因公出差伙食补助标准的70％发给住院伙食补助费；经医疗机构出具证明，报经办机构同意，工伤职工到统筹地区以外就医的，所需交通、食宿费用按照本单位职工因公出差标准报销。

4. 辅助器械费用。工伤职工因日常生活或者就业需要，经劳动能力鉴定委员会确认，可以安装假肢、矫形器、假眼、假牙和配置轮椅等辅助器具，所需费用按照国家规定的标准从工伤保险基金支付。

5. 停工留薪期的待遇。职工因工作遭受事故伤害或者患职业病需要暂停工作接受治疗的，在停工留薪期内，原工资福利待遇不变，由所在单位按月支付。停工留薪期一般不超过12个月。伤情严重或者情况特殊，经设区的市级劳动能力鉴定委员会确认，可以适当延长，但延长不得超过12个月。工伤职工评定伤残等级后，停发原待遇，按规定享受伤残待遇。工伤职工在停工留薪期满后仍需治疗的，继续享受工伤医疗待遇。生活不能自理的工伤职工在停工留薪期需要护理的，由所在单位负责。

6. 护理费。工伤职工已经评定伤残等级并经劳动能力鉴定委员会确认需要生活护理的，从工伤保险基金按月支付生活护理费。生活护理费按照生活完全不能自理、生活大部分不能自理或者生活部分不能自理3个不同等级支付，其标准分别为统筹地区上年度职工月平均工资的50％、40％或者30％。

(二)因工伤残待遇

1. 1—4级伤残的待遇

根据《工伤保险条例》第33条的规定，职工因工致残被鉴定为1—4级伤残的，保留劳动关系，退出工作岗位，享受以下待遇：(1)从工伤保险基金按伤残等级支付一次性伤残补助金，标准为：1级伤残为24个月的本人工资，2级伤残为22个月的本人工资，3级伤残为20个月的本人工资，4级伤残为18个月的本人工资。(2)从工伤保险基金按月支付伤残津贴，标准为：1级伤残为本人工资的90％，2级伤残为本人工资的85％，3级伤残为本人工资的80％，4级伤残为本人工资的75％。伤残津贴实际金额低于当地最低工资标准的，由工伤保险基金补足差额。(3)工伤职工达到退休年龄并办理退休手续后，停发伤残津贴，享受基本养老保险待遇。基本养老保险待遇低于伤残津贴的，由工伤保险基金补足差额。职工因工致残被鉴定为1—4级伤残的，由用人单位和职工个人以伤残津贴为基数，缴纳基本医疗保险费。

2. 5—6级伤残的待遇

根据《工伤保险条例》第34条的规定，主要享受以下待遇：(1)从工伤保险基金按伤残等级支付一次性伤残补助金，标准为：5级伤残为16个月的本人工资，6级伤残为14个月的本人工资；(2)保留与用人单位的劳动关系，由用人单位安排适当工作。难以安排工作的，由用人单位按月发给伤残津贴，标准为：5级伤残为本人工资的70％，6级伤残为本人工资的60％，并由用人单位按照规定为其缴纳应缴纳的各项社会保险费。伤残津贴实际金额低于当地最低工资标准的，由用人单位补足差额。经工伤职工本人提出，该职工可以与用人单位解除或终止劳动关系，由用人单位支付一次性工伤医疗补助金和伤残就业补助金。具体标准由省、自治区、直辖市人民政府规定。

3. 7—10 级伤残的待遇

根据《工伤保险条例》第 35 条的规定，主要享受以下待遇：(1)从工伤保险基金按伤残等级支付一次性伤残补助金，标准为：7 级伤残为 12 个月的本人工资，8 级伤残为 10 个月的本人工资，9 级伤残为 8 个月的本人工资，10 级伤残为 6 个月的本人工资；(2)劳动合同期满终止，或者职工本人提出解除劳动合同的，由用人单位支付一次性工伤医疗补助金和伤残就业补助金。具体标准由省、自治区、直辖市人民政府规定。

(三)因工死亡待遇

根据《工伤保险条例》第 37 条的规定，职工因工死亡，其直系亲属按照下列规定从工伤保险基金领取丧葬补助金、供养亲属抚恤金和一次性工亡补助金：

1. 丧葬补助金为 6 个月的统筹地区上年度职工月平均工资。

2. 供养亲属抚恤金按照职工本人工资的一定比例发给由因工死亡职工生前提供主要生活来源、无劳动能力的亲属。标准为：配偶每月 40%，其他亲属每人每月 30%，孤寡老人或者孤儿每人每月在上述标准的基础上增加 10%。核定的各供养亲属的抚恤金之和不应高于因工死亡职工生前的工资。供养亲属的具体范围由国务院劳动保障行政部门规定。

3. 一次性工亡补助金标准为 48 个月至 60 个月的统筹地区上年度职工月平均工资。具体标准由统筹地区的人民政府根据当地经济、社会发展状况规定，报省、自治区、直辖市人民政府备案。

伤残职工在停工留薪期内因工伤导致死亡的，其直系亲属按照规定享受领取丧葬补助金、供养亲属抚恤金和一次性工亡补助金的待遇。

1—4级伤残职工在停工留薪期满后死亡的，其直系亲属可以享受领取丧葬补助金、供养亲属抚恤金的待遇。

(四)属特定情况的工伤保险待遇

1. 根据《工伤保险条例》第39条的规定，因工外出期间发生事故或者在抢险救灾中下落不明的，从事故发生当月起3个月内照发工资，从第4个月起停发工资，由工伤保险基金向其供养亲属按月支付供养亲属抚恤金。生活有困难的，可以预支一次性工亡补助金的50%。职工被人民法院宣告死亡的，按照因工死亡的规定处理。

2. 根据《工伤保险条例》第41条第3款的规定，职工被借调期间受到工伤事故伤害的，由原用人单位承担工伤保险责任，但原用人单位与借调单位可以约定补偿办法。

3. 根据《工伤保险条例》第42条的规定，职工被派遣出境工作，依据前往国家或者地区的法律应当参加当地工伤保险的，参加当地工伤保险，其国内工伤保险关系中止；不能参加当地工伤保险的，其国内工伤保险关系不中止。

4. 根据《工伤保险条例》第43条的规定，职工再次发生工伤，根据规定应当享受伤残津贴的，按照新认定的残疾等级享受残疾津贴待遇。

此外，根据《工伤保险条例》第40条的规定，工伤职工有下列情形之一的，停止享受工伤保险待遇：(1)丧失享受待遇条件的；(2)拒不接受劳动能力鉴定的；(3)拒绝治疗的；(4)被判刑正在收监执行的。

五、工伤保险基金

《工伤保险条例》第2章专章规定了工伤保险基金。

(一)工伤保险基金的构成

工伤保险基金由下列项目构成：(1)用人单位缴纳的工伤保险费。用人单位缴纳工伤保险费的数额为本单位职工工资总额乘以单位缴费费率之积。用人单位应当按时缴纳工伤保险费，职工个人不缴纳工伤保险费。(2)工伤保险基金的利息。(3)依法纳入工伤保险基金的其他资金。工伤保险基金应当留有一定比例的储备金,用于统筹地区重大事故的工伤保险待遇支付;储备金不足支付的,由统筹地区的人民政府垫付。储备金占基金总额的具体比例和储备金的使用办法,由省、自治区、直辖市人民政府规定。

(二)工伤保险费率

工伤保险费率是指工伤保险费的提缴比例,是工伤保险基金筹集的关键要素,其高低直接关系到工伤保险基金的规模。确定工伤保险费率应考虑工伤保险的支出、用人单位的承受能力(应根据不同行业的风险程度,确定不同的工伤保险费率)。关于费率的确定,世界上主要有三种方法:

1. 统一费率制。即按照法定统筹范围内的预测开支的需求,与相同范围内用人单位的工资总额相比较,求出一个总的工伤保险费率,所有用人单位按同一比例缴费。这种方式不考虑用人单位工伤实际风险的差别,但可以在最大可能的范围内平均分散工伤风险。

2. 差别费率制。差别费率是根据各行业的伤亡事故风险和职业危害程度的类别来测算出该行业工伤保险费的缴费标准。更简单地说,是对单个用人单位或某一行业单独确定工伤保险费的提缴比例。这种方式使用人单位的缴费与其风险相挂钩,体现了工伤保险负担的公平。

3. 浮动费率制。是指在差别费率的基础上,每年对各参保用人单位上一年度安全卫生状况和工伤保险费用支出情况进行评估,适当调整用人单位下一年度工伤保险费率。

目前,世界各国立法大多采用差别费率和浮动费率制,根据《工伤保险条例》第8条和第9条的规定,工伤保险费根据以支定收、收支平衡的原则确定费率。我国工伤保险费率实行差别费率和浮动费率制,即国家根据不同行业的工伤风险程度确定行业的差别费率，并根据工伤保险费使用、工伤发生率等情况在每个行业内确定若干费率档次。行业差别费率及行业内费率档次由国务院劳动保障行政部门会同国务院财政部门、卫生行政部门、安全生产监督管理部门制定，报国务院批准后公布施行。统筹地区经办机构根据用人单位工伤保险费使用、工伤发生率等情况，适用所属行业内相应的费率档次确定单位缴费费率。国务院劳动保障行政部门应当定期了解全国各统筹地区工伤保险基金收支情况，及时会同国务院财政部门、卫生行政部门、安全生产监督管理部门提出调整行业差别费率及行业内费率档次的方案，报国务院批准后公布施行。

（三）工伤保险基金的统筹和管理

根据《工伤保险条例》第 11 条及第 12 条的规定，工伤保险基金在直辖市和设区的市实行全市统筹，其他地区的统筹层次由省、自治区人民政府确定。跨地区、生产流动性较大的行业，可以采取相对集中的方式异地参加统筹地区的工伤保险。具体办法由国务院劳动保障行政部门会同有关行业的主管部门制定。工伤保险基金存入社会保障基金财政专户，用于工伤保险待遇、劳动能力鉴定以及法律、法规规定的用于工伤保险的其他费用的支付。任何单位或者个人不得将工伤保险基金用于投资运营、兴建或者改建办公场所、发放奖金，或者挪作其他用途。

六、监督管理

根据《工伤保险条例》第 5 条的规定，国务院劳动保障行政部门负责全国的工伤保险工作。县级以上地方各级人民政府劳动保障行政部门负责本行政区域内的工伤保险工作。劳动保障行政部门按照国务院有关规定设立的社会保险经办机构具体承办工伤保险事务。

根据《工伤保险条例》第 44 条的规定，经办机构履行下列职责：（一）根据省、自治区、直辖市人民政府规定，征收工伤保险费；（二）核查用人单位的工资总额和职工人数，办理工伤保险登记，并负责保存用人单位缴费和职工享受工伤保险待遇情况的记录；(三)进行工伤保险的调查、统计；(四)按照规定管理工伤保险基金的支出；(五)按照规定核定工伤保险待遇；(六)为工伤职工或者其直系亲属免费提供咨询服务。根据《工伤保险条例》第56条的规定，经办机构有下列行为之一的，由劳动保障行政部门责令改正，对直接负责的主管人员和其他责任人员依法给予纪律处分；情节严重，构成犯罪的，依法追究刑事责任；造成当事人经济损失的，由经办机构依法承担赔偿责任：(一)未按规定保存用人单位缴费和职工享受工伤保险待遇情况记录的；(二)不按规定核定工伤保险待遇的；(三)收受当事人财物的。

此外，根据第45条、第46条及第47条的规定，经办机构与医疗机构、辅助器具配置机构在平等协商的基础上签订服务协议，并公布签订服务协议的医疗机构、辅助器具配置机构的名单；经办机构按照协议和国家有关目录、标准对工伤职工医疗费用、康复费用、辅助器具费用的使用情况进行核查，并按时足额结算费用；经办机构应当定期公布工伤保险基金的收支情况，及时向劳动保障行政部门提出调整费率的建议。

根据第48条、第49条第1款的规定，劳动保障行政部门、经办机构应当定期听取工伤职工、医疗机构、辅助器具配置机构以及社会各界对改进工伤保险工作的意见；劳动保障行政部门依法对工伤保险费的征缴和工伤保险基金的支付情况进行监督检查。

根据第49条第2款的规定，财政部门和审计机关依法对工伤保险基金的收支、管理情况进行监督。

根据第50条的规定，任何组织和个人对有关工伤保险的违法行为，有权举报。劳动保障行政部门对举报应当及时调查，按照规定处理，并为举报人保密。

根据第51条的规定，工会组织依法维护职工的合法权益，对用人单位的工伤保险工作实行监督。

七、争议处理

根据《工伤保险条例》第52条、第53条的规定，职工与用人单位发生工伤待遇方面的争议，按照劳动争议处理的有关规定办理；有下列情形之一的，有关单位和个人可以依法申请行政复议；对复议决定不服的，可以依法提起行政诉讼：(一)申请工伤认定的职工或者其直系亲属、该职工所在单位对工伤认定结论不服的；(二)用人单位对经办机构确定的单位缴费费率不服的；(三)签订服务协议的医疗机构、辅助器具配置机构认为经办机构未履行有关协议或者规定的；(四)工伤职工或者其直系亲属对经办机构核定的工伤保险待遇有异议的。

本章小结

工伤保险又称职业伤害保险，是指劳动者在生产工作中或法定的特殊情况下，发生意外事故，或因职业性有害因素危害，而负伤(或患职业病)、致残、死亡时，对其本人或供养亲属给予物质帮助和经济补偿的一种社会保险制度。

工伤保险是一种强制性保险，它的特征包括：第一，实行无责任补偿原则，即无论工伤事故的责任如何认定，用人单位都要承担工伤保险责任，劳动者均应依法享受工伤保险待遇；第二，用人单位承担缴费义务；第三，工伤保险待遇标准较高，提供的服务项目较多。

实行工伤保险的意义在于，保障劳动者的合法权益，有利于社会安定；分散用人单位的工伤风险；促进工伤预防。

工伤保险法律制度起源于德国1884年的《工伤保险法》。

我国现行的工伤保险法律制度主要包括：工伤保险的适用范围、工伤的范围及其认定、劳动能力鉴定、工伤保险待遇、工伤保险基金、监督管理及争议处理。

思　考　题

1. 简述工伤保险的特征。
2. 试述我国工伤保险待遇的内容。
3. 我国工伤保险费率是如何确定的?
4. 试述工伤认定的内容。

第十七章 生育保险

[学习目标]

明确生育保险的概念、特征和意义;了解外国生育保险立法的概况和我国生育保险立法的现状;掌握我国生育保险法律制度的内容。

[学习方法]

理解。

[重点难点]

重点·生育保险的概念和意义

·生育保险的对象

·生育保险基金

·生育保险待遇的给付

难点·生育保险基金

·生育保险待遇

第一节 生育保险概述

一、生育保险的概念

生育保险是指妇女劳动者因生育子女而暂时中断工作时,从国家和社会获得物质帮助的一种社会保险制度。这种制度主要是通过向妇女劳动者提供生育津贴、产假及医疗服务等方面的待遇,帮助其恢复劳动能力,重返工作岗位。

众所周知,人口再生产对社会发展具有重要意义,妇女肩负着哺育后代的重任,妇女生育不仅是个人行为,而且是社会行为。社会应对妇女给予补偿。此外生育是有风险的,表现在:经济上,妇女在怀孕、分娩、哺乳过程中部分或全部不能参加劳动,导致收入的减少或中断;生理上,要消耗体力,分娩时危险程度较高。对于这些经济的和生理的风险,国家为其提供必要的帮助,可以使其获得生活保障,尽快恢复健康,也有利于下一代的健康成长。

二、生育保险的特征

与其他社会保险相比,生育保险具有以下特征:

(一)保险对象的特殊性。生育保险的对象主要是已婚妇女劳动者。随着经济的发展,有些国家将生育保险的对象扩大到生育妇女的丈夫,在妇女生育后,给予丈夫一段带薪假期,以照顾妻子和婴儿。

(二)生育保险是对妇女劳动者生育子女全过程的物质保障。即对产前和产后都提供保障,而其他社会保险的项目只有在据以提供保障的事实发生后才能给付相应的保险待遇。

(三)生育保险与一国的人口政策相关。在人口稀少的国家,采取鼓励生育的政策,对生育妇女给予较优厚的生育保险待遇;而在人口稠密的国家,则采取控制生育的政策,仅对符合法定生育条件的妇女提供生育保险待遇。

三、生育保险的意义

(一)保证妇女劳动者身体健康和劳动能力的恢复

实行生育保险,能使妇女获得基本的生活保障,使她们的身体能够得到恢复,安全、健康地度过生育期,为投入日后的正常工作创造条件。

(二)保证劳动力再生产

实行生育保险，不仅保护了妇女劳动者的身体健康，而且保护了下一代的正常的孕育、出生和成长，有利于人类延续后代、提高人口素质。可以说，实行生育保险为劳动力的再生产提供了物质基础。

（三）有利于促进国家人口政策的贯彻实施

人口政策是国家经济发展和社会进步的重要体现。出生率低的国家为了鼓励人口的生育，制定了一系列措施，其中包括完善生育保险制度，保证人口政策的顺利实施。而像我国这样的发展中国家，自20世纪70年代起，为控制人口的增长，在城乡广泛开展了计划生育工作，妇女劳动者要享受生育保险待遇，必须符合计划生育政策。

（四）有利于促进妇女就业

建立生育保险制度，可以降低妇女劳动力的成本，解除用人单位使用妇女劳动力的顾虑，提高用人单位雇佣妇女劳动者的积极性，使妇女劳动者与男性劳动者可以平等分享就业机会。

第二节　生育保险立法概况

一、外国生育保险立法概况

19世纪末期兴起的社会保险制度并无生育保险的项目，在1883年德国颁布的《疾病保险法》中生育保险是疾病保险的一个组成部分，并非一个单独的险种。德国直到1965年才将生育保险作为一个单独险种分立出来。1911年意大利通过立法把社会保险扩大到产妇，将生育列入疾病保险的范围。以后，西方工业化国家陆续通过立法在社会保险项目中增加生育保险的内容。就世界各国实行生育保险立法的方式来看，有的与疾病保险制度规定在一起，有的是单独立法。从总体上说，采取前者的国家较多。

生育保险也受到国际劳工组织的重视。早在1919年，国际劳工组织公布了第3号公约，即《妇女生育前后工作公约》，规定妇女产假至少为12周，其中分娩前后各休假6周。1952年国际劳工大会通过了第103号公约，即《生育保护公约》，对其进行了修正，规定妇女在产假期间有权领取现金津贴和医药津贴，现金津贴应保证足以按照适当生活标准维持产妇和婴儿的健康；医药津贴应包括产前、产时、产后的护理，以及必要时住院的护理；现金津贴和医药津贴由强制社会保险提供，或由公共基金提供，由强制性社会保险提供的现金津贴应当以该妇女产前的收入为依据，不应低于其产前收入的2/3；妇女在休产假期间，禁止雇主对该妇女发出解雇通知，在产假期间即使合同期满，也不准解雇。尽管国际组织的公约没有强制性，但一个主权国家要在国际上取得应有的地位，就不能漠视国际公约的存在。事实上，许多国家关于生育保险的基本规定都是按照国际公约制定的。

二、我国生育保险立法概况

我国生育保险立法始于建国初。1951年政务院颁布的《中华人民共和国劳动保险条例》对生育保险的有关问题进行了规定。1953年经修订的《劳动保险条例》和原劳动部颁布的《劳动保险条例实施细则》对女职工生育保险待遇进行了具体的规定。1955年4月26日，政务院又颁布了《关于女工作人员生育假期规定的通知》，对机关、事业单位女职工生育保险做了规定，待遇标准与企业女职工基本相同。这样，女职工生育保险的适用对象就扩大到机关、事业单位。我国自20世纪50年代建立起来的生育保险制度在维护女职工生育期间的合法权益方面发挥了重要作用。但是由于女职工各项保险待遇是由企业或单位来支付，未建立生育保险基金，导致企业的负担过轻或过重。

20世纪80年代以后，针对传统生育保险制度中存在的问题，我国生育保险制度进行了试点改革，1988年7月21日国务院发布了《女职工劳动保护规定》,这是我国第一部综合性女职工劳动保护法规,其中规定了对女职工生育期间的保护。如产假由原来的 56 天增加到 90 天。虽然这个决定对机关、企业和事业单位女职工的生育保险待遇做了统一的规定,但是这些待遇都是由女职工所在单位负担的,不是具有现代意义的、社会化的生育保险,而是企业保险或国家保险。1994 年 12 月 14 日,为配合劳动法的贯彻实施,原劳动部发布了《企业职工生育保险试行办法》(以下简称“试行办法”),这是我国目前企业职工生育保险的主要规范性文件。

第三节 中国生育保险法律制度

从我国生育保险立法的情况看,具有现代意义的生育保险还仅限于企业职工生育保险这一部分,因此,在这里主要围绕着 1994 年原劳动部颁布的《企业职工生育保险试行办法》和相关法律、法规的规定来介绍我国生育保险的内容。

一、生育保险的对象和范围

根据“试行办法”第 2 条的规定,我国生育保险的适用范围限于城镇企业与职工。也就是说,生育保险的适用对象是城镇企业的女职工。在这里,城镇企业的范围如何理解?我们认为,城镇企业是指我国境内的一切城镇企业,包括国有企业、城镇集体企业、外商投资企业、城镇私营企业以及其他城镇企业。此外,根据 1988 年国务院颁布的《女职工劳动保护规定》第 2 条,我国的生育保险待遇适用于我国境内的一切国家机关、人民团体、企业、事业单位的女职工。据此,城镇企业以外的其他单位的女职工也可获得生育保险待遇。但是,国家机关、人民团体、事业单位的女职工所获得的生育保险待遇并不是具有社会统筹性质的生育保险。1994 年“试行办法”的出台,标志着我国企业职工的生育保险从“单位保险”发展为“社会保险”。[①] 以上规定的内容，无论从何种角度理解，农村妇女劳动者和城镇个体妇女劳动者都仍被排除在生育保险或享受类似于生育保险待遇的对象范围之外。全国80%的妇女居住在农村，农村生育保险工作能否顺利进行，对我国生育保险事业的发展至关重要。

在一些发达国家，如英国、瑞典，生育保险的保障对象包括从事任何工作的妇女，不论是为他人所雇佣还是为自己所“雇佣”。不过，大多数国家将生育保险的适用对象限定在女性雇员上，从事家务劳动的妇女则不被视为劳动法上的劳动者，被排除在生育保险的对象之外。从世界总的发展方向看，生育保险的保障对象呈扩大趋势。

二、生育保险基金

生育保险基金，是指为了使生育保险有可靠的资金保障，国家通过立法在全社会统一建立的，用于支付生育保险所需各项费用的资金。

(一)生育保险基金的筹集

生育保险基金按照“以支定收，收支基本平衡”的原则筹集，我国生育保险基金来源于城镇企业缴纳的生育保险费，即由企业按照其工资总额的一定比例向社会保险经办机构缴纳生育保险费。职工个人不缴纳生育保险费。从世界范围看，在大多数国家，生育保险费是由国家、雇主和雇员三方负担。

根据“试行办法”第4条的规定，生育保险费的提取比例由当地人民政府根据计划内生育人数和生育津贴、生育医疗费等项费用确定，并可根据费用支出情况适时调整，但最高不得超过工资总额的1%。企业缴纳的生育保险费作为期间费用处理，列入企业管理费用。从各地

① 郭成伟、王广彬：《公平良善之法律规制——中国社会保障法制探究》，中国法制出版社2003年版，第211页。

的具体执行情况看，生育保险的缴费比例大多数地区控制在0.6%—0.8%之间。[①] 与其他社会保险项目出现收不抵支、缺口较大的情况相反，我国的生育保险基金还出现了较多结余。

根据“试行办法”第3条的规定，生育保险按属地原则组织，实行社会统筹。生育保险按属地原则组织，是指生育保险以按行政区域划分的市、县(区)为单位组织实施。在某一行政区域所辖的各类企业，不分所有制性质、不分企业的隶属关系，一律参加所在地的生育保险，执行当地的缴费标准和有关政策规定。生育保险费用社会统筹是指社会保险管理机构根据国家立法的规定，按照社会保险的“大数法则”，在较大的社会范围内筹集生育保险基金，通过互助互济的方法，将发生在少数人和少数单位的风险，转由多数人和多数单位负担，以此保障女职工的合法权益，并缓解因女职工分布不均衡所造成的企业负担畸轻畸重的矛盾，为企业公平地参与市场竞争创造条件。

(二)生育保险基金的管理

根据“试行办法”第8条、第9条、第10条及第11条的规定，生育保险基金由劳动保障部门所属的社会保险经办机构负责收缴、支付和管理。生育保险基金应存入社会保险机构在银行开设的生育保险基金专户。社会保险经办机构可以从生育保险基金中提取管理费，用于本机构经办生育保险工作所需的各种经费。管理费提取比例最高不超过生育保险基金的2%。生育保险基金的筹集和使用，实行财务预、决算制度，由社会保险经办机构作出年度报告并接受同级财政、审计监督。市、县社会保险监督机构定期监督生育保险基金管理工作。

三、生育保险待遇

---

① 乌日图主编:《医疗·工伤·生育保险》，中国劳动社会保障出版社2001年版，第269页。

我国生育保险待遇的内容主要包括：产假、生育津贴、生育医疗服务、孕期、产期、哺乳期的特殊劳动保护、生育期间的职业保障等。

(一)产假

产假是指妇女生育的法定休息时间，是妇女怀孕、分娩和产后的一定时间内所享有的假期。世界各国关于产假的长短规定不同，大多数为12周到14周，我国劳动法第62条规定，女职工生育享受不少于90天的产假。《女职工劳动保护规定》第8条对产假进行了具体规定，产前假15天，产后假75天，难产的，增加产假15天。多胞胎生育的，每多生一个婴儿，增加产假15天。女职工怀孕流产的，根据医务部门的证明，给予一定时间的产假。流产产假以4个月为界，其中不满4个月的，给予15天到30天的产假；满4个月以上流产的，产假为42天。

(二)生育津贴

生育津贴是指由生育保险基金向享受产假的女职工支付的现金补助。也可以说，这是对女职工因生育子女所造成的收入损失提供的现金补偿，所以，过去一直称为产假工资。根据"试行办法"第5条的规定，产假期间的生育津贴按照本企业上年度职工月平均工资计发，由生育保险基金支付。从实际情况看，在实行生育保险社会统筹的地区，基本上是按照这个标准执行的。在尚未实行生育保险社会统筹的地区，生育津贴由本企业或单位支付，标准为女职工生育之前的基本工资和物价补贴。关于生育津贴的具体标准，各国规定不同。多数国家规定为原工资的100%。如德国、西班牙、瑞典等。也有不少国家低于此标准，如法国、芬兰、美国(部分州)、希腊等。

(三)生育医疗服务

这是指医疗服务机构为生育女职工提供怀孕、分娩和产后的医疗服务。根据"试行办法"第6条的规定，女职工生育的检查费、接生费、手术费、住院费和药费由生育保险基金支付。超出规定的医疗服务费和药费(含自费药品和营养药品的药费)由职工个人负担。女职工生育出院后,因生育引起疾病的医疗费,由生育保险基金支付;其他疾病的医疗费,按照医疗保险待遇的规定办理。女职工产假期满后,因病需要休息治疗的,按照有关病假待遇和医疗保险待遇规定办理。

(四)孕期、产期和哺乳期的特殊劳动保护

主要是指健康保护。根据相关法律、法规的规定,在孕期,不得安排女职工从事国家规定的第3级体力劳动强度的劳动和孕妇禁忌从事的劳动。对怀孕7个月以上的女职工,不得安排其延长工作时间和夜班劳动;在产期,主要是给予妇女必要的休息时间;在哺乳期,不得安排女职工在哺乳未满1周岁的婴儿期间,从事国家规定的第3级体力劳动强度的劳动和哺乳期禁忌从事的其他劳动,不得安排其延长工作时间和夜班劳动。

(五)生育女职工的职业保障

根据劳动法第29条的规定,用人单位不得在女职工孕期、产期、哺乳期内依据非过失性辞退和经济性裁员规定为理由解除其劳动关系。对于劳动合同期满而哺乳期未满的女职工,其劳动关系顺延至哺乳期满。

除上述内容外,根据1999年9月28日劳动和社会保障部、国家计划生育委员会、财政部、卫生部《关于妥善解决城镇职工计划生育手术费用问题的通知》,已经建立地方企业职工生育保险的地区,参保单位职工的计划生育手术费可列入生育保险基金支付范围。职工计划生育手术费用是指职工因实行计划生育需要,实施放置(取出)宫内节育器、流产术、引产术、绝育及复通手术所发生的医疗费用。

本章小结

生育保险,是指妇女劳动者因生育子女而暂时中断工作时,从国家和社会获得物质帮助的一种社会保险制度。生育保险的特征是:保障的对象主要是已婚的妇女劳动者;是对妇女劳动者生育子女全过程的物质保障;生育保险与一国的人口政策有关。实行生育保险具有重要的意义。

我国的生育保险立法除了宪法、劳动法、《女职工劳动保护规定》的相关规定外,针对生育保险的专项立法目前主要是《企业职工生育保险试行办法》。

我国生育保险的对象和范围包括城镇各类企业及其职工。

我国的生育保险基金按照"以支定收,收支基本平衡"的原则筹集。生育保险基金由当地人民政府根据计划内生育人数和生育津贴、生育医疗费等项费用的实际情况确定,最多不超过职工工资总额的1%。企业缴纳生育保险费,职工个人不缴纳生育保险费。

生育保险待遇,是指女职工在生育期间依法享有的各种帮助和物质补偿。我国生育保险待遇的内容包括:产假、生育津贴、生育医疗服务、孕期、产期、哺乳期的特殊劳动保护、生育期间的职业保障等。

思考题

1. 简述生育保险的特征及意义。
2. 简述我国生育保险基金的筹集。
3. 试述我国生育保险待遇的内容。

第十八章　社会救助

[**学习目标**]

掌握社会救助的概念、特征和意义；了解中外关于社会救助的立法概况；掌握我国城市居民最低生活保障制度、农村最低生活保障制度和五保供养制度；了解灾害救助和扶贫救助制度的内容。

[**学习方法**]

理解。

[**重点难点**]

重点・社会救助的概念和特征

・城市居民最低生活保障制度的内容

・农村最低生活保障制度的内容

・农村五保供养制度的内容

难点・城市居民最低生活保障法律制度

第一节　社会救助概述

一、社会救助的概念

社会救助这个概念是从社会救济、贫民救济演变而来的。传统的社会救济、贫民救济含有恩赐、施舍之意，而社会救助则是基于国家责任和平等原则而产生的。所谓社会救助，是指国家依照法律的规定，对于陷入贫困状态的全体公民提供物质帮助，以维持其最低限度生活的一项社会保障制度。

与传统的救贫制度和社会保险制度相比，社会救助具有如下的特征：

(一)社会救助是国家的责任，获得社会救助是公民的一项重要权利。我国宪法第45条明确规定："中华人民共和国公民在年老、疾病或者丧失劳动能力的情况下，有从国家和社会获得物质帮助的权利。国家发展为公民享有这些权利所需要的社会保险、社会救济和医疗卫生事业。"从这条规定看，获得社会救助是公民的一项基本权利。国家的责任主要体现在社会救助的资金来源于国家财政和地方财政，社会成员无须缴纳费用，获得救助完全是无偿的。

(二)社会救助的对象为全体社会成员。社会保险的对象是以劳动者为主体，由国家立法要求劳动者强制加入。而作为社会救助对象的全体社会成员，一旦陷入贫困状态，都有权依法定程序申请获得社会救助。

(三)社会救助提供的是最低限度的生活保障，是社会保障制度的最后一道防护屏障。

二、社会救助的意义

(一)有利于保护社会成员的基本生活。

(二)有利于维持社会安定。

(三)有效地弥补了社会保险制度的不足。在社会保障制度中，社会保险和社会救助是共同构成其体系的重要支柱，社会救助是针对社会保险无法顾及或虽有顾及但仍不能帮助其摆脱贫困的社会弱者提供的一项生活援助制度。

三、社会救助立法概况

(一)外国社会救助立法概况

世界上最早进行社会救助立法的国家是英国。1601年，为解决圈地运动引起的社会动荡，伊丽莎白女王颁布了《济贫法》。根据该法，济贫的对象为没有劳动能力的贫民，国家设立“济贫税”，征税的对象为个人所有的土地、房屋和其他财产，规定以教区为单位，设置“穷人监护官”，将征得的济贫税用于救济，即由地方政府负责办理救济贫民的工作。1834 年，英国通过了《济贫法修正案》，规定废除各教区救济行政，实行中央督导制，组织济贫法实施委员会，主管全国济贫工作，救济待遇必须低于独立劳动者的最低收入。这种救济虽使贫民救济规范化、国家化，但仍属于建立在传统的慈善、施舍观念之上的救贫制度。进入 20 世纪后，社会救助制度发生了本质的变化。许多国家都确立了生存权保障理念，改变了社会救助的慈善恩惠观念，并确立了国家责任原则，即将对贫困者的救助视为国家的责任。1935 年，美国颁布了《社会保障法》，其内容包括社会保险、公共救助和儿童福利。公共救助是对社会保险的补充，即保障的是依社会保险方案不能获得保障的人。该法规定，凡是符合条件的救助对象，都可以从州政府获得公共救助。公共救助的内容包括儿童家庭救助、一般救助和医疗救助等。1942 年，英国的贝弗里奇提出了著名的《社会保险及相关服务》的报告，拟定了一套社会保障制度，其中包括社会救助方案，主要是对社会保险制度不能保护的人给予救助。1948 年，英国颁布了《国民救助法》，取代了实施三百多年的《济贫法》。1946 年日本颁布了《生活保护法》，1950 年对其进行了全面修改，1950 年颁布的《生活保护法》正式确立了最低生活保障法的基本原则，即无差别平等原则、国家责任原则、最低生活保障原则和补足性原则。

（二）我国社会救助立法概况

我国历史上第一部关于社会救助方面的法律是 1943 年 9 月 29 日由国民党政府颁布的《社会救济法》。该法后在台湾继续施行，直到 1980 年 6 月台湾颁布新的《社会救助法》后才被废止。

新中国成立后，1950 年 7 月政务院颁布了《关于救济失业工人的暂行办法》，采取以工代赈、生产自救、还乡生产等措施，对于生活特别困难的失业工人，政府实行了发给救济金的办法。1956 年制定了《职工生活困难补助办法》、1962 年制定了《抚恤、救济事业费管理使用办法》，对城镇困难人员的救济进行了规定。在农村，对无依无靠、无劳动能力、无生活来源的人员实行“五保”，使其基本生活有所保障。改革开放后，我国的社会救助立法也有了一定的发展，制定了一系列法律性文件：如 1987 年《关于切实加强救灾款管理使用工作的通知》、1994 年《农村五保供养工作条例》、1997 年《国家扶贫资金管理办法》、1996 年《农村社会保障体系建设指导方案》、1997 年《国务院关于在全国建立城市居民最低生活保障制度的通知》、1999 年《城市居民最低生活保障条例》等。目前，我国的社会救助法律制度主要由最低生活保障法律制度、灾害救助法律制度和扶贫法律制度构成。

第二节　最低生活保障法律制度

一、城市居民最低生活保障制度

城市居民最低生活保障制度，是国家对城市中的贫困居民，按照法定的最低生活保障线标准和程序给予基本生活保障的制度。随着我国市场经济的发展，城镇相当部分的职工下岗失业，加上城市原有的失去劳动能力或基本生活来源的人群，城市居民的最低生活保障问题就迫切需要解决。1993 年上海在全国率先建立城市居民最低生活保障制度，1996 年城市居民最低生活保障制度在全国大部分地区开始试行，1997 年 9 月，国务院正式下发了《关于在全国城市建立居民最低生活保障制度的通知》，要求各级地方政府重视这项工作，在全国城市中逐步使非农业户口的居民得到最低生活保障，建立最低生活保障制度。

1999 年 10 月 1 日国务院《城市居民最低生活保障条例》(以下简称“低保条例”)正式施行。

(一)保障的对象

“低保条例”第 2 条规定:“持有非农业户口的城市居民,凡共同生活的家庭成员人均收入低于当地城市居民最低生活保障标准的,均有从当地人民政府获得基本生活物质帮助的权利。前款所称收入,是指共同生活的家庭成员的全部货币收入和实物收入,包括法定赡养人、扶养人或者抚养人应当给付的赡养费、扶养费或抚养费,不包括优抚对象按照国家规定享受的抚恤金、补助金。”从这条规定看,最低生活的保障对象应符合以下法定条件:第一,是城市居民,持有非农业户口,即有城市户口;第二,共同生活的家庭成员人均收入低于当地城市居民最低生活保障标准。

(二)最低生活保障的标准

最低生活保障的标准是指维持最低限度生活的标准,也称为最低生活保障线。根据“低保条例”第 6 条第 1 款的规定,“城市居民最低生活保障标准,按照当地维持城市居民基本生活所必需的衣、食、住费用,并适当考虑水电燃煤(燃气)费用以及未成年人的义务教育费用确定。”从这条规定看,最低生活保障的标准确定包含两项内容,其一是日常生活方面的费用;其二是义务教育费用。

根据“低保条例”第 6 条第 2 款的规定,最低生活保障标准的制定权限和程序为:直辖市、设区的市的城市居民最低生活保障标准,由市人民政府民政部门会同财政、统计、物价等部门制定,报本级人民政府批准并公布执行;县(县级市)的城市居民最低生活保障标准,由县(县级市)人民政府民政部门会同财政、统计、物价等部门制定,报本级人民政府批准并报送上一级人民政府备案后公布执行。城市居民最低生活保障标准需要调整时,应按规定的权限和程序进行。

(三)最低生活保障的资金来源

对享有生存权利的公民来说,实行最低生活保障是国家的责任,这已是各国最低生活保障法律制度的一个基本原则。“低保条例”第 5 条规定:“城市居民最低生活保障所需资金,由地方人民政府列入财政预算,纳入社会救济专项资金支出项目,专项管理,专款专用。国家鼓励社会组织和个人为城市居民最低生活保障提供捐赠、资助;所提供的捐赠、资助,全部纳入当地城市居民最低生活保障资金。”

(四)最低生活保障待遇的申请及审批程序

根据“低保条例”第 7 条、第 8 条、第 9 条、第 10 条的规定,具体程序如下:

1. 申请。最低生活保障权是个人的权利,按照权利一般的通例,权利享有者的权利行使依申请而进行。根据第 7 条的规定,由户主向户籍所在地的街道办事处或者镇人民政府提出书面申请,并出具有关证明材料,填写《城市居民最低生活保障待遇审批表》。

2. 初审。接受材料的机关对申请进行初审,并将有关材料和初审意见报送县级人民政府民政部门审批。

3. 批准。管理审批机关为审批城市居民最低生活保障待遇的需要,可以通过入户调查、邻里访问以及信函索证等方式对申请人的家庭经济状况和实际生活水平进行调查核实。申请人及有关单位、组织或者个人应当接受调查,如实提供有关情况。县级人民政府民政部门经审查,对符合享受城市居民最低生活保障待遇条件的家庭,应当区分不同情况批准其享受城市居民最低生活保障待遇;对不符合享受城市居民最低生活保障待遇条件的,应当书面通知申请人,并说明理由。应当区分的不同情况是:第一,对无生活来源、无劳动能力又无法定赡养人、扶养人或者抚养人的城市居民,批准其按照当地城市居民最低生活保障标准全额享受;第二,对尚有一定收入的城市居民,批准其按照家庭人均收入低于当地城市居民最低生活保障标准的差额享受。

4. 给付。城市居民最低生活保障待遇由管理审批机关以货币形式按月发放,必要时,也可给付实物。

对经批准享受城市居民最低生活待遇的城市居民,由管理审批机关采取适当形式以户为单位予以公布,接受群众监督。任何人对不符合法定条件而享受城市居民最低生活保障待遇的,都有权向管理审批机关提出意见;管理审批机关经核查,对情况属实的,应当予以纠正。享受城市居民最低生活保障待遇的城市居民家庭人均收入情况发生变化的,应当及时通过居民委员会告知管理审批机关,办理停发、减发或者增发城市居民最低生活保障待遇的手续。管理审批机关应当对享受城市居民最低生活保障待遇的城市居民的家庭收入情况定期进行核查。

(五)最低生活保障的管理机构

根据"低保条例"第 4 条的规定,国务院民政部门负责全国城市居民最低生活保障的管理工作。但是由于未建立全国统一的最低生活保障制度,最低生活保障是以地方为单位实施的,所以,城市居民最低生活保障制度实行地方各级人民政府负责制。在具体工作的管理与实施上,县级以上地方各级人民政府民政部门具体负责本行政区域内城市居民最低生活保障的管理工作;财政部门按照规定落实城市居民最低生活保障基金;统计、物价、审计、劳动保障和人事等部门分工负责,在各自的职责范围内负责城市居民最低生活保障的有关工作。县级人民政府民政部门以及街道办事处和镇人民政府(统称管理审批机关)负责城市居民最低生活保障的具体管理审批工作。居民委员会根据管理审批机关的委托,可以承担城市居民最低生活保障的日常管理、服务工作。

(六)法律责任

管理审批机关工作人员的法律责任包括：从事城市居民最低生活保障管理审批工作的人员有下列行为之一的，给予批评教育，依法给予行政处分；构成犯罪的，依法追究刑事责任：(1)对符合享受城市居民最低生活保障待遇条件的家庭拒不签署同意享受城市居民最低生活保障待遇意见的，或者对不符合享受城市居民最低生活保障待遇条件的家庭故意签署同意享受城市居民最低生活保障待遇意见的；(2)玩忽职守、徇私舞弊，或者贪污、挪用、扣压、拖欠城市居民最低生活保障款物的。

享受城市居民最低生活保障待遇的人的法律责任包括：享受城市居民最低生活保障待遇的城市居民有下列行为之一的，由县级人民政府民政部门给予批评教育或者警告，追回其冒领的城市居民最低生活保障款物；情节恶劣的，处冒领金额1倍以上3倍以下的罚款：(1)采取虚报、隐瞒、伪造等手段，骗取享受城市居民最低生活保障待遇的；(2)在享受城市居民最低生活保障待遇期间家庭收入情况好转，不按规定告知管理审批机关，继续享受城市居民最低生活保障待遇的。

(七)权利的救济手段

根据“低保条例”第15条的规定，城市居民对县级人民政府民政部门作出的不批准享受城市居民最低生活保障待遇或者减发、停发城市居民最低生活保障款物的决定或者给予的行政处罚不服的，可以依法申请行政复议；对复议决定仍不服的，可以依法提起行政诉讼。

二、农村最低生活保障制度

农村最低生活保障制度与城市居民最低生活保障制度相比，其实施范围、保障标准，规范化程度等，都相对落后。1996年民政部发布了《农村社会保障体系建设指导方案》，提出在农村建立最低生活保障制度，就保障的标准、资金等问题进行规定。

(一)保障对象

只有家庭人均收入低于当地最低生活保障标准的村民,才能享受农村最低生活保障待遇。

(二)农村最低生活保障标准的确定

与城市相比,农村最低生活保障标准的确定更为复杂,农村的最低生活保障标准原则上应低于城市。最低生活保障标准由县或乡镇人民政府制定。

(三)资金来源

农村最低生活保障资金,由当地政府财政和村集体分担。分担比例根据各地实际确定。各级政府分担的补助经费要列入本级财政预算,村集体分担的补助经费从公益金中列支。

(四)农村最低生活保障待遇的申领程序

由保障对象提出申请,然后由村民大会或村民代表大会讨论,主要方法是邻里测评。对符合条件的报乡镇人民政府审核,经审核合格的,再报县(市)人民政府民政部门审批。

(五)保障方式

资金保障和实物保障相结合,物质保障与政策、服务保障相结合。摆脱贫困的根本办法是发展生产,在对困难家庭提供物质保障的基础上,为其提供政策、服务保障,帮助其发展生产,摆脱贫困。

三、农村五保供养制度

在我国,农村五保供养对象是一个相当大的群体。五保供养是农村为缺乏劳动力、生活没有依靠的鳏寡孤独残疾人提供生活帮助和照顾的一项制度。五保是指保吃、保穿、保住、保医、保葬(孤儿保教)。五保供养制度在 20 世纪 50 年代后期开始建立,1994 年 1 月,国务院颁布了《农村五保供养工作条例》。目前,在一些已实行农村最低生活保障制度的地方,已将五保供养统一纳入到农村最低生活保障制度中,但在大部分农村,五保供养制度仍然是解决农村五保对象基本生活的主要形式。五保供养制度的内容是：

（一）五保供养的对象

五保供养的对象是指农村村民中符合下列条件的老年人、残疾人和未成年人：(1)无法定扶养义务人，或者虽有法定扶养义务人，但扶养义务人无扶养能力的；(2)无劳动能力的；(3)无生活来源的。

符合五保对象条件的，应当由村民本人申请或者由村民小组提名，经村民委员会审核，报乡、民族乡、镇人民政府批准。经批准为五保对象后，发给《五保供养证书》。当五保对象有了法定扶养义务人，且法定扶养义务人具有扶养能力时，或者重新获得生活来源时，或者孤儿已满16周岁且具有劳动能力时，应停止其五保供养。

（二）五保供养的内容和标准

五保供养的内容为：1. 供给粮油和燃料；2. 供给服装、被褥等用品和零用钱；3. 提供符合基本条件的住房；4. 及时治疗疾病，对生活不能自理者有人照料；5. 老年人、残疾人去世后妥善办理丧葬事宜，对未成年人应保障其依法接受义务教育。五保供养的具体标准由乡、民族乡、镇人民政府规定。

（三）五保供养形式

主要有集中供养和分散供养形式。集中供养，是指由具备条件的乡、民族乡、镇人民政府兴办养老院来集中供养五保对象；分散供养是指由乡、民族乡、镇人民政府或者农村集体经济组织、受委托的抚养人和五保对象三方签订五保供养协议。

（四）五保供养基金的来源

五保供养基金主要是由农村集体经济组织提供，根据有关法律规定，五保供养所需经费和实物，应当从村提留或乡统筹费中列支，不得重复列支；在有集体经营项目的地方，可以从集体经营的收入、集体企业上缴的利润中列支。此外，五保户对象死亡后的遗产、社会捐赠也是五保基金的来源。

(五)五保供养的管理机构

国务院民政部门主管全国的农村五保供养工作,县级以上地方各级人民政府民政部门主管本行政区域内的五保供养工作,乡、民族乡、镇人民政府负责组织五保供养工作的实施。

第三节　灾害救助法律制度

一、我国灾害救助制度的历史发展

灾害救助是指对公民因自然灾害而造成生活困难时,由国家和社会提供必要的资金和物质,以维持其最低生活水平。我国的灾害救助主要经历了以下阶段:

(一)20 世纪 50 年代的灾害救助

鉴于当时的国家财政状况,强调救灾与生产相结合,以工代赈,兴办各种工程。后来国家财政有所好转,用于救灾的款物开始增多,对于救灾款的发放使用,明确规定只能用于灾害救助。农村实行人民公社制度后,救灾款以社为单位发放,由社包干负责,调节使用。后又改为救灾款必须发放到户,专款专用,专物专用。

(二)20 世纪 80 年代的灾害救助

从 1983 年起灾害救助主要进行两个方面的改革:

1. 改革救灾款的使用方式。1983 年,中共中央办公厅、国务院办公厅转发的《第八次全国民政会议纪要》要求:为了使自然灾害救济款在生产自救中发挥更大的效益,使死钱变活钱,救灾经费可以适当用于扶助灾民发展农副业生产;为了克服平均发放、优亲厚友等倾向,发给灾民的救济款,除紧急抢救灾民的费用按无偿救济外,有些救济款可以实行“有借有还”的办法,将回收的经费由地方建立救灾、扶贫基金,以开展集资备荒活动。为制止个别地方只注重扶持，忽视无偿救济，民政部于1987年发出《关于切实加强救灾款管理使用工作的通知》，规定救灾款有偿扶持用于生产自救的部分，以省、自治区、直辖市计算，不得超过全年救灾款总额的10%。

2. 改革救灾款的管理方式。为调动地方的积极性，1983年起，民政部会同财政部先后对一些省、自治区实行救灾款包干使用，包干的救灾款由省、自治区统一掌握。对包干的省、自治区，中央不再下拨救灾款。包干后的救灾款性质不变，仍按原来的原则和范围使用。救灾款的包干周期为3年，期满后可根据情况续包或终止。

(三)20世纪90年代的灾害救助

随着市场经济的发展，财税体制进行了改革，划分了中央和地方的收支，原有的灾害救助体制急需改革和调整。1993年全国救灾救济工作座谈会确立了救灾工作的改革思路：

1. 在划分灾害等级的基础上实行分级管理。以灾害造成损失大小或救灾款支付数额多少作为衡量灾害大小的标准，确定特大灾、大灾、中灾、小灾四个灾害等级，并考虑各地经济差异、财政承受能力和救灾工作基础等因素，划分各级政府的救灾责任，确定各自管理范围。

2. 建立专项救灾拨款科目，实行救灾款分级负担。全国省、自治区、直辖市大都建立了由地方负担的自然灾害救济事业，在财政预算中列支了救灾款。

3. 建立救灾预备金以供调剂。每年由同级财政拨一笔救灾专款给民政部门专户存储，由民政部门根据每年灾情的轻重而调剂使用。

二、救灾款物的使用原则

(一)专款专用、重点使用原则

(二)灾害救济与扶持生产自救相结合原则

1999年9月21日民政部发布的《关于加强救灾款物管理使用工

作的通知》中强调：第一，严格掌握救灾款物的使用原则和使用范围。救灾款物发放使用的重点是重灾区和重灾户，不得平均分配，不得截留、挪用，不得用于扶贫支出，不得擅自扩大救灾款物的使用范围。第二，严格执行救灾款使用情况报告制度。第三，接收发放救灾款物，必须坚持公开的原则，做到专人负责、专账管理。手续完备、账目清楚。第四，切实加强对救灾款物管理使用的监督检查。

三、救灾捐赠制度

2000 年 5 月 12 日民政部发布了《救灾捐赠管理暂行办法》，对救灾捐赠做了较为全面的规定。主要内容有：

(一)救灾捐赠活动的组织

国务院民政部门负责管理全国救灾捐赠工作，县级以上人民政府民政部门负责管理本行政区域内的救灾捐赠工作。在发生特大自然灾害情况下，国务院民政部门组织开展跨省(自治区、直辖市)或者全国性救灾捐赠活动，县级以上人民政府民政部门组织实施；在本行政区域发生较大自然灾害情况下，经同级人民政府批准，县级以上人民政府民政部门组织开展本行政区域内的救灾捐赠活动，县级以上地方人民政府民政部门组织实施；县级以上人民政府民政部门统一组织救灾捐赠工作，各系统、各部门只能在本系统、本单位内组织救灾捐赠活动。

(二)捐赠款物的接受

县级以上人民政府民政部门接受救灾捐赠款物，根据工作需要可以指定专门机构或者设立临时机构组织实施；乡(镇)人民政府、街道办事处受县(县级市、市辖区)人民政府委托，可以组织代收本行政区域内村民、居民及驻在单位的救灾捐赠款物。接受救灾捐赠款物的受赠人应当向社会公布其名称、地址、银行账号等。

自然人、法人或者其他组织可以向救灾捐赠受赠人捐赠其有权处分的合法财产。法人或者其他组织捐赠其自产或者外购商品的，应当提供相应的发票及证明物品质量的资料。捐赠人捐赠的药品、生物化学制品应当符合国家医药监督管理和卫生行政部门的有关规定。救灾捐赠遵循自愿、无偿原则,救灾捐赠的组织者不得强行摊派或者变相摊派,不得以捐赠为名从事营利活动。

救灾捐赠受赠人接受救灾捐赠款物时,应当确认银行票据,当面点清现金,验收物资。捐赠人所捐款物不能当场兑现的,救灾捐赠受赠人应当与捐赠人签订载明捐赠物种类、质量、数量和兑现时间等内容的捐赠协议。救灾捐赠受赠人接受救灾捐赠款物后,应当向捐赠人出具凭证。救灾捐赠情况由县级以上人民政府民政部门通过一定的方式向社会公布。

(三)境外救灾捐赠

国务院民政部门负责对境外通报灾情,表明接受境外救灾捐赠的态度,确定受援区域,未经国务院民政部门批准,任何部门、单位和个人不得对境外通报灾情或者呼吁救灾援助,但法律、行政法规另有规定的除外。国务院民政部门负责接受境外对中央政府的救灾捐赠;县级以上地方人民政府民政部门负责接受境外对地方政府的救灾捐赠;经认定具有救灾宗旨的公益性社会团体(如各级慈善机构、红十字会)可以接受境外救灾捐赠,但应当报民政部门备案。

救灾捐赠受赠人接受的外汇救灾捐赠应当全部结售给指定的外汇银行;境外救灾捐赠物资的检验、检疫、免税和进境,按照国家的有关规定办理;对免税进口的救灾物资不得以任何形式转让、出售、出租或者移作他用。

(四)救灾捐赠款物的管理和使用

救灾捐赠受赠人应当对救灾捐赠指定账户,专项管理;对救灾捐赠物资建立分类登记表册。经认定具有救灾宗旨的公益性社会团体接受救灾捐赠款物的情况应当报民政部门,由民政部门负责统计汇总,制定分配方案。

在国务院民政部门组织开展的跨省(自治区、直辖市)或者全国性救灾捐赠活动中,县级以上人民政府民政部门应当将接受的救灾捐赠款逐级上划,将接受的救灾捐赠物资清单分批逐级上报,由国务院民政部门统一分配、调拨。县级以上地方人民政府民政部门组织开展救助本行政区域灾区的救灾捐赠活动,接受的救灾捐赠款物由县级以上地方人民政府民政部门负责分配、调拨,并报上一级人民政府民政部门备案。

救灾捐赠款物由县级以上人民政府民政部门根据灾情和灾区的实际需求,统筹平衡,统一调拨分配;对捐赠人指定救灾捐赠款物用途或者受援地区的,应当按照捐赠人意愿使用。在捐赠款物过于集中同一地方的情况下,经捐赠人同意,省级以上人民政府民政部门可以调剂分配。发放救灾捐赠款物时,应当坚持民主评议、登记造册、张榜公布、公开发放等程序,做到账目清楚、手续完备、制度健全,并向社会公布。

县级以上人民政府民政部门应当会同监察、审计等部门及时对救灾捐赠款物的使用发放情况进行监督检查。捐赠人有权向救灾捐赠受赠人查询救灾捐赠财产的使用、管理情况,并提出意见和建议。对于捐赠人的查询,救灾捐赠受赠人应当如实答复。

对灾区不适用的境内捐赠物资,经捐赠人书面同意,报省级人民政府民政部门批准后可以变卖。变卖救灾捐赠物资应当由省级人民政府民政部门统一组织实施。变卖救灾捐赠物资所得款必须作为救灾款管理、使用,不得挪作他用。

救灾捐赠款物只能用于下列事项:1. 解决灾民无力克服的衣、食、住、医等生活困难;2. 紧急抢救、转移和安置灾民;3. 灾民倒塌房屋的恢复重建;4. 捐赠人指定的与救灾直接相关的用途;5. 其他直接用于救灾方面的必要开支。

第四节　扶贫法律制度

扶贫是国家以资金支持和技术输入等方式对农村贫困户和贫困地区予以资助，以帮助其脱贫致富的一种社会救助制度。我国现阶段贫困问题的一个突出特点是农村的区域贫困，即在一定的范围内，人们普遍面临着生活困难，需要予以普遍救助。我国政府从1981年起就开始有计划地进行扶贫工作。1994年，国务院实施《国家扶贫攻坚计划(1994年—2000年)》要求力争用7年左右时间基本解决农村贫困人口的温饱问题。1997年国务院办公厅印发了《扶贫基金管理办法》。

一、现阶段扶贫的措施

(一)扶贫贷款

扶贫贷款是指增加对贫困地区的财政投入和低息信贷资金的供给，以此来促进贫困地区的经济发展和提高贫困农户的生产能力。主要有来自中央政府的扶贫贷款、省级政府的扶贫贷款和世界银行的扶贫贷款。

(二)创办扶贫经济实体

创办扶贫经济实体是指通过创办一定的经济实体，把扶持对象联合起来，进行集中扶贫的形式。这种方式在发展经济的同时，也使扶持对象增加收入，摆脱贫困，特别是为那些缺乏独立生产经营能力的贫困户，开辟了一条新的脱贫门路。

(三)扶贫互助储金会

扶贫互助储金会是以国家给予的一部分救灾救贫周转金作基础，通过群众自愿缴纳会费和集体资助的形式筹集资金，为群众生产、生活服务。

此外，还有一些独具特色的扶贫方式，如对口扶贫、科技扶贫、医疗扶贫、劳务输出等。

二、2001 年—2010 年扶贫开发的目标与内容

2001 年国务院发布了《中国农村扶贫开发纲要(2001—2010)》,提出了我国今后 10 年的扶贫目标是:尽快解决少数贫困人口温饱问题,进一步改善贫困地区的基本生产生活条件,巩固温饱成果,提高贫困人口的生活质量和综合素质,加强贫困乡村的基础设施建设,改善生态环境,逐步改变贫困地区经济、社会、文化的落后状况,为达到小康水平创造条件。

扶贫开发的对象是,把贫困地区尚未解决温饱问题的贫困人口作为扶贫开发的首要对象;同时,继续帮助初步解决温饱问题的贫困人口增加收入,进一步改善生产生活条件。扶贫开发的重点是贫困人口集中的中西部少数民族地区、革命老区、边疆地区和特困地区,还有重视做好残疾人扶贫工作,把残疾人扶贫纳入扶贫范围。

扶贫工作的具体内容和途径是:(1)因地制宜发展种养业;(2)积极推进农业产业化经营;(3)增加财政扶贫资金和扶贫贷款;(4)改善贫困地区的基本生产生活条件;(5)提高贫困地区群众的科技文化素质;(6)鼓励多种所有制经济组织参与扶贫开发;(7)注重动员全社会帮助贫困地区的开发建设;(8)推动扶贫开发领域的国际交流与合作;(9)推进扶贫开发的规范化建设。

本章小结

社会救助是指国家依照法律的规定,对于陷入贫困状态的全体公民提供物质帮助,以维持其最低限度生活的一项社会保障制度。社会救助与社会保险相比,具有以下的特征:社会救助是国家的责任,获得社会救助是公民的一项重要权利;社会救助的对象为全体社会成员;社

会救助提供的是最低限度的生活保障，是社会保障制度的最后一道防护屏障。

实行社会救助，有利于保护社会成员的基本生活，有利于维护社会稳定，有效地弥补了社会保险制度的不足。

我国的社会救助法律制度包括最低生活保障法律制度、灾害救助法律制度和扶贫法律制度。

城市居民最低生活保障制度，是国家对城市中的贫困居民，按照最低生活保障标准给予基本生活保障的制度。城市最低生活保障以家庭为保障单位，是按照贫困的程度给予相应的保障。农村最低生活保障制度是对家庭收入低于农村最低保障标准的村民，以发放现金和实物救助的方式保障其最低限度生活的生活援助制度。除此之外，农村还实行五保供养制度。

灾害救助是对公民因自然灾害而造成生活困难时，由国家和社会提供必要的物质和资金，以维持其最低生活水平的社会救助制度。

扶贫救助是指国家通过一定的措施帮助贫困地区人口脱离贫困的社会救助制度。

思　考　题

1. 简述社会救助的特征。
2. 简述城市居民最低生活保障制度的内容。
3. 简述农村五保供养制度。
4. 简述救灾捐赠款物的管理和使用。

第十九章 社会福利

[学习目标]

明确社会福利的特征和意义；了解社会福利的立法概况；掌握社会福利的主要内容。

[学习方法]

理解。

[重点难点]

重点·社会福利的特征

·公共福利的内容

·职业福利的内容

·专门福利的内容

第一节 社会福利概述

一、社会福利的概念

社会福利这个概念有广义和狭义之分，广义的社会福利是指政府和社会为国民提供的各种服务设施和社会保障的各项内容，在福利国家，一般采取广义的社会福利含义。狭义的社会福利是将社会福利作为社会保障的一个组成部分，意指由国家和社会团体举办的各种福利事业和公共服务。在我国，社会福利主要是指狭义的概念，即指国家和社会通过举办各种福利事业和采取各种福利措施，为社会成员提供基本生活保障并不断改善生活状况的一种社会保障制度。按照社会福利的性质及保障对象，可将社会福利分为公共福利、职业福利、专门福利等。

二、社会福利的特征

社会福利具有以下特征：

(一)保障对象的普遍性

社会福利是旨在改善和提高社会成员生活质量的一项社会保障措施，因此其保障对象为全体社会成员，相对于社会保险而言，享受社会福利不需要先缴纳费用或履行其他义务；相对于社会救助而言，享受社会福利，不需要经济状况的调查，只要是社会成员或某一部分成员，就可以享受规定的福利待遇。

(二)待遇标准的一致性

受社会福利本身的性质和宗旨所决定，社会福利在待遇标准上，强调公平与平等，享受社会福利与个人的经济地位和职业背景等无太多联系，也不与社会成员对社会的贡献多少挂钩，是对所有同类对象给予同等标准的对待。

(三)权利义务的单向性

社会福利对所保障的对象无前提条件的要求，全体社会成员无需履行相应的义务就能成为社会福利待遇的享受者。

(四)待遇内容的高层次性

社会福利资金主要来源于国家和社会，实行社会福利的目的在于提高和改善全体社会成员的生活质量，是较高层次的社会保障。[1]

三、社会福利的意义

社会福利是国家对国民收入进行再分配的一种形式，它使社会成

---

① 余卫明：《社会保障法学》，中国方正出版社 2002 年版，第 237 页。

员均等地获得国家提供的各种福利设施和服务。其意义表现在：

（一）有利于提高和改善社会成员的物质文化生活

随着生产的发展和社会的进步，社会整体的福利水平也得到不断提高。国家将通过财政税收积累的社会财富用于发展公共福利设施，举办各种福利事业，提高社会成员的整体生活水平，以达到使全体社会成员共同受益的目的。

（二）有利于促进社会经济的发展

发展社会公益性事业，使社会成员享受更多的社会福利设施和服务，共同分享社会进步的成果，这反过来会激发劳动者的生产积极性和创造性，极大地提高劳动生产率，更加促进社会经济的发展。

四、社会福利立法概况

（一）外国社会福利立法概况

社会福利相对于社会救助、社会保险来说发展较为滞后。20世纪30年代资本主义国家的内部矛盾日益激化，加上经济危机的冲击，使资产阶级意识到进行社会改良与增进社会福利的重要性。于是，实行社会福利成为资本主义国家的重要社会政策。在瑞典、英国、挪威等国，建立了"从摇篮到坟墓"的社会福利保障制度。第二次世界大战后，社会福利立法纷纷登场，如英国1942年制定了《家庭津贴法》，1946年制定了《国民保健事业法》；荷兰1959年制定了《寡妇孤儿津贴法》；日本分别于1947年、1949年、1951年颁布了《儿童福利法》、《残疾人福利法》、《社会福利事业法》等。

（二）我国社会福利立法概况

新中国成立后，我国也开始实行社会福利制度。但是，早期的社会福利制度主要是通过有关政策建立的，福利立法未被重视。改革开放以来，我国开始重视社会福利方面的立法，有关社会福利的法律规范散见于一些法律、法规中。如劳动法中关于职工福利的规定、1990年《中华人民共和国残疾人保障法》中关于残疾人福利的规定、1986年《中华人民共和国义务教育法》中关于教育福利的规定、1991年《中华人民共和国未成年人保护法》中关于未成年人福利的规定、1996年《中华人民共和国老年人权益保障法》中关于老年人福利的规定、1992年《中华人民共和国妇女权益保障法》和1994年《中华人民共和国母婴保健法》中关于妇女福利的规定等。目前,我国还没有综合性的社会福利立法。

第二节　公共福利

公共福利是指国家和社会为满足全体社会成员的物质和精神生活需要,而兴办的公益性设施和提供的相关服务。公共福利的内容十分广泛,主要包括住房、教育、卫生和文化康乐等方面。

一、住房福利

这里的住房福利主要指城镇居民的住房福利。在城镇,长期以来实行的是福利住房制度,即由国家或用人单位集中建房或买房,然后,以极低的租金租给单位职工使用。20世纪90年代初,我国开始改革住房制度,1994年国务院颁布了《关于深化城镇住房制度改革的决定》,规定了住房改革的主要内容。根据决定的内容,结合这些年的实践,我国住房改革主要包括:

(一)出售公有住房

从1998年下半年开始,取消福利分房制度,停止福利分房,逐步实行住房分配货币化,让职工通过市场来解决自己的住房问题。

(二)建立住房公积金制度

根据1999年国务院发布的《住房公积金管理条例》的规定,住房公积金是国家机关、事业单位、各类企业及其在职职工缴存的长期住房储金,按照"个人存储、单位资助"的办法缴纳,并实行专款专用。当职工自己的住房公积金不足以支付购房等费用时,可申请公积金贷款。

(三)提供经济适用住房

经济适用住房,是指由政府集中建设的具有福利性质的微利房屋。其主要面向中低收入家庭,对离退休职工、教师和住房困难户应予以优先安排。

(四)向最低收入家庭提供廉租房

这是国家向最低收入家庭提供的一项福利措施。廉租住房可以从腾退的旧公有住房中调剂解决,也可以由政府或单位出资兴建,租金由政府统一定价。

二、卫生福利

卫生福利不仅包括医疗,还包括饮食、防病等涉及人的健康的各方面内容。基本卫生保健是卫生福利的主要内容。基本卫生保健提供增进性、预防性、治疗性和综合性服务,这些服务包括:增进必要的营养和供应充足的安全饮用水、提供清洁的卫生环境、开展妇幼保健和计划生育、主要传染病的预防接种、地方病的防治、普及健康教育、疾病与创伤的有效处理、提供基本的药物等。基本卫生保健按照合理布局、社区参与、预防为主、技术适宜和综合利用的原则,解决促进健康的一系列问题。

三、教育福利

根据我国教育法、义务教育法的规定,教育福利主要有:

(一)减免困难学生和孤儿、弃儿的学杂费。对特殊困难家庭的子女和孤儿、弃儿等的教育,规定公立学校通过一定的审核程序给予减免学杂费和代支书本费。由社会福利机构收养的儿童,其教育费用由社会福利机构直接向学校支付。成绩特别优异者,给予的照顾和资助不限于基础教育阶段,必要时可延续到高等教育阶段。

(二)教育机构在中等以上学校设立助学金和贷学金。助学金向符合规定条件的困难学生无偿提供，贷学金以无息或低息的方式贷给困难学生使用，期满时须归还。

（三）国家鼓励社会组织或个人出资办学或捐资助学。

四、文化康乐福利

文化康乐福利是指由国家和社会兴办的具有福利性质的文体活动设施和提供的相应的服务，以满足人们的文化康乐的精神需要。宪法第22条规定："国家发展为人民服务、为社会主义服务的文学艺术事业、新闻广播电视事业、出版发行事业、图书馆、博物馆、文化馆和其他文化事业，开展群众性的文化活动。"由国家兴办和提供的这些设施主要有公园、图书馆、文化馆、青少年宫、工人文化宫、文化康乐中心等。

第三节　职业福利

一、职业福利的概念

职业福利亦称职工福利或集体福利，是指行业和用人单位为满足本单位职工物质文化生活需要，保证职工及其亲属一定生活质量而提供的工资收入以外的津贴、设施和服务的社会福利项目。

从职业福利的含义看，职业福利具有以下特征：

（一）以业缘关系为标志。即以就业关系为标志，只有在本行业、本单位就业的职工或其家属才能享受。

（二）具有普遍性。即在同一行业或同一单位的职工均可享受本行业或本单位的有关福利待遇。

（三）具有功利性。即通过提供职业福利待遇提高职工的集体意识和归属感，激发职工的劳动创造性与积极性。

（四）具有差异性。职业福利水平的高低取决于用人单位经济效益的好坏，不同行业或单位之间职业福利待遇的差异较大。

二、职业福利的内容

(一)福利津贴

福利津贴以现金形式提供,主要包括职工生活困难补贴、上下班交通费用补贴、冬季取暖补贴、防暑降温费、书报费、洗理费、卫生费等。

(二)福利设施

福利设施是为方便和丰富职工物质与文化生活而举办的集体福利设施,如职工食堂、哺乳室、托儿所、幼儿园、浴室、理发室、文化宫、图书馆、俱乐部、体育场馆等。

第四节　专门福利

专门福利,亦称特殊福利或弱势群体福利,是指国家和社会为了维持和提高某一类人的生活水平和生活质量而提供的社会福利。专门福利主要有老年人福利、妇女福利、未成年人福利、残疾人福利等。

一、老年人福利

老年人福利是以老年人为对象的社会福利项目,是指国家和社会为了安定老年人生活,维护其健康,充实老年人精神文化生活为目的而采取的政策措施和提供的设施及服务。我国关于老年人福利的法律,主要是1996年8月29日通过的《中华人民共和国老年人权益保障法》,该法在第3章"社会保障"中对老年人福利进行了原则性规定,根据这部法律及相关法律、法规的规定,老年人福利主要包括:

(一)兴办老年福利机构等

国家鼓励和扶持社会组织或者个人兴办老年福利院、敬老院、老年公寓、老年医疗康复中心等,地方各级人民政府应当根据当地经济发展水平,逐步增加对老年福利事业的投入,兴办老年福利设施。

老年人所在组织分配、调整或者出售住房,应当根据实际情况和有关标准照顾老年人的需要。新建或者改造城镇公共设施、居民区和住宅，应当考虑老年人的特殊需要，建立适合老年人生活和活动的配套措施。

（二）老年人保健

国家和社会应当研究符合老年人特点的医疗保健措施，加强老年医学研究和人才的培养，提高老年病的预防、治疗、科研水平。开展多种形式的健康教育，普及老年保健知识，增强老年人自我保健意识。医疗机构应当为老年人就医提供方便，对70周岁以上的老年人就医，予以优先。有条件的地方，可以为老年病人设立家庭病床，开展巡回医疗等服务。提倡为老年人义诊。

（三）教育文化等福利

老年人有继续受教育的权利，国家发展老年教育，鼓励社会办好各类老年学校。国家和社会采取措施，开展适合老年人的群众性文化、体育、娱乐活动，丰富老年人的精神文化生活。国家鼓励、扶持社会组织或者个人兴办老年文化、体育、娱乐活动场所，增强老年人体质。为保证老年人的身心健康提供良好的社会环境。

地方各级人民政府根据当地条件，可以在参观、游览、乘坐公共交通工具等方面，对老年人给予照顾和优待。农村老年人不承担义务工和劳动积累工。广播、电影、电视、报刊等应当反映老年人的生活，开展维护老年人合法权益的宣传，为老年人服务。

（四）老年人福利津贴

老年人福利津贴是指按照同一标准支付给所有达到一定年龄的老年人福利津贴。这种津贴不同于养老保险和对贫困老年人的救助。我国一些地区也开始对一定年龄以上的老年人发放老年福利津贴。随着国家经济实力的增强，老年福利津贴应作为一种全民性的制度建立起来。

二、妇女福利

妇女福利是指国家和社会为满足妇女的特殊需要而提供的照顾和服务。我国的妇女福利主要体现在《中华人民共和国妇女权益保障法》、《中华人民共和国母婴保健法》中，主要内容有：

(一)生育福利

根据劳动法等法律法规的规定，女职工生育期间，享受产假，产假期间可按生育保险的规定，享受产假津贴。

根据母婴保健法的规定，医疗保健机构应当为育龄妇女和孕产妇提供孕产期保健服务，具体内容有母婴保健指导；孕妇、产妇保健；胎儿保健；新生儿保健。

(二)劳保福利

表现在就业保障、工作内容的照顾、“四期”的保护等方面。

(三)为妇女提供的福利设施及服务

针对妇女的生理特征，国家和社会兴办相应的妇女福利设施，提供相应的服务，如开设妇幼保健机构、妇产医院、妇女活动中心等，在女职工较多的用人单位，设立女职工卫生室、哺乳室、休息室等，为女职工在哺乳、照料婴儿、生理卫生等方面提供方便。

三、未成年人福利

未成年人福利的目的主要在于保护未成年人的身心健康，保障未成年人的合法权益。我国涉及未成年人福利的法律主要有《中华人民共和国未成年人保护法》、《中华人民共和国义务教育法》、《中华人民共和国教育法》、《中华人民共和国母婴保健法》、《中华人民共和国预防未成年人犯罪法》等。未成年人福利主要包括：

(一)孤儿、弃儿、伤残儿童的福利

孤儿、弃儿由国家养育。这部分儿童的养育主要通过两种方式：其一是通过家庭领养、代养或收养的方式分散养育；其二是通过国家或社会兴办的儿童福利机构等集中养育。此外,还有 SOS 儿童村。

(二)医疗卫生和保健福利

国家兴办与未成年人有关的医疗卫生设施,提供卫生保健服务,如预防接种、健康检查等,各类学校、幼儿园为少年儿童提供必要的卫生条件,做好疾病预防工作。

(三)文化教育福利

国家为未成年人提供良好的文化教育条件。就文化方面而言,国家和社会兴办儿童文化娱乐设施,如建立儿童活动中心、少年宫、科技馆、儿童乐园等,通过这些设施开展多种形式的有利于未成年人健康成长的社会活动。就教育方面而言,国家实行九年制义务教育,凡年满 6 周岁的儿童均应就近入学接受义务教育,国家对接受义务教育的学生免收学费。对家庭经济困难的学生,应酌情减免杂费。国家设立助学金,帮助贫困学生完成学业。社会福利机构收养的儿童,其教育费由福利机构直接向学校支付。

四、残疾人福利

残疾人福利是指国家和社会在保障残疾人基本物质生活需要的基础上,为残疾人在生活、工作、教育、医疗和康复等方面提供的设施、条件和服务,是社会福利的一个重要项目。残疾包括视力残疾、听力残疾、语言残疾、肢体残疾、智力残疾、精神残疾。我国残疾人约占总人口的 5%。《中华人民共和国残疾人保障法》、《残疾人教育条例》等法律、法规对残疾人福利做了较为系统的规定,主要内容包括:

(一)劳动就业福利

国家和社会举办残疾人福利企业、工疗机构、按摩医疗机构和其他福利性企业事业组织,集中安排残疾人就业。国家推动各单位吸收残疾人就业,各单位应按一定比例安排残疾人就业,并为其选择适当的工种和岗位。政府有关部门鼓励、帮助残疾人自愿组织起来就业或者个体开业。

国家对残疾人福利性企业和城乡残疾人个体劳动者，实行税收减免政策，并在生产、经营、技术、资金、物资、场地等方面给予扶持。地方人民政府和有关部门应当确定适合残疾人生产的产品，优先安排残疾人福利企业生产，并逐步确定某些产品由残疾人福利企业生产。

各单位在招用、聘用、转正、晋级、职称评定、劳动报酬、生活福利、劳动保险等方面，不得歧视残疾人。对于国家分配的高等学校、中等专业学校、技工学校的残疾毕业生，有关单位不得因其残疾而拒绝接收。残疾职工所在单位，应当为残疾职工提供适应其特点的劳动条件和劳动保护。

(二)教育福利

残疾人教育，是指国家和社会针对残疾人的特点所施行的教育，包括残疾人普通教育、特殊教育和职业教育。残疾人依法享有受教育的权利，国家和社会应采取各种措施，保障残疾人的受教育权利。

国家和社会应通过各种方式保障残疾幼儿的学前教育；地方各级政府应将残疾儿童、少年实行义务教育纳入当地义务教育发展规划并统筹安排实施；地方各级政府应将残疾人职业教育纳入教育发展的总体规划，建立残疾人职业教育体系，统筹安排实施；普通高中、高等院校、成人教育机构必须招收符合国家规定的录取标准的残疾考生入学，不得因其残疾而拒绝招收。

(三)康复福利

康复也称健康重建，是指人们因疾病或某些事故致残后，通过自身的努力和外力的辅助，使精神上、身体上、生活上、经济上、社会上以至劳动能力上得到最大程度的恢复。

国家和社会采取康复措施，帮助残疾人恢复或者补偿功能，增强其参与社会生活的能力。康复工作应当从实际出发，将现代康复技术与我国的传统康复技术相结合；以康复机构为骨干，社区康复为基础，残疾人家庭为依托；以实用、易行、受益广的康复内容为重点，并开展康复新技术的研究、开发和应用，为残疾人提供有效的康复服务。

（四）生活福利

地方各级人民政府和社会举办的社会福利院和其他安置收养机构，按照规定安置收养残疾人，并逐步改善其生活条件。

公共服务机构应当为残疾人提供优先服务和辅助性服务。如减免交通费用、免费邮件寄递等。

国家和社会逐步创造良好的社会环境，改善残疾人参与社会的条件。国家和社会逐步实行方便残疾人的城市道路和建筑物设计规范，采取无障碍措施，如大型商场、购物中心应设置残疾人专用车道、卫生间等。

（五）文化康乐福利

国家和社会鼓励、帮助残疾人参加各种文化、体育、娱乐活动，努力满足残疾人精神文化生活的需要。

本章小结

社会福利有广义和狭义之分，在我国，主要是指狭义的概念，即国家和社会通过举办各种福利事业和采取各种福利措施，为社会成员提供基本生活保障并不断改善生活状况的一种社会保障制度。按照社会福利的性质和保障对象来划分，社会福利主要包括公共福利、职业福利和专门福利。

社会福利具有保障对象的普遍性、待遇标准的一致性、权利义务的单一性和待遇内容的高层次性。

公共福利是指国家和社会为满足全体社会成员的物质和精神生活

需要，而兴办的公益性设施和提供的相关服务。主要有住房福利、教育福利、卫生福利和文化康乐福利等。

职业福利是指行业和用人单位为满足职工物质文化生活的需要，保证职工及其亲属一定生活质量而提供的工资收入以外的津贴、设施和服务的社会福利项目。主要包括福利津贴、福利设施等。

专门福利是指国家和社会为了维持和提高某一类人的生活水平和质量，而提供的相关福利。主要包括：老年人福利、妇女福利、未成年人福利、残疾人福利。

思考题

1. 社会福利具有哪些特征？
2. 试述公共福利的内容。
3. 试述专门福利的内容。
4. 试述加强社会福利立法的重要性。

第二十章 社会优抚

[**学习目标**]

明确社会优抚的概念和意义；掌握社会优待的对象和内容；掌握残疾抚恤的对象和内容；掌握死亡抚恤的对象和内容。

[**学习方法**]

理解。

[**重点难点**]

重点·社会优抚的意义

·社会优待的内容

·残疾抚恤的范围和条件

·死亡抚恤的待遇

社会优抚，是随着军队的产生和发展而建立起来的，也称为狭义的军人社会保障（广义的军人社会保障，包括军人社会保险、军人社会福利、军人优待抚恤、军人退役安置、军人社会救助等内容），是指国家和社会对军人及其家属建立的社会保障制度，包括社会优待、残疾抚恤和死亡抚恤。

我国宪法第45条规定："国家和社会保障残废军人的生活，抚恤烈士家属，优待军人家属。"这就表明，保障社会优抚对象的生活是国家和社会的责任。建立社会优抚制度，对于保卫国家安全，维持社会稳定，加强国防建设，推动经济发展和社会进步具有重要的意义。

建国初，我国颁布了一系列军人优抚的法规，1950年政务院颁布了《革命军人牺牲病故褒恤暂行条例》、《革命烈士家属、革命军人家属优待暂行条例》、《革命工作人员伤亡褒恤暂行条例》、《民兵民工伤亡褒恤暂行条例》、《革命残废军人优待抚恤暂行条例》，这些条例的颁布实施，使我国的优待抚恤工作有了法律依据。进入20世纪80年代，1980年国务院颁布了《革命烈士褒扬条例》，1981年国务院颁布了《关于军队干部退休的暂行规定》，1982年中央军委颁布了《关于军队干部离职休养的暂行规定》。1984年第6届全国人大第2次会议通过了《中华人民共和国兵役法》，并于1998年进行了修改，对现役军人的优待和军人退役安置做了明确的规定。1988年，国务院颁布了《军人抚恤优待条例》，对军人抚恤优待的基本原则、军人死亡抚恤、军人残疾抚恤、军人优待等内容进行了具体规定，同时废除了上述50年代颁布的5个条例。该条例是我国第一部综合性优抚法规。2004年10月1日国务院、中央军委施行了《军人抚恤优待条例》，1988年的《军人抚恤优待条例》被废止。

第一节　社会优待①

社会优待是国家、社会和群众对烈属、因公牺牲及病故的军人遗属、革命残疾军人、现役军人及其家属、带病回乡复退军人、退伍红军老战士等优抚对象给予帮助和照顾的制度。《中华人民共和国兵役法》第51条规定："现役军人，革命残废军人，退出现役的军人，革命烈士家属，应当受到社会的尊重，受到国家和人民群众的优待。"根据兵役法和

① 本节参考了余卫明：《社会保障法学》，中国方正出版社2002年版，第276页—第279页。

《军人抚恤优待条例》等相关法律、法规的规定，社会优待主要包括：

一、对义务兵及其家属的优待

(一)对义务兵家属的优待

义务兵服现役期间，其家属由当地人民政府发给优待金或给予其他优待，优待的标准不低于当地平均生活水平，具体办法由省、自治区、直辖市规定。优待金按照兵役法规定的义务兵服现役的期限发给，超期服役的，部队团以上单位机关应及时通知地方政府，可继续给予优待；没有部队通知的，义务兵服现役期满，即停止发给优待金。优待金由义务兵入伍时的户口所在地政府发给，非户口所在地入伍的义务兵，不予优待。义务兵入伍前是农业户口的，其在农村承包的责任田和分得的自留地(山、林)等继续保留。义务兵和初级士官入伍前是企业、事业单位职工的，其家属继续享有该单位职工家属的有关福利待遇。

(二)对义务兵的优待

义务兵和初级士官入伍前是国家机关、社会团体、企业事业单位职工的，退出现役后，允许复工复职，并享受不低于在本单位同岗位或工种的同工龄职工的各项待遇。

义务兵从部队发出的平信，免费邮递。

义务兵退出现役后，报考国家公务员、高等院校和中等专业学校，按照有关规定与其他考生在同等条件下予以优待。

二、对残疾军人的优待

(一)1级至6级残疾军人的医疗费用按规定予以保障，由所在医疗保险统筹地区社会保险经办机构单独列账管理。7级至10级残疾军人旧病复发的医疗费用，已参加工伤保险的，由工伤保险基金支付；未参加工伤保险，有工作单位的由工作单位解决；没有工作的由当地县级以上人民政府负责解决。旧伤复发以外的医疗费用，未参加医疗保险且本人支付有困难的，由当地县级以上人民政府酌情给予补助。中央对抚恤对象人数较多的困难地区给予适当补助，用于帮助解决其医疗费用困难问题。

（二）在国家机关、社会团体、企事业单位工作的残疾军人，享受与所在单位工伤人员相同的生活福利和医疗待遇。所在单位不得因其残疾将其辞退、解聘或解除劳动关系。

（三）残疾军人因残疾需要配制的假肢、代步三轮车等辅助器械，正在服现役的，由军队军级以上单位负责解决；退出现役的，由省级人民政府民政部门负责解决。

（四）残疾军人乘坐境内运行的火车、轮船、长途公共汽车和民航客机，凭《中华人民共和国残疾军人证》准予优先购票，残疾军人享受减收正常票价50％的优待；残疾军人免费乘坐市内公共汽车、电车和轨道交通工具。残疾军人参观游览公园、博物馆、名胜古迹享受优待。

（五）残疾军人在与其他群众同等条件下，享有承租、购买住房的优先和优惠权。

（六）残疾军人报考中等专业学校、高等院校，录取的文化和身体条件应适当放宽。

三、对烈士遗属和因公牺牲、病故军人遗属的优待

（一）在享受国家定期抚恤的基础上，仍可享受优待金。

（二）革命烈士、因公牺牲军人、病故军人的遗属，不享受公费医疗待遇的，因病治疗无力支付医疗费的，由当地卫生部门酌情减免。

（三）革命烈士、因公牺牲军人、病故军人的子女、兄弟姐妹，自愿参军又符合征兵条件的，可优先批准服现役。

（四）革命烈士子女报考中等专业学校、高等学校的，其文化和身体条件应适当放宽；考入公立学校的，免交学杂费并优先享受助学金或学生贷款；入公办幼儿园、托儿所的，应优先接收。

（五）革命烈士、因公牺牲军人、病故军人的遗属在与其他群众同等

条件下，享有承租、购买住房的优先和优惠权。

（六）家居农村的革命烈士遗属符合招工条件的，当地人民政府应安排其中一人就业。

四、对复员、退伍军人的优待

复员军人、带病回乡的军人享受医疗优惠待遇，因病治疗无力负担医疗费的，由当地卫生部门酌情减免；复员军人生活困难的，按照规定的条件，由当地民政部门给予定期定量补助，并逐步改善他们的生活待遇。在这里，“规定的条件”是指：（一）孤老的；（二）年老体弱、丧失劳动能力、生活困难的；（三）带病回乡不能经常参加生产劳动，生活困难的。复员、退伍军人在与其他群众同等条件下，享有承租、购买住房的优先和优惠权。

五、对现役军官、志愿兵的优待

现役军官、志愿兵的子女入学、入托应优先接收；现役军人凭有效证件在利用交通工具、参观游览公园、博物馆、名胜古迹方面享受优待；经军队师（旅）级以上政治机关批准随军的现役军官、志愿兵的家属，驻军所在地的公安部门应准予落户；随军前家属有正式工作的，驻军所在地的劳动保障部门、人事部门应当接收和妥善安置；随军前家属无工作的，驻军所在地人民政府应根据本人实际情况作出相应安置，对自谋职业的，按国家有关规定减免有关费用。

六、对特定优抚对象的定期定量补助

（一）完全丧失劳动能力，生活困难的复员军人等。

除完全丧失劳动能力，生活困难的复员军人外，带病回乡不能经常参加生产劳动，生活特别困难的复员、退伍军人也可享受定期定量补助。对孤老和抗日战争时期入伍或其他革命战争时期入伍，服役时间较长、贡献较大的复员军人的定期补助标准应适当高于上述标准。对带病回乡长期不能参加劳动，生活特别困难的退伍军人，参照建国后入伍的复员军人定期定量补助标准，给予定期定量补助。

（二）在乡退伍红军老战士。

确定退伍红军老战士身份的条件是：第一，1937 年 7 月 6 日以前入伍，参加中国工农红军（包括抗日联军和中国共产党领导的抗日游击队）；第二，有退伍手续或确切证明的；第三，没有投敌叛变行为，回到地方以后继续保持革命传统。

（三）在乡西路军红军老战士。西路军红军老战士是指参加西路军长征，因张国焘的错误路线失败而流落在河西走廊一带的红军战士。

（四）红军失散人员。红军失散人员是指 1937 年 7 月 6 日以前正式参加中国工农红军（包括东北抗日联军），因伤、因病、因战斗失利或组织动员分散隐蔽离队失散，并在离队后表现较好，经当地群众公认，乡、镇人民政府审查，县、市人民政府批准，认定其为“红军失散人员”。因被俘、被捕离队失散，但未发现其投敌叛变或离队后被迫担任一般伪职，对革命没有造成危害的，也可按红军失散人员对待。

第二节 残疾抚恤

残疾抚恤主要是指军人而言的，还包括授予警衔的人民警察、国家机关工作人员、参战民兵民工、参加县级以上人武部门或预备役部队组织的军事训练的民兵以及同犯罪分子进行斗争的无工作单位的人民群众。军人抚恤按照《军人抚恤优待条例》及其解释进行。对于国家机关工作人员、人民警察等因公负伤致残、死亡的，参照《军人抚恤优待条例》及其解释的有关规定进行。在此，主要介绍关于军人的残疾抚恤内容。根据《军人抚恤优待条例》第 20 条第 1 款的规定，“现役军人残疾被认定为因战致残、因公致残或者因病致残的，依照本条例的规定享受抚恤。”

一、残疾抚恤的范围

根据《军人抚恤优待条例》第20条第2款的规定，残疾抚恤的范围主要包括因战致残、因公致残和因病致残。

二、残疾等级的划分与确定

残疾等级，是指依据残疾轻重和丧失劳动能力及影响生活能力的程度，而确认的残疾级别。根据《军人抚恤优待条例》第21条、第22条的规定，残疾的等级根据劳动功能障碍程度和生活自理障碍程度确定，由重到轻分为1级至10级。因战、因公致残，残疾等级被评为1级至10级的，享受残疾抚恤；因病致残，残疾等级被评为1级至6级的，享受残疾抚恤。

根据《军人抚恤优待条例》第23条的规定，现役军人因战、因公、因病致残，由军队规定的审批机关在医疗终结后负责评定残疾等级，发给《中华人民共和国残疾军人证》，退役后一般不再办理。

三、残疾抚恤的内容

(一)对残疾军人进行定期抚恤

根据《军人抚恤优待条例》第25条、第26条第2款的规定，国家对残疾军人进行定期抚恤，退出现役的残疾军人，按照残疾等级享受残疾抚恤金，由县级人民政府民政部门发给。因工作需要继续服现役的残疾军人，经军队军级以上单位批准，由所在部队按照规定发给残疾抚恤金。县级以上地方人民政府对依靠残疾抚恤金生活仍有困难的残疾军人，可以增发残疾抚恤金或者采取其他方式予以补助，保障其生活不低于当地平均生活水平。

残疾抚恤金的标准，由民政部、财政部根据残疾性质和残疾等级，参照全国一般职工的工资标准确定。

(二)对退役的1级至4级残疾军人的供养

根据《军人抚恤优待条例》第28条、第29条的规定，对退役的1级至 4 级残疾军人实行终身供养。对需要长年医疗或者独自一人不便分散安置的，经省级人民政府民政部门批准，可以集中供养；对分散安置的 1 级至 4 级残疾军人发给护理费，其标准为：1. 因战、因公 1 级和 2 级残疾的，护理费为当地职工月平均工资的 50%；2. 因战、因公 3 级和 4 级残疾的，护理费为当地职工月平均工资的 40%；3. 因病 1 级至 4 级残疾的，护理费为当地月平均工资的 30%。

（三）残疾军人的死亡待遇

根据《军人抚恤优待条例》第 27 条的规定，残疾军人的死亡待遇主要有：

1. 丧葬补助费。退出现役的因战、因公、因病致残的残疾军人因病死亡的，对其遗属增发 12 个月的残疾抚恤金，作为丧葬补助费。

2. 死亡待遇。退出现役的因战、因公致残的残疾军人因旧伤复发死亡的，由县级人民政府民政部门按照因公牺牲军人的抚恤标准发给其遗属一次性抚恤金，其遗属享受因公牺牲军人遗属抚恤待遇。退出现役的因战、因公致残的 1 级至 4 级残疾军人因病死亡的，其遗属享受病故军人遗属抚恤待遇。

第三节　死亡抚恤

死亡抚恤是指国家对革命烈士遗属、因公牺牲和病故军人遗属及因公牺牲和病故的国家机关工作人员遗属、人民警察遗属发放一定数额的费用，给予生活帮助的制度。在这里，主要介绍军人死亡抚恤的内容。

一、死亡性质的认定

死亡性质主要依据死亡时的情节及有关规定，由相应机关认定。死亡性质分为革命烈士、因公牺牲和病故三种。

(一)革命烈士

革命烈士是指为了人民的利益,在革命斗争、保卫祖国和社会主义现代化建设事业中壮烈牺牲的人。《革命烈士褒扬条例》将革命烈士的范围扩大到全体人民。根据《革命烈士褒扬条例》第 3 条、《军人抚恤优待条例》第 8 条等有关规定,现役军人批准为革命烈士,必须具备一定的条件,即:

1. 对敌作战死亡,或者对敌作战负伤在医疗终结前因伤死亡的;

2. 因执行任务遭敌人或者犯罪分子杀害,或者被俘、逮捕后不屈遭敌人杀害或被折磨致死的;

3. 为抢救和保护国家财产、人民生命财产或者参加处置突发事件死亡的;

4. 因执行军事演习、战备航行飞行、空降和导弹发射训练、试航试飞任务以及参加武器装备科研实验死亡的;

5. 其他死难情节突出,堪为后人楷模的。

此外,现役军人在执行对敌作战、边海防执勤或者抢险救灾任务中失踪,经法定程序宣告死亡的,按照烈士对待。

(二)因公牺牲

因公牺牲是指因公务献身,其死难情节符合规定条件的人民解放军指战员、国家机关工作人员和人民警察等。根据《军人抚恤优待条例》第 9 条的规定,因公牺牲现役军人应符合以下条件之一:

1. 在执行任务或上下班途中,由于意外事件死亡的;

2. 被认定为因战、因公致残后因旧伤复发死亡的;

3. 因患职业病死亡的;

4. 在执行任务中或者在工作岗位上因病猝然死亡的,或者因医疗事故死亡的;

5. 其他因公死亡的。

此外，现役军人在执行对敌作战、边海防执勤或者抢险救灾以外的其他任务中失踪，经法定程序宣告死亡的，按照因公牺牲对待。

(三)病故

病故即因病死亡者。是指现役军人在服现役期间因病死亡，并经军队团级以上单位的政治机关确认。根据《军人抚恤优待条例》第10条的规定，除因患职业病、在执行任务或在工作岗位上因病猝死，或因医疗事故死亡的情形以外，因其他疾病死亡的，被认定为病故。现役军人非执行任务死亡或者失踪，经法定程序宣告死亡的，按照病故对待。

二、死亡抚恤的待遇

(一)一次性抚恤金

一次性抚恤金是国家按规定一次性发给革命烈士遗属、因公牺牲和病故军人遗属、因公牺牲和病故国家机关工作人员以及人民警察遗属的抚恤金。根据《军人抚恤优待条例》第12条、第14条的规定，军人死亡时发给其遗属一次性抚恤金的标准为：革命烈士，按80个月工资计发；因公牺牲军人，按40个月工资计发；病故军人，按20个月工资计发。

立功和获得荣誉称号的现役军人死亡，根据其立功和荣誉称号的不同，可增发5%—35%的抚恤金。

一次性抚恤金的发放，由遗属户口所在地的县级人民政府民政部门发给。发给的对象是：父母(或抚养人)、配偶、子女；没有父母(或抚养人)、配偶、子女的，发给未满18周岁的兄弟姐妹和已满18周岁但无生活来源且由该军人生前供养的兄弟姐妹。

(二)定期抚恤金

定期抚恤金是国家对符合条件的革命烈士遗属、因公牺牲军人遗属、病故军人遗属按一定标准发给的抚恤金，又称“遗属定期抚恤金”。

根据《军人抚恤优待条例》第15条的规定，革命烈士、因公牺牲军人、病故军人的遗属享受定期抚恤金的条件是:1. 父母(或抚养人)、配偶无劳动能力、无生活费来源,或者收入水平低于当地居民平均生活水平的;2. 子女未满 18 周岁,或虽满 18 周岁但因上学或残疾无生活费来源的;3. 兄弟姐妹未满 18 周岁或者已满 18 周岁但因上学无生活费来源且由该军人生前供养的。

定期抚恤金的标准由民政部和财政部统一制定。

根据《军人抚恤优待条例》第 17 条的规定,对革命烈士、因公牺牲军人、病故军人的遗属依靠定期抚恤金生活仍有困难的,县级以上地方人民政府可以增发抚恤金或采取其他方式予以补助,保障其生活不低于当地的平均生活水平。

(三)特别抚恤金

根据《军人抚恤优待条例》第 13 条的规定,对生前作出特殊贡献的烈士、因公牺牲军人、病故军人,除按照本条例规定发给一次性抚恤金外,军队可以按照有关规定发给其遗属一次性特别抚恤金。

本章小结

社会优抚制度是对军人及其家属建立的社会保障制度,包括社会优待、残疾抚恤和死亡抚恤。社会优抚制度的建立,对于维持社会稳定,保卫国家安全,促进国防和军队现代化建设,推动经济发展和社会进步具有重要的意义。

社会优待是国家、社会和群众对烈士遗属、因公牺牲及病故军人遗属、革命残疾军人、现役军人及其家属、带病回乡复退军人、退伍红军老战士等给予帮助和照顾的制度。

残疾抚恤是国家和社会保障革命残疾人员基本生活的优抚制度。残疾抚恤的范围包括因战致残、因公致残和因病致残三种。军人残疾抚恤的内容包括:对残疾军人的定期抚恤、对1级至4级残疾军人的供养、残疾军人的死亡待遇。

死亡抚恤是国家对革命烈士遗属、因公牺牲和病故的军人遗属及因公牺牲和病故的国家机关工作人员遗属、人民警察遗属发给一定数额的费用,给予生活帮助的制度。军人死亡抚恤的待遇分为一次性抚恤金、定期抚恤金和特别抚恤金。

思 考 题

1. 简述社会优待的内容。
2. 简述残疾抚恤的范围及条件。
3. 军人死亡抚恤的待遇有哪些?

附　　录

劳动与社会保障常用法律法规等规范性文件

总 类

中华人民共和国劳动法

（1994 年 7 月 5 日第八届全国人民代表大会常务委员会第八次会议通过，1994 年 7 月 5 日中华人民共和国主席令第 28 号公布，自 1995 年 1 月 1 日起施行。）

目　录

第一章　总则
第二章　促进就业
第三章　劳动合同和集体合同
第四章　工作时间和休息休假
第五章　工资
第六章　劳动安全卫生
第七章　女职工和未成年工特殊保护
第八章　职业培训
第九章　社会保险和福利
第十章　劳动争议
第十一章　监督检查
第十二章　法律责任
第十三章　附则

第一章　总则

第一条　为了保护劳动者的合法权益，调整劳动关系，建立和维护适应社会主义市场经济的劳动制度，促进经济发展和社会进步，根据宪法，制定本法。

第二条　在中华人民共和国境内的企业、个体经济组织（以下统称用人单位）和与之形成劳动关系的劳动者，适用本法。

国家机关、事业组织、社会团体和与之建立劳动合同关系的劳动者，依照本法执行。

第三条　劳动者享有平等就业和选择职业的权利、取得劳动报酬的权利、休息休假的权利、获得劳动安全卫生保护的权利、接受职业技能培训的权利、享受社会保险和福利的权利、提请劳动争议处理的权利以及法律规定的其他劳动权利。

劳动者应当完成劳动任务，提高职业技能，执行劳动安全卫生规程，遵守劳动纪律和职业道德。

第四条　用人单位应当依法建立和完善规章制度，保障劳动者享有劳动权利和履行劳动义务。

第五条　国家采取各种措施，促进劳动就业，发展职业教育，制定劳动标准，调节社会收入，完善社会保险，协调劳动关系，逐步提高劳动者的生活水平。

第六条　国家提倡劳动者参加社会义务劳动，开展劳动竞赛和合理化建议活动，鼓励和保护劳动者进行科学研究、技术革新和发明创造，表彰和奖励劳动模范和先进工作者。

第七条　劳动者有权依法参加和组织工会。

工会代表和维护劳动者的合法权益，依法独立自主地开展活动。

第八条 劳动者依照法律规定，通过职工大会、职工代表大会或者其他形式，参与民主管理或者就保护劳动者合法权益与用人单位进行平等协商。

第九条 国务院劳动行政部门主管全国劳动工作。

县级以上地方人民政府劳动行政部门主管本行政区域内的劳动工作。

第二章 促进就业

第十条 国家通过促进经济和社会发展，创造就业条件，扩大就业机会。

国家鼓励企业、事业组织、社会团体在法律、行政法规规定的范围内兴办产业或者拓展经营，增加就业。

国家支持劳动者自愿组织起来就业和从事个体经营实现就业。

第十一条 地方各级人民政府应当采取措施，发展多种类型的职业介绍机构，提供就业服务。

第十二条 劳动者就业，不因民族、种族、性别、宗教信仰不同而受歧视。

第十三条 妇女享有与男子平等的就业权利。在录用职工时，除国家规定的不适合妇女的工种或者岗位外，不得以性别为由拒绝录用妇女或者提高对妇女的录用标准。

第十四条 残疾人、少数民族人员、退出现役的军人的就业，法律、法规有特别规定的，从其规定。

第十五条 禁止用人单位招用未满十六周岁的未成年人。

文艺、体育和特种工艺单位招用未满十六周岁的未成年人，必须依照国家有关规定，履行审批手续，并保障其接受义务教育的权利。

第三章　劳动合同和集体合同

第十六条　劳动合同是劳动者与用人单位确立劳动关系、明确双方权利和义务的协议。

建立劳动关系应当订立劳动合同。

第十七条　订立和变更劳动合同，应当遵循平等自愿、协商一致的原则，不得违反法律、行政法规的规定。

劳动合同依法订立即具有法律约束力，当事人必须履行劳动合同规定的义务。

第十八条　下列劳动合同无效：

（一）违反法律、行政法规的劳动合同；

（二）采取欺诈、威胁等手段订立的劳动合同。

无效的劳动合同，从订立的时候起，就没有法律约束力。确认劳动合同部分无效的，如果不影响其余部分的效力，其余部分仍然有效。

劳动合同的无效，由劳动争议仲裁委员会或者人民法院确认。

第十九条　劳动合同应当以书面形式订立，并具备以下条款：

（一）劳动合同期限；

（二）工作内容；

（三）劳动保护和劳动条件；

（四）劳动报酬；

（五）劳动纪律；

（六）劳动合同终止的条件；

（七）违反劳动合同的责任。

劳动合同除前款规定的必备条款外，当事人可以协商约定其他内容。

第二十条　劳动合同的期限分为有固定期限、无固定期限和以完成一定的工作为期限。

劳动者在同一用人单位连续工作满十年以上，当事人双方同意延续劳动合同的，如果劳动者提出订立无固定期限的劳动合同，应当订立无固定期限的劳动合同。

第二十一条 劳动合同可以约定试用期。试用期最长不得超过六个月。

第二十二条 劳动合同当事人可以在劳动合同中约定保守用人单位商业秘密的有关事项。

第二十三条 劳动合同期满或者当事人约定的劳动合同终止条件出现，劳动合同即行终止。

第二十四条 经劳动合同当事人协商一致，劳动合同可以解除。

第二十五条 劳动者有下列情形之一的，用人单位可以解除劳动合同：

（一）在试用期间被证明不符合录用条件的；

（二）严重违反劳动纪律或者用人单位规章制度的；

（三）严重失职，营私舞弊，对用人单位利益造成重大损害的；

（四）被依法追究刑事责任的。

第二十六条 有下列情形之一的，用人单位可以解除劳动合同，但是应当提前三十日以书面形式通知劳动者本人：

（一）劳动者患病或者非因工负伤，医疗期满后，不能从事原工作也不能从事由用人单位另行安排的工作的；

（二）劳动者不能胜任工作，经过培训或者调整工作岗位，仍不能胜任工作的；

（三）劳动合同订立时所依据的客观情况发生重大变化，致使原劳动合同无法履行，经当事人协商不能就变更劳动合同达成协议的。

第二十七条 用人单位濒临破产进行法定整顿期间或者生产经

营状况发生严重困难，确需裁减人员的，应当提前三十日向工会或者全体职工说明情况，听取工会或者职工的意见，经向劳动行政部门报告后，可以裁减人员。

用人单位依据本条规定裁减人员，在六个月内录用人员的，应当优先录用被裁减的人员。

第二十八条 用人单位依据本法第二十四条、第二十六条、第二十七条的规定解除劳动合同的，应当依照国家有关规定给予经济补偿。

第二十九条 劳动者有下列情形之一的，用人单位不得依据本法第二十六条、第二十七条的规定解除劳动合同：

（一）患职业病或者因工负伤并被确认丧失或者部分丧失劳动能力的；

（二）患病或者负伤，在规定的医疗期内的；

（三）女职工在孕期、产期、哺乳期内的；

（四）法律、行政法规规定的其他情形。

第三十条 用人单位解除劳动合同，工会认为不适当的，有权提出意见。如果用人单位违反法律、法规或者劳动合同，工会有权要求重新处理；劳动者申请仲裁或者提起诉讼的，工会应当依法给予支持和帮助。

第三十一条 劳动者解除劳动合同，应当提前三十日以书面形式通知用人单位。

第三十二条 有下列情形之一的，劳动者可以随时通知用人单位解除劳动合同：

（一）在试用期内的；

（二）用人单位以暴力、威胁或者非法限制人身自由的手段强迫劳动的；

（三）用人单位未按照劳动合同约定支付劳动报酬或者提供劳动条

件的。

第三十三条 企业职工一方与企业可以就劳动报酬、工作时间、休息休假、劳动安全卫生、保险福利等事项，签订集体合同。集体合同草案应当提交职工代表大会或者全体职工讨论通过。

集体合同由工会代表职工与企业签订；没有建立工会的企业，由职工推举的代表与企业签订。

第三十四条 集体合同签订后应当报送劳动行政部门；劳动行政部门自收到集体合同文本之日起十五日内未提出异议的，集体合同即行生效。

第三十五条 依法签订的集体合同对企业和企业全体职工具有约束力。职工个人与企业订立的劳动合同中劳动条件和劳动报酬等标准不得低于集体合同的规定。

第四章 工作时间和休息休假

第三十六条 国家实行劳动者每日工作时间不超过八小时、平均每周工作时间不超过四十四小时的工时制度。

第三十七条 对实行计件工作的劳动者，用人单位应当根据本法第三十六条规定的工时制度合理确定其劳动定额和计件报酬标准。

第三十八条 用人单位应当保证劳动者每周至少休息一日。

第三十九条 企业因生产特点不能实行本法第三十六条、第三十八条规定的，经劳动行政部门批准，可以实行其他工作和休息办法。

第四十条 用人单位在下列节日期间应当依法安排劳动者休假：

(一)元旦；

(二)春节；

(三)国际劳动节；

(四)国庆节；

(五)法律、法规规定的其他休假节日。

第四十一条 用人单位由于生产经营需要,经与工会和劳动者协商后可以延长工作时间,一般每日不得超过一小时;因特殊原因需要延长工作时间的,在保障劳动者身体健康的条件下延长工作时间每日不得超过三小时,但是每月不得超过三十六小时。

第四十二条 有下列情形之一的,延长工作时间不受本法第四十一条规定的限制:

(一)发生自然灾害、事故或者因其他原因,威胁劳动者生命健康和财产安全,需要紧急处理的;

(二)生产设备、交通运输线路、公共设施发生故障,影响生产和公众利益,必须及时抢修的;

(三)法律、行政法规规定的其他情形。

第四十三条 用人单位不得违反本法规定延长劳动者的工作时间。

第四十四条 有下列情形之一的,用人单位应当按照下列标准支付高于劳动者正常工作时间工资的工资报酬:

(一)安排劳动者延长工作时间的,支付不低于工资的百分之一百五十的工资报酬;

(二)休息日安排劳动者工作又不能安排补休的,支付不低于工资的百分之二百的工资报酬;

(三)法定休假日安排劳动者工作的,支付不低于工资的百分之三百的工资报酬。

第四十五条 国家实行带薪年休假制度。

劳动者连续工作一年以上的,享受带薪年休假。具体办法由国务院规定。

第五章　工资

第四十六条　工资分配应当遵循按劳分配原则，实行同工同酬。

工资水平在经济发展的基础上逐步提高。国家对工资总量实行宏观调控。

第四十七条　用人单位根据本单位的生产经营特点和经济效益，依法自主确定本单位的工资分配方式和工资水平。

第四十八条　国家实行最低工资保障制度。最低工资的具体标准由省、自治区、直辖市人民政府规定，报国务院备案。

用人单位支付劳动者的工资不得低于当地最低工资标准。

第四十九条　确定和调整最低工资标准应当综合参考下列因素：

（一）劳动者本人及平均赡养人口的最低生活费用；

（二）社会平均工资水平；

（三）劳动生产率；

（四）就业状况；

（五）地区之间经济发展水平的差异。

第五十条　工资应当以货币形式按月支付给劳动者本人。不得克扣或者无故拖欠劳动者的工资。

第五十一条　劳动者在法定休假日和婚丧假期间以及依法参加社会活动期间，用人单位应当依法支付工资。

第六章　劳动安全卫生

第五十二条　用人单位必须建立、健全劳动安全卫生制度，严格执行国家劳动安全卫生规程和标准，对劳动者进行劳动安全卫生教育，防止劳动过程中的事故，减少职业危害。

第五十三条　劳动安全卫生设施必须符合国家规定的标准。

新建、改建、扩建工程的劳动安全卫生设施必须与主体工程同时设计、同时施工、同时投入生产和使用。

第五十四条 用人单位必须为劳动者提供符合国家规定的劳动安全卫生条件和必要的劳动防护用品，对从事有职业危害作业的劳动者应当定期进行健康检查。

第五十五条 从事特种作业的劳动者必须经过专门培训并取得特种作业资格。

第五十六条 劳动者在劳动过程中必须严格遵守安全操作规程。

劳动者对用人单位管理人员违章指挥、强令冒险作业，有权拒绝执行；对危害生命安全和身体健康的行为，有权提出批评、检举和控告。

第五十七条 国家建立伤亡事故和职业病统计报告和处理制度。县级以上各级人民政府劳动行政部门、有关部门和用人单位应当依法对劳动者在劳动过程中发生的伤亡事故和劳动者的职业病状况，进行统计、报告和处理。

第七章 女职工和未成年工特殊保护

第五十八条 国家对女职工和未成年工实行特殊劳动保护。

未成年工是指年满十六周岁未满十八周岁的劳动者。

第五十九条 禁止安排女职工从事矿山井下、国家规定的第四级体力劳动强度的劳动和其他禁忌从事的劳动。

第六十条 不得安排女职工在经期从事高处、低温、冷水作业和国家规定的第三级体力劳动强度的劳动。

第六十一条 不得安排女职工在怀孕期间从事国家规定的第三级体力劳动强度的劳动和孕期禁忌从事的活动。对怀孕七个月以上的女职工，不得安排其延长工作时间和夜班劳动。

第六十二条 女职工生育享受不少于九十天的产假。

第六十三条 不得安排女职工在哺乳未满一周岁的婴儿期间从事国家规定的第三级体力劳动强度的劳动和哺乳期禁忌从事的其他劳动，不得安排其延长工作时间和夜班劳动。

第六十四条 不得安排未成年工从事矿山井下、有毒有害、国家规定的第四级体力劳动强度的劳动和其他禁忌从事的劳动。

第六十五条 用人单位应当对未成年工定期进行健康检查。

第八章 职业培训

第六十六条 国家通过各种途径，采取各种措施，发展职业培训事业，开发劳动者的职业技能，提高劳动者素质，增强劳动者的就业能力和工作能力。

第六十七条 各级人民政府应当把发展职业培训纳入社会经济发展的规划，鼓励和支持有条件的企业、事业组织、社会团体和个人进行各种形式的职业培训。

第六十八条 用人单位应当建立职业培训制度，按照国家规定提取和使用职业培训经费，根据本单位实际，有计划地对劳动者进行职业培训。

从事技术工种的劳动者，上岗前必须经过培训。

第六十九条 国家确定职业分类，对规定的职业制定职业技能标准，实行职业资格证书制度，由经过政府批准的考核鉴定机构负责对劳动者实施职业技能考核鉴定。

第九章 社会保险和福利

第七十条 国家发展社会保险事业，建立社会保险制度，设立社会保险基金，使劳动者在年老、患病、工伤、失业、生育等情况下获得帮助和补偿。

第七十一条　社会保险水平应当与社会经济发展水平和社会承受能力相适应。

第七十二条　社会保险基金按照保险类型确定资金来源，逐步实行社会统筹。用人单位和劳动者必须依法参加社会保险，缴纳社会保险费。

第七十三条　劳动者在下列情形下，依法享受社会保险待遇：

（一）退休；

（二）患病、负伤；

（三）因工伤残或者患职业病；

（四）失业；

（五）生育。

劳动者死亡后，其遗属依法享受遗属津贴。

劳动者享受社会保险待遇的条件和标准由法律、法规规定。

劳动者享受的社会保险金必须按时足额支付。

第七十四条　社会保险基金经办机构依照法律规定收支、管理和运营社会保险基金，并负有使社会保险基金保值增值的责任。

社会保险基金监督机构依照法律规定，对社会保险基金的收支、管理和运营实施监督。

社会保险基金经办机构和社会保险基金监督机构的设立和职能由法律规定。

任何组织和个人不得挪用社会保险基金。

第七十五条　国家鼓励用人单位根据本单位实际情况为劳动者建立补充保险。

国家提倡劳动者个人进行储蓄性保险。

第七十六条　国家发展社会福利事业，兴建公共福利设施，为劳动者休息、休养和疗养提供条件。

用人单位应当创造条件，改善集体福利，提高劳动者的福利待遇。

第十章　劳动争议

第七十七条　用人单位与劳动者发生劳动争议，当事人可以依法申请调解、仲裁、提起诉讼，也可以协商解决。

调解原则适用于仲裁和诉讼程序。

第七十八条　解决劳动争议，应当根据合法、公正、及时处理的原则，依法维护劳动争议当事人的合法权益。

第七十九条　劳动争议发生后，当事人可以向本单位劳动争议调解委员会申请调解；调解不成，当事人一方要求仲裁的，可以向劳动争议仲裁委员会申请仲裁。当事人一方也可以直接向劳动争议仲裁委员会申请仲裁。对仲裁裁决不服的，可以向人民法院提起诉讼。

第八十条　在用人单位内，可以设立劳动争议调解委员会。劳动争议调解委员会由职工代表、用人单位代表和工会代表组成。劳动争议调解委员会主任由工会代表担任。

劳动争议经调解达成协议的，当事人应当履行。

第八十一条　劳动争议仲裁委员会由劳动行政部门代表、同级工会代表、用人单位方面的代表组成。劳动争议仲裁委员会主任由劳动行政部门代表担任。

第八十二条　提出仲裁要求的一方应当自劳动争议发生之日起六十日内向劳动争议仲裁委员会提出书面申请。仲裁裁决一般应在收到仲裁申请的六十日内作出。对仲裁裁决无异议的，当事人必须履行。

第八十三条　劳动争议当事人对仲裁裁决不服的，可以自收到仲裁裁决书之日起十五日内向人民法院提起诉讼。一方当事人在法定期限内不起诉又不履行仲裁裁决的，另一方当事人可以申请人民法院强制执行。

第八十四条　因签订集体合同发生争议，当事人协商解决不成的，当地人民政府劳动行政部门可以组织有关各方协调处理。

因履行集体合同发生争议，当事人协商解决不成的，可以向劳动争议仲裁委员会申请仲裁；对仲裁裁决不服的，可以自收到仲裁裁决书之日起十五日内向人民法院提起诉讼。

第十一章　监督检查

第八十五条　县级以上各级人民政府劳动行政部门依法对用人单位遵守劳动法律、法规的情况进行监督检查，对违反劳动法律、法规的行为有权制止，并责令改正。

第八十六条　县级以上各级人民政府劳动行政部门监督检查人员执行公务，有权进入用人单位了解执行劳动法律、法规的情况，查阅必要的资料，并对劳动场所进行检查。

县级以上各级人民政府劳动行政部门监督检查人员执行公务，必须出示证件，秉公执法并遵守有关规定。

第八十七条　县级以上各级人民政府有关部门在各自职责范围内，对用人单位遵守劳动法律、法规的情况进行监督。

第八十八条　各级工会依法维护劳动者的合法权益，对用人单位遵守劳动法律、法规的情况进行监督。

任何组织和个人对于违反劳动法律、法规的行为有权检举和控告。

第十二章　法律责任

第八十九条　用人单位制定的劳动规章制度违反法律、法规规定的，由劳动行政部门给予警告，责令改正；对劳动者造成损害的，应当承担赔偿责任。

第九十条　用人单位违反本法规定，延长劳动者工作时间的，由劳动行政部门给予警告，责令改正，并可以处以罚款。

第九十一条 用人单位有下列侵害劳动者合法权益情形之一的，由劳动行政部门责令支付劳动者的工资报酬、经济补偿，并可以责令支付赔偿金：

（一）克扣或者无故拖欠劳动者工资的；

（二）拒不支付劳动者延长工作时间工资报酬的；

（三）低于当地最低工资标准支付劳动者工资的；

（四）解除劳动合同后，未依照本法规定给予劳动者经济补偿的。

第九十二条 用人单位的劳动安全设施和劳动卫生条件不符合国家规定或者未向劳动者提供必要的劳动防护用品和劳动保护设施的，由劳动行政部门或者有关部门责令改正，可以处以罚款；情节严重的，提请县级以上人民政府决定责令停产整顿；对事故隐患不采取措施，致使发生重大事故，造成劳动者生命和财产损失的，对责任人员比照刑法第一百八十七条的规定追究刑事责任。

第九十三条 用人单位强令劳动者违章冒险作业，发生重大伤亡事故，造成严重后果的，对责任人员依法追究刑事责任。

第九十四条 用人单位非法招用未满十六周岁的未成年人的，由劳动行政部门责令改正，处以罚款；情节严重的，由工商行政管理部门吊销营业执照。

第九十五条 用人单位违反本法对女职工和未成年工的保护规定，侵害其合法权益的，由劳动行政部门责令改正，处以罚款；对女职工或者未成年工造成损害的，应当承担赔偿责任。

第九十六条 用人单位有下列行为之一，由公安机关对责任人员处以十五日以下拘留、罚款或者警告；构成犯罪的，对责任人员依法追究刑事责任：

（一）以暴力、威胁或者非法限制人身自由的手段强迫劳动的；

（二）侮辱、体罚、殴打、非法搜查和拘禁劳动者的。

第九十七条 由于用人单位的原因订立的无效合同，对劳动者造成损害的，应当承担赔偿责任。

第九十八条 用人单位违反本法规定的条件解除劳动合同或者故意拖延不订立劳动合同的，由劳动行政部门责令改正；对劳动者造成损害的，应当承担赔偿责任。

第九十九条 用人单位招用尚未解除劳动合同的劳动者，对原用人单位造成经济损失的，该用人单位应当依法承担连带赔偿责任。

第一百条 用人单位无故不缴纳社会保险费的，由劳动行政部门责令其限期缴纳；逾期不缴的，可以加收滞纳金。

第一百零一条 用人单位无理阻挠劳动行政部门、有关部门及其工作人员行使监督检查权，打击报复举报人员的，由劳动行政部门或者有关部门处以罚款；构成犯罪的，对责任人员依法追究刑事责任。

第一百零二条 劳动者违反本法规定的条件解除劳动合同或者违反劳动合同中约定的保密事项，对用人单位造成经济损失的，应当依法承担赔偿责任。

第一百零三条 劳动行政部门或者有关部门的工作人员滥用职权、玩忽职守、徇私舞弊，构成犯罪的，依法追究刑事责任；不构成犯罪的，给予行政处分。

第一百零四条 国家工作人员和社会保险基金经办机构的工作人员挪用社会保险基金，构成犯罪的，依法追究刑事责任。

第一百零五条 违反本法规定侵害劳动者合法权益，其他法律、行政法规已规定处罚的，依照该法律、行政法规的规定处罚。

第十三章　附则

第一百零六条 省、自治区、直辖市人民政府根据本法和本地区的实际情况，规定劳动合同制度的实施步骤，报国务院备案。

第一百零七条 本法自1995年1月1日起施行。

劳动部关于贯彻执行《中华人民共和国劳动法》若干问题的意见

（1995年8月4日）

《中华人民共和国劳动法》（以下简称劳动法）已于1995年1月1日起施行，现就劳动法在贯彻执行中遇到的若干问题提出以下意见。

一、适用范围

1. 劳动法第二条中的“个体经济组织”是指一般雇工在七人以下的个体工商户。

2. 中国境内的企业、个体经济组织与劳动者之间，只要形成劳动关系，即劳动者事实上已成为企业、个体经济组织的成员，并为其提供有偿劳动，适用劳动法。

3. 国家机关、事业组织、社会团体实行劳动合同制度的以及按规定应实行劳动合同制度的工勤人员；实行企业化管理的事业组织的人员；其他通过劳动合同与国家机关、事业组织、社会团体建立劳动关系的劳动者，适用劳动法。

4. 公务员和比照实行公务员制度的事业组织和社会团体的工作人员，以及农村劳动者（乡镇企业职工和进城务工、经商的农民除外）、现役军人和家庭保姆等不适用劳动法。

5. 中国境内的企业、个体经济组织在劳动法中被称为用人单位。国家机关、事业组织、社会团体和与之建立劳动合同关系的劳动者依照劳动法执行。根据劳动法的这一规定，国家机关、事业组织、社会团体应当视为用人单位。

二、劳动合同和集体合同

(一)劳动合同的订立

6. 用人单位应与其富余人员、放长假的职工签订劳动合同,但其劳动合同与在岗职工的劳动合同在内容上可以有所区别。用人单位与劳动者经协商一致可以在劳动合同中就不在岗期间的有关事项作出规定。

7. 用人单位应与其长期被外单位借用的人员、带薪上学人员,以及其他非在岗但仍保持劳动关系的人员签订劳动合同,但在外借和上学期间,劳动合同中的某些相关条款经双方协商可以变更。

8. 请长病假的职工,在病假期间与原单位保持着劳动关系,用人单位应与其签订劳动合同。

9. 原固定工中经批准的停薪留职人员,愿意回原单位继续工作的,原单位应与其签订劳动合同;不愿回原单位继续工作的,原单位可以与其解除劳动关系。

10. 根据劳动部《实施〈劳动法〉中有关劳动合同问题的解答》(劳部发〔1995〕202 号)的规定,党委书记、工会主席等党群专职人员也是职工的一员,依照劳动法的规定,与用人单位签订劳动合同。对于有特殊规定的,可以按有关规定办理。

11. 根据劳动部《实施〈劳动法〉中有关劳动合同问题的解答》(劳部发〔1995〕202 号)的规定,经理由其上级部门聘任(委任)的,应与聘任(委任)部门签订劳动合同。实行公司制的经理和有关经营管理人员,应依照《中华人民共和国公司法》的规定与董事会签订劳动合同。

12. 在校生利用业余时间勤工助学,不视为就业,未建立劳动关系,可以不签订劳动合同。

13. 用人单位发生分立或合并后,分立或合并后的用人单位可以依照其实际情况与原用人单位的劳动者遵循平等自愿、协商一致的原则变更原劳动合同。

14. 派出到合资、参股单位的职工如果与原单位仍保持着劳动关系，应当与原单位签订劳动合同，原单位可就劳动合同的有关内容在与合资、参股单位订立劳务合同时，明确职工的工资、保险、福利、休假等有关待遇。

15. 租赁经营(生产)、承包经营(生产)的企业，所有权并没有发生改变，法人名称未变，在与职工订立劳动合同时，该企业仍为用人单位一方。依照租赁合同或承包合同，租赁人、承包人如果作为该企业的法定代表人或者该法定代表人的授权委托人时，可代表该企业(用人单位)与劳动者订立劳动合同。

16. 用人单位与劳动者签订劳动合同时，劳动合同可以由用人单位拟定，也可以由双方当事人共同拟定，但劳动合同必须经双方当事人协商一致后才能签订，职工被迫签订的劳动合同或未经协商一致签订的劳动合同为无效劳动合同。

17. 用人单位与劳动者之间形成了事实劳动关系，而用人单位故意拖延不订立劳动合同，劳动行政部门应予以纠正。用人单位因此给劳动者造成损害的，应按劳动部《违反〈劳动法〉有关劳动合同规定的赔偿办法》(劳部发〔1995〕223 号)的规定进行赔偿。

(二)劳动合同的内容

18. 劳动者被用人单位录用后，双方可以在劳动合同中约定试用期，试用期应包括在劳动合同期限内。

19. 试用期是用人单位和劳动者为相互了解、选择而约定的不超过六个月的考察期。一般对初次就业或再次就业的职工可以约定。在原固定工进行劳动合同制度的转制过程中，用人单位与原固定工签订劳动合同时，可以不再约定试用期。

20. 无固定期限的劳动合同是指不约定终止日期的劳动合同。按照平等自愿、协商一致的原则，用人单位和劳动者只要达成一致，无论初次就业的，还是由固定工转制的，都可以签订无固定期限的劳动合同。

无固定期限的劳动合同不得将法定解除条件约定为终止条件，以规避解除劳动合同时用人单位应承担支付劳动者经济补偿的义务。

21. 用人单位经批准招用农民工，其劳动合同期限可以由用人单位和劳动者协商确定。

从事矿山井下以及在其他有害身体健康的工种、岗位工作的农民工，实行定期轮换制度，合同期限最长不超过八年。

22. 劳动法第二十条中的"在同一用人单位连续工作满十年以上"是指劳动者与同一用人单位签订的劳动合同的期限不间断达到十年，劳动合同期满双方同意续订劳动合同时，只要劳动者提出签订无固定期限劳动合同的，用人单位应当与其签订无固定期限的劳动合同。在固定工转制中各地如有特殊规定的，从其规定。

23. 用人单位用于劳动者职业技能培训费用的支付和劳动者违约时培训费的赔偿可以在劳动合同中约定，但约定劳动者违约时负担的培训费和赔偿金的标准不得违反劳动部《违反〈劳动法〉有关劳动合同规定的赔偿办法》(劳部发〔1995〕223号)等有关规定。

24. 用人单位在与劳动者订立劳动合同时，不得以任何形式向劳动者收取定金、保证金(物)或抵押金(物)。对违反以上规定的，应按照劳动部、公安部、全国总工会《关于加强外商投资企业和私营企业劳动管理切实保障职工合法权益的通知》(劳部发〔1994〕118号)和劳动部办公厅《对"关于国有企业和集体所有制企业能否参照执行劳部发〔1994〕118号文件中的有关规定的请示"的复函》(劳办发〔1994〕256号)的规定，由公安部门和劳动行政部门责令用人单位立即退还给劳动者本人。

（三）经济性裁员

25. 依据劳动法第二十七条和劳动部《企业经济性裁减人员规定》（劳部发〔1994〕447 号）第四条的规定，用人单位确需裁减人员，应按下列程序进行：

（1）提前三十日向工会或全体职工说明情况，并提供有关生产经营状况的资料；

（2）提出裁减人员方案，内容包括：被裁减人员名单、裁减时间及实施步骤，符合法律、法规规定和集体合同约定的被裁减人员的经济补偿办法；

（3）将裁减人员方案征求工会或者全体职工的意见，并对方案进行修改和完善；

（4）向当地劳动行政部门报告裁减人员方案以及工会或者全体职工的意见，并听取劳动行政部门的意见；

（5）由用人单位正式公布裁减人员方案，与被裁减人员办理解除劳动合同手续，按照有关规定向被裁减人员本人支付经济补偿金，并出具裁减人员证明书。

（四）劳动合同的解除和无效劳动合同

26. 劳动合同的解除是指劳动合同订立后，尚未全部履行以前，由于某种原因导致劳动合同一方或双方当事人提前消灭劳动关系的法律行为。劳动合同的解除分为法定解除和约定解除两种。根据劳动法的规定，劳动合同既可以由单方依法解除，也可以双方协商解除。劳动合同的解除，只对未履行的部分发生效力，不涉及已履行的部分。

27. 无效劳动合同是指所订立的劳动合同不符合法定条件，不能发生当事人预期的法律后果的劳动合同。劳动合同的无效由人民法院或劳动争议仲裁委员会确认，不能由合同双方当事人决定。

28. 劳动者涉嫌违法犯罪被有关机关收容审查、拘留或逮捕的，用人单位在劳动者被限制人身自由期间,可与其暂时停止劳动合同的履行。

暂时停止履行劳动合同期间,用人单位不承担劳动合同规定的相应义务。劳动者经证明被错误限制人身自由的,暂时停止履行劳动合同期间劳动者的损失,可由其依据《国家赔偿法》要求有关部门赔偿。

29. 劳动者被依法追究刑事责任的,用人单位可依据劳动法第二十五条解除劳动合同。

“被依法追究刑事责任”是指:被人民检察院免予起诉的、被人民法院判处处罚的、被人民法院依据刑法第三十二条免予刑事处分的。

劳动者被人民法院判处拘役、三年以下有期徒刑缓刑的,用人单位可以解除劳动合同。

30. 劳动法第二十五条为用人单位可以解除劳动合同的条款,即使存在第二十九条规定的情况,只要劳动者同时存在第二十五条规定的四种情形之一,用人单位也可以根据第二十五条的规定解除劳动合同。

31. 劳动者被劳动教养的,用人单位可以依据被劳教的事实解除与该劳动者的劳动合同。

32. 按照劳动法第三十一条的规定,劳动者解除劳动合同,应当提前三十日以书面形式通知用人单位。超过三十日,劳动者可以向用人单位提出办理解除劳动合同手续,用人单位予以办理。如果劳动者违法解除劳动合同给原用人单位造成经济损失,应当承担赔偿责任。

33. 劳动者违反劳动法规定或劳动合同的约定解除劳动合同(如擅自离职),给用人单位造成经济损失的,应当根据劳动法第一百零二条和劳动部《违反〈劳动法〉有关劳动合同规定的赔偿办法》(劳部发〔1995〕223 号)的规定,承担赔偿责任。

34. 除劳动法第二十五条规定的情形外,劳动者在医疗期、孕期、产期和哺乳期内，劳动合同期限届满时，用人单位不得终止劳动合同。劳动合同的期限应自动延续至医疗期、孕期、产期和哺乳期期满为止。

35. 请长病假的职工在医疗期满后，能从事原工作的，可以继续履行劳动合同；医疗期满后仍不能从事原工作也不能从事由单位另行安排的工作的，由劳动鉴定委员会参照工伤与职业病致残程度鉴定标准进行劳动能力鉴定。被鉴定为一至四级的，应当退出劳动岗位，解除劳动关系，办理因病或非因工负伤退休退职手续，享受相应的退休退职待遇；被鉴定为五至十级的，用人单位可以解除劳动合同，并按规定支付经济补偿金和医疗补助费。

(五)解除劳动合同的经济补偿

36. 用人单位依据劳动法第二十四条、第二十六条、第二十七条的规定解除劳动合同，应当按照劳动法和劳动部《违反和解除劳动合同的经济补偿办法》(劳部发〔1994〕481号)支付劳动者经济补偿金。

37. 根据《民法通则》第四十四条第二款“企业法人分立、合并，它的权利和义务由变更后的法人享有和承担”的规定，用人单位发生分立或合并后，分立或合并后的用人单位可依据其实际情况与原用人单位的劳动者遵循平等自愿、协商一致的原则变更、解除或重新签订劳动合同。在此种情况下的重新签订劳动合同视为原劳动合同的变更，用人单位变更劳动合同，劳动者不能依据劳动法第二十八条要求经济补偿。

38. 劳动合同期满或者当事人约定的劳动合同终止条件出现，劳动合同即行终止，用人单位可以不支付劳动者经济补偿金。国家另有规定的，可以从其规定。

39. 用人单位依据劳动法第二十五条解除劳动合同，可以不支付劳动者经济补偿金。

40. 劳动者依据劳动法第三十二条第(一)项解除劳动合同，用人单位可以不支付经济补偿金，但应按照劳动者的实际工作天数支付工资。

41. 在原固定工实行劳动合同制度的过程中，企业富余职工辞职，经企业同意可以不与企业签订劳动合同的，企业应根据《国有企业富余职工安置规定》（国务院令第111号，1993年公布）发给劳动者一次性生活补助费。

42. 职工在接近退休年龄（按有关规定一般为五年以内）时因劳动合同到期终止劳动合同的，如果符合退休、退职条件，可以办理退休、退职手续；不符合退休、退职条件的，在终止劳动合同后按规定领取失业救济金。享受失业救济金的期限届满后仍未就业，符合社会救济条件的，可以按规定领取社会救济金，达到退休年龄时办理退休手续，领取养老保险金。

43. 劳动合同解除后，用人单位对符合规定的劳动者应支付经济补偿金。不能因劳动者领取了失业救济金而拒付或克扣经济补偿金，失业保险机构也不得以劳动者领取了经济补偿金为由，停发或减发失业救济金。

（六）体制改革过程中实行劳动合同制度的有关政策

44. 困难企业签订劳动合同，应区分不同情况，有些亏损企业属政策性亏损，生产仍在进行，还能发出工资，应该按照劳动法的规定签订劳动合同。已经停产半停产的企业，要根据具体情况签订劳动合同，保证这些企业职工的基本生活。

45. 在国有企业固定工转制过程中，劳动者无正当理由不得单方面与用人单位解除劳动关系；用人单位也不得以实行劳动合同制度为由，借机辞退部分职工。

46. 关于在企业内录干、聘干问题，劳动法规定用人单位内的全体职工统称为劳动者，在同一用人单位内，各种不同的身份界限随之打破。应该按照劳动法的规定，通过签订劳动合同来明确劳动者的工作内容、岗位等。用人单位根据工作需要，调整劳动者的工作岗位时，可以与劳动者协商一致，变更劳动合同的相关内容。

47. 由于各用人单位千差万别，对工作内容、劳动报酬的规定也就差异很大，因此，国家不宜制定统一的劳动合同标准文本。目前，各地、各行业制定并向企业推荐的劳动合同文本，对于用人单位和劳动者双方有一定的指导意义，但这些劳动合同文本只能供用人单位和劳动者参考。

48. 按照劳动部办公厅《对全面实行劳动合同制若干问题的请示的复函》（劳办发〔1995〕19号）的规定，各地企业在与原固定工签订劳动合同时，应注意保护老弱病残职工的合法权益。对工作时间较长，年龄较大的职工，各地可以根据劳动法第一百零六条制定一次性的过渡政策，具体办法由各省、自治区、直辖市确定。

49. 在企业全面建立劳动合同制度以后，原合同制工人与本企业内的原固定工应享受同等待遇。是否发给15%的工资性补贴，可以由各省、自治区、直辖市人民政府根据劳动法第一百零六条在制定劳动合同制度的实施步骤时加以规定。

50. 在目前工伤保险和残疾人康复就业制度尚未建立和完善的情况下，对因工部分丧失劳动能力的职工，劳动合同期满也不能终止劳动合同，仍由原单位按照国家有关规定提供医疗等待遇。

（七）集体合同

51. 当前签订集体合同的重点应在非国有企业和现代企业制度试点的企业进行，积累经验，逐步扩大范围。

52. 关于国有企业在承包制条件下签订的“共保合同”，凡内容符合劳动法和有关法律、法规和规章关于集体合同规定的，应按照有关规定办理集体合同送审、备案手续；凡不符合劳动法和有关法律、法规和规章规定的，应积极创造条件逐步向规范的集体合同过渡。

三、工资

（一）最低工资

53. 劳动法中的“工资”是指用人单位依据国家有关规定或劳动合同的约定，以货币形式直接支付给本单位劳动者的劳动报酬，一般包括计时工资、计件工资、奖金、津贴和补贴、延长工作时间的工资报酬以及特殊情况下支付的工资等。“工资”是劳动者劳动收入的主要组成部分。劳动者的以下劳动收入不属于工资范围：(1)单位支付给劳动者个人的社会保险福利费用，如丧葬抚恤救济费、生活困难补助费、计划生育补贴等；(2)劳动保护方面的费用，如用人单位支付给劳动者的工作服、解毒剂、清凉饮料费用等；(3)按规定未列入工资总额的各种劳动报酬及其他劳动收入，如根据国家规定发放的创造发明奖、国家星火奖、自然科学奖、科学技术进步奖、合理化建议和技术改进奖、中华技能大奖等，以及稿费、讲课费、翻译费等。

54. 劳动法第四十八条中的“最低工资”是指劳动者在法定工作时间内履行了正常劳动义务的前提下，由其所在单位支付的最低劳动报酬。最低工资不包括延长工作时间的工资报酬，以货币形式支付的住房和用人单位支付的伙食补贴，中班、夜班、高温、低温、井下、有毒、有害等特殊工作环境和劳动条件下的津贴，国家法律、法规、规章规定的社会保险福利待遇。

55. 劳动法第四十四条中的“劳动者正常工作时间工资”是指劳动合同规定的劳动者本人所在工作岗位（职位）相对应的工资。鉴于当前劳动合同制度尚处于推进过程中，按上述规定执行确有困难的用人单位，地方或行业劳动部门可在不违反劳动部《关于〈工资支付暂行规定〉有关问题的补充规定》（劳部发〔1995〕226 号）文件所确定的总的原则的基础上，制定过渡办法。

56. 在劳动合同中，双方当事人约定的劳动者在未完成劳动定额或承包任务的情况下，用人单位可低于最低工资标准支付劳动者工资的条款不具有法律效力。

57. 劳动者与用人单位形成或建立劳动关系后，试用、熟练、见习期间，在法定工作时间内提供了正常劳动，其所在的用人单位应当支付其不低于最低工资标准的工资。

58. 企业上岗待工人员，由企业依据当地政府的有关规定支付其生活费，生活费可以低于最低工资标准，下岗待工人员中重新就业的，企业应停发其生活费。女职工因生育、哺乳请长假而下岗的，在其享受法定产假期间，依法领取生育津贴；没有参加生育保险的企业，由企业照发原工资。

59. 职工患病或非因工负伤治疗期间，在规定的医疗期间内由企业按有关规定支付其病假工资或疾病救济费，病假工资或疾病救济费可以低于当地最低工资标准支付，但不能低于最低工资标准的80%。

(二)延长工作时间的工资报酬

60. 实行每天不超过8小时，每周不超过44小时或40小时标准工作时间制度的企业，以及经批准实行综合计算工时工作制的企业，应当按照劳动法的规定支付劳动者延长工作时间的工资报酬。全体职工已实行劳动合同制度的企业，一般管理人员(实行不定时工作制人员除外)经批准延长工作时间的，可以支付延长工作时间的工资报酬。

61. 实行计时工资制的劳动者的日工资，按其本人月工资标准除以平均每月法定工作天数(实行每周40小时工作制的为21.46天，实行每周44小时工作制的为23.33天)进行计算。

62. 实行综合计算工时工作制的企业职工，工作日正好是周休息日的，属于正常工作；工作日正好是法定节假日时，要依照劳动法第四十四条第(三)项的规定支付职工的工资报酬。

(三)有关企业工资支付的政策

63. 企业克扣或无故拖欠劳动者工资的，劳动监察部门应根据劳动法第九十一条、劳动部《违反和解除劳动合同的经济补偿办法》第三条、《违反〈中华人民共和国劳动法〉行政处罚办法》第六条予以处理。

64. 经济困难的企业执行劳动部《工资支付暂行规定》（劳部发〔1994〕489 号）确有困难，应根据以下规定执行：

(1)《关于做好国有企业职工和离退休人员基本生活保障工作的通知》（国发〔1993〕76 号）的规定："企业发放工资确有困难时，应发给职工基本生活费，具体标准由各地区、各部门根据实际情况确定"；

(2)《关于国有企业流动资金贷款的紧急通知》（银传〔1994〕34 号）的规定："地方政府通过财政补贴，企业主管部门有可能也要拿出一部分资金，银行要拿出一部分贷款，共同保证职工基本生活和社会的稳定"；

(3)《国有企业富余职工安置规定》（国务院令第 111 号，1993 年发布）的规定："企业可以对职工实行有限期的放假。职工放假期间，由企业发给生活费"。

四、工作时间和休假

（一）综合计算工作时间

65. 经批准实行综合计算工作时间的用人单位，分别以周、月、季、年等为周期综合计算工作时间，但其平均日工作时间和平均周工作时间应与法定标准工作时间基本相同。

66. 对于那些在市场竞争中，由于外界因素的影响，生产任务不均衡的企业的部分职工，经劳动行政部门严格审批后，可以参照综合计算工时工作制的办法实施，但用人单位应采取适当方式确保职工的休息休假权利和生产、工作任务的完成。

67. 经批准实行不定时工作制的职工，不受劳动法第四十一条规定的日延长工作时间标准和月延长工作时间标准的限制，但用人单位应采用弹性工作时间等适当的工作和休息方式,确保职工的休息休假权利和生产、工作任务的完成。

68. 实行标准工时制度的企业,延长工作时间应严格按劳动法第四十一条的规定执行,不能按季、年综合计算延长工作时间。

69. 中央直属企业、企业化管理的事业单位实行不定时工作制和综合计算工时工作制等其他工作和休息办法的,须经国务院行业主管部门审核,报国务院劳动行政部门批准。地方企业实行不定时工作制和综合计算工时工作制等其他工作和休息办法的审批办法,由省、自治区、直辖市人民政府劳动行政部门制定,报国务院劳动行政部门备案。

(二)延长工作时间

70. 休息日安排劳动者工作的,应先按同等时间安排其补休,不能安排补休的应按劳动法第四十四条第(二)项的规定支付劳动者延长工作时间的工资报酬。法定节假日(元旦、春节、劳动节、国庆节)安排劳动者工作的,应按劳动法第四十四条第(三)项支付劳动者延长工作时间的工资报酬。

71. 协商是企业决定延长工作时间的程序(劳动法第四十二条和《劳动部贯彻〈国务院关于职工工作时间的规定〉的实施办法》第七条规定除外),企业确因生产经营需要,必须延长工作时间时,应与工会和劳动者协商。协商后,企业可以在劳动法限定的延长工作时数内决定延长工作时间,对企业违反法律、法规强迫劳动者延长工作时间的,劳动者有权拒绝。若由此发生劳动争议,可以提请劳动争议处理机构予以处理。

(三)休假

72. 实行新工时制度后,企业职工原有的年休假制度仍然实行。在国务院尚未作出新的规定之前,企业可以按照 1991 年 6 月 5 日《中共中央国务院关于职工休假问题的通知》,安排职工休假。

五、社会保险

73. 企业实施破产时，按照国家有关企业破产的规定，从其财产清产和土地转让所得中按实际需要划拨出社会保险费用和职工再就业的安置费。其划拨的养老保险费和失业保险费由当地社会保险基金经办机构和劳动部门就业服务机构接收，并负责支付离退休人员的养老保险费用和支付失业人员应享受的失业保险待遇。

74. 企业富余职工、请长假人员、请长病假人员、外借人员和带薪上学人员，其社会保险费用仍按规定由原单位和个人继续缴纳，缴纳保险费期间计算为缴费年限。

75. 用人单位全部职工实行劳动合同制度后，职工在用人单位由转制前的原工人岗位转为原干部(技术)岗位或由原干部(技术)岗位转为原工人岗位，其退休年龄和条件，按现岗位国家规定执行。

76. 依据劳动部《企业职工患病或非因工负伤医疗期的规定》(劳部发〔1994〕479号)和劳动部《关于贯彻〈企业职工患病或非因工负伤医疗期的规定〉的通知》(劳部发〔1995〕236号)，职工患病或非因工负伤，根据本人实际参加工作的年限和本企业工作年限长短，享受3—24个月的医疗期。对于某些患特殊疾病(如癌症、精神病、瘫痪等)的职工，在24个月内尚不能痊愈的，经企业和当地劳动部门批准，可以适当延长医疗期。

77. 劳动者的工伤待遇在国家尚未颁布新的工伤保险法律、行政法规之前，各类企业仍要执行《劳动保险条例》及相关的政策规定，如果当地政府已实行工伤保险制度改革的，应执行当地新规定；个体经济组织的劳动者的工伤保险参照企业职工的规定执行；国家机关、事业组织、社会团体的劳动者的工伤保险，如果包括在地方人民政府的工伤改革规定范围内的，按地方政府的规定执行。

78. 劳动者患职业病按照1987年由卫生部等部门发布的《职业病

范围和职业病患者处理办法的规定》和所附的"职业病名单"(〔87〕卫防第60号)处理,经职业病诊断机构确诊并发给《职业病诊断证明书》,劳动行政部门据此确认工伤,并通知用人单位或者社会保险基金经办机构发给有关工伤保险待遇;劳动者因工负伤的,劳动行政部门根据企业的工伤事故报告和工伤者本人的申请,作出工伤认定,由社会保险基金经办机构或用人单位,发给有关工伤保险待遇。患职业病或工伤致残的,由当地劳动鉴定委员会按照劳动部《职工工伤和职业病致残程度鉴定标准》(劳险字〔1992〕6号)评定伤残等级和护理依赖程度。劳动鉴定委员会的伤残等级和护理依赖程度的结论,以医学检查、诊断结果为技术依据。

79. 劳动者因工负伤或患职业病,用人单位应按国家和地方政府的规定进行工伤事故报告,或者经职业病诊断机构确诊进行职业病报告。用人单位和劳动者有权按规定向当地劳动行政部门报告。如果用人单位瞒报、漏报工作或职业病,工会、劳动者可以向劳动行政部门报告。经劳动行政部门确认后,用人单位或社会保险基金经办机构应补发工伤保险待遇。

80. 劳动者对劳动行政部门作出的工伤或职业病的确认意见不服,可依法提起行政复议或行政诉讼。

81. 劳动者被认定患职业病或因工负伤后,对劳动鉴定委员会作出的伤残等级和护理依赖程度鉴定结论不服,可依法提起行政复议或行政诉讼。对劳动能力鉴定结论所依据的医学检查、诊断结果有异议的,可以要求复查诊断,复查诊断按各省、自治区和直辖市劳动鉴定委员会规定的程序进行。

六、劳动争议

82. 用人单位与劳动者发生劳动争议不论是否订立劳动合同,只要存在事实劳动关系,并符合劳动法的适用范围和《中华人民共和国企业劳动争议处理条例》的受案范围，劳动争议仲裁委员会均应受理。

83. 劳动合同鉴证是劳动行政部门审查、证明劳动合同的真实性、合法性的一项行政监督措施，尤其在劳动合同制度全面实施的初期有其必要性。劳动行政部门鼓励并提倡用人单位和劳动者进行劳动合同鉴证。劳动争议仲裁委员会不能以劳动合同未经鉴证为由不受理相关的劳动争议案件。

84. 国家机关、事业组织、社会团体与本单位工人以及其他与之建立劳动合同关系的劳动者之间，个体工商户与帮工、学徒之间，以及军队、武警部队的事业组织和企业与其无军籍的职工之间发生的劳动争议，只要符合劳动争议的受案范围，劳动争议仲裁委员会应予受理。

85. “劳动争议发生之日”是指当事人知道或者应当知道其权利被侵害之日。

86. 根据《中华人民共和国商业银行法》的规定，商业银行为企业法人。商业银行与职工适用《劳动法》、《中华人民共和国企业劳动争议处理条例》等劳动法律、法规和规章。商业银行与其职工发生的争议属于劳动争议的受案范围的，劳动争议仲裁委员会应予受理。

87. 劳动法第二十五条第(三)项中的“重大损害”，应由企业内部规章来规定，不便于在全国对其作统一解释。若用人单位以此为由解除劳动合同，与劳动者发生劳动争议，当事人向劳动争议仲裁委员会申请仲裁的，由劳动争议仲裁委员会根据企业类型、规模和损害程度等情况，对企业规章中规定的“重大损害”进行认定。

88. 劳动监察是劳动法授予劳动行政部门的职责，劳动争议仲裁是劳动法授予各级劳动争议仲裁委员会的职能。用人单位或行业部门不能设立劳动监察机构和劳动争议仲裁委员会，也不能设立劳动行政部门劳动监察机构的派出机构和劳动争议仲裁委员会的派出机构。

89. 劳动争议当事人向企业劳动争议调解委员会申请调解，从当事人提出申请之日起，仲裁申诉时效中止，企业劳动争议调解委员会应当在三十日内结束调解，即中止期间最长不得超过三十日。结束调解之日起，当事人的申诉时效继续计算。调解超过三十日的，申诉时效从三十日之后的第一天继续计算。

90. 劳动争议仲裁委员会的办事机构对未予受理的仲裁申请，应逐件向仲裁委员会报告并说明情况，仲裁委员会认为应当受理的，应及时通知当事人。当事人从申请至受理的期间应视为时效中止。

七、法律责任

91. 劳动法第九十一条的含义是，如果用人单位实施了本条规定的前三项侵权行为之一的，劳动行政部门应责令用人单位支付劳动者的工资报酬和经济补偿，并可以责令支付赔偿金。如果用人单位实施了本条规定的第四项侵权行为，即解除劳动合同后未依法给予劳动者经济补偿的，因不存在支付工资报酬的问题，故劳动行政部门只责令用人单位支付劳动者经济补偿，还可以支付赔偿金。

92. 用人单位实施下列行为之一的，应认定为劳动法第一百零一条中的“无理阻挠”行为：

(1)阻止劳动监督检查人员进入用人单位内(包括进入劳动现场)进行监督检查的；

(2)隐瞒事实真相，出具伪证，或者隐匿、毁灭证据的；

(3)拒绝提供有关资料的；

(4)拒绝在规定的时间和地点就劳动行政部门所提问题作出解释和说明的；

(5)法律、法规和规章规定的其他情况。

八、适用法律

93. 劳动部、外经贸部《外商投资企业劳动管理规定》(劳部发〔1994〕246)与劳动部《违反和解除劳动合同的经济补偿办法》(劳部发

〔1994〕481号)中关于解除劳动合同的经济补偿规定是一致的,246号文中的"生活补助费"是劳动法第二十八条所指经济补偿的具体化,与481号文中的"经济补偿金"可视为同一概念。

94. 劳动部、外经贸部《外商投资企业劳动管理规定》(劳部发〔1994〕246号)与劳动部《违反〈中华人民共和国劳动法〉行政处罚办法》(劳部发〔1994〕532号)在企业低于当地最低工资标准支付职工工资应付赔偿金的标准,延长工作时间的罚款标准,阻止劳动监察人员行使监督检查权的罚款标准等方面规定不一致,按照同等效力的法律规范新法优于旧法执行的原则,应执行劳动部劳部发〔1994〕532号规章。

95. 劳动部《企业最低工资规定》(劳部发〔1993〕333号)与劳动部《违反〈中华人民共和国劳动法〉行政处罚办法》(劳部发〔1994〕532号)在拖欠或低于国家最低工资标准支付工资的赔偿金标准方面规定不一致,应按劳动部劳部发〔1994〕532号规章执行。

96. 劳动部《违反〈中华人民共和国劳动法〉行政处罚办法》(劳部发〔1994〕532号)对行政处罚行为、处罚标准未作规定,而其他劳动行政规章和地方政府规章作了规定的,按有关规定执行。

97. 对违反劳动法的用人单位,劳动行政部门有权依据劳动法律、法规和规章的规定予以处理,用人单位对劳动行政部门作出的行政处罚决定不服,在法定期限内不提起诉讼或不申请复议又不执行行政处罚决定的,劳动行政部门可以根据行政诉讼法第六十六条申请人民法院强制执行。劳动行政部门依法申请人民法院强制执行时,应当提交申请执行书,据以执行的法律文书和其他必须提交的材料。

98. 适用法律、法规、规章及其他规范性文件遵循下列原则:

(1)法律的效力高于行政法规与地方性法规;行政法规与地方性法规效力高于部门规章和地方政府规章;部门规章和地方政府规章效力高于其他规范性文件。

(2)在适用同一效力层次的文件时，新法律优于旧法律；新法规优于旧法规；新规章优于旧规章；新规范性文件优于旧规范性文件。

99. 依据《法规规章备案规定》（国务院令第 48 号，1990 年发布）“地方人民政府规章同国务院部门规章之间或者国务院部门规章相互之间有矛盾的，由国务院法制局进行协调；经协调不能取得一致意见的，由国务院法制局提出意见，报国务院决定。”地方劳动行政部门在发现劳动部规章与国务院其他部门规章或地方政府规章相矛盾时，可将情况报劳动部，由劳动部报国务院法制局进行协调或决定。

100. 地方或行业劳动部门发现劳动部的规章之间、其他规范性文件之间或规章与其他规范性文件之间相矛盾，一般适用“新文件优于旧文件”的原则，同时可向劳动部请示。

劳动部关于《中华人民共和国劳动法》若干条文的说明

（1994 年 9 月 5 日）

第一条 为了保护劳动者的合法权益，调整劳动关系，建立和维护适应社会主义市场经济的劳动制度，促进经济发展和社会进步，根据宪法，制定本办法。

本条中的“劳动制度”，此处作广义上理解，不仅仅指用人制度，还包括就业、工资分配、社会保险、职业培训、劳动安全卫生等制度。

第二条 在中华人民共和国境内的企业、个体经济组织（以下统称用人单位）和与之形成劳动关系的劳动者，适用本法。

国家机关、事业组织、社会团体和与之建立劳动合同关系的劳动者，依照本法执行。

本条第一款中的“企业”是指从事产品生产、流通或服务性活动等实行独立经济核算的经济单位，包括各种所有制类型的企业，如工厂、农场、公司等。

本条第二款所指劳动法对劳动者的适用范围，包括三个方面：（1）国家机关、事业组织、社会团体的工勤人员；（2）实行企业化管理的事业组织的非工勤人员；（3）其他通过劳动合同（包括聘用合同）与国家机关、事业单位、社会团体建立劳动关系的劳动者。

本法的适用范围排除了公务员和比照实行公务员制度的事业组织和社会的工作人员，以及农业劳动者、现役军人和家庭保姆等。

第三条 劳动者享有平等就业和选择职业的权利、取得劳动报酬的权利、休息休假的权利、获得劳动安全卫生保护的权利、接受职业技能培训的权利、享受社会保险和福利的权利、提请劳动争议处理的权利以及法律规定的其他劳动权利。

劳动者应当完成劳动任务，提高职业技能，执行劳动安全卫生规程，遵守劳动纪律和职业道德。

本条中的"劳动报酬"是指劳动者从用人单位得到的全部工资收入。

本条中"法律规定的其他劳动权利"是指，劳动者依法享有参加和组织工会的权利，参加职工民主管理的权利，参加社会义务劳动的权利，参加劳动竞赛的权利，提出合理化建议的权利，从事科学研究、技术革新、发明创造的权利，依法解除劳动合同的权利，对用人单位管理人员违章指挥、强令冒险作业有拒绝执行的权利，对危害生命安全和身体健康的行为有权提出批评、检举和控告的权利，对违反劳动法的行为进行监督的权利等。

第四条 用人单位应当依法建立和完善规章制度，保障劳动者享有劳动权利和履行劳动义务。

本条中的"依法"应当作广义理解，指所有的法律、法规和规章。包括：宪法、法律、行政法规、地方法规，民族自治地方，还要依据该地方的自治条例和单行条例，以及关于劳动方面的行政规章。

第五条 国家采取各种措施，促进劳动就业，发展职业教育，制定劳动标准，调节社会收入，完善社会保险，协调劳动关系，逐步提高劳动者的生活水平。

本条中的"调节社会收入"，是指国家通过宏观调控措施调节全社会收入的总量以及不同地区、不同部门、不同单位、不同人员之间的收入关系，其目的是使全社会个人收入总量在国民收入中保持合理的比重，保证社会公平，促进社会进步。

第七条 劳动者有权依法参加和组织工会。

工会代表和维护劳动者的合法权益，依法独立自主地开展活动。

本条中的“依法”具体指我国宪法和《中华人民共和国工会法》等。

第八条 劳动者依照法律规定，通过职工大会、职工代表大会或者其他形式，参与民主管理或者就保护劳动者合法权益与用人单位进行平等协商。

本条中的“依照法律规定”，法律指：《中华人民共和国外资企业法》、《中华人民共和国中外合资企业法》、《中华人民共和国中外合作企业法》、《中华人民共和国全民所有制工业企业法》等。其中“通过职工大会、职工代表大会”，“参与民主管理”，主要适用于国有企业；“其他形式”指通过工会或推举代表；“与用人单位进行平等协商”，主要适用于非国有企业。

第九条 国务院劳动行政部门主管全国劳动工作。

县级以上地方人民政府劳动行政部门主管本行政区域内的劳动工作。

本条第一款，以法律形式明确了国务院劳动行政部门的地位和职位。第二款明确了县级以上各级地方劳动行政部门的地位和职责。

本条中的“劳动工作”包括劳动就业、劳动合同和集体合同、工时和休息休假、工资、劳动安全卫生、女职工和未成年工特殊保护、职业培训、社会保险和福利、劳动争议处理、劳动监督检查以及依照法律责任追究违法后果等，与国务院批准的劳动部“三定”方案是一致的。

第十条 国家通过促进经济和社会发展，创造就业条件，扩大就业机会。

国家鼓励企业、事业组织、社会团体在法律、行政法规规定的范围内兴办产业或者拓展经营，增加就业。

国家支持劳动者自愿组织起来就业和从事个体经营实现就业。

本条中的“就业”是指具有劳动能力的公民在法定劳动年龄内，依法从事某种有报酬或劳动收入的社会活动。

本条第二款指的法律、行政法规有《劳动就业服务企业管理规定》、《全民所有制工业企业转换经营机制条例》、《城镇集体所有制企业条例》、《个体工商户管理条例》、中共中央、国务院《关于广开门路、搞活经济解决城镇就业问题的若干决定》等。

本条第三款中的"组织起来就业"是指通过兴办各种类型的经济组织实现就业。国家对这类经济组织实行在资金、货源、场地、原辅材料、税收等方面给予支持和照顾的政策。

第十一条 地方各级人民政府应当采取措施,发展多种类型的职业介绍机构,提供就业服务。

本条中的"多种类型的职业介绍机构"指:劳动部门、非劳动部门和个人开办的职业介绍机构,各级劳动就业服务机构开办的职业介绍机构,非劳动部门针对不同的求职对象开办的职业介绍机构等。各种类型的职业介绍机构其业务范围不同。

本条中的"就业服务"主要包括:(1)为劳动力供求双方相互选择,实现就业而提供的各类职业介绍服务;(2)为提高劳动者职业技术和就业能力的多层次、多形式的就业训练和转业训练服务;(3)为保障失业者基本生活和帮助其再就业的失业保险服务;(4)组织劳动者开展生产自救和创业的劳动就业服务企业。就业服务的四项工作应做到有机结合,发挥整体作用,为劳动者就业提供全面、高效、便捷的服务。

第十三条 妇女享有与男子平等的就业权利。在录用职工时,除国家规定的不适合妇女的工种或者岗位外,不得以性别为由拒绝录用妇女或者提高对妇女的录用标准。

本条中的"平等的就业权利"是指劳动者的就业地位、就业机会和就业条件平等。

本条中的"国家规定的不适合妇女的工种或者岗位"具体规定在劳

动部颁布的《女职工禁忌劳动范围的规定》(劳安字〔1990〕2号)中。

第十四条 残疾人、少数民族人员、退出现役的军人的就业,法律、法规有特别规定的,从其规定。

本条中的“法律、法规”指:《中华人民共和国残疾人保障法》,《中国人民解放军志愿兵退出现役安置暂行办法》,《退伍义务兵安置条例》,以及《民族区域自治法》等。

第十五条 禁止用人单位招用未满十六周岁的未成年人。

文艺、体育和特种工艺单位招用未满十六周岁的未成年人,必须依照国家有关规定,履行审批手续,并保障其接受义务教育的权利。

本条第一款的具体规定在国务院第81号令《禁止使用童工规定》中。

本条中“依照国家有关规定”主要指《关于界定文艺工作者、运动员、艺徒概念的通知》、《关于禁止使用童工的罚款标准》等。

第十六条 劳动合同是劳动者与用人单位确立劳动关系、明确双方权利和义务的协议。

建立劳动关系应当订立劳动合同。

此条明确:建立劳动关系的所有劳动者,不论是管理人员、技术人员还是原来所称的固定工,都必须订立劳动合同。“应当”在这里是“必须”的含义。

第十七条 订立和变更劳动合同,应当遵循平等自愿、协商一致的原则,不得违反法律、行政法规的规定。

劳动合同依法订立即具有法律约束力,当事人必须履行劳动合同规定的义务。

本条第一款中的“法律、行政法规”既包括现行的法律、行政法规,也包括以后颁布实行的法律、行政法规,既包括劳动法律、法规,也包括民事、经济方面的法律、法规。

本条第二款中的“依法”是指订立劳动合同时所依据的现行法律和法规。

劳动合同依法订立即具有法律约束力，任何第三方不得非法干预劳动合同的履行。

第十八条　下列劳动合同无效：

（一）违反法律、行政法规的劳动合同；

（二）采取欺诈、威胁等手段订立的劳动合同。

无效的劳动合同，从订立的时候起，就没有法律约束力。确认劳动合同部分无效的，如果不影响其余部分的效力，其余部分仍然有效。

劳动合同的无效，由劳动争议仲裁委员会或者人民法院确认。

本条第一款第（一）项中“法律、行政法规”与本法第十七条解释相同。第（二）项中，“欺诈”是指：一方当事人故意告知对方当事人虚假的情况，或者故意隐瞒真实的情况，诱使对方当事人作出错误意思表示的行为；“威胁”是指以给公民及其亲友的生命健康、荣誉、名誉、财产等造成损害为要挟，迫使对方作出违背真实的意思表示的行为（欺诈、威胁的解释依据《最高人民法院关于贯彻执行〈中华人民共和国民法通则〉若干问题的意见（试行）》）。

劳动合同的无效，经仲裁未引起诉讼的，由劳动争议仲裁委员会认定；经仲裁引起诉讼的，由人民法院认定。

第十九条　劳动合同应当以书面形式订立，并具备以下条款：

（一）劳动合同期限；

（二）工作内容；

（三）劳动保护和劳动条件；

（四）劳动报酬；

（五）劳动纪律；

（六）劳动合同终止的条件；

(七)违反劳动合同的责任。

劳动合同除前款的必备条款外,当事人可以协商约定其他内容。

劳动合同的必备条款中没有规定社会保险一项,原因在于:社会保险在全社会范围内依法执行,并不是订立合同的双方当事人所能协商解决的。

"协商约定其他内容"是指劳动合同中的约定条款,即劳动合同双方当事人除依据本法就劳动合同的必备条款达成一致外,如果认为某些方面与劳动合同有关的内容仍需协调,便可将协商一致的内容写进合同,这些内容是合同当事人自愿协商确定的,而不是法定的。

第二十条 劳动合同的期限分为有固定期限、无固定期限和以完成一定的工作为期限。

劳动者在同一用人单位连续工作满十年以上,当事人双方同意续延劳动合同的,如果劳动者提出订立无固定期限的劳动合同,应当订立无固定期限的劳动合同。

本条中的"当事人双方同意续延劳动合同的",是指已有劳动合同到期,双方同意续延的,并非指原固定工同意而一律订立无固定期限的劳动合同。

第二十一条 劳动合同可以约定试用期。试用期最长不得超过六个月。

本条中规定的"试用期"适用于初次就业或再次就业时改变劳动岗位或工种的劳动者。

第二十二条 劳动合同当事人可以在劳动合同约定保守用人单位商业秘密的有关事项。

根据《反不正当竞争法》第十条规定,商业秘密指不为公众所知悉,能为用人单位带来经济利益,具有实用性并经用人单位采取保密措施的技术信息和经营信息。

第二十五条　劳动者有下列情形之一的，用人单位可以解除劳动合同：

（一）在试用期间被证明不符合录用条件的；

（二）严重违反劳动纪律或者用人单位规章制度的；

（三）严重失职，营私舞弊，对用人单位利益造成重大损害的；

（四）被依法追究刑事责任的。

本条中“严重违反劳动纪律”的行为，可根据《企业职工奖励条例》和《国营企业辞退违纪职工暂行规定》等有关法规认定。

本条中的“重大损害”由企业内部规章来规定。因为企业类型各有不同，对重大损害的界定也千差万别，故不便对重大损害作统一解释。若由此发生劳动争议，可以通过劳动争议仲裁委员会对其规章规定的重大损害进行认定。

本条中“被依法追究刑事责任”，具体指：(1)被人民检察院免予起诉的；(2)被人民法院判处刑罚（刑罚包括：主刑：管制、拘役、有期徒刑、无期徒刑、死刑；附加刑：罚金、剥夺政治权利、没收财产）的；(3)被人民法院依据刑法第32条免予刑事处分的。

第二十六条　有下列情形之一的，用人单位可以解除劳动合同，但是应当提前三十日以书面形式通知劳动者本人：

（一）劳动者患病或者非因工负伤，医疗期满后，不能从事原工作也不能从事由用人单位另行安排的工作的；

（二）劳动者不能胜任工作，经过培训或者调整工作岗位，仍不能胜任工作的；

（三）劳动合同订立时所依据的客观情况发生重大变化，致使原劳动合同无法履行，经当事人协商不能就变更劳动合同达成协议的。

本条第（一）项指劳动者医疗期满后，不能从事原工作的，由原用人单位另行安排适当工作之后，仍不能从事另行安排的工作的，可以解除劳动合同。

本条第(二)项中的“不能胜任工作”,是指不能按要求完成劳动合同中约定的任务或者同工种、同岗位人员的工作量。用人单位不得故意提高定额标准,使劳动者无法完成。

本条中的“客观情况”指:发生不可抗力或出现致使劳动合同全部或部分条款无法履行的其他情况,如企业迁移、被兼并、企业资产转移等,并且排除本法第二十七条所列的客观情况。

第二十七条 用人单位濒临破产进行法定整顿期间或者生产经营状况发生严重困难,确需裁减人员的,应当提前三十日向工会或者全体职工说明情况,听取工会或者职工的意见,经向劳动行政部门报告后,可以裁减人员。

用人单位依据本条规定裁减人员,在六个月内录用人员的,应当优先录用被裁减的人员。

本条中的“法定整顿期间”指依据《中华人民共和国破产法》和《民事诉讼法》的破产程序进入的整顿期间。“生产经营状况发生严重困难”可以根据地方政府规定的困难企业标准来界定。“报告”仅指说明情况,无批准的含义。“优先录用”指同等条件下优先录用。

第二十八条 用人单位依据本法第二十四条、第二十六条、第二十七条的规定解除劳动合同的,应当依照国家有关规定给予经济补偿。

本条中的“依据国家有关规定”是指国家法律、法规和劳动部制定的规章及其他规范性文件。

目前除《国营企业实行劳动合同制暂行规定》对新招工人解除劳动合同给予经济补偿,《中华人民共和国中外合资经营企业劳动管理规定》第四条规定,企业应对被解雇的职工予以经济补偿外,其他劳动法律、法规、规章尚无此规定。需制定新的经济补偿办法。《履行和解除劳动合同的经济补偿办法》正在制定中,将于明年一月一日前颁布。

第二十九条 劳动者有下列情形之一的，用人单位不得依据本法第二十六条、第二十七条的规定解除劳动合同：

(一)患职业病或者因工负伤并被确认丧失或者部分丧失劳动能力的；

(二)患病或者负伤，在规定的医疗期内的；

(三)女工在孕期、产期、哺乳期内的；

(四)法律、行政法规规定的其他情形。

本条第(一)项、第(二)项、第(三)项之所以以法律的形式规定不得解除劳动合同，是为了保证劳动者在特殊情况下的权益不受侵害。在第(二)项、第(三)项规定的情形下劳动合同到期的，应延续劳动合同到医疗期满或女职工"三期"届满为止。

本条第(四)项中的"法律、法规规定的其他情形"，这类规定是立法时经常采用的技术性手段，其立法用意是：(1)在该条款列举情况时，为避免遗漏现行法律、法规规定的其他情况，采用此种办法使该法与其他法相衔接。(2)便于与以后颁布的法律相衔接，即与新法相衔接。本法第四十二条第(三)项的解释与此相同。

第三十条 用人单位解除劳动合同，工会认为不适当的，有权提出意见。如果用人单位违反法律、法规或者劳动合同，工会有权要求重新处理；劳动者申请仲裁或者提起诉讼的，工会应当依法给予支持和帮助。

本条中的"法律、法规"是指与解除劳动合同有关的现行法律、法规。

第三十一条 劳动者解除劳动合同，应当提前三十日以书面形式通知用人单位。

本条规定了劳动者的辞职权，除此条规定的程序外，对劳动者行使辞职权不附加任何条件。但违反劳动合同约定者要依法承担责任。

第三十二条 有下列情形之一的，劳动者可以随时通知用人单位解除劳动合同：

（一）在试用期内的；

（二）用人单位以暴力、威胁或者非法限制人身自由的手段强迫劳动的；

（三）用人单位未按照劳动合同约定支付劳动报酬或者提供劳动条件的。

本条中的“非法限制人身自由”是指采用拘留、禁闭或其他强制方法非法剥夺或限制他人按照自己的意志支配自己的身体活动的自由的行为。

第三十三条 企业职工一方与企业可以就劳动报酬、工作时间、休息休假、劳动安全卫生、保险福利等，签订集体合同。集体合同草案应当提交职工代表大会或者全体职工讨论通过。

集体合同由工会代表职工与企业签订；没有建立工会的企业，由职工推举的代表与企业签订。

本条中的“企业职工一方”是指企业工会或者职工推举的代表（没有建立工会的企业）。

本条中的“保险福利”主要是指国家基本社会保险之外的企业补充保险和职工福利。国家基本社会保险依照法律法规规定执行。

第三十五条 依法签订的集体合同对企业和企业的全体职工具有约束力。职工个人与企业订立的劳动合同中劳动条件和劳动报酬等标准不得低于集体合同的规定。

集体合同中劳动条件和劳动报酬的规定不得违背国家法律法规的规定；企业与职工签订的劳动合同在此方面不得低于集体合同的规定。即集体合同的法律效力高于劳动合同，劳动法律、法规的法律效力高于集体合同。

第三十六条 国家实行劳动者每日工作时间不超过八小时、平均每周工作时间不超过四十四小时的工时制度。

根据《国务院关于职工工作时间的规定》，目前，职工的标准工作时间为每日工作八小时，平均每周工作四十四小时。但企业可以根据实际情况，在标准工作时间范围内合理安排生产和劳动时间。但每日不能超过八小时，平均每周不能超过四十四小时。

第三十七条 对实行计件工作的劳动者，用人单位应当根据本法第三十六条规定的工时制度合理确定其劳动定额和计件报酬标准。

本条应理解为：

（一）对于实行计件工资的用人单位，在实行新的工时制度下应既能保证劳动者享受缩短工时的待遇，又尽量保证劳动者的计件工资收入不减少。

（二）如果适当调整劳动定额，在保证劳动者计件工资收入不降低的前提下，计件单价可以不作调整；如果调整劳动定额有困难，就应该考虑适当调整劳动者计件单价，以保证收入不减少。

第三十八条 用人单位应当保证劳动者每周至少休息一日。

本条应理解为：用人单位必须保证劳动者每周至少有一次 24 小时不间断的休息。

第三十九条 企业因生产特点不能实行本法第三十六条、第三十八条规定的，经劳动行政部门批准，可以实行其他工作和休息办法。

劳动部、人事部颁发的《国务院关于职工工作时间的规定实施办法》中规定："由于工作性质和职责的限制，不宜实行定时工作制的职工，由国务院行业系统主管部门提出意见，报国务院劳动、人事行政主管部门批准，可以实行不定时工作制。"如：出租车驾驶员、森林巡视员等。

第四十条 用人单位在下列节日期间应当依法安排劳动者休假：

(一)元旦;

(二)春节;

(三)国际劳动节;

(四)国庆节;

(五)法律、法规规定的其他休假节日。

根据1949年政务院发布的《全国年节及纪念日放假办法》之规定,元旦,放假一天,一月一日;春节,放假三天,农历正月初一日、初二日、初三日;国际劳动节,放假一天,五月一日;国庆节,放假二天,十月一日、十月二日。

本条第(五)项具体指:妇女节,放假半天;少数民族习惯的假日,由少数民族聚居地区的地区人民政府,规定放假日期。其他纪念日,不放假,属于全国人民的假日,如适逢星期日,应在次日补假;凡属于部分人民的假日,如适逢星期日不补假。休假节日不包括职工的带薪年休假。

第四十一条　用人单位由于生产经营需要,经与工会和劳动者协商后可以延长工作时间,一般每日不得超过一小时;因特殊原因需要延长工作时间的,在保障劳动者身体健康的条件下延长工作时间每日不得超过三小时,但是每月不得超过三十六小时。

本条中的"延长工作时间"是指在企业执行的工作时间制度的基础上的加班加点。本条中的"生产经营需要"是指来料加工、商业企业在旺季完成收购、运输、加工农副产品紧急任务等情况。

第四十二条　有下列情形之一的,延长工作时间不受本法第四十一条规定的限制:

(一)发生自然灾害、事故或者其他原因,威胁劳动者生命健康和财产安全,需要紧急处理的;

(二)生产设备、交通运输线路、公共设施发生故障,影响生产和公众利益,必须及时抢修的;

（三）法律、行政法规规定的其他情形。

本条第（三）项中的“法律、行政法规”，既包括现行的，也包括以后颁布实行的。当前主要指国务院《关于职工工作时间的规定的实施办法》规定的四种其他情形：

（一）在法定节日和公休假日内工作不能间断，必须连续生产、运输或者营业的；

（二）必须利用法定节日或公休假日的停产期间进行设备检修、保养的；

（三）为完成国防紧急任务的；

（四）为完成国家下达的其他紧急生产任务的。

第四十四条 有下列情形之一的，用人单位应当按照下列标准支付高于劳动者正常工作时间工资的工资报酬：

（一）安排劳动者延长工作时间的，支付不低于工资的百分之一百五十的工资报酬；

（二）休息日安排劳动者工作又不能安排补休的，支付不低于工资的百分之二百的工资报酬；

（三）法定休假日安排劳动者工作的，支付不低于工资的百分之三百的工资报酬。

本条的“工资”，实行计时工资的用人单位，指的是用人单位规定的其本人的基本工资，其计算方法是：用月基本工资除以月法定工作天数（23.5天）即得日工资，用日工资除以日工作时间即得小时工资；实行计件工资的用人单位，指的是劳动者在加班加点的工作时间内应得的计件工资。

第四十六条 工资分配应当遵循按劳分配原则，实行同工同酬。

工资水平在经济发展的基础上逐步提高。国家对工作总量实行宏观调控。

本条中的“同工同酬”是指用人单位对于从事相同工作，付出等量劳动且取得相同劳绩的劳动者，应支付同等的劳动报酬。

本条中的“工资水平”是指一定区域一定时期内平均工资的高低程度。

本条中的“工资总量”是指一定时期内国民生产总值用于工资分配的总数量。

本条中的“宏观调控”的具体办法，可执行《关于加强企业工资总额宏观调控的实施意见》（劳部发〔1993〕299 号）。

第四十七条　用人单位根据本单位的生产经营特点和经济效益，依法自主确定本单位的工资分配方式和工资水平。

本条中的“经济效益”包含了劳动生产率和就业状况两个重要的因素。

本条中的“依法”，指依照法律和法规。目前主要指《全民所有制工业企业转换经营机制条例》等。

本条中的“工资分配方式”是指单位内部的工资制度，包括工资构成、工资标准、工资形式、工资增长机制等。“工资水平”是指本单位在一定时期内的职工平均工资。

第四十八条　国家实行最低工资保障制度。最低工资的具体标准由省、自治区、直辖市人民政府规定，报国务院备案。

用人单位支付劳动者的工资不得低于当地最低工资标准。

本条中的“最低工资”是指劳动者在法定工作时间内履行了正常劳动义务的前提下，由其所在单位支付的最低劳动报酬。最低工资包括基本工资和奖金、津贴、补贴，但不包括加班加点工资、特殊劳动条件下的津贴，国家规定的社会保险和福利待遇排除在外。最低工资的具体规定见《企业最低工资规定》（劳部发〔1993〕333 号）。

第四十九条　确定和调整最低工资标准应当综合参考下列因素：

（一）劳动者本人及平均赡养人口的最低生活费用；

（二）社会平均工资水平；

（三）劳动生产率；

（四）就业状况；

（五）地区之间经济发展的差异。

本条中的“最低生活费用”，应为劳动者本人及其赡养人口为维持最低生活需要而必须支付的费用，包括吃、穿、住、行等方面。一般可采取参照国家统计部门家计调查中对调查户数的10%最低收入户的人均生活费用支出额乘以赡养人口系数来计算最低工资额，再根据其他因素作适当调整并确定。具体计算办法可参考《企业最低工资规定》附件。

第五十条 工资应当以货币形式按月支付给劳动者本人。不得克扣或者无故拖欠劳动者的工资。

本条中的“货币形式”排除发放实物、发放有价证券等形式。“按月支付”应理解为每月至少发放一次工资，实行月薪制的单位，工资必须每月发放，超过企业与职工约定或劳动合同规定的每月支付工资的时间发放工资即为不按月支付。实行小时工资制、日工资制、周工资制的单位工资也可以按日或按周发放，并且要足额发放。“克扣”是指用人单位对履行了劳动合同规定的义务和责任，保质保量完成生产工作任务的劳动者，不支付或未足额支付其工资。“无故拖欠”应理解为，用人单位无正当理由在规定时间内故意不支付劳动者工资。

第五十一条 劳动者在法定休假日和婚丧假期间以及依法参加社会活动期间，用人单位应当依法支付工资。

法定休假日，是指法律、法规规定的劳动者休假的时间，包括法定节日（即元旦、春节、国际劳动节、国庆节及其他节假日）以及法定带薪休假。

婚丧假，是指劳动者本人结婚以及其直系亲属死亡时依法享受的假期。

依法参加社会活动是指：行使选举权；当选代表，出席政府、党派、工会、青年团、妇女联合会等组织召开的会议；担任人民法庭的人民陪审员、证明人、辩护人；出席劳动模范、先进工作者大会；《工会法》规定的不脱产工会基层委员会委员因工会活动占用的生产时间等。

第五十二条　用人单位必须建立、健全劳动安全卫生制度，严格执行国家劳动安全卫生规程和标准，对劳动者进行劳动安全卫生教育，防止劳动过程中的事故，减少职业危害。

本条中的"劳动安全卫生制度"，主要指：安全生产责任制、安全教育制度、安全检查制度、伤亡事故和职业病调查处理制度。

本条中的"劳动安全卫生规程和标准"，是指关于消除、限制或预防劳动过程中的危险和有害因素，保护职工安全与健康，保障设备、生产正常运行而制定的统一规定。劳动安全卫生标准分三级，即国家标准、行业标准和地方标准。

第五十三条　劳动安全卫生设施必须符合国家规定的标准。

新建、改建、扩建工程的劳动安全卫生设施必须与主体工程同时设计、同时施工、同时投入生产和使用。

本条中的"劳动安全卫生设施"，主要指安全技术方面的设施、劳动卫生方面的设施、生产性辅助设施（如：女工卫生室、更衣室、饮水设施等）。

本条中的"国家规定的标准"主要指劳动部门和各行业主管部门制定的一系列技术标准。

本条第（二）款被称为"三同时"，《矿山安全法》、《尘肺病防治条例》、1984 年国务院《关于加强防尘防毒工作的决定》、1988 年劳动部颁发的《关于生产性建设工程项目职业安全卫生监察的规定》和 1992 年颁发的《建设项目(工程)职业安全卫生设施和技术措施验收办法》,对“三同时”制度作了具体规定。

第五十四条 用人单位必须为劳动者提供符合国家规定的劳动安全卫生条件和必要的劳动防护用品,对从事有职业危害作业的劳动者应当定期进行健康检查。

本条中的“国家规定”主要指:《工厂安全卫生规程》、《建筑安装工程安全技术规程》、《工业企业设计卫生标准》及一些国家标准,如:《工业企业厂内运输安全规程》、《生产过程安全卫生要求总则》等。

本条要求企业提供的劳动安全卫生条件,主要包括工作场所和生产设备。工作场所的光线应当充足,噪声、有毒有害气体和粉尘浓度不得超过国家规定的标准,建筑施工、易燃易爆和有毒有害等危险作业场所应当设置相应的防护设施、报警装置、通讯装置、安全标志等。对危险性大的生产设备设施,如锅炉、压力容器、起重机械、电梯、企业内机动车辆、客运架空索道等,必须经过安全评价认可,取得劳动部门颁发的安全使用许可证后,方可投入运行。企业提供的劳动防护用品,必须是经过政府劳动部门安全认证合格的劳动防护用品。

第五十五条 从事特种作业的劳动者必须经过专门培训并取得特种作业资格。

本条中的“特种作业”指对操作者本人及他人和周围设施的安全有重大危害因素的作业。特种作业的范围有十类:(1)电工作业;(2)锅炉司炉;(3)压力容器操作;(4)起重机械作业;(5)爆破作业;(6)金属焊接(气割)作业;(7)煤矿井下瓦斯检验;(8)机动车辆驾驶;(9)机动船舶驾驶、轮机操作;(10)建筑登高架设作业。国家标准《特种作业人员安全技术考核管理规则》(GB5306-85)和劳动部颁发的《特种作业人员安全技术培训考核管理规定》(劳安字〔1991〕31号),对特种作业的范围和特种作业人员条件、培训、考核、发证等都作了明确规定。

“特种作业资格”是指特种作业人员在独立上岗之前，必须进行安全技术培训，并经过安全技术理论考试和实际操作技能考核，考核成绩合格者由劳动部门和有关部门发给《特种作业人员操作证》，它是国家职业资格证书的一种。

第五十七条 国家建立伤亡事故和职业病统计报告和处理制度。县级以上各级人民政府劳动行政部门、有关部门和用人单位应当依法对劳动者在劳动过程中发生的伤亡事故和劳动者的职业病状况，进行统计、报告和处理。

本条中的“依法”，主要指《矿山安全法》、《企业职工伤亡事故报告和处理规定》、《特别重大事故调查程序暂行规定》，以及劳动部发布的《企业职工伤亡事故报告和处理规定的有关问题的解释》、《特别重大事故调查程序暂行规定有关条文的解释》、《企业职工伤亡事故统计报表制度》、《职业病报告办法》等。

第五十九条 禁止安排女职工从事矿山井下、国家规定的第四级体力劳动强度的劳动和其他禁忌从事的劳动。

本条中的“第四级体力劳动强度”和“禁忌从事的劳动”，可以按照《女职工禁忌劳动范围的规定》(劳安字〔1990〕2 号)和国家标准《体力劳动强度分级》(GB3869－83)等规定执行。

第六十条 不得安排女职工在经期从事高处、低温、冷水作业和国家规定的第三级体力劳动强度的劳动。

本条中的“高处作业”是指二级高处作业，即凡在坠落高度基准面 5 米以上(含 5 米)有可能坠落的高处进行的作业。“低温作业”是指在劳动生产过程中，其工作地点平均气温等于或低于 5℃的作业。“冷水作业”是指在劳动生产过程中，操作人员接触冷水温度等于或小于 12℃的作业。

第六十四条 任何单位和个人不得安排未成年工从事矿山井下、

有毒有害、国家规定的第四级体力劳动强度的劳动和其他禁忌从事的劳动。

本条中的"其他禁忌从事的劳动"是指：

（一）森林业伐木、归楞及流放作业；

（二）凡在坠落高度基准面5米以上（含5米）有可能坠落的高处进行的作业。即二级高处作业；

（三）作业场所放射性物质超过《放射防护规定》中规定剂量的作业；

（四）其他对未成年工的发育成长有影响的作业。

第七十一条 社会保险水平应当与社会经济发展水平和社会承受力相适应。

本条中的"社会保险水平"是指社会保险待遇的给付标准及费率水平。

第七十二条 社会保险基金按照保险类型确定资金来源，逐步实行社会统筹。用人单位和劳动者必须依法参加社会保险，缴纳社会保险费。

本条中的"社会保险类型"是指需建立基金的养老、医疗、工伤、失业、生育五种社会保险。

第七十三条 劳动者在下列情形下，依法享受社会保险待遇：

（一）退休；

（二）患病、负伤；

（三）因工伤残或者患职业病；

（四）失业；

（五）生育。

劳动者享受社会保险待遇的条件和标准由法律、法规规定。

劳动者享受的社会保险金必须按时足额支付。

本条中的“依法”是指法律、法规。目前主要依照《劳动保险条例》、国务院《关于企业职工养老保险制度改革的决定》和地方性法规等。在没有法律规定的情况下,可继续依照有效的劳动规章及一些规范性文件执行。

本条中的“社会保险待遇”是指养老、疾病、医疗、工伤、失业、生育和死亡等保险待遇。

本条中的“法律、法规”主要指正在制定中的《社会保险法》和5个保险条例。

第七十四条 社会保险基金经办机构依照法律规定收支、管理和运营社会保险基金,并负有社会保险基金保值增值的责任。

社会保险基金监督机构依照法律规定,对社会保险基金的收支、管理和运营实施监督。

社会保险基金经办机构和社会保险基金监督机构的设立和职能由法律规定。

对此条的理解:《劳动法》已对社会保险基金经办机构及其职责作了规定,即该机构及其职责都是有法律依据的。该机构的设立和具体职能将在《社会保险法》中加以规定。在该法未出台之前,依现行劳动规章和其他规范性文件执行。

本条中的“依照法律规定”是指正在制定中的《社会保险法》。

第八十一条 劳动争议仲裁委员会由劳动行政部门代表、同级工会代表、用人单位方面的代表组成。劳动争议仲裁委员会主任由劳动行政部门代表担任。

本条中的“用人单位方面的代表”,是指政府指定的经营综合管理部门或者有关社会团体的代表。

第八十二条 提出仲裁要求的一方应当自劳动争议发生之日起六十日内向劳动争议仲裁委员会提出书面申请。仲裁裁决一般应在收到仲裁申请的六十日内作出。对仲裁裁决无异议的,当事人必须履行。

本条中的“劳动争议发生之日”指当事人知道或者应当知道其权利被侵害之日。

第八十五条 县级以上各级人民政府劳动行政部门依法对用人单位遵守劳动法律、法规的情况进行监督检查,对违反劳动法律、法规的行为有权制止,并责令改正。

本条中的“依法”和“劳动法律、法规”均指现行的劳动法律、行政法规和地方法规。

对本条的理解:劳动部门依据《劳动法》行使监督检查权。依照《劳动法》、《矿山安全法》以及其他劳动法规、规章和地方性法规,对用人单位的执法情况进行检查,并处理违法行为。

第八十九条 用人单位制定的劳动规章制度违反法律、法规规定的,由劳动行政部门给予警告,责令改正;对劳动者造成损害的,应当承担赔偿责任。

本条中的“法律、法规”主要是指劳动法律、行政法规、地方法规和国家技术标准等。

第九十一条 用人单位有下列侵害劳动者合法权益情形之一的,由劳动行政部门责令支付劳动者工资报酬、经济补偿,并可以责令支付赔偿金:

(一)克扣或者无故拖欠劳动者工资的;

(二)拒不支付劳动者延长工作时间工资报酬的;

(三)低于当地最低工资标准支付劳动者工资的;

(四)解除劳动合同后,未依照本法规定给予劳动者经济补偿的。

本条中的“无故”同第五十条的说明相同。“工资报酬”可以理解为延长工作时间所依法应得的劳动报酬。

第九十二条 用人单位的劳动安全设施和劳动卫生条件不符合

国家规定或者未向劳动者提供必要的劳动防护用品和劳动保护设施的，由劳动行政部门或者有关部门责令改正，可以处以罚款；情节严重的，提请县级以上人民政府决定责令停产整顿；对事故隐患不采取措施，致使发生重大事故，造成劳动者生命和财产损失的，对责任人员比照刑法第一百八十七条的规定追究刑事责任。

根据本条规定，劳动部门和有关部门在进行行政处罚时，其分工在于看其监督检查的范围是否属于劳动工作，凡属劳动工作，依本法第九条、第八十五条，由劳动部门行使监督检查权，进行处罚。反之，则应由其他部门在自己的职责范围内依法行使监督权。

刑法第一百八十七条："国家工作人员由于玩忽职守，致使公共财产、国家和人民利益遭受重大损失的，处五年以下有期徒刑或者拘役。"

第九十三条 用人单位强令劳动者违章冒险作业，发生重大伤亡事故，造成严重后果的，对责任人员依法追究刑事责任。

本条中的"对责任人员追究刑事责任"，可根据刑法第一百一十四条处理，即"工厂、矿山、林场，建筑企业或者其他企业、事业单位的职工，由于不服管理、违反规章制度，或强令工人违章冒险作业，因而发生重大事故，造成严重后果的，处以三年以下有期徒刑或者拘役；情节特别恶劣的，处以三年以上七年以下有期徒刑"。

第九十六条 用人单位有下列行为之一，由公安机关对责任人员处以十五日以下拘留、罚款或者警告；构成犯罪的，对责任人员依法追究刑事责任：

（一）以暴力、威胁或者非法限制人身自由的手段强迫劳动的；

（二）侮辱、体罚、殴打、非法搜查和拘禁劳动者的。

对劳动者实施了本条所禁止的行为，公安机关将根据本法和《治安管理处罚条例》第 22 条等，人民法院将根据《刑法》第 134 条、第 143 条、第 144 条等追究当事人的法律责任。

第九十九条 用人单位招用尚未解除劳动合同的劳动者，对原用人单位造成经济损失的，该用人单位应当依法承担连带赔偿责任。

本条中的"依法"是指《中华人民共和国民法通则》等。

第一百零一条 用人单位无理阻挠劳动行政部门、有关部门及其工作人员行使监督检查权，打击报复举报人员的，由劳动行政部门或者有关部门处以罚款；构成犯罪的，对责任人员依法追究刑事责任。

本条中的"依法"是指人民法院依据《中华人民共和国刑法》第146条、第157条的规定，追究责任人员的刑事责任。

第一百零四条 国家工作人员和社会保险基金经办机构的工作人员挪用社会保险基金，构成犯罪的，依法追究刑事责任。

本条中的"依法"是指《中华人民共和国刑法》和《惩治贪污贿赂罪的补充规定》等。

劳动就业

劳动力市场管理规定

（2000 年 12 月 8 日劳动和社会保障部令第 10 号发布）

第一章 总则

第一条 为保护劳动者和用人单位的合法权益，发展和规范劳动力市场，促进就业，根据劳动法和有关法律法规，制定本规定。

第二条 劳动者求职与就业、用人单位招用人员、各类职业介绍机构从事职业介绍活动，适用本规定。

第三条 各级劳动保障行政部门应当积极组织开展公共就业服务，促进发展多种类型职业介绍机构，为劳动者就业和用人单位招用人员服务。

任何组织和个人对违反本规定的行为有权检举和控告。

第四条 县级以上地方劳动保障行政部门主管本行政区域内的劳动力市场管理工作。

县级以上地方劳动保障行政部门可委托其所属的就业服务机构，具体办理本行政区域内的劳动力市场管理有关事务。

第二章 求职与就业

第五条 劳动者年满 16 周岁，有劳动能力且有就业愿望，符合法律规定条件，可凭本人身份证件和接受教育、培训的相关证明，通过职业介绍机构介绍或直接联系用人单位等渠道求职。

劳动者就业前，应当接受必要的职业教育或职业培训。城镇初高中毕业生就业前应参加劳动预备制培训。

第六条 在法定劳动年龄内，有劳动能力且有就业要求的城镇失业人员，应当进行失业登记。进行失业登记时，没有就业经历的失业人员，须持本人身份证件和证明原身份的有关证明；有就业经历的失业人员，还须持原单位出具的终止或者解除劳动关系的证明。

失业人员凭失业登记证明享受公共就业服务、就业扶持政策或按规定申领失业保险金。失业登记的具体程序和失业登记证明的样式，由省级劳动保障行政部门统一规定。

第三章 招用人员

第七条 用人单位招用人员，应当面向社会、公开招收、公平竞争、择优录用。

第八条 用人单位可以通过下列途径自主招用人员：

（一）委托职业介绍机构；

（二）参加劳动力交流洽谈活动；

（三）通过大众传播媒介刊播招用信息；

（四）利用互联网进行网上招聘；

（五）法律、法规规定的其他途径。

第九条 用人单位委托职业介绍机构招用人员时，应当出示单位介绍信、营业执照（副本）或其他法人登记文件、招用人员简章和经办人身份证件。

招用人员简章应包括用人单位基本情况、招用人数、职业工种、岗位要求、录用条件、劳动报酬、福利待遇、劳动保护等内容。

用人单位通过报刊、广播、电视等大众传播媒介发布招用人员广告，经当地劳动保障行政部门审核后，按国家有关规定办理。

用人单位应当接受当地劳动保障行政部门组织的空岗调查，并主动报告空岗情况。

第十条 禁止用人单位招用人员时有下列行为：

（一）提供虚假招聘信息；

（二）招用无合法证件的人员；

（三）向求职者收取招聘费用；

（四）向被录用人员收取保证金或抵押金；

（五）扣押被录用人员的身份证等证件；

（六）以招用人员为名牟取不正当利益或进行其他违法活动。

第十一条 用人单位在招用职工时，除国家规定不适合从事的工种或者岗位外，不得以性别、民族、种族、宗教信仰为由拒绝录用或者提高录用标准。

第十二条 用人单位招用国家规定须持证上岗的技术工种人员，应按照《招用技术工种从业人员规定》执行。

第十三条 用人单位跨省招用人员和招用外籍人员、港澳台人员，依照国家有关规定办理。

第十四条 用人单位招用人员后，应当自录用之日起30日内，到当地劳动保障行政部门办理录用备案手续，并为被录用人员办理就业登记。

用人单位与职工终止或者解除劳动关系后，应当于7日内到当地劳动保障行政部门办理备案手续。

录用备案、就业登记和终止或解除劳动关系备案的具体办法，由省级劳动保障行政部门统一规定。

第四章 职业介绍

第十五条 职业介绍机构分为非营利性职业介绍机构和营利性

职业介绍机构。

其中，非营利性职业介绍机构包括公共职业介绍机构和其他非营利性职业介绍机构。

本规定所称公共职业介绍机构，是指各级劳动保障行政部门举办，承担公共就业服务职能的公益性服务机构。公共职业介绍机构使用全国统一标识。

本规定所称其他非营利性职业介绍机构，是指由劳动保障行政部门以外的其他政府部门、企事业单位、社会团体和其他社会力量举办，从事非营利性职业介绍活动的服务机构。

本规定所称营利性职业介绍机构，是指由法人、其他组织和公民个人举办，从事营利性职业介绍活动的服务机构。

第十六条 开办职业介绍机构应当具备下列条件：

（一）有明确的业务范围、机构章程和管理制度；

（二）有开展业务必备的固定场所、办公设施和一定数量的开办资金；

（三）有一定数量具备相应职业资格的专职工作人员；

（四）法律、法规规定的其他条件。

开办非营利性职业介绍机构的，应当在机构章程和管理制度中体现其非营利宗旨。

第十七条 职业介绍实行行政许可制度。开办职业介绍机构或其他机构开展职业介绍活动，须经劳动保障行政部门批准。

劳动保障行政部门接到开办职业介绍机构或其他机构开展职业介绍活动的申请后，应当自接到申请之日起 30 日内审理完毕。对符合条件的，应予以批准；不予批准的，应当说明理由。

各类职业介绍机构的审批权限和程序以及具体开办条件，由省级劳动保障行政部门统一规定。

劳动保障行政部门对经批准开办的职业介绍机构实行年度审验。

第十八条 开办非营利性职业介绍机构，须持劳动保障行政部门的批准文件，根据国家有关规定到相应的登记管理机关进行登记。属于事业单位的，应到机构编制管理机关办理事业单位登记或备案；属于民办非企业单位的，应到民政部门办理民办非企业单位登记。

开办营利性职业介绍机构，须持劳动保障行政部门的批准文件，到工商行政管理机关办理企业登记注册。

第十九条 职业介绍机构设立分支机构以及变更或者终止的，应到原审批部门和登记管理机关核准办理有关手续。

第二十条 职业介绍机构可以从事下列业务：

（一）为求职者介绍用人单位；

（二）为用人单位和居民家庭推荐求职者；

（三）开展职业指导、咨询服务；

（四）收集和发布职业供求信息；

（五）根据国家有关规定，从事互联网职业信息服务；

（六）经劳动保障行政部门批准，组织职业招聘洽谈会；

（七）具备相应资格的，从事劳动力跨省流动就业中介服务；

（八）经劳动保障行政部门核准的其他服务项目。

第二十一条 禁止职业介绍机构有下列行为：

（一）超出核准的业务范围经营；

（二）提供虚假信息；

（三）超标准收费；

（四）介绍求职者从事法律、法规禁止从事的职业；

（五）为无合法证照的用人单位或者无合法身份证件的求职者进行职业介绍服务活动；

（六）以暴力、胁迫、欺诈等方式进行职业介绍活动；

(七)伪造、涂改、转让批准文件;

(八)以职业介绍为名牟取不正当利益或进行其他违法活动。

第二十二条 职业介绍机构工作人员实行持职业资格证书上岗制度。

第二十三条 公共职业介绍机构和其他非营利性职业介绍机构的有偿服务项目,其收费标准实行政府指导价,由省级劳动保障行政部门提出建议,报同级价格主管部门确定。

营利性职业介绍机构的收费标准,参照国家有关规定自主确定,并接受当地物价部门监督。

第二十四条 职业介绍机构应当在服务场所明示合法证照、批准证书、服务项目、收费标准、监督机关名称和监督电话等,并应接受劳动保障行政部门及其他有关部门的监督检查。

职业介绍机构应当按规定据实填报统计报表。

第二十五条 设立外商投资职业介绍机构以及职业介绍机构从事境外就业中介服务的,应当按照有关规定办理手续。

第五章 公共就业服务

第二十六条 本规定所称公共就业服务,是指由各级劳动保障部门提供的公益性就业服务,包括职业介绍、职业指导、就业训练、社区就业岗位开发服务和其他服务内容。

第二十七条 直辖市和设区的市劳动保障行政部门应统筹管理本行政区域内公共职业介绍机构和公共就业服务工作。

第二十八条 公共职业介绍机构应当免费提供以下服务:

(一)向求职者和用人单位提供劳动保障政策法规咨询服务;

(二)向失业人员和特殊服务对象提供职业指导和职业介绍;

(三)推荐需要培训的失业人员和特殊服务对象参加免费或部分免

费的培训；

(四)在服务场所公开发布当地岗位空缺信息、职业供求分析信息、劳动力市场工资指导价位信息和职业培训信息；

(五)办理失业登记，就业登记，录用和终止、解除劳动关系备案等项事务；

(六)劳动保障行政部门指定的其他有关服务。

第二十九条 本规定所称特殊服务对象是指下列人员：

(一)残疾人；

(二)享受当地最低生活保障待遇的人员；

(三)退出现役的军人和随军家属；

(四)当地政府规定的其他就业困难人员或需特别照顾的人员。

第三十条 公共职业介绍机构经县级以上劳动保障行政部门批准，可以接受劳动者和用人单位的委托，从事劳动保障事务代理业务。在有条件的城市，劳动保障行政部门应当依托市、区公共职业介绍机构，建立综合性服务场所，集中为用人单位和劳动者提供服务。

第三十一条 公共职业介绍机构应当逐步实行计算机管理与服务，并实现各城市内就业服务、失业保险、就业培训信息的计算机联网。

省、自治区、直辖市和设区的市劳动保障行政部门，应当按照劳动保障部提出的统一规划和技术标准，分期分级建设劳动力市场信息网(就业服务和失业保险信息网)。其中，设区的市设立劳动力市场信息网网络中心，省、自治区设立劳动力市场信息网省级监测中心，劳动保障部设立劳动力市场信息网全国监测中心。网络中心和监测中心按有关规定管理和运行。

第三十二条 劳动保障行政部门应当鼓励和支持发展多种类型的职业培训机构，并定期提出计划，组织培训机构向失业人员和特殊服务对象提供免费或部分免费的培训。

第三十三条　公共职业介绍机构提供减免费服务所需费用，劳动力市场信息网络建设和运行维护费用，以及对失业人员免费培训的补贴费用，按有关规定从各级财政安排的就业经费中列支。

对失业人员领取失业保险金期间接受职业培训、职业介绍的补贴，按有关规定从失业保险基金中支出。

各级劳动保障行政部门应根据财政部门的预算编制要求，编制本级就业经费年度预算，报同级财政部门审批后执行。

第六章　罚则

第三十四条　用人单位违反本规定第十条规定的，由劳动保障行政部门责令改正，并可处以1000元以下罚款；对当事人造成损害的，应承担赔偿责任。

第三十五条　用人单位违反本规定第十四条规定，未按期办理备案手续的，由劳动保障行政部门责令限期改正；逾期不改正的，处以1000元以下罚款。

第三十六条　违反本规定第十七条、第十八条规定，未经批准设立职业介绍机构或未经批准从事职业介绍活动的，由劳动保障行政部门责令停止职业介绍活动，并可处以10000元以下罚款；有违法所得的，可处以不超过违法所得3倍的罚款，但最高不得超过30000元。

第三十七条　职业介绍机构违反本规定第二十一条规定的，由劳动保障行政部门责令改正，并可处以10000元以下罚款；有违法所得的，可处以不超过违法所得3倍的罚款，但最高不得超过30000元；情节严重的，提请工商部门吊销其营业执照，或提请原登记管理机关办理撤销登记；对当事人造成损害的，应承担赔偿责任。

第三十八条　职业介绍机构违反本规定第二十四条规定，未明示合法证照、批准证书、监督电话的，由劳动保障行政部门责令改正，并可处以 1000 元以下的罚款；未明示收费标准的，由劳动保障行政部门提请价格主管部门依据国家有关规定处罚。

第七章　附则

第三十九条　省、自治区、直辖市劳动保障行政部门应根据本规定第二十八条所列免费服务项目和本地经费落实情况，规定免费服务的实施步骤，报劳动保障部备案。

第四十条　省、自治区、直辖市劳动保障行政部门可以根据本规定制定实施细则。

第四十一条　本规定自发布之日起施行。原劳动部 1995 年 9 月 12 日颁布的《就业登记规定》和 1995 年 11 月 9 日颁布的《职业介绍规定》同时废止。

集体合同与劳动合同

企业经济性裁减人员规定

（1994年11月14日劳动部发布）

第一条 为指导用人单位依法正确行使裁减人员权利，根据《中华人民共和国劳动法》的有关规定，制定本规定。

第二条 用人单位濒临破产，被人民法院宣告进入法定整顿期间或生产经营发生严重困难，达到当地政府规定的严重困难企业标准，确需裁减人员的，可以裁员。

第三条 用人单位有条件的，应为被裁减的人员提供培训或就业帮助。

第四条 用人单位确需裁减人员，应按下列程序进行：

（一）提前三十日向工会或者全体职工说明情况，并提供有关生产经营状况的资料；

（二）提出裁减人员方案，内容包括：被裁减人员名单，裁减时间及实施步骤，符合法律、法规规定和集体合同约定的被裁减人员经济补偿办法；

（三）将裁减人员方案征求工会或者全体职工的意见，并对方案进行修改和完善；

（四）向当地劳动行政部门报告裁减人员方案以及工会或者全体职工的意见，并听取劳动行政部门的意见；

（五）由用人单位正式公布裁减人员方案，与被裁减人员办理解除劳动合同手续，按照有关规定向被裁减人员本人支付经济补偿金，出具裁减人员证明书。

第五条 用人单位不得裁减下列人员：

（一）患职业病或者因工负伤并被确认丧失或者部分丧失劳动能力的；

（二）患病或者负伤，在规定的医疗期内的；

（三）女职工在孕期、产期、哺乳期内的；

（四）法律、行政法规规定的其他情形。

第六条 对于被裁减而失业的人员，参加失业保险的，可到当地劳动就业服务机构登记，申领失业救济金。

第七条 用人单位从裁减人员之日起，六个月内需要新招人员的，必须优先从本单位裁减的人员中录用，并向当地劳动行政部门报告录用人员的数量、时间、条件以及优先录用人员的情况。

第八条 劳动行政部门对用人单位违反法律、法规和有关规定裁减人员的，应依法制止和纠正。

第九条 工会或职工对裁员提出的合理意见，用人单位应认真听取。

用人单位违反法律、法规规定和集体合同约定裁减人员的，工会有权要求重新处理。

第十条 因裁减人员发生的劳动争议，当事人双方应按照劳动争议处理的有关规定执行。

第十一条 各省、自治区、直辖市劳动行政部门可根据本规定和本地区实际情况制定实施办法。

第十二条 本规定自1995年1月1日起施行。

违反和解除劳动合同的经济补偿办法

（1994年12月3日劳动部发布）

第一条 为了规范违反和解除劳动合同对劳动者的经济补偿标准，根据《中华人民共和国劳动法》的规定，制定本办法。

第二条 对劳动者的经济补偿金，由用人单位一次性发给。

第三条 用人单位克扣或者无故拖欠劳动者工资的，以及拒不支付劳动者延长工作时间工资报酬的，除在规定的时间内全额支付劳动者工资报酬外，还需加发相当于工资报酬百分之二十五的经济补偿金。

第四条 用人单位支付劳动者的工资报酬低于当地最低工资标准的，要在补足低于标准部分的同时，另外支付相当于低于部分百分之二十五的经济补偿金。

第五条 经劳动合同当事人协商一致，由用人单位解除劳动合同的，用人单位应根据劳动者在本单位工作年限，每满一年发给相当于一个月工资的经济补偿金，最多不超过十二个月。工作时间不满一年的按一年的标准发给经济补偿金。

第六条 劳动者患病或者非因工负伤，经劳动鉴定委员会确认不能从事原工作，也不能从事用人单位另行安排的工作而解除劳动合同的，用人单位应按其在本单位的工作年限，每满一年发给相当于一个月工资的经济补偿金，同时还应发给不低于六个月工资的医疗补助费。患重病和绝症的还应增加医疗补助费，患重病的增加部分不低于医疗补助费的百分之五十，患绝症的增加部分不低于医疗补助费的百分之百。

第七条 劳动者不胜任工作，经过培训或者调整工作岗位仍不能胜任工作，由用人单位解除劳动合同的，用人单位应按其在本单位工作的年限，工作时间每满一年，发给相当于一个月工资的经济补偿金，最多不超过十二个月。

第八条 劳动合同订立时所依据的客观情况发生重大变化，致使原劳动合同无法履行，经当事人协商不能就变更劳动合同达成协议，由用人单位解除劳动合同的，用人单位按劳动者在本单位工作的年限，工作时间每满一年发给相当于一个月工资的经济补偿金。

第九条 用人单位濒临破产进行法定整顿期间或者生产经营状况发生严重困难，必须裁减人员的，用人单位按被裁减人员在本单位工作的年限支付经济补偿金。在本单位工作的时间每满一年，发给相当于一个月工资的经济补偿金。

第十条 用人单位解除劳动合同后，未按规定给予劳动者经济补偿的，除全额发给经济补偿金外，还须按该经济补偿金数额的百分之五十支付额外经济补偿金。

第十一条 本办法中经济补偿金的工资计算标准是指企业正常生产情况下劳动者解除合同前十二个月的月平均工资。

用人单位依据本办法第六条、第八条、第九条解除劳动合同时，劳动者的月平均工资低于企业月平均工资的，按企业月平均工资的标准支付。

第十二条 经济补偿金在企业成本中列支，不得占用企业按规定比例应提取的福利费用。

第十三条 本办法自一九九五年一月一日起执行。

违反《劳动法》有关劳动合同规定的赔偿办法

（1995年5月10日劳动部发布）

第一条 为明确违反《劳动法》有关劳动合同规定的赔偿责任，维护劳动合同双方当事人的合法权益，根据《中华人民共和国劳动法》的有关规定，制定本办法。

第二条 用人单位有下列情形之一，对劳动者造成损害的，应赔偿劳动者损失：

（一）用人单位故意拖延不订立劳动合同，即招用后故意不按规定订立劳动合同以及劳动合同到期后故意不及时续订劳动合同的；

（二）由于用人单位的原因订立无效劳动合同，或订立部分无效劳动合同的；

（三）用人单位违反规定或劳动合同的约定侵害女职工或未成年工合法权益的；

（四）用人单位违反规定或劳动合同的约定解除劳动合同的。

第三条 本办法第二条规定的赔偿，按下列规定执行：

（一）造成劳动者工资收入损失的，按劳动者本人应得工资收入支付给劳动者，并加付应得工资收入25％的赔偿费用；

（二）造成劳动者劳动保护待遇损失的，应按国家规定补足劳动者的劳动保护津贴和用品；

（三）造成劳动者工伤、医疗待遇损失的，除按国家规定为劳动者提供工伤、医疗待遇外，还应支付劳动者相当于医疗费用25％的赔偿费用；

（四）造成女职工和未成年工身体健康损害的，除按国家规定提供治疗期间的医疗待遇外，还应支付相当于其医疗费用25%的赔偿费用；

（五）劳动合同约定的其他赔偿费用。

第四条 劳动者违反规定或劳动合同的约定解除劳动合同，对用人单位造成损失的，劳动者应赔偿用人单位下列损失：

（一）用人单位招收录用其所支付的费用；

（二）用人单位为其支付的培训费用，双方另有约定的按约定办理；

（三）对生产、经营和工作造成的直接经济损失；

（四）劳动合同约定的其他赔偿费用。

第五条 劳动者违反劳动合同中约定的保密事项，对用人单位造成经济损失的，按《反不正当竞争法》第二十条的规定支付用人单位赔偿费用。

第六条 用人单位招用尚未解除劳动合同的劳动者，对原用人单位造成经济损失的，除该劳动者承担直接赔偿责任外，该用人单位应当承担连带赔偿责任。其连带赔偿的份额应不低于对原用人单位造成经济损失总额的70%。向原用人单位赔偿下列损失：

（一）对生产、经营和工作造成的直接经济损失；

（二）因获取商业秘密给原用人单位造成的经济损失。

赔偿本条第（二）项规定的损失，按《反不正当竞争法》第二十条的规定执行。

第七条 因赔偿引起争议的，按照国家有关劳动争议处理的规定办理。

第八条 本办法自发布之日起施行。

集体合同规定

（2004年1月20日劳动和社会保障部令第22号发布）

第一章 总则

第一条 为规范集体协商和签订集体合同行为，依法维护劳动者和用人单位的合法权益，根据《中华人民共和国劳动法》和《中华人民共和国工会法》，制定本规定。

第二条 中华人民共和国境内的企业和实行企业化管理的事业单位（以下统称用人单位）与本单位职工之间进行集体协商，签订集体合同，适用本规定。

第三条 本规定所称集体合同，是指用人单位与本单位职工根据法律、法规、规章的规定，就劳动报酬、工作时间、休息休假、劳动安全卫生、职业培训、保险福利等事项，通过集体协商签订的书面协议；所称专项集体合同，是指用人单位与本单位职工根据法律、法规、规章的规定，就集体协商的某项内容签订的专项书面协议。

第四条 用人单位与本单位职工签订集体合同或专项集体合同，以及确定相关事宜，应当采取集体协商的方式。集体协商主要采取协商会议的形式。

第五条 进行集体协商，签订集体合同或专项集体合同，应当遵循下列原则：

（一）遵守法律、法规、规章及国家有关规定；

（二）相互尊重，平等协商；

（三）诚实守信，公平合作；

(四)兼顾双方合法权益；

(五)不得采取过激行为。

第六条 符合本规定的集体合同或专项集体合同，对用人单位和本单位的全体职工具有法律约束力。

用人单位与职工个人签订的劳动合同约定的劳动条件和劳动报酬等标准，不得低于集体合同或专项集体合同的规定。

第七条 县级以上劳动保障行政部门对本行政区域内用人单位与本单位职工开展集体协商、签订、履行集体合同的情况进行监督，并负责审查集体合同或专项集体合同。

第二章 集体协商内容

第八条 集体协商双方可以就下列多项或某项内容进行集体协商，签订集体合同或专项集体合同：

(一)劳动报酬；

(二)工作时间；

(三)休息休假；

(四)劳动安全与卫生；

(五)补充保险和福利；

(六)女职工和未成年工特殊保护；

(七)职业技能培训；

(八)劳动合同管理；

(九)奖惩；

(十)裁员；

(十一)集体合同期限；

(十二)变更、解除集体合同的程序；

(十三)履行集体合同发生争议时的协商处理办法；

（十四）违反集体合同的责任；

（十五）双方认为应当协商的其他内容。

第九条 劳动报酬主要包括：

（一）用人单位工资水平、工资分配制度、工资标准和工资分配形式；

（二）工资支付办法；

（三）加班、加点工资及津贴、补贴标准和奖金分配办法；

（四）工资调整办法；

（五）试用期及病、事假等期间的工资待遇；

（六）特殊情况下职工工资（生活费）支付办法；

（七）其他劳动报酬分配办法。

第十条 工作时间主要包括：

（一）工时制度；

（二）加班加点办法；

（三）特殊工种的工作时间；

（四）劳动定额标准。

第十一条 休息休假主要包括：

（一）日休息时间、周休息日安排、年休假办法；

（二）不能实行标准工时职工的休息休假；

（三）其他假期。

第十二条 劳动安全卫生主要包括：

（一）劳动安全卫生责任制；

（二）劳动条件和安全技术措施；

（三）安全操作规程；

（四）劳保用品发放标准；

（五）定期健康检查和职业健康体检。

第十三条 补充保险和福利主要包括：

（一）补充保险的种类、范围；

（二）基本福利制度和福利设施；

（三）医疗期延长及其待遇；

（四）职工亲属福利制度。

第十四条 女职工和未成年工的特殊保护主要包括：

（一）女职工和未成年工禁忌从事的劳动；

（二）女职工的经期、孕期、产期和哺乳期的劳动保护；

（三）女职工、未成年工定期健康检查；

（四）未成年工的使用和登记制度。

第十五条 职业技能培训主要包括：

（一）职业技能培训项目规划及年度计划；

（二）职业技能培训费用的提取和使用；

（三）保障和改善职业技能培训的措施。

第十六条 劳动合同管理主要包括：

（一）劳动合同签订的时间；

（二）确定劳动合同期限的条件；

（三）劳动合同变更、解除、续订的一般原则及无固定期限劳动合同的终止条件；

（四）试用期的条件和期限。

第十七条 奖惩主要包括：

（一）劳动纪律；

（二）考核奖惩制度；

（三）奖惩程序。

第十八条 裁员主要包括：

（一）裁员的方案；

（二）裁员的程序；

（三）裁员的实施办法和补偿标准。

第三章　集体协商代表

第十九条　本规定所称集体协商代表（以下统称协商代表），是指按照法定程序产生并有权代表本方利益进行集体协商的人员。

集体协商双方的代表人数应当对等，每方至少3人，并各确定1名首席代表。

第二十条　职工一方的协商代表由本单位工会选派。未建立工会的，由本单位职工民主推荐，并经本单位半数以上职工同意。

职工一方的首席代表由本单位工会主席担任。工会主席可以书面委托其他协商代表代理首席代表。工会主席空缺的，首席代表由工会主要负责人担任。未建立工会的，职工一方的首席代表从协商代表中民主推举产生。

第二十一条　用人单位一方的协商代表，由用人单位法定代表人指派，首席代表由单位法定代表人担任或由其书面委托的其他管理人员担任。

第二十二条　协商代表履行职责的期限由被代表方确定。

第二十三条　集体协商双方首席代表可以书面委托本单位以外的专业人员作为本方协商代表。委托人数不得超过本方代表的三分之一。

首席代表不得由非本单位人员代理。

第二十四条　用人单位协商代表与职工协商代表不得相互兼任。

第二十五条　协商代表应履行下列职责：

（一）参加集体协商；

（二）接受本方人员质询，及时向本方人员公布协商情况并征求意见；

（三）提供与集体协商有关的情况和资料；

（四）代表本方参加集体协商争议的处理；

（五）监督集体合同或专项集体合同的履行；

（六）法律、法规和规章规定的其他职责。

第二十六条 协商代表应当维护本单位正常的生产、工作秩序，不得采取威胁、收买、欺骗等行为。

协商代表应当保守在集体协商过程中知悉的用人单位的商业秘密。

第二十七条 企业内部的协商代表参加集体协商视为提供了正常劳动。

第二十八条 职工一方协商代表在其履行协商代表职责期间劳动合同期满的，劳动合同期限自动延长至完成履行协商代表职责之时，除出现下列情形之一的，用人单位不得与其解除劳动合同：

（一）严重违反劳动纪律或用人单位依法制定的规章制度的；

（二）严重失职、营私舞弊，对用人单位利益造成重大损害的；

（三）被依法追究刑事责任的。

职工一方协商代表履行协商代表职责期间，用人单位无正当理由不得调整其工作岗位。

第二十九条 职工一方协商代表就本规定第二十七条、第二十八条的规定与用人单位发生争议的，可以向当地劳动争议仲裁委员会申请仲裁。

第三十条 工会可以更换职工一方协商代表；未建立工会的，经本单位半数以上职工同意可以更换职工一方协商代表。

用人单位法定代表人可以更换用人单位一方协商代表。

第三十一条 协商代表因更换、辞任或遇有不可抗力等情形造成空缺的，应在空缺之日起15日内按照本规定产生新的代表。

第四章 集体协商程序

第三十二条 集体协商任何一方均可就签订集体合同或专项集体合同以及相关事宜，以书面形式向对方提出进行集体协商的要求。

一方提出进行集体协商要求的，另一方应当在收到集体协商要求之日起20日内以书面形式给以回应，无正当理由不得拒绝进行集体协商。

第三十三条 协商代表在协商前应进行下列准备工作：

（一）熟悉与集体协商内容有关的法律、法规、规章和制度；

（二）了解与集体协商内容有关的情况和资料，收集用人单位和职工对协商意向所持的意见；

（三）拟定集体协商议题，集体协商议题可由提出协商一方起草，也可由双方指派代表共同起草；

（四）确定集体协商的时间、地点等事项；

（五）共同确定一名非协商代表担任集体协商记录员。记录员应保持中立、公正，并为集体协商双方保密。

第三十四条 集体协商会议由双方首席代表轮流主持，并按下列程序进行：

（一）宣布议程和会议纪律；

（二）一方首席代表提出协商的具体内容和要求，另一方首席代表就对方的要求作出回应；

（三）协商双方就商谈事项发表各自意见，开展充分讨论；

（四）双方首席代表归纳意见。达成一致的，应当形成集体合同草案或专项集体合同草案，由双方首席代表签字。

第三十五条 集体协商未达成一致意见或出现事先未预料的问

题时，经双方协商，可以中止协商。中止期限及下次协商时间、地点、内容由双方商定。

第五章　集体合同的订立、变更、解除和终止

第三十六条　经双方协商代表协商一致的集体合同草案或专项集体合同草案应当提交职工代表大会或者全体职工讨论。

职工代表大会或者全体职工讨论集体合同草案或专项集体合同草案，应当有三分之二以上职工代表或者职工出席，且须经全体职工代表半数以上或者全体职工半数以上同意，集体合同草案或专项集体合同草案方获通过。

第三十七条　集体合同草案或专项集体合同草案经职工代表大会或者职工大会通过后，由集体协商双方首席代表签字。

第三十八条　集体合同或专项集体合同期限一般为1至3年，期满或双方约定的终止条件出现，即行终止。

集体合同或专项集体合同期满前3个月内，任何一方均可向对方提出重新签订或续订的要求。

第三十九条　双方协商代表协商一致，可以变更或解除集体合同或专项集体合同。

第四十条　有下列情形之一的，可以变更或解除集体合同或专项集体合同：

（一）用人单位因被兼并、解散、破产等原因，致使集体合同或专项集体合同无法履行的；

（二）因不可抗力等原因致使集体合同或专项集体合同无法履行或部分无法履行的；

（三）集体合同或专项集体合同约定的变更或解除条件出现的；

（四）法律、法规、规章规定的其他情形。

第四十一条 变更或解除集体合同或专项集体合同适用本规定的集体协商程序。

第六章 集体合同审查

第四十二条 集体合同或专项集体合同签订或变更后，应当自双方首席代表签字之日起10日内，由用人单位一方将文本一式三份报送劳动保障行政部门审查。

劳动保障行政部门对报送的集体合同或专项集体合同应当办理登记手续。

第四十三条 集体合同或专项集体合同审查实行属地管辖，具体管辖范围由省级劳动保障行政部门规定。

中央管辖的企业以及跨省、自治区、直辖市的用人单位的集体合同应当报送劳动保障部或劳动保障部指定的省级劳动保障行政部门。

第四十四条 劳动保障行政部门应当对报送的集体合同或专项集体合同的下列事项进行合法性审查：

(一)集体协商双方的主体资格是否符合法律、法规和规章规定；

(二)集体协商程序是否违反法律、法规、规章规定；

(三)集体合同或专项集体合同内容是否与国家规定相抵触。

第四十五条 劳动保障行政部门对集体合同或专项集体合同有异议的，应当自收到文本之日起15日内将《审查意见书》送达双方协商代表。《审查意见书》应当载明以下内容：

(一)集体合同或专项集体合同当事人双方的名称、地址；

(二)劳动保障行政部门收到集体合同或专项集体合同的时间；

(三)审查意见；

(四)作出审查意见的时间。

《审查意见书》应当加盖劳动保障行政部门印章。

第四十六条　用人单位与本单位职工就劳动保障行政部门提出异议的事项经集体协商重新签订集体合同或专项集体合同的，用人单位一方应当根据本规定第四十二条的规定将文本报送劳动保障行政部门审查。

第四十七条　劳动保障行政部门自收到文本之日起15日内未提出异议的，集体合同或专项集体合同即行生效。

第四十八条　生效的集体合同或专项集体合同，应当自其生效之日起由协商代表及时以适当的形式向本方全体人员公布。

第七章　集体协商争议的协调处理

第四十九条　集体协商过程中发生争议，双方当事人不能协商解决的，当事人一方或双方可以书面向劳动保障行政部门提出协调处理申请；未提出申请的，劳动保障行政部门认为必要时也可以进行协调处理。

第五十条　劳动保障行政部门应当组织同级工会和企业组织等三方面的人员，共同协调处理集体协商争议。

第五十一条　集体协商争议处理实行属地管辖，具体管辖范围由省级劳动保障行政部门规定。

中央管辖的企业以及跨省、自治区、直辖市用人单位因集体协商发生的争议，由劳动保障部指定的省级劳动保障行政部门组织同级工会和企业组织等三方面的人员协调处理，必要时，劳动保障部也可以组织有关方面协调处理。

第五十二条　协调处理集体协商争议，应当自受理协调处理申请之日起30日内结束协调处理工作。期满未结束的，可以适当延长协调期限，但延长期限不得超过15日。

第五十三条　协调处理集体协商争议应当按照以下程序进行：

(一)受理协调处理申请；

(二)调查了解争议的情况；

(三)研究制定协调处理争议的方案；

(四)对争议进行协调处理；

(五)制作《协调处理协议书》。

第五十四条　《协调处理协议书》应当载明协调处理申请、争议的事实和协调结果，双方当事人就某些协商事项不能达成一致的，应将继续协商的有关事项予以载明。《协调处理协议书》由集体协商争议协调处理人员和争议双方首席代表签字盖章后生效。争议双方均应遵守生效后的《协调处理协议书》。

第八章　附则

第五十五条　因履行集体合同发生的争议，当事人协商解决不成的，可以依法向劳动争议仲裁委员会申请仲裁。

第五十六条　用人单位无正当理由拒绝工会或职工代表提出的集体协商要求的，按照《工会法》及有关法律、法规的规定处理。

第五十七条　本规定于2004年5月1日起实施。原劳动部1994年12月5日颁布的《集体合同规定》同时废止。

工作时间与工资福利

国务院关于职工探亲待遇的规定

（1981年3月14日国务院发布）

第一条 为了适当地解决职工同亲属长期远居两地的探亲问题，特制定本规定。

第二条 凡在国家机关、人民团体和全民所有制企业、事业单位工作满一年的固定职工，与配偶不住在一起，又不能在公休假日团聚的，可以享受本规定探望配偶的待遇；与父亲、母亲都不住在一起，又不能在公休假日团聚的，可以享受本规定探望父母的待遇。但是，职工与父亲或与母亲一方能够在公休假日团聚的，不能享受本规定探望父母的待遇。

第三条 职工探亲假期：

（一）职工探望配偶的，每年给予一方探亲假一次，假期为30天。

（二）未婚职工探望父母，原则上每年给假一次，假期为20天。如果因为工作需要，本单位当年不能给予假期，或者职工自愿两年探亲一次的，可以两年给假一次，假期为45天。

（三）已婚职工探望父母的，每四年给假一次，假期为20天。

探亲假期是指职工与配偶、父、母团聚的时间，另外，根据实际需要给予路程假。上述假期均包括公休假日和法定节日在内。

第四条 凡实行休假制度的职工（例如学校的教职工），应该在休假期间探亲；如果休假期较短，可由本单位适当安排，补足其探亲假的天数。

第五条 职工在规定的探亲假期和路程假期内，按照本人的标准工资发给工资。

第六条 职工探望配偶和未婚职工探望父母的往返路费，由所在单位负担。已婚职工探望父母的往返路费，在本人月标准工资30%以内的，由本人自理，超过部分由所在单位负担。

第七条 各省、直辖市人民政府可以根据本规定制定实施细则，并抄送国家劳动总局备案。

自治区可以根据本规定的精神制定探亲规定，报国务院批准执行。

第八条 集体所有制企业、事业单位职工的探亲待遇，由各省、自治区、直辖市人民政府根据本地区的实际情况自行规定。

第九条 本规定自发布之日起施行。1958年2月9日《国务院关于工人、职员回家探亲的假期和工资待遇的暂行规定》同时废止。

国务院关于职工工作时间的规定

（1994年2月3日中华人民共和国国务院令第146号发布，根据1995年3月25日《国务院关于修改〈国务院关于职工工作时间的规定〉的决定》修订。）

第一条 为了合理安排职工的工作和休息时间，维护职工的休息权利，调动职工的积极性，促进社会主义现代化建设事业的发展，根据宪法有关规定，制定本规定。

第二条 本规定适用于在中华人民共和国境内的国家机关、社会团体、企业事业单位以及其他组织的职工。

第三条 职工每日工作8小时，每周工作40小时。

第四条 在特殊条件下从事劳动和有特殊情况，需要适当缩短工作时间的，按照国家有关规定执行。

第五条 因工作性质或者生产特点的限制，不能实行每日工作8小时、每周工作40小时标准工时制度的，按照国家有关规定，可以实行其他工作和休息办法。

第六条 任何单位和个人不得擅自延长职工工作时间。因特殊情况和紧急任务确需延长工作时间的，按照国家有关规定执行。

第七条 国家机关、事业单位实行统一的工作时间，星期六和星期日为周休息日。

企业和不能实行前款规定的统一工作时间的事业单位，可以根据实际情况灵活安排周休息日。

第八条 本规定由劳动部、人事部负责解释；实施办法由劳动部、人事部制定。

第九条 本规定自1995年5月1日起施行。1995年5月1日施行有困难的企业、事业单位,可以适当延期;但是,事业单位最迟应当自1996年1月1日起施行,企业最迟应当自1997年5月1日起施行。

《国务院关于职工工作时间的规定》的实施办法

（1995年3月25日劳动部发布）

第一条 根据《国务院关于职工工作时间的规定》（以下简称《规定》），制定本办法。

第二条 本办法适用于中华人民共和国境内的企业的职工和个体经济组织的劳动者（以下统称职工）。

第三条 职工每日工作8小时、每周工作40小时。实行这一工时制度，应保证完成生产和工作任务，不减少职工的收入。

第四条 在特殊条件下从事劳动和有特殊情况，需要在每周工作40小时的基础上再适当缩短工作时间的，应在保证完成生产和工作任务的前提下，根据《中华人民共和国劳动法》第三十六条的规定，由企业根据实际情况决定。

第五条 因工作性质或生产特点的限制，不能实行每日工作8小时、每周工作40小时标准工时制度的，可以实行不定时工作制或综合计算工时工作制等其他工作和休息办法，并按照劳动部《关于企业实行不定时工作制和综合计算工时工作制的审批办法》执行。

第六条 任何单位和个人不得擅自延长职工工作时间。企业由于生产经营需要而延长职工工作时间的，应按《中华人民共和国劳动法》第四十一条的规定执行。

第七条 有下列特殊情形和紧急任务之一的，延长工作时间不受本办法第六条规定的限制：

（一）发生自然灾害、事故或者因其他原因，使人民的安全健康和国

家资财遭到严重威胁,需要紧急处理的;

(二)生产设备、交通运输线路、公共设施发生故障,影响生产和公众利益,必须及时抢修的;

(三)必须利用法定节日或公休假日的停产期间进行设备检修、保养的;

(四)为完成国防紧急任务,或者完成上级在国家计划外安排的其他紧急生产任务,以及商业、供销企业在旺季完成收购、运输、加工农副产品紧急任务的。

第八条 根据本办法第六条、第七条延长工作时间的,企业应当按照《中华人民共和国劳动法》第四十四条的规定,给职工支付工资报酬或安排补休。

第九条 企业根据所在地的供电、供水和交通等实际情况,经与工会和职工协商后,可以灵活安排周休息日。

第十条 县级以上各级人民政府劳动行政部门对《规定》实施的情况进行监督检查。

第十一条 各省、自治区、直辖市人民政府劳动行政部门和国务院行业主管部门应根据《规定》和本办法及本地区、本行业的实际情况制定实施步骤,并报劳动部备案。

第十二条 本办法与《规定》同时实施。从1995年5月1日起施行每周40小时工时制度有困难的企业,可以延期实行,但最迟应当于1997年5月1日起施行。在本办法施行前劳动部、人事部于1994年2月8日共同颁发的《〈国务院关于职工工作时间的规定〉的实施办法》继续有效。

国家机关、事业单位贯彻《国务院关于职工工作时间的规定》的实施办法

（1995年3月26日人事部）

第一条　根据《国务院关于职工工作时间的规定》（以下简称《规定》），制定本办法。

第二条　本办法适用于中华人民共和国境内的国家机关、社会团体和事业单位的职工。

第三条　职工每日工作8小时，每周工作40小时。国家机关、事业单位实行统一的工作时间，星期六和星期日为周休息日。实行这一制度，应保证完成工作任务。

一些与人民群众的安全、保健及其他日常生活密切相关的机关、事业单位，需要在国家规定的周休息日和节假日继续工作的，要调整好人员和班制，加强内部管理，保证星期六和星期日照常工作，方便人民群众。

第四条　在特殊条件下从事劳动和有特殊情况，需要适当缩短工作时间的，由各省、自治区、直辖市和各主管部门按隶属关系提出意见，报人事部批准。

第五条　因工作性质或者职责限制，不能实行每日工作8小时、每周工作40小时标准工时制度的，由国务院行业主管部门制定实施意见，报人事部批准后可实行不定时工作制或综合计算工作时间制等办法。

因工作需要，不能执行国家统一的工作和休息时间的部门和单位，

可根据实际情况采取轮班制的办法，灵活安排周休息日，并报同级人事部门备案。

第六条 下列情况可以延长职工工作时间：

（一）由于发生严重自然灾害、事故或其他灾害使人民的安全健康和国家财产遭到严重威胁需要紧急处理的；

（二）为完成国家紧急任务或完成上级安排的其他紧急任务的。

第七条 根据本办法第六条延长职工工作时间的，应给职工安排相应的补休。

第八条 1995 年 5 月 1 日实施《规定》有困难的事业单位，可以适当推迟，但最迟应当自 1996 年 1 月 1 日起施行。在推迟实施期间，仍按国家现行工时制度的有关规定执行。

第九条 各级人事部门对《规定》的执行情况进行监督检查。

第十条 各省、自治区、直辖市人民政府人事部门和国务院行业主管部门应根据《规定》和本办法，结合本地区、本行业的实际情况，提出实施意见，并报人事部备案。

第十一条 本办法自 1995 年 5 月 1 日起施行。

第十二条 本办法由人事部负责解释。

全国年节及纪念日放假办法

（1949 年 12 月 23 日政务院发布，1999 年 9 月 18 日国务院修订发布。）

第一条 为统一全国年节及纪念日的假期，制定本办法。

第二条 全体公民放假的节日：

（一）新年，放假 1 天（1 月 1 日）；

（二）春节，放假 3 天（农历正月初一、初二、初三）；

（三）劳动节，放假 3 天（5 月 1 日、2 日、3 日）；

（四）国庆节，放假 3 天（10 月 1 日、2 日、3 日）。

第三条 部分公民放假的节日及纪念日：

（一）妇女节（3 月 8 日），妇女放假半天；

（二）青年节（5 月 4 日），14 周岁以上的青年放假半天；

（三）儿童节（6 月 1 日），13 周岁以下的少年儿童放假 1 天；

（四）中国人民解放军建军纪念日（8 月 1 日），现役军人放假半天。

第四条 少数民族习惯的节日，由各少数民族聚居地区的地方人民政府，按照各该民族习惯，规定放假日期。

第五条 二七纪念日、五卅纪念日、七七抗战纪念日、九三抗战胜利纪念日、九一八纪念日、教师节、护士节、记者节、植树节等其他节日、纪念日，均不放假。

第六条 全体公民放假的假日，如果适逢星期六、星期日，应当在工作日补假。部分公民放假的假日，如果适逢星期六、星期日，则不补假。

第七条 本办法自发布之日起施行。

工资支付暂行规定

（1994年12月6日劳动部发布）

第一条　为维护劳动者通过劳动获得劳动报酬的权利，规范用人单位的工资支付行为，根据《中华人民共和国劳动法》有关规定，制定本规定。

第二条　本规定适用于在中华人民共和国境内的企业、个体经济组织（以下统称用人单位）和与之形成劳动关系的劳动者。

国家机关、事业组织、社会团体和与之建立劳动合同关系的劳动者，依照本规定执行。

第三条　本规定所称工资是指用人单位依据劳动合同的规定，以各种形式支付给劳动者的工资报酬。

第四条　工资支付主要包括：工资支付项目、工资支付水平、工资支付形式、工资支付对象、工资支付时间以及特殊情况下的工资支付。

第五条　工资应当以法定货币支付。不得以实物及有价证券替代货币支付。

第六条　用人单位应将工资支付给劳动者本人。劳动者本人因故不能领取工资时，可由其亲属或委托他人代领。

用人单位可委托银行代发工资。

用人单位必须书面记录支付劳动者工资的数额、时间、领取者的姓名以及签字，并保存两年以上备查。用人单位在支付工资时应向劳动者提供一份其个人的工资清单。

第七条　工资必须在用人单位与劳动者约定的日期支付。如遇节假日或休息日，则应提前在最近的工作日支付。工资至少每月支付一次，实行周、日、小时工资制的可按周、日、小时支付工资。

第八条 对完成一次性临时劳动或某项具体工作的劳动者，用人单位应按有关协议或合同规定在其完成劳动任务后即支付工资。

第九条 劳动关系双方依法解除或终止劳动合同时，用人单位应在解除或终止劳动合同时一次付清劳动者工资。

第十条 劳动者在法定工作时间内依法参加社会活动期间，用人单位应视同其提供了正常劳动而支付工资。社会活动包括：依法行使选举权或被选举权；当选代表出席乡（镇）、区以上政府、党派、工会、青年团、妇女联合会等组织召开的会议；出任人民法庭证明人；出席劳动模范、先进工作者大会；《工会法》规定的不脱产工会基层委员会委员因工会活动占用的生产或工作时间；其他依法参加的社会活动。

第十一条 劳动者依法享受年休假、探亲假、婚假、丧假期间，用人单位应按劳动合同规定的标准支付劳动者工资。

第十二条 非因劳动者原因造成单位停工、停产在一个工资支付周期内的，用人单位应按劳动合同规定的标准支付劳动者工资。超过一个工资支付周期的，若劳动者提供了正常劳动，则支付给劳动者的劳动报酬不得低于当地的最低工资标准；若劳动者没有提供正常劳动，应按国家有关规定办理。

第十三条 用人单位在劳动者完成劳动定额或规定的工作任务后，根据实际需要安排劳动者在法定标准工作时间以外工作的，应按以下标准支付工资：

（一）用人单位依法安排劳动者在日法定标准工作时间以外延长工作时间的，按照不低于劳动合同规定的劳动者本人小时工资标准的150％支付劳动者工资；

（二）用人单位依法安排劳动者在休息日工作，而又不能安排补休的，按照不低于劳动合同规定的劳动者本人日或小时工资标准的200%支付劳动者工资；

（三）用人单位依法安排劳动者在法定休假节日工作的，按照不低于劳动合同规定的劳动者本人日或小时工资标准的300%支付劳动者工资。

实行计件工资的劳动者，在完成计件定额任务后，由用人单位安排延长工作时间的，应根据上述规定的原则，分别按照不低于其本人法定工作时间计件单价的150%、200%、300%支付其工资。

经劳动行政部门批准实行综合计算工时工作制的，其综合计算工作时间超过法定标准工作时间的部分，应视为延长工作时间，并应按本规定支付劳动者延长工作时间的工资。

实行不定时工时制度的劳动者，不执行上述规定。

第十四条 用人单位依法破产时，劳动者有权获得其工资。在破产清偿中用人单位应按《中华人民共和国企业破产法》规定的清偿顺序，首先支付欠付本单位劳动者的工资。

第十五条 用人单位不得克扣劳动者工资。有下列情况之一的，用人单位可以代扣劳动者工资：

（一）用人单位代扣代缴的个人所得税；

（二）用人单位代扣代缴的应由劳动者个人负担的各项社会保险费用；

（三）法院判决、裁定中要求代扣的抚养费、赡养费；

（四）法律、法规规定可以从劳动者工资中扣除的其他费用。

第十六条 因劳动者本人原因给用人单位造成经济损失的，用人单位可按照劳动合同的约定要求其赔偿经济损失。经济损失的赔偿，可从劳动者本人的工资中扣除。但每月扣除的部分不得超过劳动者当月工资的20%。若扣除后的剩余工资部分低于当地月最低工资标准，则按最低工资标准支付。

第十七条 用人单位应根据本规定，通过与职工大会、职工代表大会或者其他形式协商制定内部的工资支付制度，并告知本单位全体劳动者，同时抄报当地劳动行政部门备案。

第十八条 各级劳动行政部门有权监察用人单位工资支付的情况。用人单位有下列侵害劳动者合法权益行为的，由劳动行政部门责令其支付劳动者工资和经济补偿，并可责令其支付赔偿金：

（一）克扣或者无故拖欠劳动者工资的；

（二）拒不支付劳动者延长工作时间工资的；

（三）低于当地最低工资标准支付劳动者工资的。

经济补偿和赔偿金的标准，按国家有关规定执行。

第十九条 劳动者与用人单位因工资支付发生劳动争议的，当事人可依法向劳动争议仲裁机关申请仲裁。对仲裁裁决不服的，可以向人民法院提起诉讼。

第二十条 本规定自一九九五年一月一日起施行。

最低工资规定

（2004 年 1 月 20 日劳动和社会保障部令第 21 号发布）

第一条 为了维护劳动者取得劳动报酬的合法权益，保障劳动者个人及其家庭成员的基本生活，根据劳动法和国务院有关规定，制定本规定。

第二条 本规定适用于在中华人民共和国境内的企业、民办非企业单位、有雇工的个体工商户（以下统称用人单位）和与之形成劳动关系的劳动者。

国家机关、事业单位、社会团体和与之建立劳动合同关系的劳动者，依照本规定执行。

第三条 本规定所称最低工资标准，是指劳动者在法定工作时间或依法签订的劳动合同约定的工作时间内提供了正常劳动的前提下，用人单位依法应支付的最低劳动报酬。

本规定所称正常劳动，是指劳动者按依法签订的劳动合同约定，在法定工作时间或劳动合同约定的工作时间内从事的劳动。劳动者依法享受带薪年休假、探亲假、婚丧假、生育（产）假、节育手术假等国家规定的假期间，以及法定工作时间内依法参加社会活动期间，视为提供了正常劳动。

第四条 县级以上地方人民政府劳动保障行政部门负责对本行政区域内用人单位执行本规定情况进行监督检查。

各级工会组织依法对本规定执行情况进行监督，发现用人单位支付劳动者工资违反本规定的，有权要求当地劳动保障行政部门处理。

第五条 最低工资标准一般采取月最低工资标准和小时最低工资标准的形式。月最低工资标准适用于全日制就业劳动者,小时最低工资标准适用于非全日制就业劳动者。

第六条 确定和调整月最低工资标准,应参考当地就业者及其赡养人口的最低生活费用、城镇居民消费价格指数、职工个人缴纳的社会保险费和住房公积金、职工平均工资、经济发展水平、就业状况等因素。

确定和调整小时最低工资标准,应在颁布的月最低工资标准的基础上,考虑单位应缴纳的基本养老保险费和基本医疗保险费因素,同时还应适当考虑非全日制劳动者在工作稳定性、劳动条件和劳动强度、福利等方面与全日制就业人员之间的差异。

月最低工资标准和小时最低工资标准具体测算方法见附件。

第七条 省、自治区、直辖市范围内的不同行政区域可以有不同的最低工资标准。

第八条 最低工资标准的确定和调整方案,由省、自治区、直辖市人民政府劳动保障行政部门会同同级工会、企业联合会/企业家协会研究拟订,并将拟订的方案报送劳动保障部。方案内容包括最低工资确定和调整的依据、适用范围、拟订标准和说明。劳动保障部在收到拟订方案后,应征求全国总工会、中国企业联合会/企业家协会的意见。

劳动保障部对方案可以提出修订意见,若在方案收到后 14 日内未提出修订意见的,视为同意。

第九条 省、自治区、直辖市劳动保障行政部门应将本地区最低工资标准方案报省、自治区、直辖市人民政府批准,并在批准后 7 日内在当地政府公报上和至少一种全地区性报纸上发布。省、自治区、直辖市劳动保障行政部门应在发布后 10 日内将最低工资标准报劳动保障部。

第十条 最低工资标准发布实施后,如本规定第六条所规定的相关因素发生变化,应当适时调整。最低工资标准每两年至少调整一次。

第十一条 用人单位应在最低工资标准发布后10日内将该标准向本单位全体劳动者公示。

第十二条 在劳动者提供正常劳动的情况下，用人单位应支付给劳动者的工资在剔除下列各项以后，不得低于当地最低工资标准：

(一)延长工作时间工资；

(二)中班、夜班、高温、低温、井下、有毒有害等特殊工作环境、条件下的津贴；

(三)法律、法规和国家规定的劳动者福利待遇等。

实行计件工资或提成工资等工资形式的用人单位，在科学合理的劳动定额基础上，其支付劳动者的工资不得低于相应的最低工资标准。

劳动者由于本人原因造成在法定工作时间内或依法签订的劳动合同约定的工作时间内未提供正常劳动的，不适用于本条规定。

第十三条 用人单位违反本规定第十一条规定的，由劳动保障行政部门责令其限期改正；违反本规定第十二条规定的，由劳动保障行政部门责令其限期补发所欠劳动者工资，并可责令其按所欠工资的1至5倍支付劳动者赔偿金。

第十四条 劳动者与用人单位之间就执行最低工资标准发生争议，按劳动争议处理有关规定处理。

第十五条 本规定自2004年3月1日起实施。1993年11月24日原劳动部发布的《企业最低工资规定》同时废止。

附件:最低工资标准测算方法附件

最低工资标准测算方法

一、确定最低工资标准应考虑的因素

确定最低工资标准一般考虑城镇居民生活费用支出、职工个人缴纳社会保险费、住房公积金、职工平均工资、失业率、经济发展水平等因素。可用公式表示为：

M＝f(C、S、A、U、E、a)

M—最低工资标准；

C—城镇居民人均生活费用；

S—职工个人缴纳社会保险费、住房公积金；

A—职工平均工资；

U—失业率；

E—经济发展水平；

a—调整因素。

二、确定最低工资标准的通用方法

1. 比重法即根据城镇居民家计调查资料，确定一定比例的最低人均收入户为贫困户，统计出贫困户的人均生活费用支出水平，乘以每一就业者的赡养系数，再加上一个调整数。

2. 恩格尔系数法即根据国家营养学会提供的年度标准食物谱及标准食物摄取量，结合标准食物的市场价格，计算出最低食物支出标准，除以恩格尔系数，得出最低生活费用标准，再乘以每一就业者的赡养系数，再加上一个调整数。

以上方法计算出月最低工资标准后，再考虑职工个人缴纳社会保险费、住房公积金、职工平均工资水平、社会救济金和失业保险金标准、就业状况、经济发展水平等进行必要的修正。

举例：某地区最低收入组人均每月生活费支出为 210 元，每一就业者赡养系数为 1.87，最低食物费用为 127 元，恩格尔系数为 0.604，平均工资为 900 元。

1. 按比重法计算得出该地区月最低工资标准为：

月最低工资标准＝210×1.87＋a＝393＋a(元)（1）

2. 按恩格尔系数法计算得出该地区月最低工资标准为：

月最低工资标准＝127÷0.604×1.87＋a＝393＋a(元) (2)

公式(1)与(2)中a的调整因素主要考虑当地个人缴纳养老、失业、医疗保险费和住房公积金等费用。

另，按照国际上一般月最低工资标准相当于月平均工资的40％—60％，则该地区月最低工资标准范围应在360元—540元之间。

小时最低工资标准＝〔(月最低工资标准÷20.92÷8)×(1＋单位应当缴纳的基本养老保险费、基本医疗保险费比例之和)〕×(1＋浮动系数)

浮动系数的确定主要考虑非全日制就业劳动者工作稳定性、劳动条件和劳动强度、福利等方面与全日制就业人员之间的差异。

各地可参照以上测算办法，根据当地实际情况合理确定月、小时最低工资标准。

劳动安全与卫生

中华人民共和国职业病防治法

（2001年10月27日第九届全国人民代表大会常务委员会第二十四次会议通过，2001年10月27日中华人民共和国主席令第60号公布。）

目　录

第一章　总则

第二章　前期预防

第三章　劳动过程中的防护与管理

第四章　职业病诊断与职业病病人保障

第五章　监督检查

第六章　法律责任

第七章　附则

第一章　总则

第一条　为了预防、控制和消除职业病危害，防治职业病，保护劳动者健康及其相关权益，促进经济发展，根据宪法，制定本法。

第二条　本法适用于中华人民共和国领域内的职业病防治活动。

本法所称职业病，是指企业、事业单位和个体经济组织（以下统称用人单位）的劳动者在职业活动中，因接触粉尘、放射性物质和其他有毒、有害物质等因素而引起的疾病。

职业病的分类和目录由国务院卫生行政部门会同国务院劳动保障行政部门规定、调整并公布。

第三条 职业病防治工作坚持预防为主、防治结合的方针，实行分类管理、综合治理。

第四条 劳动者依法享有职业卫生保护的权利。

用人单位应当为劳动者创造符合国家职业卫生标准和卫生要求的工作环境和条件，并采取措施保障劳动者获得职业卫生保护。

第五条 用人单位应当建立、健全职业病防治责任制，加强对职业病防治的管理，提高职业病防治水平，对本单位产生的职业病危害承担责任。

第六条 用人单位必须依法参加工伤社会保险。

国务院和县级以上地方人民政府劳动保障行政部门应当加强对工伤社会保险的监督管理，确保劳动者依法享受工伤社会保险待遇。

第七条 国家鼓励研制、开发、推广、应用有利于职业病防治和保护劳动者健康的新技术、新工艺、新材料，加强对职业病的机理和发生规律的基础研究，提高职业病防治科学技术水平；积极采用有效的职业病防治技术、工艺、材料；限制使用或者淘汰职业病危害严重的技术、工艺、材料。

第八条 国家实行职业卫生监督制度。

国务院卫生行政部门统一负责全国职业病防治的监督管理工作。国务院有关部门在各自的职责范围内负责职业病防治的有关监督管理工作。

县级以上地方人民政府卫生行政部门负责本行政区域内职业病防治的监督管理工作。县级以上地方人民政府有关部门在各自的职责范围内负责职业病防治的有关监督管理工作。

第九条 国务院和县级以上地方人民政府应当制定职业病防治

规划，将其纳入国民经济和社会发展计划，并组织实施。

乡、民族乡、镇的人民政府应当认真执行本法，支持卫生行政部门依法履行职责。

第十条 县级以上人民政府卫生行政部门和其他有关部门应当加强对职业病防治的宣传教育，普及职业病防治的知识，增强用人单位的职业病防治观念，提高劳动者的自我健康保护意识。

第十一条 有关防治职业病的国家职业卫生标准，由国务院卫生行政部门制定并公布。

第十二条 任何单位和个人有权对违反本法的行为进行检举和控告。

对防治职业病成绩显著的单位和个人，给予奖励。

第二章 前期预防

第十三条 产生职业病危害的用人单位的设立除应当符合法律、行政法规规定的设立条件外，其工作场所还应当符合下列职业卫生要求：

（一）职业病危害因素的强度或者浓度符合国家职业卫生标准；

（二）有与职业病危害防护相适应的设施；

（三）生产布局合理，符合有害与无害作业分开的原则；

（四）有配套的更衣间、洗浴间、孕妇休息间等卫生设施；

（五）设备、工具、用具等设施符合保护劳动者生理、心理健康的要求；

（六）法律、行政法规和国务院卫生行政部门关于保护劳动者健康的其他要求。

第十四条 在卫生行政部门中建立职业病危害项目的申报制度。

用人单位设有依法公布的职业病目录所列职业病的危害项目的，

应当及时、如实向卫生行政部门申报，接受监督。

职业病危害项目申报的具体办法由国务院卫生行政部门制定。

第十五条 新建、扩建、改建建设项目和技术改造、技术引进项目(以下统称建设项目)可能产生职业病危害的，建设单位在可行性论证阶段应当向卫生行政部门提交职业病危害预评价报告。卫生行政部门应当自收到职业病危害预评价报告之日起三十日内，作出审核决定并书面通知建设单位。未提交预评价报告或者预评价报告未经卫生行政部门审核同意的，有关部门不得批准该建设项目。

职业病危害预评价报告应当对建设项目可能产生的职业病危害因素及其对工作场所和劳动者健康的影响作出评价，确定危害类别和职业病防护措施。

建设项目职业病危害分类目录和分类管理办法由国务院卫生行政部门制定。

第十六条 建设项目的职业病防护设施所需费用应当纳入建设项目工程预算，并与主体工程同时设计，同时施工，同时投入生产和使用。

职业病危害严重的建设项目的防护设施设计，应当经卫生行政部门进行卫生审查，符合国家职业卫生标准和卫生要求的，方可施工。

建设项目在竣工验收前，建设单位应当进行职业病危害控制效果评价。建设项目竣工验收时，其职业病防护设施经卫生行政部门验收合格后，方可投入正式生产和使用。

第十七条 职业病危害预评价、职业病危害控制效果评价由依法设立的取得省级以上人民政府卫生行政部门资质认证的职业卫生技术服务机构进行。职业卫生技术服务机构所作评价应当客观、真实。

第十八条 国家对从事放射、高毒等作业实行特殊管理。具体管理办法由国务院制定。

第三章　劳动过程中的防护与管理

第十九条　用人单位应当采取下列职业病防治管理措施：

(一)设置或者指定职业卫生管理机构或者组织，配备专职或者兼职的职业卫生专业人员，负责本单位的职业病防治工作；

(二)制定职业病防治计划和实施方案；

(三)建立、健全职业卫生管理制度和操作规程；

(四)建立、健全职业卫生档案和劳动者健康监护档案；

(五)建立、健全工作场所职业病危害因素监测及评价制度；

(六)建立、健全职业病危害事故应急救援预案。

第二十条　用人单位必须采用有效的职业病防护设施，并为劳动者提供个人使用的职业病防护用品。

用人单位为劳动者个人提供的职业病防护用品必须符合防治职业病的要求；不符合要求的，不得使用。

第二十一条　用人单位应当优先采用有利于防治职业病和保护劳动者健康的新技术、新工艺、新材料，逐步替代职业病危害严重的技术、工艺、材料。

第二十二条　产生职业病危害的用人单位，应当在醒目位置设置公告栏，公布有关职业病防治的规章制度、操作规程、职业病危害事故应急救援措施和工作场所职业病危害因素检测结果。

对产生严重职业病危害的作业岗位，应当在其醒目位置，设置警示标识和中文警示说明。警示说明应当载明产生职业病危害的种类、后果、预防以及应急救治措施等内容。

第二十三条　对可能发生急性职业损伤的有毒、有害工作场所，用人单位应当设置报警装置，配置现场急救用品、冲洗设备、应急撤离通道和必要的泄险区。

对放射工作场所和放射性同位素的运输、贮存，用人单位必须配置防护设备和报警装置，保证接触放射线的工作人员佩戴个人剂量计。

对职业病防护设备、应急救援设施和个人使用的职业病防护用品，用人单位应当进行经常性的维护、检修，定期检测其性能和效果，确保其处于正常状态，不得擅自拆除或者停止使用。

第二十四条 用人单位应当实施由专人负责的职业病危害因素日常监测，并确保监测系统处于正常运行状态。

用人单位应当按照国务院卫生行政部门的规定，定期对工作场所进行职业病危害因素检测、评价。检测、评价结果存入用人单位职业卫生档案，定期向所在地卫生行政部门报告并向劳动者公布。

职业病危害因素检测、评价由依法设立的取得省级以上人民政府卫生行政部门资质认证的职业卫生技术服务机构进行。职业卫生技术服务机构所作检测、评价应当客观、真实。

发现工作场所职业病危害因素不符合国家职业卫生标准和卫生要求时，用人单位应当立即采取相应治理措施，仍然达不到国家职业卫生标准和卫生要求的，必须停止存在职业病危害因素的作业；职业病危害因素经治理后，符合国家职业卫生标准和卫生要求的，方可重新作业。

第二十五条 向用人单位提供可能产生职业病危害的设备的，应当提供中文说明书，并在设备的醒目位置设置警示标识和中文警示说明。警示说明应当载明设备性能、可能产生的职业病危害、安全操作和维护注意事项、职业病防护以及应急救治措施等内容。

第二十六条 向用人单位提供可能产生职业病危害的化学品、放射性同位素和含有放射性物质的材料的，应当提供中文说明书。说明书应当载明产品特性、主要成份、存在的有害因素、可能产生的危害后果、安全使用注意事项、职业病防护以及应急救治措施等内容。产品包装应当有醒目的警示标识和中文警示说明。贮存上述材料的场所应当在规定的部位设置危险物品标识或者放射性警示标识。

国内首次使用或者首次进口与职业病危害有关的化学材料，使用单位或者进口单位按照国家规定经国务院有关部门批准后，应当向国务院卫生行政部门报送该化学材料的毒性鉴定以及经有关部门登记注册或者批准进口的文件等资料。

进口放射性同位素、射线装置和含有放射性物质的物品的，按照国家有关规定办理。

第二十七条 任何单位和个人不得生产、经营、进口和使用国家明令禁止使用的可能产生职业病危害的设备或者材料。

第二十八条 任何单位和个人不得将产生职业病危害的作业转移给不具备职业病防护条件的单位和个人。不具备职业病防护条件的单位和个人不得接受产生职业病危害的作业。

第二十九条 用人单位对采用的技术、工艺、材料，应当知悉其产生的职业病危害，对有职业病危害的技术、工艺、材料隐瞒其危害而采用的，对所造成的职业病危害后果承担责任。

第三十条 用人单位与劳动者订立劳动合同（含聘用合同，下同）时，应当将工作过程中可能产生的职业病危害及其后果、职业病防护措施和待遇等如实告知劳动者，并在劳动合同中写明，不得隐瞒或者欺骗。

劳动者在已订立劳动合同期间因工作岗位或者工作内容变更，从事与所订立劳动合同中未告知的存在职业病危害的作业时，用人单位应当依照前款规定，向劳动者履行如实告知的义务，并协商变更原劳动合同相关条款。

用人单位违反前两款规定的，劳动者有权拒绝从事存在职业病危害的作业，用人单位不得因此解除或者终止与劳动者所订立的劳动合同。

第三十一条 用人单位的负责人应当接受职业卫生培训，遵守职业病防治法律、法规，依法组织本单位的职业病防治工作。

用人单位应当对劳动者进行上岗前的职业卫生培训和在岗期间的定期职业卫生培训，普及职业卫生知识，督促劳动者遵守职业病防治法律、法规、规章和操作规程，指导劳动者正确使用职业病防护设备和个人使用的职业病防护用品。

劳动者应当学习和掌握相关的职业卫生知识，遵守职业病防治法律、法规、规章和操作规程，正确使用、维护职业病防护设备和个人使用的职业病防护用品，发现职业病危害事故隐患应当及时报告。

劳动者不履行前款规定义务的，用人单位应当对其进行教育。

第三十二条 对从事接触职业病危害的作业的劳动者，用人单位应当按照国务院卫生行政部门的规定组织上岗前、在岗期间和离岗时的职业健康检查，并将检查结果如实告知劳动者。职业健康检查费用由用人单位承担。

用人单位不得安排未经上岗前职业健康检查的劳动者从事接触职业病危害的作业；不得安排有职业禁忌的劳动者从事其所禁忌的作业；对在职业健康检查中发现有与所从事的职业相关的健康损害的劳动者，应当调离原工作岗位，并妥善安置；对未进行离岗前职业健康检查的劳动者不得解除或者终止与其订立的劳动合同。

职业健康检查应当由省级以上人民政府卫生行政部门批准的医疗卫生机构承担。

第三十三条 用人单位应当为劳动者建立职业健康监护档案，并按照规定的期限妥善保存。

职业健康监护档案应当包括劳动者的职业史、职业病危害接触史、职业健康检查结果和职业病诊疗等有关个人健康资料。

劳动者离开用人单位时，有权索取本人职业健康监护档案复印件，用人单位应当如实、无偿提供，并在所提供的复印件上签章。

第三十四条 发生或者可能发生急性职业病危害事故时，用人单位应当立即采取应急救援和控制措施，并及时报告所在地卫生行政部门和有关部门。卫生行政部门接到报告后，应当及时会同有关部门组织调查处理；必要时，可以采取临时控制措施。

对遭受或者可能遭受急性职业病危害的劳动者，用人单位应当及时组织救治、进行健康检查和医学观察，所需费用由用人单位承担。

第三十五条 用人单位不得安排未成年工从事接触职业病危害的作业；不得安排孕期、哺乳期的女职工从事对本人和胎儿、婴儿有危害的作业。

第三十六条 劳动者享有下列职业卫生保护权利：

（一）获得职业卫生教育、培训；

（二）获得职业健康检查、职业病诊疗、康复等职业病防治服务；

（三）了解工作场所产生或者可能产生的职业病危害因素、危害后果和应当采取的职业病防护措施；

（四）要求用人单位提供符合防治职业病要求的职业病防护设施和个人使用的职业病防护用品，改善工作条件；

（五）对违反职业病防治法律、法规以及危及生命健康的行为提出批评、检举和控告；

（六）拒绝违章指挥和强令进行没有职业病防护措施的作业；

（七）参与用人单位职业卫生工作的民主管理，对职业病防治工作提出意见和建议。

用人单位应当保障劳动者行使前款所列权利。因劳动者依法行使正当权利而降低其工资、福利等待遇或者解除、终止与其订立的劳动合同的，其行为无效。

第三十七条 工会组织应当督促并协助用人单位开展职业卫生

宣传教育和培训，对用人单位的职业病防治工作提出意见和建议，与用人单位就劳动者反映的有关职业病防治的问题进行协调并督促解决。

工会组织对用人单位违反职业病防治法律、法规，侵犯劳动者合法权益的行为，有权要求纠正；产生严重职业病危害时，有权要求采取防护措施，或者向政府有关部门建议采取强制性措施；发生职业病危害事故时，有权参与事故调查处理；发现危及劳动者生命健康的情形时，有权向用人单位建议组织劳动者撤离危险现场，用人单位应当立即作出处理。

第三十八条 用人单位按照职业病防治要求，用于预防和治理职业病危害、工作场所卫生检测、健康监护和职业卫生培训等费用，按照国家有关规定，在生产成本中据实列支。

第四章 职业病诊断与职业病病人保障

第三十九条 职业病诊断应当由省级以上人民政府卫生行政部门批准的医疗卫生机构承担。

第四十条 劳动者可以在用人单位所在地或者本人居住地依法承担职业病诊断的医疗卫生机构进行职业病诊断。

第四十一条 职业病诊断标准和职业病诊断、鉴定办法由国务院卫生行政部门制定。职业病伤残等级的鉴定办法由国务院劳动保障行政部门会同国务院卫生行政部门制定。

第四十二条 职业病诊断，应当综合分析下列因素：

（一）病人的职业史；

（二）职业病危害接触史和现场危害调查与评价；

（三）临床表现以及辅助检查结果等。

没有证据否定职业病危害因素与病人临床表现之间的必然联系的，在排除其他致病因素后，应当诊断为职业病。

承担职业病诊断的医疗卫生机构在进行职业病诊断时，应当组织三名以上取得职业病诊断资格的执业医师集体诊断。

职业病诊断证明书应当由参与诊断的医师共同签署，并经承担职业病诊断的医疗卫生机构审核盖章。

第四十三条 用人单位和医疗卫生机构发现职业病病人或者疑似职业病病人时，应当及时向所在地卫生行政部门报告。确诊为职业病的，用人单位还应当向所在地劳动保障行政部门报告。

卫生行政部门和劳动保障行政部门接到报告后，应当依法作出处理。

第四十四条 县级以上地方人民政府卫生行政部门负责本行政区域内的职业病统计报告的管理工作，并按照规定上报。

第四十五条 当事人对职业病诊断有异议的，可以向作出诊断的医疗卫生机构所在地地方人民政府卫生行政部门申请鉴定。

职业病诊断争议由设区的市级以上地方人民政府卫生行政部门根据当事人的申请，组织职业病诊断鉴定委员会进行鉴定。

当事人对设区的市级职业病诊断鉴定委员会的鉴定结论不服的，可以向省、自治区、直辖市人民政府卫生行政部门申请再鉴定。

第四十六条 职业病诊断鉴定委员会由相关专业的专家组成。

省、自治区、直辖市人民政府卫生行政部门应当设立相关的专家库，需要对职业病争议作出诊断鉴定时，由当事人或者当事人委托有关卫生行政部门从专家库中以随机抽取的方式确定参加诊断鉴定委员会的专家。

职业病诊断鉴定委员会应当按照国务院卫生行政部门颁布的职业病诊断标准和职业病诊断、鉴定办法进行职业病诊断鉴定，向当事人出具职业病诊断鉴定书。职业病诊断鉴定费用由用人单位承担。

第四十七条 职业病诊断鉴定委员会组成人员应当遵守职业道

德，客观、公正地进行诊断鉴定，并承担相应的责任。职业病诊断鉴定委员会组成人员不得私下接触当事人，不得收受当事人的财物或者其他好处，与当事人有利害关系的，应当回避。

人民法院受理有关案件需要进行职业病鉴定时，应当从省、自治区、直辖市人民政府卫生行政部门依法设立的相关的专家库中选取参加鉴定的专家。

第四十八条 职业病诊断、鉴定需要用人单位提供有关职业卫生和健康监护等资料时，用人单位应当如实提供，劳动者和有关机构也应当提供与职业病诊断、鉴定有关的资料。

第四十九条 医疗卫生机构发现疑似职业病病人时，应当告知劳动者本人并及时通知用人单位。

用人单位应当及时安排对疑似职业病病人进行诊断；在疑似职业病病人诊断或者医学观察期间，不得解除或者终止与其订立的劳动合同。

疑似职业病病人在诊断、医学观察期间的费用，由用人单位承担。

第五十条 职业病病人依法享受国家规定的职业病待遇。

用人单位应当按照国家有关规定，安排职业病病人进行治疗、康复和定期检查。

用人单位对不适宜继续从事原工作的职业病病人，应当调离原岗位，并妥善安置。

用人单位对从事接触职业病危害的作业的劳动者，应当给予适当岗位津贴。

第五十一条 职业病病人的诊疗、康复费用，伤残以及丧失劳动能力的职业病病人的社会保障，按照国家有关工伤社会保险的规定执行。

第五十二条 职业病病人除依法享有工伤社会保险外，依照有关民事法律，尚有获得赔偿的权利的，有权向用人单位提出赔偿要求。

第五十三条 劳动者被诊断患有职业病，但用人单位没有依法参加工伤社会保险的，其医疗和生活保障由最后的用人单位承担；最后的用人单位有证据证明该职业病是先前用人单位的职业病危害造成的，由先前的用人单位承担。

第五十四条 职业病病人变动工作单位，其依法享有的待遇不变。

用人单位发生分立、合并、解散、破产等情形的，应当对从事接触职业病危害的作业的劳动者进行健康检查，并按照国家有关规定妥善安置职业病病人。

第五章 监督检查

第五十五条 县级以上人民政府卫生行政部门依照职业病防治法律、法规、国家职业卫生标准和卫生要求，依据职责划分，对职业病防治工作及职业病危害检测、评价活动进行监督检查。

第五十六条 卫生行政部门履行监督检查职责时，有权采取下列措施：

（一）进入被检查单位和职业病危害现场，了解情况，调查取证；

（二）查阅或者复制与违反职业病防治法律、法规的行为有关的资料和采集样品；

（三）责令违反职业病防治法律、法规的单位和个人停止违法行为。

第五十七条 发生职业病危害事故或者有证据证明危害状态可能导致职业病危害事故发生时，卫生行政部门可以采取下列临时控制措施：

（一）责令暂停导致职业病危害事故的作业；

（二）封存造成职业病危害事故或者可能导致职业病危害事故发生

的材料和设备；

（三）组织控制职业病危害事故现场。

在职业病危害事故或者危害状态得到有效控制后，卫生行政部门应当及时解除控制措施。

第五十八条 职业卫生监督执法人员依法执行职务时，应当出示监督执法证件。

职业卫生监督执法人员应当忠于职守，秉公执法，严格遵守执法规范；涉及用人单位的秘密的，应当为其保密。

第五十九条 职业卫生监督执法人员依法执行职务时，被检查单位应当接受检查并予以支持配合，不得拒绝和阻碍。

第六十条 卫生行政部门及其职业卫生监督执法人员履行职责时，不得有下列行为：

（一）对不符合法定条件的，发给建设项目有关证明文件、资质证明文件或者予以批准；

（二）对已经取得有关证明文件的，不履行监督检查职责；

（三）发现用人单位存在职业病危害的，可能造成职业病危害事故，不及时依法采取控制措施；

（四）其他违反本法的行为。

第六十一条 职业卫生监督执法人员应当依法经过资格认定。

卫生行政部门应当加强队伍建设，提高职业卫生监督执法人员的政治、业务素质，依照本法和其他有关法律、法规的规定，建立、健全内部监督制度，对其工作人员执行法律、法规和遵守纪律的情况，进行监督检查。

第六章 法律责任

第六十二条 建设单位违反本法规定，有下列行为之一的，由卫生行政部门给予警告，责令限期改正；逾期不改正的，处十万元以上五十万元以下的罚款；情节严重的，责令停止产生职业病危害的作业，或者提请有关人民政府按照国务院规定的权限责令停建、关闭：

（一）未按照规定进行职业病危害预评价或者未提交职业病危害预评价报告，或者职业病危害预评价报告未经卫生行政部门审核同意，擅自开工的；

（二）建设项目的职业病防护设施未按照规定与主体工程同时投入生产和使用的；

（三）职业病危害严重的建设项目，其职业病防护设施设计不符合国家职业卫生标准和卫生要求施工的；

（四）未按照规定对职业病防护设施进行职业病危害控制效果评价、未经卫生行政部门验收或者验收不合格，擅自投入使用的。

第六十三条 违反本法规定，有下列行为之一的，由卫生行政部门给予警告，责令限期改正；逾期不改正的，处二万元以下的罚款：

（一）工作场所职业病危害因素检测、评价结果没有存档、上报、公布的；

（二）未采取本法第十九条规定的职业病防治管理措施的；

（三）未按照规定公布有关职业病防治的规章制度、操作规程、职业病危害事故应急救援措施的；

（四）未按照规定组织劳动者进行职业卫生培训，或者未对劳动者个人职业病防护采取指导、督促措施的；

（五）国内首次使用或者首次进口与职业病危害有关的化学材料，未按照规定报送毒性鉴定资料以及经有关部门登记注册或者批准进口的文件的。

第六十四条 用人单位违反本法规定，有下列行为之一的，由卫生行政部门责令限期改正，给予警告，可以并处二万元以上五万元以下的罚款：

（一）未按照规定及时、如实向卫生行政部门申报产生职业病危害的项目的；

（二）未实施由专人负责的职业病危害因素日常监测，或者监测系统不能正常监测的；

（三）订立或者变更劳动合同时，未告知劳动者职业病危害真实情况的；

（四）未按照规定组织职业健康检查、建立职业健康监护档案或者未将检查结果如实告知劳动者的。

第六十五条 用人单位违反本法规定，有下列行为之一的，由卫生行政部门给予警告，责令限期改正，逾期不改正的，处五万元以上二十万元以下的罚款；情节严重的，责令停止产生职业病危害的作业，或者提请有关人民政府按照国务院规定的权限责令关闭：

（一）工作场所职业病危害因素的强度或者浓度超过国家职业卫生标准的；

（二）未提供职业病防护设施和个人使用的职业病防护用品，或者提供的职业病防护设施和个人使用的职业病防护用品不符合国家职业卫生标准和卫生要求的；

（三）对职业病防护设备、应急救援设施和个人使用的职业病防护用品未按照规定进行维护、检修、检测，或者不能保持正常运行、使用状态的；

（四）未按照规定对工作场所职业病危害因素进行检测、评价的；

（五）工作场所职业病危害因素经治理仍然达不到国家职业卫生标准和卫生要求时，未停止存在职业病危害因素的作业的；

（六）未按照规定安排职业病病人、疑似职业病病人进行诊治的；

（七）发生或者可能发生急性职业病危害事故时，未立即采取应急救援和控制措施或者未按照规定及时报告的；

（八）未按照规定在产生严重职业病危害的作业岗位醒目位置设置警示标识和中文警示说明的；

（九）拒绝卫生行政部门监督检查的。

第六十六条 向用人单位提供可能产生职业病危害的设备、材料，未按照规定提供中文说明书或者设置警示标识和中文警示说明的，由卫生行政部门责令限期改正，给予警告，并处五万元以上二十万元以下的罚款。

第六十七条 用人单位和医疗卫生机构未按照规定报告职业病、疑似职业病的，由卫生行政部门责令限期改正，给予警告，可以并处一万元以下的罚款；弄虚作假的，并处二万元以上五万元以下的罚款；对直接负责的主管人员和其他直接责任人员，可以依法给予降级或者撤职的处分。

第六十八条 违反本法规定，有下列情形之一的，由卫生行政部门责令限期治理，并处五万元以上三十万元以下的罚款；情节严重的，责令停止产生职业病危害的作业，或者提请有关人民政府按照国务院规定的权限责令关闭：

（一）隐瞒技术、工艺、材料所产生的职业病危害而采用的；

（二）隐瞒本单位职业卫生真实情况的；

（三）可能发生急性职业损伤的有毒、有害工作场所、放射工作场所或者放射性同位素的运输、贮存不符合本法第二十三条规定的；

（四）使用国家明令禁止使用的可能产生职业病危害的设备或者材料的；

（五）将产生职业病危害的作业转移给没有职业病防护条件的单位和个人，或者没有职业病防护条件的单位和个人接受产生职业病危害的作业的；

（六）擅自拆除、停止使用职业病防护设备或者应急救援设施的；

（七）安排未经职业健康检查的劳动者、有职业禁忌的劳动者、未成年工或者孕期、哺乳期女职工从事接触职业病危害的作业或者禁忌作业的；

（八）违章指挥和强令劳动者进行没有职业病防护措施的作业的。

第六十九条　生产、经营或者进口国家明令禁止使用的可能产生职业病危害的设备或者材料的，依照有关法律、行政法规的规定给予处罚。

第七十条　用人单位违反本法规定，已经对劳动者生命健康造成严重损害的，由卫生行政部门责令停止产生职业病危害的作业，或者提请有关人民政府按照国务院规定的权限责令关闭，并处十万元以上三十万元以下的罚款。

第七十一条　用人单位违反本法规定，造成重大职业病危害事故或者其他严重后果，构成犯罪的，对直接负责的主管人员和其他直接责任人员，依法追究刑事责任。

第七十二条　未取得职业卫生技术服务资质认证擅自从事职业卫生技术服务的，或者医疗卫生机构未经批准擅自从事职业健康检查、职业病诊断的，由卫生行政部门责令立即停止违法行为，没收违法所得；违法所得五千元以上的，并处违法所得二倍以上十倍以下的罚款；没有违法所得或者违法所得不足五千元的，并处五千元以上五万元以下的罚款；情节严重的，对直接负责的主管人员和其他直接责任人员，依法给予降级、撤职或者开除的处分。

第七十三条　从事职业卫生技术服务的机构和承担职业健康检查、职业病诊断的医疗卫生机构违反本法规定，有下列行为之一的，由卫生行政部门责令立即停止违法行为，给予警告，没收违法所得；违法所得五千元以上的，并处违法所得二倍以上五倍以下的罚款；没有违法所得或者违法所得不足五千元的，并处五千元以上二万元以下的罚款；情节严重的，由原认证或者批准机关取消其相应的资格；对直接负责的主管人员和其他直接责任人员，依法给予降级、撤职或者开除的处分；构成犯罪的，依法追究刑事责任：

（一）超出资质认证或者批准范围从事职业卫生技术服务或者职业健康检查、职业病诊断的；

（二）不按照本法规定履行法定职责的；

（三）出具虚假证明文件的。

第七十四条 职业病诊断鉴定委员会组成人员收受职业病诊断争议当事人的财物或者其他好处的，给予警告，没收收受的财物，可以并处三千元以上五万元以下的罚款，取消其担任职业病诊断鉴定委员会组成人员的资格，并从省、自治区、直辖市人民政府卫生行政部门设立的专家库中予以除名。

第七十五条 卫生行政部门不按照规定报告职业病和职业病危害事故的，由上一级卫生行政部门责令改正，通报批评，给予警告；虚报、瞒报的，对单位负责人、直接负责的主管人员和其他直接责任人员依法给予降级、撤职或者开除的行政处分。

第七十六条 卫生行政部门及其职业卫生监督执法人员有本法第六十条所列行为之一，导致职业病危害事故发生，构成犯罪的，依法追究刑事责任；尚不构成犯罪的，对单位负责人、直接负责的主管人员和其他直接责任人员依法给予降级、撤职或者开除的行政处分。

第七章 附则

第七十七条 本法下列用语的含义：

职业病危害，是指对从事职业活动的劳动者可能导致职业病的各种危害。职业病危害因素包括：职业活动中存在的各种有害的化学、物理、生物因素以及在作业过程中产生的其他职业有害因素。

职业禁忌，是指劳动者从事特定职业或者接触特定职业病危害因素时，比一般职业人群更易于遭受职业病危害和罹患职业病或者可能导致原有自身疾病病情加重，或者在从事作业过程中诱发可能导致对他人生命健康构成危险的疾病的个人特殊生理或者病理状态。

第七十八条　本法第二条规定的用人单位以外的单位，产生职业病危害的，其职业病防治活动可以参照本法执行。

中国人民解放军参照执行本法的办法，由国务院、中央军事委员会制定。

第七十九条　本法自 2002 年 5 月 1 日起施行。

中华人民共和国安全生产法

（2002 年 6 月 29 日第九届全国人民代表大会常务委员会第二十八次会议通过，2002 年 6 月 29 日中华人民共和国主席令第 70 号公布。）

目　录

第一章　总 则
第二章　生产经营单位的安全生产保障
第三章　从业人员的权利和义务
第四章　安全生产的监督管理
第五章　生产安全事故的应急救援与调查处理
第六章　法律责任
第七章　附 则

第一章 总 则

第一条　为了加强安全生产监督管理，防止和减少生产安全事故，保障人民群众生命和财产安全，促进经济发展，制定本法。

第二条　在中华人民共和国领域内从事生产经营活动的单位（以下统称生产经营单位）的安全生产，适用本法；有关法律、行政法规对消防安全和道路交通安全、铁路交通安全、水上交通安全、民用航空安全另有规定的，适用其规定。

第三条　安全生产管理，坚持安全第一、预防为主的方针。

第四条　生产经营单位必须遵守本法和其他有关安全生产的法

律、法规，加强安全生产管理，建立、健全安全生产责任制度，完善安全生产条件，确保安全生产。

第五条 生产经营单位的主要负责人对本单位的安全生产工作全面负责。

第六条 生产经营单位的从业人员有依法获得安全生产保障的权利，并应当依法履行安全生产方面的义务。

第七条 工会依法组织职工参加本单位安全生产工作的民主管理和民主监督，维护职工在安全生产方面的合法权益。

第八条 国务院和地方各级人民政府应当加强对安全生产工作的领导，支持、督促各有关部门依法履行安全生产监督管理职责。

县级以上人民政府对安全生产监督管理中存在的重大问题应当及时予以协调、解决。

第九条 国务院负责安全生产监督管理的部门依照本法，对全国安全生产工作实施综合监督管理；县级以上地方各级人民政府负责安全生产监督管理的部门依照本法，对本行政区域内安全生产工作实施综合监督管理。

国务院有关部门依照本法和其他有关法律、行政法规的规定，在各自的职责范围内对有关的安全生产工作实施监督管理；县级以上地方各级人民政府有关部门依照本法和其他有关法律、法规的规定，在各自的职责范围内对有关的安全生产工作实施监督管理。

第十条 国务院有关部门应当按照保障安全生产的要求，依法及时制定有关的国家标准或者行业标准，并根据科技进步和经济发展适时修订。

生产经营单位必须执行依法制定的保障安全生产的国家标准或者行业标准。

第十一条 各级人民政府及其有关部门应当采取多种形式，加强对有关安全生产的法律、法规和安全生产知识的宣传，提高职工的安全生产意识。

第十二条 依法设立的为安全生产提供技术服务的中介机构，依照法律、行政法规和执业准则，接受生产经营单位的委托为其安全生产工作提供技术服务。

第十三条 国家实行生产安全事故责任追究制度，依照本法和有关法律、法规的规定，追究生产安全事故责任人员的法律责任。

第十四条 国家鼓励和支持安全生产科学技术研究和安全生产先进技术的推广应用，提高安全生产水平。

第十五条 国家对在改善安全生产条件、防止生产安全事故、参加抢险救护等方面取得显著成绩的单位和个人，给予奖励。

第二章 生产经营单位的安全生产保障

第十六条 生产经营单位应当具备本法和有关法律、行政法规和国家标准或者行业标准规定的安全生产条件；不具备安全生产条件的，不得从事生产经营活动。

第十七条 生产经营单位的主要负责人对本单位安全生产工作负有下列职责：

(一)建立、健全本单位安全生产责任制；

(二)组织制定本单位安全生产规章制度和操作规程；

(三)保证本单位安全生产投入的有效实施；

(四)督促、检查本单位的安全生产工作，及时消除生产安全事故隐患；

(五)组织制定并实施本单位的生产安全事故应急救援预案；

(六)及时、如实报告生产安全事故。

第十八条 生产经营单位应当具备的安全生产条件所必需的资

金投入，由生产经营单位的决策机构、主要负责人或者个人经营的投资人予以保证，并对由于安全生产所必需的资金投入不足导致的后果承担责任。

第十九条 矿山、建筑施工单位和危险物品的生产、经营、储存单位，应当设置安全生产管理机构或者配备专职安全生产管理人员。

前款规定以外的其他生产经营单位，从业人员超过三百人的，应当设置安全生产管理机构或者配备专职安全生产管理人员；从业人员在三百人以下的，应当配备专职或者兼职的安全生产管理人员，或者委托具有国家规定的相关专业技术资格的工程技术人员提供安全生产管理服务。

生产经营单位依照前款规定委托工程技术人员提供安全生产管理服务的，保证安全生产的责任仍由本单位负责。

第二十条 生产经营单位的主要负责人和安全生产管理人员必须具备与本单位所从事的生产经营活动相应的安全生产知识和管理能力。

危险物品的生产、经营、储存单位以及矿山、建筑施工单位的主要负责人和安全生产管理人员，应当由有关主管部门对其安全生产知识和管理能力考核合格后方可任职。考核不得收费。

第二十一条 生产经营单位应当对从业人员进行安全生产教育和培训，保证从业人员具备必要的安全生产知识，熟悉有关的安全生产规章制度和安全操作规程，掌握本岗位的安全操作技能。未经安全生产教育和培训合格的从业人员，不得上岗作业。

第二十二条 生产经营单位采用新工艺、新技术、新材料或者使用新设备，必须了解、掌握其安全技术特性，采取有效的安全防护措施，并对从业人员进行专门的安全生产教育和培训。

第二十三条 生产经营单位的特种作业人员必须按照国家有关

规定经专门的安全作业培训，取得特种作业操作资格证书，方可上岗作业。

特种作业人员的范围由国务院负责安全生产监督管理的部门会同国务院有关部门确定。

第二十四条 生产经营单位新建、改建、扩建工程项目（以下统称建设项目）的安全设施，必须与主体工程同时设计、同时施工、同时投入生产和使用。安全设施投资应当纳入建设项目概算。

第二十五条 矿山建设项目和用于生产、储存危险物品的建设项目，应当分别按照国家有关规定进行安全条件论证和安全评价。

第二十六条 建设项目安全设施的设计人、设计单位应当对安全设施设计负责。

矿山建设项目和用于生产、储存危险物品的建设项目的安全设施设计应当按照国家有关规定报经有关部门审查，审查部门及其负责审查的人员对审查结果负责。

第二十七条 矿山建设项目和用于生产、储存危险物品的建设项目的施工单位必须按照批准的安全设施设计施工，并对安全设施的工程质量负责。

矿山建设项目和用于生产、储存危险物品的建设项目竣工投入生产或者使用前，必须依照有关法律、行政法规的规定对安全设施进行验收；验收合格后，方可投入生产和使用。验收部门及其验收人员对验收结果负责。

第二十八条 生产经营单位应当在有较大危险因素的生产经营场所和有关设施、设备上，设置明显的安全警示标志。

第二十九条 安全设备的设计、制造、安装、使用、检测、维修、改造和报废，应当符合国家标准或者行业标准。

生产经营单位必须对安全设备进行经常性维护、保养，并定期检测，保证正常运转。维护、保养、检测应当作好记录，并由有关人员签字。

第三十条 生产经营单位使用的涉及生命安全、危险性较大的特种设备，以及危险物品的容器、运输工具，必须按照国家有关规定，由专业生产单位生产，并经取得专业资质的检测、检验机构检测、检验合格，取得安全使用证或者安全标志，方可投入使用。检测、检验机构对检测、检验结果负责。

涉及生命安全、危险性较大的特种设备的目录由国务院负责特种设备安全监督管理的部门制定，报国务院批准后执行。

第三十一条 国家对严重危及生产安全的工艺、设备实行淘汰制度。

生产经营单位不得使用国家明令淘汰、禁止使用的危及生产安全的工艺、设备。

第三十二条 生产、经营、运输、储存、使用危险物品或者处置废弃危险物品的，由有关主管部门依照有关法律、法规的规定和国家标准或者行业标准审批并实施监督管理。

生产经营单位生产、经营、运输、储存、使用危险物品或者处置废弃危险物品，必须执行有关法律、法规和国家标准或者行业标准，建立专门的安全管理制度，采取可靠的安全措施，接受有关主管部门依法实施的监督管理。

第三十三条 生产经营单位对重大危险源应当登记建档，进行定期检测、评估、监控，并制定应急预案，告知从业人员和相关人员在紧急情况下应当采取的应急措施。

生产经营单位应当按照国家有关规定将本单位重大危险源及有关安全措施、应急措施报有关地方人民政府负责安全生产监督管理的部门和有关部门备案。

第三十四条 生产、经营、储存、使用危险物品的车间、商店、仓库不得与员工宿舍在同一座建筑物内，并应当与员工宿舍保持安全距离。

生产经营场所和员工宿舍应当设有符合紧急疏散要求、标志明显、保持畅通的出口。禁止封闭、堵塞生产经营场所或者员工宿舍的出口。

第三十五条 生产经营单位进行爆破、吊装等危险作业，应当安排专门人员进行现场安全管理，确保操作规程的遵守和安全措施的落实。

第三十六条 生产经营单位应当教育和督促从业人员严格执行本单位的安全生产规章制度和安全操作规程；并向从业人员如实告知作业场所和工作岗位存在的危险因素、防范措施以及事故应急措施。

第三十七条 生产经营单位必须为从业人员提供符合国家标准或者行业标准的劳动防护用品，并监督、教育从业人员按照使用规则佩戴、使用。

第三十八条 生产经营单位的安全生产管理人员应当根据本单位的生产经营特点，对安全生产状况进行经常性检查；对检查中发现的安全问题，应当立即处理；不能处理的，应当及时报告本单位有关负责人。检查及处理情况应当记录在案。

第三十九条 生产经营单位应当安排用于配备劳动防护用品、进行安全生产培训的经费。

第四十条 两个以上生产经营单位在同一作业区域内进行生产经营活动，可能危及对方生产安全的，应当签订安全生产管理协议，明确各自的安全生产管理职责和应当采取的安全措施，并指定专职安全生产管理人员进行安全检查与协调。

第四十一条 生产经营单位不得将生产经营项目、场所、设备发包或者出租给不具备安全生产条件或者相应资质的单位或者个人。

生产经营项目、场所有多个承包单位、承租单位的，生产经营单位应当与承包单位、承租单位签订专门的安全生产管理协议，或者在承包合同、租赁合同中约定各自的安全生产管理职责；生产经营单位对承包单位、承租单位的安全生产工作统一协调、管理。

第四十二条 生产经营单位发生重大生产安全事故时，单位的主要负责人应当立即组织抢救，并不得在事故调查处理期间擅离职守。

第四十三条 生产经营单位必须依法参加工伤社会保险，为从业人员缴纳保险费。

第三章 从业人员的权利和义务

第四十四条 生产经营单位与从业人员订立的劳动合同，应当载明有关保障从业人员劳动安全、防止职业危害的事项，以及依法为从业人员办理工伤社会保险的事项。

生产经营单位不得以任何形式与从业人员订立协议，免除或者减轻其对从业人员因生产安全事故伤亡依法应承担的责任。

第四十五条 生产经营单位的从业人员有权了解其作业场所和工作岗位存在的危险因素、防范措施及事故应急措施，有权对本单位的安全生产工作提出建议。

第四十六条 从业人员有权对本单位安全生产工作中存在的问题提出批评、检举、控告；有权拒绝违章指挥和强令冒险作业。

生产经营单位不得因从业人员对本单位安全生产工作提出批评、检举、控告或者拒绝违章指挥、强令冒险作业而降低其工资、福利等待遇或者解除与其订立的劳动合同。

第四十七条 从业人员发现直接危及人身安全的紧急情况时，有权停止作业或者在采取可能的应急措施后撤离作业场所。

生产经营单位不得因从业人员在前款紧急情况下停止作业或者采取紧急撤离措施而降低其工资、福利等待遇或者解除与其订立的劳动合同。

第四十八条 因生产安全事故受到损害的从业人员，除依法享有工伤社会保险外，依照有关民事法律尚有获得赔偿的权利的，有权向本单位提出赔偿要求。

第四十九条 从业人员在作业过程中，应当严格遵守本单位的安全生产规章制度和操作规程，服从管理，正确佩戴和使用劳动防护用品。

第五十条 从业人员应当接受安全生产教育和培训，掌握本职工作所需的安全生产知识，提高安全生产技能，增强事故预防和应急处理能力。

第五十一条 从业人员发现事故隐患或者其他不安全因素，应当立即向现场安全生产管理人员或者本单位负责人报告；接到报告的人员应当及时予以处理。

第五十二条 工会有权对建设项目的安全设施与主体工程同时设计、同时施工、同时投入生产和使用进行监督，提出意见。

工会对生产经营单位违反安全生产法律、法规，侵犯从业人员合法权益的行为，有权要求纠正；发现生产经营单位违章指挥、强令冒险作业或者发现事故隐患时，有权提出解决的建议，生产经营单位应当及时研究答复；发现危及从业人员生命安全的情况时，有权向生产经营单位建议组织从业人员撤离危险场所，生产经营单位必须立即作出处理。

工会有权依法参加事故调查，向有关部门提出处理意见，并要求追究有关人员的责任。

第四章　安全生产的监督管理

第五十三条 县级以上地方各级人民政府应当根据本行政区域内的安全生产状况，组织有关部门按照职责分工，对本行政区域内容易发生重大生产安全事故的生产经营单位进行严格检查；发现事故隐患，应当及时处理。

第五十四条 依照本法第九条规定对安全生产负有监督管理职责的部门（以下统称负有安全生产监督管理职责的部门）依照有关法律、法规的规定，对涉及安全生产的事项需要审查批准（包括批准、核准、许可、注册、认证、颁发证照等，下同）或者验收的，必须严格依照有关法律、法规和国家标准或者行业标准规定的安全生产条件和程序进行审查；不符合有关法律、法规和国家标准或者行业标准规定的安全生产条件的，不得批准或者验收通过。对未依法取得批准或者验收合格的单位擅自从事有关活动的，负责行政审批的部门发现或者接到举报后应当立即予以取缔，并依法予以处理。对已经依法取得批准的单位，负责行政审批的部门发现其不再具备安全生产条件的，应当撤销原批准。

第五十五条 负有安全生产监督管理职责的部门对涉及安全生产的事项进行审查、验收，不得收取费用；不得要求接受审查、验收的单位购买其指定品牌或者指定生产、销售单位的安全设备、器材或者其他产品。

第五十六条 负有安全生产监督管理职责的部门依法对生产经营单位执行有关安全生产的法律、法规和国家标准或者行业标准的情况进行监督检查，行使以下职权：

（一）进入生产经营单位进行检查，调阅有关资料，向有关单位和人员了解情况。

（二）对检查中发现的安全生产违法行为，当场予以纠正或者要求限期改正；对依法应当给予行政处罚的行为，依照本法和其他有关法律、行政法规的规定作出行政处罚决定。

（三）对检查中发现的事故隐患，应当责令立即排除；重大事故隐患排除前或者排除过程中无法保证安全的，应当责令从危险区域内撤出作业人员，责令暂时停产停业或者停止使用；重大事故隐患排除后，经审查同意，方可恢复生产经营和使用。

（四）对有根据认为不符合保障安全生产的国家标准或者行业标准的设施、设备、器材予以查封或者扣押，并应当在十五日内依法作出处理决定。

监督检查不得影响被检查单位的正常生产经营活动。

第五十七条 生产经营单位对负有安全生产监督管理职责的部门的监督检查人员（以下统称安全生产监督检查人员）依法履行监督检查职责，应当予以配合，不得拒绝、阻挠。

第五十八条 安全生产监督检查人员应当忠于职守，坚持原则，秉公执法。

安全生产监督检查人员执行监督检查任务时，必须出示有效的监督执法证件；对涉及被检查单位的技术秘密和业务秘密，应当为其保密。

第五十九条 安全生产监督检查人员应当将检查的时间、地点、内容、发现的问题及其处理情况，作出书面记录，并由检查人员和被检查单位的负责人签字；被检查单位的负责人拒绝签字的，检查人员应当将情况记录在案，并向负有安全生产监督管理职责的部门报告。

第六十条 负有安全生产监督管理职责的部门在监督检查中，应当互相配合，实行联合检查；确需分别进行检查的，应当互通情况，发现存在的安全问题应当由其他有关部门进行处理的，应当及时移送其他有关部门并形成记录备查，接受移送的部门应当及时进行处理。

第六十一条 监察机关依照行政监察法的规定，对负有安全生产监督管理职责的部门及其工作人员履行安全生产监督管理职责实施监察。

第六十二条　承担安全评价、认证、检测、检验的机构应当具备国家规定的资质条件，并对其作出的安全评价、认证、检测、检验的结果负责。

第六十三条　负有安全生产监督管理职责的部门应当建立举报制度，公开举报电话、信箱或者电子邮件地址，受理有关安全生产的举报；受理的举报事项经调查核实后，应当形成书面材料；需要落实整改措施的，报经有关负责人签字并督促落实。

第六十四条　任何单位或者个人对事故隐患或者安全生产违法行为，均有权向负有安全生产监督管理职责的部门报告或者举报。

第六十五条　居民委员会、村民委员会发现其所在区域内的生产经营单位存在事故隐患或者安全生产违法行为时，应当向当地人民政府或者有关部门报告。

第六十六条　县级以上各级人民政府及其有关部门对报告重大事故隐患或者举报安全生产违法行为的有功人员，给予奖励。具体奖励办法由国务院负责安全生产监督管理的部门会同国务院财政部门制定。

第六十七条　新闻、出版、广播、电影、电视等单位有进行安全生产宣传教育的义务，有对违反安全生产法律、法规的行为进行舆论监督的权利。

第五章　生产安全事故的应急救援与调查处理

第六十八条　县级以上地方各级人民政府应当组织有关部门制定本行政区域内特大生产安全事故应急救援预案，建立应急救援体系。

第六十九条　危险物品的生产、经营、储存单位以及矿山、建筑施工单位应当建立应急救援组织；生产经营规模较小，可以不建立应急救援组织的，应当指定兼职的应急救援人员。

危险物品的生产、经营、储存单位以及矿山、建筑施工单位应当配备必要的应急救援器材、设备，并进行经常性维护、保养，保证正常运转。

第七十条 生产经营单位发生生产安全事故后，事故现场有关人员应当立即报告本单位负责人。

单位负责人接到事故报告后，应当迅速采取有效措施，组织抢救，防止事故扩大，减少人员伤亡和财产损失，并按照国家有关规定立即如实报告当地负有安全生产监督管理职责的部门，不得隐瞒不报、谎报或者拖延不报，不得故意破坏事故现场、毁灭有关证据。

第七十一条 负有安全生产监督管理职责的部门接到事故报告后，应当立即按照国家有关规定上报事故情况。负有安全生产监督管理职责的部门和有关地方人民政府对事故情况不得隐瞒不报、谎报或者拖延不报。

第七十二条 有关地方人民政府和负有安全生产监督管理职责的部门的负责人接到重大生产安全事故报告后，应当立即赶到事故现场，组织事故抢救。

任何单位和个人都应当支持、配合事故抢救，并提供一切便利条件。

第七十三条 事故调查处理应当按照实事求是、尊重科学的原则，及时、准确地查清事故原因，查明事故性质和责任，总结事故教训，提出整改措施，并对事故责任者提出处理意见。事故调查和处理的具体办法由国务院制定。

第七十四条 生产经营单位发生生产安全事故，经调查确定为责任事故的，除了应当查明事故单位的责任并依法予以追究外，还应当查明对安全生产的有关事项负有审查批准和监督职责的行政部门的责任，对有失职、渎职行为的，依照本法第七十七条的规定追究法律责任。

第七十五条 任何单位和个人不得阻挠和干涉对事故的依法调查处理。

第七十六条 县级以上地方各级人民政府负责安全生产监督管理的部门应当定期统计分析本行政区域内发生生产安全事故的情况，并定期向社会公布。

第六章 法律责任

第七十七条 负有安全生产监督管理职责的部门的工作人员，有下列行为之一的，给予降级或者撤职的行政处分；构成犯罪的，依照刑法有关规定追究刑事责任：

（一）对不符合法定安全生产条件的涉及安全生产的事项予以批准或者验收通过的；

（二）发现未依法取得批准、验收的单位擅自从事有关活动或者接到举报后不予取缔或者不依法予以处理的；

（三）对已经依法取得批准的单位不履行监督管理职责，发现其不再具备安全生产条件而不撤销原批准或者发现安全生产违法行为不予查处的。

第七十八条 负有安全生产监督管理职责的部门，要求被审查、验收的单位购买其指定的安全设备、器材或者其他产品的，在对安全生产事项的审查、验收中收取费用的，由其上级机关或者监察机关责令改正，责令退还收取的费用；情节严重的，对直接负责的主管人员和其他直接责任人员依法给予行政处分。

第七十九条 承担安全评价、认证、检测、检验工作的机构，出具虚假证明，构成犯罪的，依照刑法有关规定追究刑事责任；尚不够刑事处罚的，没收违法所得，违法所得在五千元以上的，并处违法所得二倍以上五倍以下的罚款，没有违法所得或者违法所得不足五千元的，单处或者并处五千元以上二万元以下的罚款，对其直接负责的主管人员和其他直接责任人员处五千元以上五万元以下的罚款；给他人造成损害的，与生产经营单位承担连带赔偿责任。

对有前款违法行为的机构，撤销其相应资格。

第八十条 生产经营单位的决策机构、主要负责人、个人经营的投资人不依照本法规定保证安全生产所必需的资金投入，致使生产经营单位不具备安全生产条件的，责令限期改正，提供必需的资金；逾期未改正的，责令生产经营单位停产停业整顿。

有前款违法行为，导致发生生产安全事故，构成犯罪的，依照刑法有关规定追究刑事责任；尚不够刑事处罚的，对生产经营单位的主要负责人给予撤职处分，对个人经营的投资人处二万元以上二十万元以下的罚款。

第八十一条 生产经营单位的主要负责人未履行本法规定的安全生产管理职责的，责令限期改正；逾期未改正的，责令生产经营单位停产停业整顿。

生产经营单位的主要负责人有前款违法行为，导致发生生产安全事故，构成犯罪的，依照刑法有关规定追究刑事责任；尚不够刑事处罚的，给予撤职处分或者处二万元以上二十万元以下的罚款。

生产经营单位的主要负责人依照前款规定受刑事处罚或者撤职处分的，自刑罚执行完毕或者受处分之日起，五年内不得担任任何生产经营单位的主要负责人。

第八十二条 生产经营单位有下列行为之一的，责令限期改正；逾期未改正的，责令停产停业整顿，可以并处二万元以下的罚款：

（一）未按照规定设立安全生产管理机构或者配备安全生产管理人员的；

（二）危险物品的生产、经营、储存单位以及矿山、建筑施工单位的主要负责人和安全生产管理人员未按照规定经考核合格的；

（三）未按照本法第二十一条、第二十二条的规定对从业人员进行安全生产教育和培训，或者未按照本法第三十六条的规定如实告知从业人员有关的安全生产事项的；

（四）特种作业人员未按照规定经专门的安全作业培训并取得特种作业操作资格证书，上岗作业的。

第八十三条 生产经营单位有下列行为之一的，责令限期改正；逾期未改正的，责令停止建设或者停产停业整顿，可以并处五万元以下的罚款；造成严重后果，构成犯罪的，依照刑法有关规定追究刑事责任：

（一）矿山建设项目或者用于生产、储存危险物品的建设项目没有安全设施设计或者安全设施设计未按照规定报经有关部门审查同意的；

（二）矿山建设项目或者用于生产、储存危险物品的建设项目的施工单位未按照批准的安全设施设计施工的；

（三）矿山建设项目或者用于生产、储存危险物品的建设项目竣工投入生产或者使用前，安全设施未经验收合格的；

（四）未在有较大危险因素的生产经营场所和有关设施、设备上设置明显的安全警示标志的；

（五）安全设备的安装、使用、检测、改造和报废不符合国家标准或者行业标准的；

（六）未对安全设备进行经常性维护、保养和定期检测的；

（七）未为从业人员提供符合国家标准或者行业标准的劳动防护用品的；

（八）特种设备以及危险物品的容器、运输工具未经取得专业资质的机构检测、检验合格，取得安全使用证或者安全标志，投入使用的；

（九）使用国家明令淘汰、禁止使用的危及生产安全的工艺、设备的。

第八十四条 未经依法批准，擅自生产、经营、储存危险物品的，责令停止违法行为或者予以关闭，没收违法所得，违法所得十万元以上的，并处违法所得一倍以上五倍以下的罚款，没有违法所得或者违法所得不足十万元的，单处或者并处二万元以上十万元以下的罚款；造成严重后果，构成犯罪的，依照刑法有关规定追究刑事责任。

第八十五条 生产经营单位有下列行为之一的，责令限期改正；逾期未改正的，责令停产停业整顿，可以并处二万元以上十万元以下的罚款；造成严重后果，构成犯罪的，依照刑法有关规定追究刑事责任：

（一）生产、经营、储存、使用危险物品，未建立专门安全管理制度、未采取可靠的安全措施或者不接受有关主管部门依法实施的监督管理的；

（二）对重大危险源未登记建档，或者未进行评估、监控，或者未制定应急预案的；

（三）进行爆破、吊装等危险作业，未安排专门管理人员进行现场安全管理的。

第八十六条 生产经营单位将生产经营项目、场所、设备发包或者出租给不具备安全生产条件或者相应资质的单位或者个人的，责令限期改正，没收违法所得；违法所得五万元以上的，并处违法所得一倍以上五倍以下的罚款；没有违法所得或者违法所得不足五万元的，单处或者并处一万元以上五万元以下的罚款；导致发生生产安全事故给他人造成损害的，与承包方、承租方承担连带赔偿责任。

生产经营单位未与承包单位、承租单位签订专门的安全生产管理协议或者未在承包合同、租赁合同中明确各自的安全生产管理职责，或者未对承包单位、承租单位的安全生产统一协调、管理的，责令限期改正；逾期未改正的，责令停产停业整顿。

第八十七条 两个以上生产经营单位在同一作业区域内进行可能危及对方安全生产的生产经营活动，未签订安全生产管理协议或者未指定专职安全生产管理人员进行安全检查与协调的，责令限期改正；逾期未改正的，责令停产停业。

第八十八条 生产经营单位有下列行为之一的，责令限期改正；逾期未改正的，责令停产停业整顿；造成严重后果，构成犯罪的，依照刑法有关规定追究刑事责任：

（一）生产、经营、储存、使用危险物品的车间、商店、仓库与员工宿舍在同一座建筑内，或者与员工宿舍的距离不符合安全要求的；

（二）生产经营场所和员工宿舍未设有符合紧急疏散需要、标志明显、保持畅通的出口，或者封闭、堵塞生产经营场所或者员工宿舍出口的。

第八十九条 生产经营单位与从业人员订立协议，免除或者减轻其对从业人员因生产安全事故伤亡依法应承担的责任的，该协议无效；对生产经营单位的主要负责人、个人经营的投资人处二万元以上十万元以下的罚款。

第九十条 生产经营单位的从业人员不服从管理，违反安全生产规章制度或者操作规程的，由生产经营单位给予批评教育，依照有关规章制度给予处分；造成重大事故，构成犯罪的，依照刑法有关规定追究刑事责任。

第九十一条 生产经营单位主要负责人在本单位发生重大生产安全事故时，不立即组织抢救或者在事故调查处理期间擅离职守或者逃匿的，给予降职、撤职的处分，对逃匿的处十五日以下拘留；构成犯罪的，依照刑法有关规定追究刑事责任。

生产经营单位主要负责人对生产安全事故隐瞒不报、谎报或者拖延不报的，依照前款规定处罚。

第九十二条　有关地方人民政府、负有安全生产监督管理职责的部门，对生产安全事故隐瞒不报、谎报或者拖延不报的，对直接负责的主管人员和其他直接责任人员依法给予行政处分；构成犯罪的，依照刑法有关规定追究刑事责任。

第九十三条　生产经营单位不具备本法和其他有关法律、行政法规和国家标准或者行业标准规定的安全生产条件，经停产停业整顿仍不具备安全生产条件的，予以关闭；有关部门应当依法吊销其有关证照。

第九十四条　本法规定的行政处罚，由负责安全生产监督管理的部门决定；予以关闭的行政处罚由负责安全生产监督管理的部门报请县级以上人民政府按照国务院规定的权限决定；给予拘留的行政处罚由公安机关依照治安管理处罚条例的规定决定。有关法律、行政法规对行政处罚的决定机关另有规定的，依照其规定。

第九十五条　生产经营单位发生生产安全事故造成人员伤亡、他人财产损失的，应当依法承担赔偿责任；拒不承担或者其负责人逃匿的，由人民法院依法强制执行。

生产安全事故的责任人未依法承担赔偿责任，经人民法院依法采取执行措施后，仍不能对受害人给予足额赔偿的，应当继续履行赔偿义务；受害人发现责任人有其他财产的，可以随时请求人民法院执行。

第七章　附则

第九十六条　本法下列用语的含义：

危险物品，是指易燃易爆物品、危险化学品、放射性物品等能够危及人身安全和财产安全的物品。

重大危险源，是指长期地或者临时地生产、搬运、使用或者储存危险物品，且危险物品的数量等于或者超过临界量的单元（包括场所和设施）。

第九十七条 本法自2002年11月1日起施行。

企业职工伤亡事故报告和处理规定

（1991年3月1日国务院发布）

第一章　总则

第一条　为了及时报告、统计、调查和处理职工伤亡事故，积极采取预防措施，防止伤亡事故，制定本规定。

第二条　本规定适用于中华人民共和国境内的一切企业。

第三条　本规定所称伤亡事故，是指职工在劳动过程中发生的人身伤害、急性中毒事故。

第四条　伤亡事故的报告、统计、调查和处理工作必须坚持实事求是、尊重科学的原则。

第二章　事故报告

第五条　伤亡事故发生后，负伤者或者事故现场有关人员应当立即直接或者逐级报告企业负责人。

第六条　企业负责人接到重伤、死亡、重大死亡事故报告后，应当立即报告企业主管部门和企业所在地劳动部门、公安部门、人民检察院、工会。

第七条　企业主管部门和劳动部门接到死亡、重大死亡事故报告后，应当立即按系统逐级上报；死亡事故报至省、自治区、直辖市企业主管部门和劳动部门；重大死亡事故报至国务院有关主管部门、劳动部门。

第八条　发生死亡、重大死亡事故的企业应当保护事故现场，并迅速采取必要措施抢救人员和财产，防止事故扩大。

第三章　事故调查

第九条　轻伤、重伤事故，由企业负责人或其指定人员组织生产、技术、安全等有关人员以及工会成员参加的事故调查组，进行调查。

第十条　死亡事故，由企业主管部门会同企业所在地设区的市（或者相当于设区的市一级）劳动部门、公安部门、工会组成事故调查组，进行调查。

重大死亡事故，按照企业的隶属关系由省、自治区、直辖市企业主管部门或者国务院有关主管部门会同同级劳动部门、公安部门、监察部门、工会组成事故调查组，进行调查。

前两款的事故调查组应当邀请人民检察院派员参加，还可邀请其他部门的人员和有关专家参加。

第十一条　事故调查组成员应当符合下列条件：

（一）具有事故调查所需要的某一方面的专长；

（二）与所发生事故没有直接利害关系。

第十二条　事故调查组的职责：

（一）查明事故发生原因、过程和人员伤亡、经济损失情况；

（二）确定事故责任者；

（三）提出事故处理意见和防范措施的建议；

（四）写出事故调查报告。

第十三条　事故调查组有权向发生事故的企业和有关单位、有关人员了解有关情况和索取有关资料，任何单位和个人不得拒绝。

第十四条　事故调查组在查明事故情况以后，如果对事故的分析和事故责任者的处理不能取得一致意见，劳动部门有权提出结论性意见；如果仍有不同意见，应当报上级劳动部门商有关部门处理；仍不能达成一致意见的，报同级人民政府裁决。但不得超过事故处理工作的时限。

第十五条 任何单位和个人不得阻碍、干涉事故调查组的正常工作。

第四章 事故处理

第十六条 事故调查组提出的事故处理意见和防范措施建议，由发生事故的企业及其主管部门负责处理。

第十七条 因忽视安全生产、违章指挥、违章作业、玩忽职守或者发现事故隐患、危害情况而不采取有效措施以致造成伤亡事故的，由企业主管部门或者企业按照国家有关规定，对企业负责人和直接责任人员给予行政处分；构成犯罪的，由司法机关依法追究刑事责任。

第十八条 违反本规定，在伤亡事故发生后隐瞒不报、谎报、故意迟延不报、故意破坏事故现场，或者无正常理由，拒绝接受调查以及拒绝提供有关情况和资料的，由有关部门按照国家有关规定，对有关单位负责人和直接责任人员给予行政处分；构成犯罪的，由司法机关依法追究刑事责任。

第十九条 在调查、处理伤亡事故中玩忽职守、徇私舞弊或者打击报复的，由其所在单位按照国家有关规定给予行政处分；构成犯罪的，由司法机关依法追究刑事责任。

第二十条 伤亡事故处理工作应当在九十日内结案，特殊情况不得超过一百八十日。伤亡事故处理结案后，应当公开宣布处理结果。

第五章 附则

第二十一条 伤亡事故统计办法和报表格式由国务院劳动部门会同国务院统计部门按照国家有关规定制定。

伤亡事故经济损失的确定办法和事故的分类办法由国务院劳动部门会同国务院有关部门制定。

伤亡事故的调查、处理，法律、行政法规另有专门规定的，从其规定。

第二十二条 劳动部门对企业执行本规定的情况进行监督检查。

第二十三条 发生特别重大事故应当按照国家有关规定办理。

第二十四条 国家机关、事业单位、人民团体发生的伤亡事故参照本规定执行。

第二十五条 本规定由国务院劳动部门负责解释。

第二十六条 本规定自1991年5月1日起施行，1956年国务院发布的《工人职员伤亡事故报告规程》同时废止。

企业职工劳动安全卫生教育管理规定

（1995年11月8日劳动部发布）

第一章　总则

第一条　为规范企业职工劳动安全卫生教育（以下简称安全教育）工作，提高职工安全素质，防止伤亡事故，减少职业危害，根据《劳动法》的有关规定，制定本规定。

第二条　本规定适用于中华人民共和国境内的企业和与之形成劳动关系的劳动者。

第三条　企业必须开展安全教育，普及安全知识，倡导安全文化，建立、健全安全教育制度。

第四条　国务院劳动行政部门依法对全国企业安全教育工作实施综合管理，并行使监察职责。

县级以上地方各级人民政府劳动行政部门依法对本行政区域内的企业安全教育工作实施综合管理，并行使监察职责。

第二章　生产岗位职工安全教育

第五条　企业新职工上岗前必须进行厂级、车间级、班组级三级安全教育。三级安全教育时间不得少于四十学时。

第六条　厂级安全教育由企业主管厂长负责，企业安全卫生管理部门会同有关部门组织实施。

厂级安全教育应包括劳动安全卫生法律、法规，通用安全技术、劳动卫生和安全文化的基本知识，本企业劳动安全卫生规章制度及状况、劳动纪律和有关事故案例等项内容。

第七条　车间级安全教育由车间负责人组织实施。

车间级安全教育应包括本车间劳动安全卫生状况和规章制度，主要危险危害因素及安全事项，预防工伤事故和职业病的主要措施，典型事故案例及事故应急处理措施等项内容。

第八条　班组级安全教育由班组长组织实施。

班组级安全教育应包括遵章守纪，岗位安全操作规程，岗位间工作衔接配合的安全卫生事项，典型事故案例，劳动防护用品（用具）的性能及正确使用方法等项内容。

第九条　企业新职工应按规定通过三级安全教育并经考核合格后方可上岗。

第十条　从事特种作业的人员必须经过专门的安全知识与安全操作技能培训，并经过考核，取得特种作业资格，方可上岗工作。具体办法按国家有关规定执行。

第十一条　企业职工调整工作岗或离岗一年以上重新上岗时，必须进行相应的车间级或班组级安全教育。

企业在实施新工艺、新技术或使用新设备、新材料时，必须对有关人员进行相应的有针对性的安全教育。

第三章　管理人员安全教育

第十二条　企业法定代表人和厂长、经理必须经过安全教育并经考核合格后方能任职。安全教育时间不得少于四十学时。

本条规定的安全教育的教材由劳动行政部门指定或认可。安全教育应包括国家有关劳动安全卫生的方针、政策、法律、法规及有关规章制度，工伤保险法律、法规，安全生产管理职责、企业劳动安全卫生管理知识及安全文化，有关事故案例及事故应急处理措施等项内容。

第十三条 企业安全卫生管理人员必须经过安全教育并经考核合格后方能任职。安全教育时间不得少于一百二十学时。

本条规定的安全教育由地市级以上劳动行政部门认可的单位或组织进行。安全教育应包括国家有关劳动安全卫生的方针、政策、法律、法规和劳动安全卫生标准,企业安全生产管理、安全技术、劳动卫生知识、安全文化,工伤保险法律、法规,职工伤亡事故和职业病统计报告及调查处理程序,有关事故案例及事故应急处理措施等项内容。安全教育考核合格者,由劳动行政部门发给任职资格证。

第十四条 企业其他管理负责人(包括职能部门负责人、车间负责人)、专业工程技术人员的安全教育由企业安全卫生管理部门组织实施。安全教育时间不得少于二十四学时。

本条规定的安全教育应包括劳动安全卫生法律、法规及本部门、本岗位安全卫生职责,安全技术、劳动卫生和安全文化的知识,有关事故案例及事故应急处理措施等项内容。

第十五条 班组长和安全员的安全教育由企业安全卫生管理部门组织实施。安全教育时间不得少于二十四学时。

本条规定的安全教育应包括劳动安全卫生法律、法规。安全技术、劳动卫生和安全文化的知识、技能及本企业、本班组和一些岗位的危险危害因素、安全注意事项,本岗位安全生产职责,典型事故案例及事故抢救与应急处理措施等项内容。

第四章 组织管理

第十六条 企业法定代表人和厂长、经理对本企业安全教育工作负责。

企业安全卫生管理部门负责组织实施安全教育工作。

第十七条 企业安全教育工作应纳入本单位培训教育年度计划

和中长期计划，所需人员、资金和物资应予保证。

第十八条 企业应建立、健全生产岗位职工安全教育、管理人员安全教育、安全员安全教育和班前教育、事故教育、安全活动日（周、月）等项安全教育制度。

第十九条 企业应建立健全安全教育档案。

安全教育档案由企业安全卫生管理部门管理或实行分级管理。

第二十条 企业对于认真开展安全教育并在防止伤亡事故、减少职业危害方面作出成绩的单位和职工，应予以表彰和奖励。

第二十一条 各级劳动行政部门的劳动安全卫生监察人员有权进入企业，对企业安全教育制度、教育内容、组织实施情况等进行监督检查。

第二十二条 劳动行政部门对于认真开展安全教育并在防止伤亡事故、减少职业危害方面作出成绩的企业和人员，应予以表彰和奖励。

第五章 罚则

第二十三条 凡未按本规定进行安全教育的，由劳动行政部门责令改正，并可按有关规定给予行政处罚；凡未按本规定进行安全教育而造成职工伤亡事故或严重职业危害的，由劳动行政部门按有关规定从重处罚。

第二十四条 企业无理阻挠劳动行政部门及其劳动安全卫生监察人员行使监督检查权的，由劳动行政部门按有关规定处罚。

第六章 附则

第二十五条 个体经济组织和与之形成劳动关系的劳动者，及国家机关、事业单位、社会团体和与之建立劳动合同关系的劳动者，依照本规定执行。

第二十六条 省、自治区、直辖市劳动行政部门可根据本规定制定实施细则。

第二十七条 本规定自颁布之日起施行。

卫生部、劳动和社会保障部关于印发《职业病目录》的通知

（2002年4月18日卫法监发〔2002〕108号）

根据《中华人民共和国职业病防治法》第二条的规定，现将《职业病目录》印发给你们，请遵照执行。1987年11月5日卫生部、劳动人事部、财政部和全国总工会联合发布的《职业病范围和职业病患者处理办法的规定》中的职业病名单同时废止。

职业病目录

一、尘肺

1. 矽肺
2. 煤工尘肺
3. 石墨尘肺
4. 碳黑尘肺
5. 石棉肺
6. 滑石尘肺
7. 水泥尘肺
8. 云母尘肺
9. 陶工尘肺
10. 铝尘肺
11. 电焊工尘肺
12. 铸工尘肺
13. 根据《尘肺病诊断标准》和《尘肺病理诊断标准》可以诊断的其

他尘肺

二、职业性放射性疾病

1. 外照射急性放射病

2. 外照射亚急性放射病

3. 外照射慢性放射病

4. 内照射放射病

5. 放射性皮肤疾病

6. 放射性肿瘤

7. 放射性骨损伤

8. 放射性甲状腺疾病

9. 放射性性腺疾病

10. 放射复合伤

11. 根据《职业性放射性疾病诊断标准(总则)》可以诊断的其他放射性损伤

三、职业中毒

1. 铅及其化合物中毒(不包括四乙基铅)

2. 汞及其化合物中毒

3. 锰及其化合物中毒

4. 镉及其化合物中毒

5. 铍病

6. 铊及其化合物中毒

7. 钡及其化合物中毒

8. 钒及其化合物中毒

9. 磷及其化合物中毒

10. 砷及其化合物中毒

11. 铀中毒

12. 砷化氢中毒

13. 氯气中毒

14. 二氧化硫中毒

15. 光气中毒

16. 氨中毒

17. 偏二甲基肼中毒

18. 氮氧化合物中毒

19. 一氧化碳中毒

20. 二硫化碳中毒

21. 硫化氢中毒

22. 磷化氢、磷化锌、磷化铝中毒

23. 工业性氟病

24. 氰及腈类化合物中毒

25. 四乙基铅中毒

26. 有机锡中毒

27. 羰基镍中毒

28. 苯中毒

29. 甲苯中毒

30. 二甲苯中毒

31. 正己烷中毒

32. 汽油中毒

33. 一甲胺中毒

34. 有机氟聚合物单体及其热裂解物中毒

35. 二氯乙烷中毒

36. 四氯化碳中毒

37. 氯乙烯中毒

38. 三氯乙烯中毒

39. 氯丙烯中毒

40. 氯丁二烯中毒

41. 苯的氨基及硝基化合物(不包括三硝基甲苯)中毒

42. 三硝基甲苯中毒

43. 甲醇中毒

44. 酚中毒

45. 五氯酚(钠)中毒

46. 甲醛中毒

47. 硫酸二甲酯中毒

48. 丙烯酰胺中毒

49. 二甲基甲酰胺中毒

50. 有机磷农药中毒

51. 氨基甲酸酯类农药中毒

52. 杀虫脒中毒

53. 溴甲烷中毒

54. 拟除虫菊酯类农药中毒

55. 根据《职业性中毒性肝病诊断标准》可以诊断的职业性中毒性肝病

56. 根据《职业性急性化学物中毒诊断标准(总则)》可以诊断的其他职业性急性中毒

四、物理因素所致职业病

1. 中暑

2. 减压病

3. 高原病

4. 航空病

5. 手臂振动病

五、生物因素所致职业病

1. 炭疽

2. 森林脑炎

3. 布氏杆菌病

六、职业性皮肤病

1. 接触性皮炎

2. 光敏性皮炎

3. 电光性皮炎

4. 黑变病

5. 痤疮

6. 溃疡

7. 化学性皮肤灼伤

8. 根据《职业性皮肤病诊断标准(总则)》可以诊断的其他职业性皮肤病

七、职业性眼病

1. 化学性眼部灼伤

2. 电光性眼炎

3. 职业性白内障(含放射性白内障、三硝基甲苯白内障)

八、职业性耳鼻喉口腔疾病

1. 噪声聋

2. 铬鼻病

3. 牙酸蚀病

九、职业性肿瘤

1. 石棉所致肺癌、间皮瘤

2. 联苯胺所致膀胱癌

3. 苯所致白血病

4. 氯甲醚所致肺癌

5. 砷所致肺癌、皮肤癌

6. 氯乙烯所致肝血管肉瘤

7. 焦炉工人肺癌

8. 铬酸盐制造业工人肺癌

十、其他职业病

1. 金属烟热

2. 职业性哮喘

3. 职业性变态反应性肺泡炎

4. 棉尘病

5. 煤矿井下工人滑囊炎

劳动保护

女职工劳动保护规定

（1988年7月21日国务院令第9号发布，自1988年9月1日起施行。）

第一条 为维护女职工的合法权益，减少和解决女职工在劳动和工作（以下统称劳动）中因生理特点造成的特殊困难，保护其健康，以利于社会主义现代化建设，制定本规定。

第二条 本规定适用于中华人民共和国境内一切国家机关、人民团体、企业、事业单位（以下统称单位）的女职工。

第三条 凡适合妇女从事劳动的单位，不得拒绝招收女职工。

第四条 不得在女职工怀孕期、产期、哺乳期降低其基本工资，或者解除劳动合同。

第五条 禁止安排女职工从事矿山井下、国家规定的第四级体力劳动强度的劳动和其他女职工禁忌从事的劳动。

第六条 女职工在月经期间，所在单位不得安排其从事高空、低温、冷水和国家规定的第三级体力劳动强度的劳动。

第七条 女职工在怀孕期间，所在单位不得安排其从事国家规定的第三级体力劳动强度的劳动和孕期禁忌从事的劳动，不得在正常劳动日以外延长劳动时间；对不能胜任原劳动的，应当根据医务部门的证明，予以减轻劳动量或者安排其他劳动。

怀孕七个月以上（含七个月）的女职工，一般不得安排其从事夜班劳动;在劳动时间内应当安排一定的休息时间。

怀孕的女职工,在劳动时间内进行产前检查,应当算作劳动时间。

第八条 女职工产假为九十天,其中产前休假十五天。难产的,增加产假十五天。多胞胎生育的,每多生育一个婴儿,增加产假十五天。

女职工怀孕流产的,其所在单位应当根据医务部门的证明,给予一定时间的产假。

第九条 有不满一周岁婴儿的女职工,其所在单位应当在每班劳动时间内给予其两次哺乳(含人工喂养)时间,每次三十分钟。多胞胎生育的,每多哺乳一个婴儿,每次哺乳时间增加三十分钟。女职工每班劳动时间内的两次哺乳时间,可以合并使用。哺乳时间和在本单位内哺乳往返途中的时间,算作劳动时间。

第十条 女职工在哺乳期内,所在单位不得安排其从事国家规定的第三级体力劳动强度和哺乳期禁忌从事的劳动,不得延长其劳动时间,一般不得安排其从事夜班劳动。

第十一条 女职工比较多的单位应当按照国家有关规定,以自办或者联办的形式,逐步建立女职工卫生室、孕妇休息室、哺乳室、托儿所、幼儿园等设施,并妥善解决女职工在生理卫生、哺乳、照料婴儿方面的困难。

第十二条 女职工劳动保护的权益受到侵害时,有权向所在单位的主管部门或者当地劳动部门提出申诉。受理申诉的部门应当自收到申诉书之日起三十日内作出处理决定;女职工对处理决定不服的,可以在收到处理决定书之日起十五日内向人民法院起诉。

第十三条 对违反本规定侵害女职工劳动保护权益的单位负责人及其直接责任人员,其所在单位的主管部门,应当根据情节轻重,给予行政处分,并责令该单位给予被侵害女职工合理的经济补偿;构成犯罪的，由司法机关依法追究刑事责任。

第十四条 各级劳动部门负责对本规定的执行进行检查。

各级卫生部门和工会、妇联组织有权对本规定的执行进行监督。

第十五条 女职工违反国家有关计划生育规定的，其劳动保护应当按照国家有关计划生育规定办理，不适用本规定。

第十六条 女职工因生理特点禁忌从事劳动的范围由劳动部规定。

第十七条 省、自治区、直辖市人民政府可以根据本规定，制定具体办法。

第十八条 本规定由劳动部负责解释。

第十九条 本规定自1988年9月1日起施行。1953年1月2日政务院修正发布的《中华人民共和国劳动保险条例》中有关女工人、女职员生育待遇的规定和1955年4月26日《国务院关于女工作人员生产假期的通知》同时废止。

女职工禁忌劳动范围的规定

（1990年1月18日劳动部发布）

第一条　根据《女职工劳动保护规定》第十六条的要求，为保护女职工身心健康及其子女的正常发育和成长，特制定本规定。

第二条　本规定适用范围同《女职工劳动保护规定》。

第三条　女职工禁忌从事的劳动范围：

1. 矿山井下作业；

2. 森林业伐木、归楞及流放作业；

3.《体力劳动强度分级》标准中第Ⅳ级体力劳动强度的作业；

4. 建筑业脚手架的组装和拆除作业，以及电力、电信行业的高处架线作业；

5. 连续负重（指每小时负重次数在6次以上）每次负重超过20公斤，间断负重每次负重超过25公斤的作业。

第四条　女职工在月经期间禁忌从事的劳动范围：

1. 食品冷冻库内及冷水等低温作业；

2.《体力劳动强度分级》标准中第Ⅲ级体力劳动强度的作业；

3.《高处作业分级》标准中第Ⅱ级（含Ⅱ级）以上的作业。

第五条　已婚待孕女职工禁忌从事的劳动范围：

铅、汞、苯、镉等作业场所属于《有毒作业分级》标准中第Ⅲ、Ⅳ级的作业。

第六条　怀孕女职工禁忌从事的劳动范围：

1. 作业场所空气中铅及其化合物、汞及其化合物、苯、镉、铍、砷、氰化物、氮氧化物、一氧化碳、二硫化碳、氯、己内酰胺、氯丁二烯、氯乙烯、环氧乙烷、苯胺、甲醛等有毒物质浓度超过国家卫生标准的作业；

2. 制药行业中从事抗癌药物及己烯雌酚生产的作业；

3. 作业场所放射性物质超过《放射防护规定》中规定剂量的作业；

4. 人力进行的土方和石方作业；

5.《体力劳动强度分级》标准中第Ⅲ级体力劳动强度的作业；

6. 伴有全身强烈振动的作业，如风钻、捣固机、锻造等作业，以及拖拉机驾驶等；

7. 工作中需要频繁弯腰、攀高、下蹲的作业，如焊接作业；

8.《高处作业分级》标准所规定的高处作业。

第七条 乳母禁忌从事的劳动范围：

1. 第六条中第1、5项的作业；

2. 作业场所空气中锰、氟、溴、甲醇、有机磷化合物、有机氯化合物的浓度超过国家卫生标准的作业。

第八条 本规定由劳动部负责解释。

第九条 本规定自颁发之日起实施。

未成年工特殊保护规定

（1994 年 12 月 9 日劳动部发布）

第一条　为维护未成年工的合法权益，保护其在生产劳动中的健康，根据《中华人民共和国劳动法》的有关规定，制定本规定。

第二条　未成年工是指年满十六周岁，未满十八周岁的劳动者。

未成年工的特殊保护是针对未成年工处于生长发育期的特点，以及接受义务教育的需要，采取的特殊劳动保护措施。

第三条　用人单位不得安排未成年工从事以下范围的劳动：

（一）《生产性粉尘作业危害程度分级》国家标准中第一级以上的接尘作业；

（二）《有毒作业分级》国家标准中第一级以上的有毒作业；

（三）《高处作业分级》国家标准中第二级以上的高处作业；

（四）《冷水作业分级》国家标准中第二级以上的冷水作业；

（五）《高温作业分级》国家标准中第三级以上的高温作业；

（六）《低温作业分级》国家标准中第三级以上的低温作业；

（七）《体力劳动强度分级》国家标准中第四级体力劳动强度的作业；

（八）矿山井下及矿山地面采石作业；

（九）森林业中的伐木、流放及守林作业；

（十）工作场所接触放射性物质的作业；

（十一）有易燃易爆、化学性烧伤和热烧伤等危险性大的作业；

（十二）地质勘探和资源勘探的野外作业；

（十三）潜水、涵洞、涵道作业和海拔三千米以上的高原作业（不包括世居高原者）；

（十四）连续负重每小时在六次以上并每次超过二十公斤，间断负重每次超过二十五公斤的作业；

（十五）使用凿岩机、捣固机、气镐、气铲、铆钉机、电锤的作业；

（十六）工作中需要长时间保持低头、弯腰、上举、下蹲等强迫体位和动作频率每分钟大于五十次的流水线作业；

（十七）锅炉司炉。

第四条 未成年工患有某种疾病或具有某些生理缺陷（非残疾型）时，用人单位不得安排其从事以下范围的劳动：

（一）《高处作业分级》国家标准中第一级以上的高处作业；

（二）《低温作业分级》国家标准中第二级以上的低温作业；

（三）《高温作业分级》国家标准中第二级以上的高温作业；

（四）《体力劳动强度分级》国家标准中第三级以上体力劳动强度的作业；

（五）接触铅、苯、汞、甲醛、二硫化碳等易引起过敏反应的作业。

第五条 患有某种疾病或具有某些生理缺陷（非残疾型）的未成年工，是指有以下一种或一种以上情况者：

（一）心血管系统

1. 先天性心脏病；

2. 克山病；

3. 收缩期或舒张期二级以上心脏杂音。

（二）呼吸系统

1. 中度以上气管炎或支气管哮喘；

2. 呼吸音明显减弱；

3. 各类结核病；

4. 体弱儿，呼吸道反复感染者。

（三）消化系统

1. 各类肝炎；

2. 肝、脾肿大；

3. 胃、十二指肠溃疡；

4. 各种消化道疝。

（四）泌尿系统

1. 急、慢性肾炎；

2. 泌尿系感染。

（五）内分泌系统

1. 甲状腺机能亢进；

2. 中度以上糖尿病。

（六）精神神经系统

1. 智力明显低下；

2. 精神忧郁或狂暴。

（七）肌肉、骨骼运动系统

1. 身高和体重低于同龄人标准；

2. 一个及一个以上肢体存在明显功能障碍；

3. 躯干四分之一以上部位活动受限，包括强直或不能旋转。

（八）其他

1. 结核性胸膜炎；

2. 各类重度关节炎；

3. 血吸虫病；

4. 严重贫血，其血色素每升低于九十五克（<9.5g/dL）。

第六条 用人单位应按下列要求对未成年工定期进行健康检查：

（一）安排工作岗位之前；

（二）工作满一年；

（三）年满十八周岁，距前一次的体检时间已超过半年。

第七条 未成年工的健康检查，应按本规定所附《未成年工健康检查表》列出的项目进行。

第八条 用人单位应根据未成年工的健康检查结果安排其从事适合的劳动，对不能胜任原劳动岗位的，应根据医务部门的证明，予以减轻劳动量或安排其他劳动。

第九条 对未成年工的使用和特殊保护实行登记制度。

（一）用人单位招收使用未成年工，除符合一般用工要求外，还须向所在地的县级以上劳动行政部门办理登记。劳动行政部门根据《未成年工健康检查表》、《未成年工登记表》，核发《未成年工登记证》。

（二）各级劳动行政部门须按本规定第三、四、五、七条的有关规定，审核体检情况和拟安排的劳动范围。

（三）未成年工须持《未成年工登记证》上岗。

（四）《未成年工登记证》由国务院劳动行政部门统一印制。

第十条 未成年工上岗前用人单位应对其进行有关的职业安全卫生教育、培训；未成年工体检和登记，由用人单位统一办理和承担费用。

第十一条 县级以上劳动行政部门对用人单位执行本规定的情况进行监督检查，对违犯本规定的行为依照有关法规进行处罚。

各级工会组织对本规定的执行情况进行监督。

第十二条 省、自治区、直辖市劳动行政部门可以根据本规定制定实施办法。

第十三条 本规定自一九九五年一月一日起施行。

禁止使用童工规定

（2002 年 10 月 1 日国务院令第 364 号公布）

第一条 为保护未成年人的身心健康，促进义务教育制度的实施，维护未成年人的合法权益，根据宪法和劳动法、未成年人保护法，制定本规定。

第二条 国家机关、社会团体 、企业事业单位、民办非企业单位或者个体工商户（以下统称用人单位）均不得招用不满 16 周岁的未成年人（招用不满 16 周岁的未成年人，以下统称使用童工）。

禁止任何单位或者个人为不满 16 周岁的未成年人介绍就业。

禁止不满 16 周岁的未成年人开业从事个体经营活动。

第三条 不满 16 周岁的未成年人的父母或者其他监护人应当保护其身心健康，保障其接受义务教育的权利，不得允许其被用人单位非法招用。

不满 16 周岁的未成年人的父母或者其他监护人允许其被用人单位非法招用的，所在地的乡（镇）人民政府、城市街道办事处以及村民委员会、居民委员会应当给予批评教育。

第四条 用人单位招用人员时，必须核查被招用人员的身份证；对不满 16 周岁的未成年人，一律不得录用。用人单位录用人员的录用登记、核查材料应当妥善保管。

第五条 县级以上各级人民政府劳动保障行政部门负责本规定执行情况的监督检查。

县级以上各级人民政府公安、工商行政管理、教育、卫生等行政部门在各自职责范围内对本规定的执行情况进行监督检查，并对劳动保障行政部门的监督检查给予配合。

工会、共青团、妇联等群众组织应当依法维护未成年人的合法权益。

任何单位或者个人发现使用童工的，均有权向县级以上人民政府劳动保障行政部门举报。

第六条　用人单位使用童工的，由劳动保障行政部门按照每使用一名童工每月处5000元罚款的标准给予处罚；在使用有毒物品的作业场所使用童工的，按照《使用有毒物品作业场所劳动保护条例》规定的罚款幅度，或者按照每使用一名童工每月处5000元罚款的标准，从重处罚。劳动保障行政部门并应当责令用人单位限期将童工送回原居住地交其父母或者其他监护人，所需交通和食宿费用全部由用人单位承担。

用人单位经劳动保障行政部门依照前款规定责令限期改正，逾期仍不将童工送交其父母或者其他监护人的，从责令限期改正之日起，由劳动保障行政部门按照每使用一名童工每月处1万元罚款的标准处罚，并由工商行政管理部门吊销其营业执照或者由民政部门撤销民办非企业单位登记；用人单位是国家机关、事业单位的，由有关单位依法对直接负责的主管人员和其他直接责任人员给予降级或者撤职的行政处分或者纪律处分。

第七条　单位或者个人为不满16周岁的未成年人介绍就业的，由劳动保障行政部门按照每介绍一人处5000元罚款的标准给予处罚；职业中介机构为不满16周岁的未成年人介绍就业的，并由劳动保障行政部门吊销其职业介绍许可证。

第八条　用人单位未按照本规定第四条的规定保存录用登记材料，或者伪造录用登记材料的，由劳动保障行政部门处1万元的罚款。

第九条 无营业执照、被依法吊销营业执照的单位以及未依法登记、备案的单位使用童工或者介绍童工就业的，依照本规定第六条、第七条、第八条规定的标准加一倍罚款，该非法单位由有关的行政主管部门予以取缔。

第十条 童工患病或者受伤的，用人单位应当负责送到医疗机构治疗，并负担治疗期间的全部医疗和生活费用。

童工伤残或者死亡的，用人单位由工商行政管理部门吊销营业执照或者由民政部门撤销民办非企业单位登记；用人单位是国家机关、事业单位的，由有关单位依法对直接负责的主管人员和其他直接责任人员给予降级或者撤职的行政处分或者纪律处分；用人单位还应当一次性地对伤残的童工、死亡童工的直系亲属给予赔偿，赔偿金额按照国家工伤保险的有关规定计算。

第十一条 拐骗童工，强迫童工劳动，使用童工从事高空、井下、放射性、高毒、易燃易爆以及国家规定的第四级体力劳动强度的劳动，使用不满 14 周岁的童工，或者造成童工死亡或者严重伤残的，依照刑法关于拐卖儿童罪、强迫劳动罪或者其他罪的规定，依法追究刑事责任。

第十二条 国家行政机关工作人员有下列行为之一的，依法给予记大过或者降级的行政处分；情节严重的，依法给予撤职或者开除的行政处分；构成犯罪的，依照刑法关于滥用职权罪、玩忽职守罪或者其他罪的规定，依法追究刑事责任：

（一）劳动保障等有关部门工作人员在禁止使用童工的监督检查工作中发现使用童工的情况，不予制止、纠正、查处的；

（二）公安机关的人民警察违反规定发放身份证或者在身份证上登录虚假出生年月的；

（三）工商行政管理部门工作人员发现申请人是不满 16 周岁的未

成年人，仍然为其从事个体经营发放营业执照的。

第十三条 文艺、体育单位经未成年人的父母或者其他监护人同意，可以招用不满16周岁的专业文艺工作者、运动员。用人单位应当保障被招用的不满16周岁的未成年人的身心健康，保障其接受义务教育的权利。文艺、体育单位招用不满16周岁的专业文艺工作者、运动员的办法，由国务院劳动保障行政部门会同国务院文化、体育行政部门制定。

学校、其他教育机构以及职业培训机构按照国家有关规定组织不满16周岁的未成年人进行不影响其人身安全和身心健康的教育实践劳动、职业技能培训劳动，不属于使用童工。

第十四条 本规定自2002年12月1日起施行。1991年4月15日国务院发布的《禁止使用童工规定》同时废止。

职业培训

中华人民共和国职业教育法

（1996年5月15日第八届全国人民代表大会常务委员会第十九次会议通过，1996年5月15日中华人民共和国主席令第69号公布，自1996年9月1日起施行。）

目　录

第一章　总则
第二章　职业教育体系
第三章　职业教育的实施
第四章　职业教育的保障条件
第五章　附则

第一章　总则

第一条　为了实施科教兴国战略，发展职业教育，提高劳动者素质，促进社会主义现代化建设，根据教育法和劳动法，制定本法。

第二条　本法适用于各级各类职业学校教育和各种形式的职业培训。国家机关实施的对国家机关工作人员的专门培训由法律、行政法规另行规定。

第三条　职业教育是国家教育事业的重要组成部分，是促进经济、社会发展和劳动就业的重要途径。

国家发展职业教育，推进职业教育改革，提高职业教育质量，建立、健全适应社会主义市场经济和社会进步需要的职业教育制度。

第四条 实施职业教育必须贯彻国家教育方针，对受教育者进行思想政治教育和职业道德教育，传授职业知识，培养职业技能，进行职业指导，全面提高受教育者的素质。

第五条 公民有依法接受职业教育的权利。

第六条 各级人民政府应当将发展职业教育纳入国民经济和社会发展规划行业组织和企业、事业组织应当依法履行实施职业教育的义务。

第七条 国家采取措施，发展农村职业教育，扶持少数民族地区、边远贫困地区职业教育的发展。

国家采取措施，帮助妇女接受职业教育，组织失业人员接受各种形式的职业教育，扶持残疾人职业教育的发展。

第八条 实施职业教育应当根据实际需要，同国家制定的职业分类和职业等级标准相适应，实行学历证书、培训证书和职业资格证书制度。

国家实行劳动者在就业前或者上岗前接受必要的职业教育的制度。

第九条 国家鼓励并组织职业教育的科学研究。

第十条 国家对在职业教育中作出显著成绩的单位和个人给予奖励。

第十一条 国务院教育行政部门负责职业教育工作的统筹规划、综合协调、宏观管理。

国务院教育行政部门、劳动行政部门和其他有关部门在国务院规定的职责范围内，分别负责有关的职业教育工作。

县级以上地方各级人民政府应当加强对本行政区域内职业教育工

作的领导、统筹协调和督导评估。

第二章　职业教育体系

第十二条　国家根据不同地区的经济发展水平和教育普及程度，实施以初中后为重点的不同阶段的教育分流，建立、健全职业学校教育与职业培训并举，并与其他教育相互沟通、协调发展的职业教育体系。

第十三条　职业学校教育分为初等、中等、高等职业学校教育。

初等、中等职业学校教育分别由初等、中等职业学校实施；高等职业学校教育根据需要和条件由高等职业学校实施，或者由普通高等学校实施。其他学校按照教育行政部门的统筹规划，可以实施同层次的职业学校教育。

第十四条　职业培训包括从业前培训、转业培训、学徒培训、在岗培训、转岗培训及其他职业性培训，可以根据实际情况分为初级、中级、高级职业培训。

职业培训分别由相应的职业培训机构、职业学校实施。

其他学校或者教育机构可以根据办学能力，开展面向社会的、多种形式的职业培训。

第十五条　残疾人职业教育除由残疾人教育机构实施外，各级各类职业学校和职业培训机构及其他教育机构应当按照国家有关规定接纳残疾学生。

第十六条　普通中学可以因地制宜地开设职业教育的课程，或者根据实际需要适当增加职业教育的教学内容。

第三章　职业教育的实施

第十七条　县级以上地方各级人民政府应当举办发挥骨干和示范作用的职业学校、职业培训机构，对农村、企业、事业组织、社会团体、其他社会组织及公民个人依法举办的职业学校和职业培训机构给予指导和扶持。

第十八条 县级人民政府应当适应农村经济、科学技术、教育统筹发展的需要，举办多种形式的职业教育，开展实用技术的培训，促进农村职业教育的发展。

第十九条 政府主管部门、行业组织应当举办或者联合举办职业学校、职业培训机构，组织、协调、指导本行业的企业、事业组织举办职业学校、职业培训机构。

国家鼓励运用现代化教学手段，发展职业教育。

第二十条 企业应当根据本单位的实际，有计划地对本单位的职工和准备录用的人员实施职业教育。

企业可以单独举办或者联合举办职业学校、职业培训机构，也可以委托学校、职业培训机构对本单位的职工和准备录用的人员实施职业教育。

从事技术工种的职工，上岗前必须经过培训；从事特种作业的职工必须经过培训，并取得特种作业资格。

第二十一条 国家鼓励事业组织、社会团体、其他社会组织及公民个人按照国家有关规定举办职业学校、职业培训机构。

境外的组织和个人在中国境内举办职业学校、职业培训机构的办法，由国务院规定。

第二十二条 联合举办职业学校、职业培训机构，举办者应当签订联合办学合同。

政府主管部门、行业组织、企业、事业组织委托学校、职业培训机构实施职业教育的，应当签订委托合同。

第二十三条 职业学校、职业培训机构实施职业教育应当实行产教结合，为本地区经济建设服务，与企业密切联系，培养实用人才和熟练劳动者。

职业学校、职业培训机构可以举办与职业教育有关的企业或者实习场所。

第二十四条 职业学校的设立,必须符合下列基本条件:

(一)有组织机构和章程;

(二)有合格的教师;

(三)有符合规定标准的教学场所、与职业教育相适应的设施、设备;

(四)有必备的办学资金和稳定的经费来源。

职业培训机构的设立,必须符合下列基本条件:

(一)有组织机构和管理制度;

(二)有与培训任务相适应的教师和管理人员;

(三)有与进行培训相适应的场所、设施、设备;

(四)有相应的经费。

职业学校和职业培训机构的设立、变更和终止,应当按照国家有关规定执行。

第二十五条 接受职业学校教育的学生,经学校考核合格,按照国家有关规定,发给学历证书。接受职业培训的学生,经培训的职业学校或者职业培训机构考核合格,按照国家有关规定,发给培训证书。

学历证书、培训证书按照国家有关规定,作为职业学校、职业培训机构的毕业生、结业生从业的凭证。

第四章 职业教育的保障条件

第二十六条 国家鼓励通过多种渠道依法筹集发展职业教育的资金。

第二十七条 省、自治区、直辖市人民政府应当制定本地区职业学校学生人数平均经费标准；国务院有关部门应当会同国务院财政部门制定本部门职业学校学生人数平均经费标准。职业学校举办者应当按照学生人数平均经费标准足额拨付职业教育经费。

各级人民政府、国务院有关部门用于举办职业学校和职业培训机构的财政性经费应当逐步增长。

任何组织和个人不得挪用、克扣职业教育的经费。

第二十八条 企业应当承担对本单位的职工和准备录用的人员进行职业教育的费用，具体办法由国务院有关部门会同国务院财政部门或者由省、自治区、直辖市人民政府依法规定。

第二十九条 企业未按本法第二十条的规定实施职业教育的，县级以上地方人民政府应当责令改正；拒不改正的，可以收取企业应当承担的职业教育经费，用于本地区的职业教育。

第三十条 省、自治区、直辖市人民政府按照教育法的有关规定决定开征的用于教育的地方附加费，可以专项或者安排一定比例用于职业教育。

第三十一条 各级人民政府可以将农村科学技术开发、技术推广的经费，适当用于农村职业培训。

第三十二条 职业学校、职业培训机构可以对接受中等、高等职业学校教育和职业培训的学生适当收取学费，对经济困难的学生和残疾学生应当酌情减免。收费办法由省、自治区、直辖市人民政府规定。

国家支持企业、事业组织、社会团体、其他社会组织及公民个人按照国家有关规定设立职业教育奖学金、贷学金，奖励学习成绩优秀的学生或者资助经济困难的学生。

第三十三条 职业学校、职业培训机构举办企业和从事社会服务的收入应当主要用于发展职业教育。

第三十四条 国家鼓励金融机构运用信贷手段，扶持发展职业教育。

第三十五条 国家鼓励企业、事业组织、社会团体、其他社会组织及公民个人对职业教育捐资助学，鼓励境外的组织和个人对职业教育提供资助和捐赠。提供的资助和捐赠，必须用于职业教育。

第三十六条 县级以上各级人民政府和有关部门应当将职业教育教师的培养和培训工作纳入教师队伍建设规划，保证职业教育教师队伍适应职业教育发展的需要。

职业学校和职业培训机构可以聘请专业技术人员、有特殊技能的人员和其他教育机构的教师担任兼职教师。有关部门和单位应当提供方便。

第三十七条 国务院有关部门、县级以上地方各级人民政府以及举办职业学校、职业培训机构的组织、公民个人，应当加强职业教育生产实习基地的建设。

企业、事业组织应当接纳职业学校和职业培训机构的实习和教师实习；对上岗实习的，应当给予适当的劳动报酬。

第三十八条 县级以上各级人民政府和有关部门应当建立、健全职业教育服务体系，加强职业教育教材的编辑、出版和发行工作。

第五章 附则

第三十九条 在职业教育活动中违反教育法规定的，应当依照教育法的有关规定给予处罚。

第四十条 本法自 1996 年 9 月 1 日起施行。

职业培训实体管理规定

（1994年12月14日劳动部发布）

第一条 为规范职业培训实体的管理，发展职业培训事业，根据有关法律、法规的规定，制定本规定。

第二条 职业培训实体是指开发劳动者职业技能，提高劳动者素质，增强劳动者就业能力和工作能力的各类培训机构，主要包括社会组织和个人单独或联合举办的技工学校、职业（技术）学校、就业训练中心、职工培训中心（学校）等；也包括境外机构和个人、外商投资企业（机构）单独或同境内的具有法人资格的社会组织联合举办的培训实体。

第三条 职业培训实体应根据市场需求，承担各类职业培训任务，为社会培养具有职业技能的劳动者。

县级以上地方人民政府劳动行政部门应定期发布职业需求信息，指导职业培训实体按需培训。

第四条 职业培训实体的培训对象包括：

（一）初次求职人员、失业人员、在职人员、转岗转业人员、出国劳务人员、境外就业人员、个体劳动者以及农村向非农产业转移的人员、农村向城镇流动就业的劳动者；

（二）需要提供专门的职业技能培训的妇女、残疾人、少数民族人员、军队退出现役人员；

（三）其他需要学习和提高职业技能的劳动者。

第五条 职业培训实体应依法开展职业培训活动。

第六条 县级以上地方人民政府劳动行政部门综合管理本行政

区域内的职业培训实体。

第七条 职业培训实体可根据需要，采取多种形式办学。具备条件的职业培训实体可申请建立相关工种职业技能鉴定所(站)。

第八条 职业培训实体应具备的基本条件：

(一)稳定的经费来源；

(二)与办学规模相适应的办学场所，与专业(工种)设置相适应的培训设备和实习、实验场所；

(三)与办学任务相适应的师资和管理人员；

(四)必要的教学文件、教材、教具、教学仪器、图书资料和管理制度。

第九条 职业培训实体的开办、更名、撤销应按照以下程序办理：

(一)以培养初级职业技能水平的劳动者和非技术岗位的劳动者为主要任务的职业培训实体，政府举办的，由当地人民政府批准，报上一级劳动行政部门备案；具有法人资格的社会组织举办的，由其上一级主管部门审批，报同级劳动行政部门备案；个人举办的，由县、区劳动行政部门审批，报上一级劳动行政部门备案。

(二)以培养中级职业技能水平劳动者为主要任务的职业培训实体，国务院有关行业主管部门(社会团体)举办的，在商得职业培训实体所在省、自治区、直辖市劳动行政部门同意后，由国务院有关行业主管部门(社会团体)批准；地方有关单位或个人举办的，由省、自治区、直辖市劳动行政部门审查，报省、自治区、直辖市人民政府批准。

(三)以培养高级职业技能水平劳动者为主要任务的职业培训实体，由国务院劳动行政部门审批。

(四)跨地区(部门)举办职业培训实体，应征得培训实体所在地县级以上地方人民政府劳动行政部门同意。

(五)境外机构和个人、外商投资企业(机构)单独举办的职业培训实体，按照上述规定执行。

(六)职业培训实体的更名、撤销亦按上述管理权限办理。

(七)企事业单位举办的职工培训基地，由企事业单位自行批准，报当地劳动行政部门备案。

第十条 职业培训实体实行行政领导负责制。校长(主任)全面负责职业培训实体的管理工作。校长(主任)应具有国家规定的任职资格，并应按规定程序任免和聘任。

第十一条 职业培训实体应发挥教职工代表大会民主管理、民主监督的作用。

第十二条 职业培训实体有权依法确定招生数量、招生办法、专业(工种)设置、内部机构设置、教职工聘任办法和奖金分配制度。

第十三条 职业培训实体可以与学员签订培训合同；也可以与用人单位签订培训合同。培训合同应明确培训目标、培训内容、培训期限、培训费用或毕(结)业后的就业方式等。

第十四条 职业培训实体应按照国家颁布的专业目标设置的专业(工种)教学，并执行国务院劳动行政部门会同国务院有关行业主管部门颁发的教学计划、教学大纲；国家无统一规定的专业(工种)，可参照国家颁发的教学计划、教学大纲自行制定。

第十五条 职业培训实体应根据专业(工种)设置的实际需要，加强实验室、实习场所的建设。

第十六条 职业培训实体应采用先进的教学方法和教学手段，开展教学研究，进行教学改革。

职业培训实体应结合培训内容加强爱国主义、职业道德和法制教育。

第十七条 职业培训实体教师必须具备《教师法》规定的教师资格，符合《技工学校教师职务条例》或其它有关专业技术职务条例规定的任职条件。

职业培训实体生产实习指导教师可实行教师职称和专业技术职称或技师职称(职务)双职称制度。

第十八条 职业培训教师实行资格证书和考核制度以及职务聘任制度,并按国家规定,确定工资、教龄津贴和有关福利待遇。

第十九条 职业培训实体毕(结)业生,按照国家规定实行毕(结)业证书和职业资格证书“双证书”制度。

第二十条 职业培训实体毕(结)业生就业实行双向选择或自谋职业。对取得《职业资格证书》的毕(结)业生,职业介绍机构优先推荐就业。

第二十一条 职业培训主要经费来源:

(一)政府财政部门和办学主管部门的拨款;

(二)地方政府预算安排的就业经费中用于失业青年就业训练的经费;

(三)当年收缴的失业保险费中用于失业职工的转业训练经费;

(四)按规定收取的培训费;

(五)地方发展教育基金用于职业教育的部分;

(六)企业营业外支出和职工教育经费中用于职业培训的部分;

(七)职业培训实体所办企业的创收;

(八)境内外机构及个人的捐款、援款和贷款;

(九)其它经费来源。

第二十二条 职业培训实体收取培训费的标准和使用办法,由省、自治区、直辖市劳动行政部门商同级物价、财政部门规定。

第二十三条 县级以上劳动行政部门经同级人民政府批准可以向不办学或办学任务不足的企业提取职工培训经费,用于扶持公共培训实体为这些企业代培职工。

对承担培养具有中高级职业技能水平劳动者任务的职业培训实体,有关部门应逐步增加资金投入。

第二十四条 职业培训实体有权拒绝各种摊派。任何部门不得擅自提取办学经费及职业培训实体兴办企业的创收和收取的培训费等,不得减少对职业培训实体的正常拨款。

第二十五条 各类职业培训实体违反培训合同的,劳动行政部门劳动监察机构应给予警告,责令改正;给学员或用人单位造成损失的,应承担赔偿责任;情节严重的处以罚款。

第二十六条 违反有关规定收取培训费或不按规定使用,劳动行政部门劳动监察机构应责令其改正,对多余部分应予以没收;情节严重的处以罚款。

第二十七条 对贪污职业培训经费的单位主管人员和直接责任者,应视其情节轻重,给予行政处分或依法追究刑事责任。

第二十八条 对未经批准擅自举办职业培训实体,或管理混乱、培训质量低下、滥发毕(结)业证书和职业资格证书的,劳动行政部门劳动监察机构应给予警告、责令改正;情节严重的处以罚款。

第二十九条 就业训练中心和非劳动部门所办就业训练实体的管理按《就业训练规定》执行。

第三十条 省、自治区、协调劳动行政部门可根据本规定制定实施办法,并报国务院劳动行政部门备案。

第三十一条 本规定自1995年1月1日起施行。

养老保险

国务院关于建立统一的企业职工基本养老保险制度的决定

（1997年7月16日）

近年来，各地区和有关部门按照《国务院关于深化企业职工养老保险制度改革的通知》（国发〔1995〕6号）要求，制定了社会统筹与个人账户相结合的养老保险制度改革方案，建立了职工基本养老保险个人账户，促进了养老保险新机制的形成，保障了离退休人员的基本生活，企业职工养老保险制度改革取得了新的进展。但是，由于这项改革仍处在试点阶段，目前还存在基本养老保险制度不统一、企业负担重、统筹层次低、管理制度不健全等问题，必须按照党中央、国务院确定的目标和原则，进一步加快改革步伐，建立统一的企业职工基本养老保险制度，促进经济与社会健康发展。为此，国务院在总结近几年改革试点经验的基础上作出如下决定：

一、到本世纪末，要基本建立起适应社会主义市场经济体制要求，适用城镇各类企业职工和个体劳动者，资金来源多渠道、保障方式多层次、社会统筹与个人账户相结合、权利与义务相对应、管理服务社会化的养老保险体系。企业职工养老保险要贯彻社会互济与自我保障相结合、公平与效率相结合、行政管理与基金管理分开等原则，保障水平要与我国社会生产力发展水平及各方面的承受能力相适应。

二、各级人民政府要把社会保险事业纳入本地区国民经济与社会发展计划，贯彻基本养老保险只能保障退休人员基本生活的原则，把改革企业职工养老保险制度与建立多层次的社会保障体系紧密结合起来，确保离退休人员基本养老金和失业人员失业救济金的发放，积极推行城市居民最低生活保障制度。为使离退休人员的生活随着经济与社会发展不断得到改善，体现按劳分配原则和地区发展水平及企业经济效益的差异，各地区和有关部门要在国家政策指导下大力发展企业补充养老保险，同时发挥商业保险的补充作用。

三、企业缴纳基本养老保险费（以下简称企业缴费）的比例，一般不得超过企业工资总额的20%（包括划入个人账户的部分），具体比例由省、自治区、直辖市人民政府确定。少数省、自治区、直辖市因离退休人数较多、养老保险负担过重，确需超过企业工资总额20%的，应报劳动部、财政部审批。个人缴纳基本养老保险费（以下简称个人缴费）的比例，1997年不得低于本人缴费工资的4%，1998年起每两年提高1个百分点，最终达到本人缴费工资的8%。有条件的地区和工资增长较快的年份，个人缴费比例提高的速度应适当加快。

四、按本人缴费工资11%的数额为职工建立基本养老保险个人账户，个人缴费全部记入个人账户，其余部分从企业缴费中划入。随着个人缴费比例的提高，企业划入的部分要逐步降至3%。个人账户储存额，每年参考银行同期存款利率计算利息。个人账户储存额只用于职工养老，不得提前支取。职工调动时，个人账户全部随同转移。职工或退休人员死亡，个人账户中的个人缴费部分可以继承。

五、本决定实施后参加工作的职工，个人缴费年限累计满15年的，退休后按月发给基本养老金。基本养老金由基础养老金和个人账户养老金组成。退休时的基础养老金月标准为省、自治区、直辖市或地（市）上年度职工月平均工资的20%，个人账户养老金月标准为本人账户储存额除以120。个人缴费年限累计不满15年的，退休后不享受基础养老金待遇,其个人账户储存额一次支付给本人。

本决定实施前已经离退休的人员,仍按国家原来的规定发给养老金,同时执行养老金调整办法。各地区和有关部门要按照国家规定进一步完善基本养老金正常调整机制,认真抓好落实。

本决定实施前参加工作、实施后退休且个人缴费和视同缴费年限累计满 15 年的人员,按照新老办法平稳衔接、待遇水平基本平衡等原则,在发给基础养老金和个人账户养老金的基础上再确定过渡性养老金,过渡性养老金从养老保险基金中解决。具体办法,由劳动部会同有关部门制订并指导实施。

六、进一步扩大养老保险的覆盖范围,基本养老保险制度要逐步扩大到城镇所有企业及其职工。城镇个体劳动者也要逐步实行基本养老保险制度,其缴费比例和待遇水平由省、自治区、直辖市人民政府参照本决定精神确定。

七、抓紧制定企业职工养老保险基金管理条例,加强对养老保险基金的管理。基本养老保险基金实行收支两条线管理,要保证专款专用,全部用于职工养老保险,严禁挤占挪用和挥霍浪费。基金结余额,除预留相当于 2 个月的支付费用外,应全部购买国家债券和存入专户,严格禁止投入其他金融和经营性事业。要建立健全社会保险基金监督机构,财政、审计部门要依法加强监督,确保基金的安全。

八、为有利于提高基本养老保险基金的统筹层次和加强宏观调控,要逐步由县级统筹向省或省授权的地区统筹过渡。待全国基本实现省级统筹后,原经国务院批准由有关部门和单位组织统筹的企业,参加所在地区的社会统筹。

九、提高社会保险管理服务的社会化水平,尽快将目前由企业发放养老金改为社会化发放,积极创造条件将离退休人员的管理服务工作逐步由企业转向社会,减轻企业的社会事务负担。各级社会保险机构要进一步加强基础建设,改进和完善服务与管理工作,不断提高工作效率和服务质量,促进养老保险制度的改革。

十、实行企业化管理的事业单位,原则上按照企业养老保险制度执行。

建立统一的企业职工基本养老保险制度是深化社会保险制度改革的重要步骤,关系改革、发展和稳定的全局。各地区和有关部门要予以高度重视,切实加强领导,精心组织实施。劳动部要会同国家体改委等有关部门加强工作指导和监督检查,及时研究解决工作中遇到的问题,确保本决定的贯彻实施。

医疗保险

国务院关于建立城镇职工基本医疗保险制度的决定

（1998年12月14日发布）

各省、自治区、直辖市人民政府，国务院各部委、各直属机构：

加快医疗保险制度改革，保障职工基本医疗，是建立社会主义市场经济体制的客观要求和重要保障。在认真总结近年来各地医疗保险制度改革试点经验的基础上，国务院决定，在全国范围内进行城镇职工医疗保险制度改革。

一、改革的任务和原则

医疗保险制度改革的主要任务是建立城镇职工基本医疗保险制度，即适应社会主义市场经济体制，根据财政、企业和个人的承受能力，建立保障职工基本医疗需求的社会医疗保险制度。

建立城镇职工基本医疗保险制度的原则是：基本医疗保险的水平要与社会主义初级阶段生产力发展水平相适应；城镇所有用人单位及其职工都要参加基本医疗保险，实行属地管理；基本医疗保险费由用人单位和职工双方共同负担；基本医疗保险基金实行社会统筹和个人账户相结合。

二、覆盖范围和缴费办法

城镇所有用人单位，包括企业（国有企业、集体企业、外商投资企业、私营企业等）、机关、事业单位、社会团体、民办非企业单位及其职工，都要参加基本医疗保险。乡镇企业及其职工、城镇个体经济组织业主及其从业人员是否参加基本医疗保险，由各省、自治区、直辖市人民政府决定。

基本医疗保险原则上以地级以上行政区（包括地、市、州、盟）为统筹单位，也可以县（市）为统筹单位，北京、天津、上海3个直辖市原则上在全市范围内实行统筹（以下简称统筹地区）。所有用人单位及其职工都要按照属地管理原则参加所在统筹地区的基本医疗保险，执行统一政策，实行基本医疗保险基金的统一筹集、使用和管理。铁路、电力、远洋运输等跨地区、生产流动性较大的企业及其职工，可以相对集中的方式异地参加统筹地区的基本医疗保险。

基本医疗保险费由用人单位和职工共同缴纳。用人单位缴费率应控制在职工工资总额的6%左右，职工缴费率一般为本人工资收入的2%。随着经济发展，用人单位和职工缴费率可作相应调整。

三、建立基本医疗保险统筹基金和个人账户

要建立基本医疗保险统筹基金和个人账户。基本医疗保险基金由统筹基金和个人账户构成。职工个人缴纳的基本医疗保险费，全部计入个人账户。用人单位缴纳的基本医疗保险费分为两部分，一部分用于建立统筹基金，一部分划入个人账户。划入个人账户的比例一般为用人单位缴费的30%左右，具体比例由统筹地区根据个人账户的支付范围和职工年龄等因素确定。

统筹基金和个人账户要划定各自的支付范围，分别核算，不得互相挤占。要确定统筹基金的起付标准和最高支付限额，起付标准原则上控制在当地职工年平均工资的10%左右，最高支付限额原则上控制在当地职工年平均工资的4倍左右。起付标准以下的医疗费用，从个人账户中支付或由个人自付。起付标准以上、最高支付限额以下的医疗费用，主要从统筹基金中支付，个人也要负担一定比例。超过最高支付限额的医疗费用，可以通过商业医疗保险等途径解决。统筹基金的具体起付标准、最高支付限额以及在起付标准以上和最高支付限额以下医疗费用的个人负担比例，由统筹地区根据以收定支、收支平衡的原则确定。

四、健全基本医疗保险基金的管理和监督机制

基本医疗保险基金纳入财政专户管理，专款专用，不得挤占挪用。

社会保障经办机构负责基本医疗保险基金的筹集、管理和支付，并要建立健全预决算制度、财务会计制度和内部审计制度。社会保险经办机构的事业经费不得从基金中提取，由各级财政预算解决。

基本医疗保险基金的银行计息办法：当年筹集的部分，按活期存款利率计息；上年结转的基金本息，按3个月期整存整取银行存款利率计息；存入社会保障财政专户的沉淀资金，比照3年期零存整取储蓄存款利率计息，并不低于该档次利率水平。个人账户的本金和利息归个人所有，可以结转使用和继承。

各级劳动保障和财政部门，要加强对基本医疗保险基金的监督管理。审计部门要定期对社会保险经办机构的基金收支情况和管理情况进行审计。统筹地区应设立由政府有关部门代表、用人单位代表、医疗机构代表、工会代表和有关专家参加的医疗保险基金监督组织，加强对基本医疗保险基金的社会监督。

五、加强医疗服务管理

要确定基本医疗保险的服务范围和标准。劳动保障部会同卫生部、财政部等有关部门制定基本医疗服务的范围、标准和医药费用结算办法，制定国家基本医疗保险药品目录、诊疗项目、医疗服务设施标准及相应的管理办法。各省、自治区、直辖市劳动保障行政管理部门根据国家规定，会同有关部门制定本地区相应的实施标准和办法。

基本医疗保险实行定点医疗机构（包括中医医院）和定点药店管理。劳动保障会同卫生部、财政部等有关部门制定定点医疗机构和定点药店的资格审定办法。社会保险经办机构要根据中西医并举，基层、专科和综合医疗机构兼顾，方便职工就医的原则，负责确定定点医疗机构和定点药店，并同定点医疗机构和定点药店签订合同，明确各自的责任、权利和义务。在确定定点医疗机构和定点药店时，要引进竞争机制，职工可选择若干定点医疗机构就医、购药，也可持处方在若干定点药店购药。国家药品监督管理局会同有关部门制定定点药店购药药事事故处理办法。

各地要认真贯彻《中共中央、国务院关于卫生改革与发展的决定》(中发〔1997〕3号)精神，积极推进医药卫生体制改革，以较少的经费投入，使人民群众得到良好的医疗服务，促进医药卫生事业的健康发展。要建立医药分开核算、分别管理的制度，形成医疗服务和药品流通的竞争机制，合理控制医药费用水平；要加强医疗机构和药店的内部管理，规范医药服务行为，减员增效，降低医药成本；要理顺医疗服务价格，在实行医药分开核算、分别管理，降低药品收入占医疗总收入比重的基础上，合理提高医疗技术劳务价格；要加强业务技术培训和职业道德教育，提高医药服务人员的素质和服务质量；要合理调整医疗机构布局，优化医疗卫生资源配置，积极发展社会卫生服务，将社区卫生服务中的基本医疗服务项目纳入基本医疗保险范围。卫生部会同有关部门制定医疗机构改革方案和发展社区卫生服务的有关政策。国家经贸委等部门要认真配合做好药品流通体制改革工作。

六、妥善解决有关人员的医疗待遇

离休人员、老红军的医疗待遇不变，医疗费用按原资金渠道解决，支付确有困难的，由同级人民政府帮助解决。离休人员、老红军的医疗管理办法由省、自治区、直辖市人民政府制定。

二等乙级以上革命伤残军人的医疗待遇不变，医疗费用按原资金渠道解决，由社会保险经办机构单独列账管理。医疗费支付不足部分，由当地人民政府帮助解决。

退休人员参加基本医疗保险，个人不缴纳基本医疗保险费。对退休人员个人账户的计入金额和个人负担医疗费的比例给予适当照顾。

国家公务员在参加基本医疗保险的基础上，享受医疗补助政策。具体办法另行制定。

为了不降低一些特定行业职工现有的医疗消费水平，在参加基本医疗保险的基础上，作为过渡措施，允许建立企业补充医疗保险。企业补充医疗保险费在工资总额4%以内的部分，从职工福利费中列支，福利费不足列支的部分，经同级财政部门核准后列入成本。

国有企业下岗职工的基本医疗保险费，包括单位缴费和个人缴费，均由再就业服务中心按照当地上年度职工平均工资的60%为基数缴纳。

七、加强组织领导

医疗保险制度改革政策性强，涉及广大职工的切身利益，关系到国民经济发展和社会稳定。各级人民政府要切实加强领导，统一思想，提高认识，做好宣传工作和政治思想工作，使广大职工和社会各方面都积极支持和参与这项改革。各地要按照建立城镇职工基本医疗保险制度的任务、原则和要求，结合本地实际，精心组织实施，保证新旧制度的平稳过渡。

建立城镇职工基本医疗保险的制度工作从1999年初开始启动，1999年底基本完成。各省、自治区、直辖市人民政府要按照本决定的要求，制定医疗保险制度改革的总体规划，报劳动保障部备案。统筹地区要根据规划要求，制定基本医疗保险实施方案，报省、自治区、直辖市人民政府审批后执行。

劳动保障部要加强对建立城镇职工基本医疗保险制度工作的指导和检查，及时研究解决工作中出现的问题。财政、卫生、药品监督管理等有关部门要积极参与,密切配合,共同努力,确保城镇职工基本医疗保险制度改革工作的顺利进行。

企业职工患病或非因工负伤医疗期规定

（1994年12月1日劳动部发布）

第一条 为了保障企业职工在患病或非因工负伤期间的合法权益，根据《中华人民共和国劳动法》第二十六、二十九条规定，制定本规定。

第二条 医疗期是指企业职工因患病或非因工负伤停止工作治病休息不得解除劳动合同的时限。

第三条 企业职工因患病或非因工负伤，需要停止工作医疗时，根据本人实际参加工作年限和在本单位工作年限，给予三个月到二十四个月的医疗期：

（一）实际工作年限十年以下的，在本单位工作年限五年以下的为三个月；五年以上的为六个月。

（二）实际工作年限十年以上的，在本单位工作年限五年以下的为六个月；五年以上十年以下的为九个月；十年以上十五年以下的为十二个月；十五年以上二十年以下的为十八个月；二十年以上的为二十四个月。

第四条 医疗期三个月的按六个月内累计病休时间计算；六个月的按十二个月内累计病休时间计算；九个月的按十五个月内累计病休时间计算；十二个月的按十八个月内累计病休时间计算；十八个月的按二十四个月内累计病休时间计算；二十四个月的按三十个月内累计病休时间计算。

第五条 企业职工在医疗期内，其病假工资、疾病救济费和医疗待遇按照有关规定执行。

第六条 企业职工非因工致残和经医生或医疗机构认定患有难以治疗的疾病，在医疗期内医疗终结，不能从事原工作，也不能从事用人单位另行安排的工作的，应当由劳动鉴定委员会参照工伤与职业病致残程度鉴定标准进行劳动能力的鉴定。被鉴定为一至四级的，应当退出劳动岗位，终止劳动关系，办理退休、退职手续，享受退休、退职待遇；被鉴定为五至十级的，医疗期内不得解除劳动合同。

第七条 企业职工非因工致残和经医生或医疗机构认定患有难以治疗的疾病，医疗期满，应当由劳动鉴定委员会参照工伤与职业病致残程度鉴定标准进行劳动能力的鉴定。被鉴定为一至四级的，应当退出劳动岗位，解除劳动关系，并办理退休、退职手续，享受退休、退职待遇。

第八条 医疗期满尚未痊愈者，被解除劳动合同的经济补偿问题按照有关规定执行。

第九条 本规定自一九九五年一月一日起施行。

失业保险

失业保险条例

（1999年1月22日国务院发布）

第一章　总则

第一条　为了保障失业人员失业期间的基本生活，促进其再就业，制定本条例。

第二条　城镇企业事业单位、城镇企业事业单位职工依照本条例的规定，缴纳失业保险费。

城镇企业事业单位失业人员依照本条例的规定，享受失业保险待遇。

本条所称城镇企业，是指国有企业、城镇集体企业、外商投资企业、城镇私营企业以及其他城镇企业。

第三条　国务院劳动保障行政部门主管全国的失业保险工作。县级以上地方各级人民政府劳动保障行政部门主管本行政区域内的失业保险工作。劳动保障行政部门按照国务院规定设立的经办失业保险业务的社会保险经办机构依照本条例的规定，具体承办失业保险工作。

第四条　失业保险费按照国家有关规定征缴。

第二章　失业保险基金

第五条　失业保险基金由下列各项构成：

（一）城镇企业事业单位、城镇企业事业单位职工缴纳的失业保险费；

（二）失业保险基金的利息；

（三）财政补贴；

（四）依法纳入失业保障基金的其他资金。

第六条 城镇企业事业单位按照本单位工资总额的百分之二缴纳失业保险费。城镇企业事业单位职工按照本人工资的百分之一缴纳失业保险费。城镇企业事业单位招用的农民合同制工人本人不缴纳失业保险费。

第七条 失业保险基金在直辖市和设区的市实行全市统筹；其他地区的统筹层次由省、自治区人民政府规定。

第八条 省、自治区可以建立失业保险调剂金。

失业保险调剂金以统筹地区依法应当征收的失业保险费为基数，按照省、自治区人民政府规定的比例筹集。

统筹地区的失业保险基金不敷使用时，由失业保险调剂金调剂、地方财政补贴。

失业保险调剂金的筹集、调剂使用以及地方财政补贴的具体办法，由省、自治区人民政府规定。

第九条 省、自治区、直辖市人民政府根据本行政区域失业人员数量和失业保险基金数额，报经国务院批准，可以适当调整本行政区域失业保险费的费率。

第十条 失业保险基金用于下列支出：

（一）失业保险金；

（二）领取失业保险金期间的医疗补助金；

（三）领取失业保险金期间死亡的失业人员的丧葬补助金和其供养的配偶、直系亲属的抚恤金；

（四）领取失业保险金期间接受职业培训、职业介绍的补贴，补贴的办法和标准由省、自治区、直辖市人民政府规定；

（五）国务院规定或者批准的与失业保险有关的其他费用。

第十一条 失业保险基金必须存入财政部门在国有商业银行开设的社会保障基金财政专户，实行收支两条线管理，由财政部门依法进行监督。

存入银行和按照国家规定购买国债的失业保险基金，分别按照城乡居民同期存款利率和国债利息计息。失业保险基金的利息并入失业保险基金。

失业保险基金专款专用，不得挪作他用，不得用于平衡财政收支。

第十二条 失业保险基金收支的预算、决算，由统筹地区社会保险经办机构编制，经同级劳动保障行政部门复核、同级财政部门审核，报同级人民政府审批。

第十三条 失业保险基金的财务制度和会计制度按照国家有关规定执行。

第三章 失业保险待遇

第十四条 具备下列条件的失业人员，可以领取失业保险金：

（一）按照规定参加失业保险，所在单位和本人已按照规定履行缴费义务满1年的；

（二）非因本人意愿中断就业的；

（三）已办理失业登记，并有求职要求的。

失业人员在领取失业保险金期间，按照规定同时享受其他失业保险待遇。

第十五条 失业人员在领取失业保险金期间有下列情形之一的，停止领取失业保险金，并同时停止享受其他失业保险待遇：

（一）重新就业的；

（二）应征服兵役的；

（三）移居境外的；

（四）享受基本养老保险待遇的；

（五）被判刑收监执行或者被劳动教养的；

（六）无正当理由，拒不接受当地人民政府指定的部门或者机构介绍的工作的；

（七）有法律、行政法规规定的其他情形的。

第十六条 城镇企业事业单位应当及时为失业人员出具终止或者解除劳动关系的证明，告知其按照规定享受失业保险待遇的权利，并将失业人员的名单自终止或者解除劳动关系之日起7日内报社会保险经办机构备案。

城镇企业事业单位职工失业后，应当持本单位为其出具的终止或者解除劳动关系的证明，及时到指定的社会保险经办机构办理失业登记。失业保险金自办理失业登记之日起计算。

失业保险金由社会保险经办机构按月发放。社会保险经办机构为失业人员开具领取失业保险金的单证，失业人员凭单证到指定银行领取失业保险金。

第十七条 失业人员失业前所在单位和本人按照规定累计缴费时间满1年不足5年的，领取失业保险金的期限最长为12个月；累计缴费时间满5年不足10年的，领取失业保险金的期限最长为18个月；累计缴费时间10年以上的，领取失业保险金的期限最长为24个月。重新就业后，再次失业的，缴费时间重新计算，领取失业保险金的期限可以与前次失业应领取而尚未领取的失业保险金的期限合并计算，但是最长不得超过24个月。

第十八条 失业保险金的标准，按照低于当地最低工资标准、高于城市居民最低生活保障标准的水平，由省、自治区、直辖市人民政府确定。

第十九条 失业人员在领取失业保险金期间患病就医的,可以按照规定向社会保险经办机构申请领取医疗补助金。医疗补助金的标准由省、自治区、直辖市人民政府规定。

第二十条 失业人员在领取失业保险金期间死亡的,参照当地对在职职工的规定,对其家属一次性发给丧葬补助金和抚恤金。

第二十一条 单位招用的农民合同制工人连续工作满1年,本单位并已缴纳失业保险费,劳动合同期满未续订或者提前解除劳动合同的,由社会保险经办机构根据其工作时间长短,对其支付一次性生活补助。补助的办法和标准由省、自治区、直辖市人民政府规定。

第二十二条 城镇企业事业单位成建制跨统筹地区转移,失业人员跨统筹地区流动的,失业保险关系随之转迁。

第二十三条 失业人员符合城市居民最低生活保障条件的,按照规定享受城市居民最低生活保障待遇。

第四章 管理和监督

第二十四条 劳动保障行政部门管理失业保险工作,履行下列职责:

(一)贯彻实施失业保险法律、法规;

(二)指导社会保险经办机构的工作;

(三)对失业保险费的征收和失业保险待遇的支付进行监督检查。

第二十五条 社会保险经办机构具体承办失业保险工作,履行下列职责:

(一)负责失业人员的登记、调查、统计;

(二)按照规定负责失业保险基金的管理;

(三)按照规定核定失业保险待遇,开具失业人员在指定银行领取失业保险金和其他补助金的单证；

（四）拨付失业人员职业培训、职业介绍补贴费用；

（五）为失业人员提供免费咨询服务；

（六）国家规定由其履行的其他职责。

第二十六条 财政部门和审计部门依法对失业保险基金的收支、管理情况进行监督。

第二十七条 社会保险经办机构所需经费列入预算，由财政拨付。

第五章 罚则

第二十八条 不符合享受失业保险待遇条件，骗取失业保险金和其他失业保险待遇的，由社会保险经办机构责令退还；情节严重的，由劳动保障行政部门处骗取金额1倍以上3倍以下的罚款。

第二十九条 社会保险经办机构工作人员违反规定向失业人员开具领取失业保险金或者享受其他失业保险待遇单证，致使失业保险基金损失的，由劳动保障行政部门责令追回；情节严重的，依法给予行政处分。

第三十条 劳动保障行政部门和社会保险经办机构的工作人员滥用职权、徇私舞弊、玩忽职守，造成失业保险基金损失的，由劳动保障行政部门追回损失的失业保险基金；构成犯罪的，依法追究刑事责任；尚不构成犯罪的，依法给予行政处分。

第三十一条 任何单位、个人挪用失业保险基金的，追回挪用的失业保险基金；有违法所得的，没收违法所得，并入失业保险基金；构成犯罪的，依法追究刑事责任；尚不构成犯罪的，对直接负责的主管人员和其他直接责任人员依法给予行政处分。

第六章　附则

第三十二条　省、自治区、直辖市人民政府根据当地实际情况，可以决定本条例适用于本行政区域内的社会团体及其专职人员、民办非企业单位及其职工、有雇工的城镇个体工商户及其雇工。

第三十三条　本条例自发布之日起施行。1993 年 4 月 12 日国务院发布的《国有企业职工待业保险规定》同时废止。

失业保险金申领发放办法

（2000年10月26日劳动和社会保障部令第8号发布）

第一章　总则

第一条　为保证失业人员及时获得失业保险金及其他失业保险待遇，根据《失业保险条例》（以下简称《条例》），制定本办法。

第二条　参加失业保险的城镇企业事业单位职工以及按照省级人民政府规定参加失业保险的其他单位人员失业后（以下统称失业人员），申请领取失业保险金、享受其他失业保险待遇适用本办法；按照规定应参加而尚未参加失业保险的不适用本办法。

第三条　劳动保障行政部门设立的经办失业保险业务的社会保险经办机构（以下简称经办机构）按照本办法规定受理失业人员领取失业保险金的申请，审核确认领取资格，核定领取失业保险金、享受其他失业保险待遇的期限及标准，负责发放失业保险金并提供其他失业保险待遇。

第二章　失业保险金申领

第四条　失业人员符合《条例》第十四条规定条件的，可以申请领取失业保险金，享受其他失业保险待遇。其中，非因本人意愿中断就业的是指下列人员：

（一）终止劳动合同的；

（二）被用人单位解除劳动合同的；

（三）被用人单位开除、除名和辞退的；

（四）根据《中华人民共和国劳动法》第三十二条第二、三项与用人单位解除劳动合同的；

（五）法律、行政法规另有规定的。

第五条 失业人员失业前所在单位，应将失业人员的名单自终止或者解除劳动合同之日起7日内报受理其失业保险业务的经办机构备案，并按要求提供终止或解除劳动合同证明、参加失业保险及缴费情况证明等有关材料。

第六条 失业人员应在终止或者解除劳动合同之日起60日内到受理其单位失业保险业务的经办机构申领失业保险金。

第七条 失业人员申领失业保险金应填写《失业保险金申领表》，并出示下列证明材料：

（一）本人身份证明；

（二）所在单位出具的终止或者解除劳动合同的证明；

（三）失业登记及求职证明；

（四）省级劳动保障行政部门规定的其他材料。

第八条 失业人员领取失业保险金，应由本人按月到经办机构领取，同时应向经办机构如实说明求职和接受职业指导、职业培训情况。

第九条 失业人员在领取失业保险金期间患病就医的，可以按照规定向经办机构申请领取医疗补助金。

第十条 失业人员在领取失业保险金期间死亡的，其家属可持失业人员死亡证明、领取人身份证明、与失业人员的关系证明，按规定向经办机构领取一次性丧葬补助金和其供养配偶、直系亲属的抚恤金。失业人员当月尚未领取的失业保险金可由其家属一并领取。

第十一条 失业人员在领取失业保险金期间，应积极求职，接受职业指导和职业培训。失业人员在领取失业保险金期间求职时，可以按规定享受就业服务减免费用等优惠政策。

第十二条 失业人员在领取失业保险金期间或期满后，符合享受当地城市居民最低生活保障条件的，可以按照规定申请享受城市居民最低生活保障待遇。

第十三条 失业人员在领取失业保险金期间，发生《条例》第十五条规定情形之一的，不得继续领取失业保险金和享受其他失业保险待遇。

第三章 失业保险金发放

第十四条 经办机构自受理失业人员领取失业保险金申请之日起10日内，对申领者的资格进行审核认定，并将结果及有关事项告知本人。经审核合格者，从其办理失业登记之日起计发失业保险金。

第十五条 经办机构根据失业人员累计缴费时间核定其领取失业保险金的期限。失业人员累计缴费时间按照下列原则确定：

(一)实行个人缴纳失业保险费前，按国家规定计算的工龄视同缴费时间，与《条例》发布后缴纳失业保险费的时间合并计算。

(二)失业人员在领取失业保险金期间重新就业后再次失业的，缴费时间重新计算，其领取失业保险金的期限可以与前次失业应领取而尚未领取的失业保险金的期限合并计算，但是最长不得超过24个月。失业人员在领取失业保险金期间重新就业后不满一年再次失业的，可以继续申领其前次失业应领取而尚未领取的失业保险金。

第十六条 失业保险金以及医疗补助金、丧葬补助金、抚恤金、职业培训和职业介绍补贴等失业保险待遇的标准按照各省、自治区、直辖市人民政府的有关规定执行。

第十七条 失业保险金应按月发放，由经办机构开具单证，失业人员凭单证到指定银行领取。

第十八条 对领取失业保险金期限即将届满的失业人员，经办机构应提前一个月告知本人。

失业人员在领取失业保险金期间,发生《条例》第十五条规定情形之一的,经办机构有权即行停止其失业保险金发放,并同时停止其享受其他失业保险待遇。

第十九条 经办机构应当通过准备书面资料、开设服务窗口、设立咨询电话等方式,为失业人员、用人单位和社会公众提供咨询服务。

第二十条 经办机构应按规定负责失业保险金申领、发放的统计工作。

第四章 失业保险关系转迁

第二十一条 对失业人员失业前所在单位与本人户籍不在同一统筹地区的,其失业保险金的发放和其他失业保险待遇的提供由两地劳动保障行政部门进行协商,明确具体办法。协商未能取得一致的,由上一级劳动保障行政部门确定。

第二十二条 失业人员失业保险关系跨省、自治区、直辖市转迁的,失业保险费用应随失业保险关系相应划转。需划转的失业保险费用包括失业保险金、医疗补助金和职业培训、职业介绍补贴。其中,医疗补助金和职业培训、职业介绍补贴按失业人员应享受的失业保险金总额的一半计算。

第二十三条 失业人员失业保险关系在省、自治区范围内跨统筹地区转迁,失业保险费用的处理由省级劳动保障行政部门规定。

第二十四条 失业人员跨统筹地区转移的,凭失业保险关系迁出地经办机构出具的证明材料到迁入地经办机构领取失业保险金。

第五章 附则

第二十五条 经办机构发现不符合条件,或以涂改、伪造有关材料等非法手段骗取失业保险金和其他失业保险待遇的，应责令其退还；对情节严重的，经办机构可以提请劳动保障行政部门对其进行处罚。

第二十六条 经办机构工作人员违反本办法规定的，由经办机构或主管该经办机构的劳动保障行政部门责令其改正；情节严重的，依法给予行政处分；给失业人员造成损失的，依法赔偿。

第二十七条 失业人员因享受失业保险待遇与经办机构发生争议的，可以向主管该经办机构的劳动保障行政部门申请行政复议。

第二十八条 符合《条例》规定的劳动合同期满未续订或者提前解除劳动合同的农民合同制工人申领一次性生活补助，按各省、自治区、直辖市办法执行。

第二十九条 《失业保险金申领表》的样式，由劳动和社会保障部统一制定。

第三十条 本办法自二〇〇一年一月一日起施行。

生育保险

企业职工生育保险试行办法

（1994年12月14日劳动部发布）

第一条 为了维护企业女职工的合法权益，保障她们在生育期间得到必要的经济补偿和医疗保健，均衡企业间生育保险费用的负担，根据有关法律、法规的规定，制定本办法。

第二条 本办法适用于城镇企业及其职工。

第三条 生育保险按属地原则组织。生育保险费用实行社会统筹。

第四条 生育保险根据"以支定收，收支基本平衡"的原则筹集资金，由企业按照其工资总额的一定比例向社会保险经办机构缴纳生育保险费，建立生育保险基金。生育保险费的提取比例由当地人民政府根据计划内生育人数和生育津贴、生育医疗费等项费用确定，并可根据费用支出情况适时调整，但最高不得超过工资总额的百分之一。企业缴纳的生育保险费作为期间费用处理，列入企业管理费用。

职工个人不缴纳生育保险费。

第五条 女职工生育按照法律、法规的规定享受产假。产假期间的生育津贴按照本企业上年度职工月平均工资计发，由生育保险基金支付。

第六条 女职工生育的检查费、接生费、手术费、住院费和药费由生育保险基金支付。超出规定的医疗服务费和药费（含自费药品和营养药品的药费)由职工个人负担。

女职工生育出院后,因生育引起疾病的医疗费,由生育保险基金支付;其它疾病的医疗费,按照医疗保险待遇的规定办理。女职工产假期满后,因病需要休息治疗的,按照有关病假待遇和医疗保险待遇规定办理。

第七条 女职工生育或流产后,由本人或所在企业持当地计划生育部门签发的计划生育证明,婴儿出生、死亡或流产证明,到当地社会保险经办机构办理手续,领取生育津贴和报销生育医疗费。

第八条 生育保险基金由劳动部门所属的社会保险经办机构负责收缴、支付和管理。

生育保险基金应存入社会保险经办机构在银行开设的生育保险基金专户。银行应按照城乡居民个人储蓄同期存款利率计息,所得利息转入生育保险基金。

第九条 社会保险经办机构可从生育保险基金中提取管理费,用于本机构经办生育保险工作所需的人员经费、办公费及其它业务经费。管理费标准,各地根据社会保险经办机构人员设置情况,由劳动部门提出,经财政部门核定后,报当地人民政府批准。管理费提取比例最高不得超过生育保险基金的百分之二。

生育保险基金及管理费不征税、费。

第十条 生育保险基金的筹集和使用,实行财务预、决算制度,由社会保险经办机构作出年度报告,并接受同级财政、审计监督。

第十一条 市(县)社会保险监督机构定期监督生育保险基金管理工作。

第十二条 企业必须按期缴纳生育保险费。对逾期不缴纳的,按日加收千分之二的滞纳金。滞纳金转入生育保险基金。滞纳金计入营业外支出,纳税时进行调整。

第十三条 企业虚报、冒领生育津贴或生育医疗费的，社会保险经办机构应追回全部虚报、冒领金额，并由劳动行政部门给予处罚。

企业欠付或拒付职工生育津贴、生育医疗费的，由劳动行政部门责令企业限期支付；对职工造成损害的，企业应承担赔偿责任。

第十四条 劳动行政部门或社会保险经办机构的工作人员滥用职权、玩忽职守、徇私舞弊，贪污、挪用生育保险基金，构成犯罪的，依法追究刑事责任；不构成犯罪的，给予行政处分。

第十五条 省、自治区、直辖市人民政府劳动行政部门可以按照本办法的规定，结合本地区实际情况制定实施办法。

第十六条 本办法自 1995 年 1 月 1 日起试行。

工伤保险

工伤保险条例

（2003 年 4 月 27 日国务院令第 375 号发布）

第一章　总　则

第一条　为了保障因工作遭受事故伤害或者患职业病的职工获得医疗救治和经济补偿，促进工伤预防和职业康复，分散用人单位的工伤风险，制定本条例。

第二条　中华人民共和国境内的各类企业、有雇工的个体工商户（以下称用人单位）应当依照本条例规定参加工伤保险，为本单位全部职工或者雇工（以下称职工）缴纳工伤保险费。

中华人民共和国境内的各类企业的职工和个体工商户的雇工，均有依照本条例的规定享受工伤保险待遇的权利。

有雇工的个体工商户参加工伤保险的具体步骤和实施办法，由省、自治区、直辖市人民政府规定。

第三条　工伤保险费的征缴按照《社会保险费征缴暂行条例》关于基本养老保险费、基本医疗保险费、失业保险费的征缴规定执行。

第四条　用人单位应当将参加工伤保险的有关情况在本单位内公示。

用人单位和职工应当遵守有关安全生产和职业病防治的法律法规，执行安全卫生规程和标准，预防工伤事故发生，避免和减少职业病危害。

职工发生工伤时，用人单位应当采取措施使工伤职工得到及时救治。

第五条 国务院劳动保障行政部门负责全国的工伤保险工作。

县级以上地方各级人民政府劳动保障行政部门负责本行政区域内的工伤保险工作。

劳动保障行政部门按照国务院有关规定设立的社会保险经办机构(以下称经办机构)具体承办工伤保险事务。

第六条 劳动保障行政部门等部门制定工伤保险的政策、标准，应当征求工会组织、用人单位代表的意见。

第二章 工伤保险基金

第七条 工伤保险基金由用人单位缴纳的工伤保险费、工伤保险基金的利息和依法纳入工伤保险基金的其他资金构成。

第八条 工伤保险费根据以支定收、收支平衡的原则，确定费率。

国家根据不同行业的工伤风险程度确定行业的差别费率，并根据工伤保险费使用、工伤发生率等情况在每个行业内确定若干费率档次。行业差别费率及行业内费率档次由国务院劳动保障行政部门会同国务院财政部门、卫生行政部门、安全生产监督管理部门制定，报国务院批准后公布施行。

统筹地区经办机构根据用人单位工伤保险费使用、工伤发生率等情况，适用所属行业内相应的费率档次确定单位缴费费率。

第九条 国务院劳动保障行政部门应当定期了解全国各统筹地区工伤保险基金收支情况，及时会同国务院财政部门、卫生行政部门、安全生产监督管理部门提出调整行业差别费率及行业内费率档次的方案，报国务院批准后公布施行。

第十条 用人单位应当按时缴纳工伤保险费。职工个人不缴纳工伤保险费。

用人单位缴纳工伤保险费的数额为本单位职工工资总额乘以单位缴费费率之积。

第十一条 工伤保险基金在直辖市和设区的市实行全市统筹，其他地区的统筹层次由省、自治区人民政府确定。

跨地区、生产流动性较大的行业，可以采取相对集中的方式异地参加统筹地区的工伤保险。具体办法由国务院劳动保障行政部门会同有关行业的主管部门制定。

第十二条 工伤保险基金存入社会保障基金财政专户，用于本条例规定的工伤保险待遇、劳动能力鉴定以及法律、法规规定的用于工伤保险的其他费用的支付。任何单位或者个人不得将工伤保险基金用于投资运营、兴建或者改建办公场所、发放奖金，或者挪作其他用途。

第十三条 工伤保险基金应当留有一定比例的储备金，用于统筹地区重大事故的工伤保险待遇支付；储备金不足支付的，由统筹地区的人民政府垫付。储备金占基金总额的具体比例和储备金的使用办法，由省、自治区、直辖市人民政府规定。

第三章 工伤认定

第十四条 职工有下列情形之一的，应当认定为工伤：

(一)在工作时间和工作场所内，因工作原因受到事故伤害的；

(二)工作时间前后在工作场所内，从事与工作有关的预备性或者收尾性工作受到事故伤害的；

(三)在工作时间和工作场所内，因履行工作职责受到暴力等意外伤害的；

(四)患职业病的；

(五)因工外出期间，由于工作原因受到伤害或者发生事故下落不明的；

（六）在上下班途中，受到机动车事故伤害的；

（七）法律、行政法规规定应当认定为工伤的其他情形。

第十五条 职工有下列情形之一的，视同工伤：

（一）在工作时间和工作岗位，突发疾病死亡或者在48小时之内经抢救无效死亡的；

（二）在抢险救灾等维护国家利益、公共利益活动中受到伤害的；

（三）职工原在军队服役，因战、因公负伤致残，已取得革命伤残军人证，到用人单位后旧伤复发的。

职工有前款第（一）项、第（二）项情形的，按照本条例的有关规定享受工伤保险待遇；职工有前款第（三）项情形的，按照本条例的有关规定享受除一次性伤残补助金以外的工伤保险待遇。

第十六条 职工有下列情形之一的，不得认定为工伤或者视同工伤：

（一）因犯罪或者违反治安管理伤亡的；

（二）醉酒导致伤亡的；

（三）自残或者自杀的。

第十七条 职工发生事故伤害或者按照职业病防治法规定被诊断、鉴定为职业病，所在单位应当自事故伤害发生之日或者被诊断、鉴定为职业病之日起30日内，向统筹地区劳动保障行政部门提出工伤认定申请。遇有特殊情况，经报劳动保障行政部门同意，申请时限可以适当延长。

用人单位未按前款规定提出工伤认定申请的，工伤职工或者其直系亲属、工会组织在事故伤害发生之日或者被诊断、鉴定为职业病之日起1年内，可以直接向用人单位所在地统筹地区劳动保障行政部门提出工伤认定申请。

按照本条第一款规定应当由省级劳动保障行政部门进行工伤认定的事项，根据属地原则由用人单位所在地的设区的市级劳动保障行政部门办理。

用人单位未在本条第一款规定的时限内提交工伤认定申请，在此期间发生符合本条例规定的工伤待遇等有关费用由该用人单位负担。

第十八条 提出工伤认定申请应当提交下列材料：

(一)工伤认定申请表；

(二)与用人单位存在劳动关系(包括事实劳动关系)的证明材料；

(三)医疗诊断证明或者职业病诊断证明书(或者职业病诊断鉴定书)。

工伤认定申请表应当包括事故发生的时间、地点、原因以及职工伤害程度等基本情况。

工伤认定申请人提供材料不完整的，劳动保障行政部门应当一次性书面告知工伤认定申请人需要补正的全部材料。申请人按照书面告知要求补正材料后，劳动保障行政部门应当受理。

第十九条 劳动保障行政部门受理工伤认定申请后，根据审核需要可以对事故伤害进行调查核实，用人单位、职工、工会组织、医疗机构以及有关部门应当予以协助。职业病诊断和诊断争议的鉴定，依照职业病防治法的有关规定执行。对依法取得职业病诊断证明书或者职业病诊断鉴定书的，劳动保障行政部门不再进行调查核实。

职工或者其直系亲属认为是工伤，用人单位不认为是工伤的，由用人单位承担举证责任。

第二十条 劳动保障行政部门应当自受理工伤认定申请之日起60日内作出工伤认定的决定，并书面通知申请工伤认定的职工或者其直系亲属和该职工所在单位。

劳动保障行政部门工作人员与工伤认定申请人有利害关系的，应当回避。

第四章　劳动能力鉴定

第二十一条　职工发生工伤，经治疗伤情相对稳定后存在残疾、影响劳动能力的，应当进行劳动能力鉴定。

第二十二条　劳动能力鉴定是指劳动功能障碍程度和生活自理障碍程度的等级鉴定。

劳动功能障碍分为十个伤残等级，最重的为一级，最轻的为十级。

生活自理障碍分为三个等级：生活完全不能自理、生活大部分不能自理和生活部分不能自理。

劳动能力鉴定标准由国务院劳动保障行政部门会同国务院卫生行政部门等部门制定。

第二十三条　劳动能力鉴定由用人单位、工伤职工或者其直系亲属向设区的市级劳动能力鉴定委员会提出申请，并提供工伤认定决定和职工工伤医疗的有关资料。

第二十四条　省、自治区、直辖市劳动能力鉴定委员会和设区的市级劳动能力鉴定委员会分别由省、自治区、直辖市和设区的市级劳动保障行政部门、人事行政部门、卫生行政部门、工会组织、经办机构代表以及用人单位代表组成。

劳动能力鉴定委员会建立医疗卫生专家库。列入专家库的医疗卫生专业技术人员应当具备下列条件：

（一）具有医疗卫生高级专业技术职务任职资格；

（二）掌握劳动能力鉴定的相关知识；

（三）具有良好的职业品德。

第二十五条　设区的市级劳动能力鉴定委员会收到劳动能力鉴定申请后，应当从其建立的医疗卫生专家库中随机抽取 3 名或者 5 名相关专家组成专家组，由专家组提出鉴定意见。设区的市级劳动能力鉴定委员会根据专家组的鉴定意见作出工伤职工劳动能力鉴定结论；必要时，可以委托具备资格的医疗机构协助进行有关的诊断。

设区的市级劳动能力鉴定委员会应当自收到劳动能力鉴定申请之日起 60 日内作出劳动能力鉴定结论，必要时，作出劳动能力鉴定结论的期限可以延长 30 日。劳动能力鉴定结论应当及时送达申请鉴定的单位和个人。

第二十六条 申请鉴定的单位或者个人对设区的市级劳动能力鉴定委员会作出的鉴定结论不服的，可以在收到该鉴定结论之日起 15 日内向省、自治区、直辖市劳动能力鉴定委员会提出再次鉴定申请。省、自治区、直辖市劳动能力鉴定委员会作出的劳动能力鉴定结论为最终结论。

第二十七条 劳动能力鉴定工作应当客观、公正。劳动能力鉴定委员会组成人员或者参加鉴定的专家与当事人有利害关系的，应当回避。

第二十八条 自劳动能力鉴定结论作出之日起 1 年后，工伤职工或者其直系亲属、所在单位或者经办机构认为伤残情况发生变化的，可以申请劳动能力复查鉴定。

第五章 工伤保险待遇

第二十九条 职工因工作遭受事故伤害或者患职业病进行治疗，享受工伤医疗待遇。

职工治疗工伤应当在签订服务协议的医疗机构就医，情况紧急时可以先到就近的医疗机构急救。

治疗工伤所需费用符合工伤保险诊疗项目目录、工伤保险药品目录、工伤保险住院服务标准的，从工伤保险基金支付。工伤保险诊疗项目目录、工伤保险药品目录、工伤保险住院服务标准，由国务院劳动保障行政部门会同国务院卫生行政部门、药品监督管理部门等部门规定。

职工住院治疗工伤的，由所在单位按照本单位因公出差伙食补助标准的70%发给住院伙食补助费；经医疗机构出具证明，报经办机构同意，工伤职工到统筹地区以外就医的，所需交通、食宿费用由所在单位按照本单位职工因公出差标准报销。

工伤职工治疗非工伤引发的疾病，不享受工伤医疗待遇，按照基本医疗保险办法处理。

工伤职工到签订服务协议的医疗机构进行康复性治疗的费用，符合本条第三款规定的，从工伤保险基金支付。

第三十条 工伤职工因日常生活或者就业需要，经劳动能力鉴定委员会确认，可以安装假肢、矫形器、假眼、假牙和配置轮椅等辅助器具，所需费用按照国家规定的标准从工伤保险基金支付。

第三十一条 职工因工作遭受事故伤害或者患职业病需要暂停工作接受工伤医疗的，在停工留薪期内，原工资福利待遇不变，由所在单位按月支付。

停工留薪期一般不超过12个月。伤情严重或者情况特殊，经设区的市级劳动能力鉴定委员会确认，可以适当延长，但延长不得超过12个月。工伤职工评定伤残等级后，停发原待遇，按照本章的有关规定享受伤残待遇。工伤职工在停工留薪期满后仍需治疗的，继续享受工伤医疗待遇。

生活不能自理的工伤职工在停工留薪期需要护理的，由所在单位负责。

第三十二条 工伤职工已经评定伤残等级并经劳动能力鉴定委员会确认需要生活护理的，从工伤保险基金按月支付生活护理费。

生活护理费按照生活完全不能自理、生活大部分不能自理或者生活部分不能自理3个不同等级支付，其标准分别为统筹地区上年度职工月平均工资的50％、40％或者30％。

第三十三条 职工因工致残被鉴定为一级至四级伤残的，保留劳动关系，退出工作岗位，享受以下待遇：

（一）从工伤保险基金按伤残等级支付一次性伤残补助金，标准为：一级伤残为24个月的本人工资，二级伤残为22个月的本人工资，三级伤残为20个月的本人工资，四级伤残为18个月的本人工资；

（二）从工伤保险基金按月支付伤残津贴，标准为：一级伤残为本人工资的90％，二级伤残为本人工资的85％，三级伤残为本人工资的80％，四级伤残为本人工资的75％。伤残津贴实际金额低于当地最低工资标准的，由工伤保险基金补足差额；

（三）工伤职工达到退休年龄并办理退休手续后，停发伤残津贴，享受基本养老保险待遇。基本养老保险待遇低于伤残津贴的，由工伤保险基金补足差额。

职工因工致残被鉴定为一级至四级伤残的，由用人单位和职工个人以伤残津贴为基数，缴纳基本医疗保险费。

第三十四条 职工因工致残被鉴定为五级、六级伤残的，享受以下待遇：

（一）从工伤保险基金按伤残等级支付一次性伤残补助金，标准为：五级伤残为16个月的本人工资，六级伤残为14个月的本人工资；

（二）保留与用人单位的劳动关系，由用人单位安排适当工作。难以安排工作的，由用人单位按月发给伤残津贴，标准为：五级伤残为本人工资的70％，六级伤残为本人工资的60％，并由用人单位按照规定为其缴纳应缴纳的各项社会保险费。伤残津贴实际金额低于当地最低工资标准的，由用人单位补足差额。

经工伤职工本人提出，该职工可以与用人单位解除或者终止劳动关系，由用人单位支付一次性工伤医疗补助金和伤残就业补助金。具体标准由省、自治区、直辖市人民政府规定。

第三十五条 职工因工致残被鉴定为七级至十级伤残的，享受以下待遇：

（一）从工伤保险基金按伤残等级支付一次性伤残补助金，标准为：七级伤残为12个月的本人工资，八级伤残为10个月的本人工资，九级伤残为8个月的本人工资，十级伤残为6个月的本人工资；

（二）劳动合同期满终止，或者职工本人提出解除劳动合同的，由用人单位支付一次性工伤医疗补助金和伤残就业补助金。具体标准由省、自治区、直辖市人民政府规定。

第三十六条 工伤职工工伤复发，确认需要治疗的，享受本条例第二十九条、第三十条和第三十一条规定的工伤待遇。

第三十七条 职工因工死亡，其直系亲属按照下列规定从工伤保险基金领取丧葬补助金、供养亲属抚恤金和一次性工亡补助金：

（一）丧葬补助金为6个月的统筹地区上年度职工月平均工资；

（二）供养亲属抚恤金按照职工本人工资的一定比例发给由因工死亡职工生前提供主要生活来源、无劳动能力的亲属。标准为：配偶每月40%，其他亲属每人每月30%，孤寡老人或者孤儿每人每月在上述标准的基础上增加10%。核定的各供养亲属的抚恤金之和不应高于因工死亡职工生前的工资。供养亲属的具体范围由国务院劳动保障行政部门规定；

（三）一次性工亡补助金标准为48个月至60个月的统筹地区上年度职工月平均工资。具体标准由统筹地区的人民政府根据当地经济、社会发展状况规定，报省、自治区、直辖市人民政府备案。

伤残职工在停工留薪期内因工伤导致死亡的，其直系亲属享受本条第一款规定的待遇。

一级至四级伤残职工在停工留薪期满后死亡的，其直系亲属可以享受本条第一款第(一)项、第(二)项规定的待遇。

第三十八条 伤残津贴、供养亲属抚恤金、生活护理费由统筹地区劳动保障行政部门根据职工平均工资和生活费用变化等情况适时调整。调整办法由省、自治区、直辖市人民政府规定。

第三十九条 职工因工外出期间发生事故或者在抢险救灾中下落不明的，从事故发生当月起3个月内照发工资，从第4个月起停发工资，由工伤保险基金向其供养亲属按月支付供养亲属抚恤金。生活有困难的，可以预支一次性工亡补助金的50%。职工被人民法院宣告死亡的，按照本条例第三十七条职工因工死亡的规定处理。

第四十条 工伤职工有下列情形之一的，停止享受工伤保险待遇：

(一)丧失享受待遇条件的；

(二)拒不接受劳动能力鉴定的；

(三)拒绝治疗的；

(四)被判刑正在收监执行的。

第四十一条 用人单位分立、合并、转让的，承继单位应当承担原用人单位的工伤保险责任；原用人单位已经参加工伤保险的，承继单位应当到当地经办机构办理工伤保险变更登记。

用人单位实行承包经营的，工伤保险责任由职工劳动关系所在单位承担。

职工被借调期间受到工伤事故伤害的，由原用人单位承担工伤保险责任，但原用人单位与借调单位可以约定补偿办法。

企业破产的，在破产清算时优先拨付依法应由单位支付的工伤保险待遇费用。

第四十二条 职工被派遣出境工作，依据前往国家或者地区的法律应当参加当地工伤保险的，参加当地工伤保险，其国内工伤保险关系中止；不能参加当地工伤保险的，其国内工伤保险关系不中止。

第四十三条 职工再次发生工伤，根据规定应当享受伤残津贴的，按照新认定的伤残等级享受伤残津贴待遇。

第六章 监督管理

第四十四条 经办机构具体承办工伤保险事务，履行下列职责：

（一）根据省、自治区、直辖市人民政府规定，征收工伤保险费；

（二）核查用人单位的工资总额和职工人数，办理工伤保险登记，并负责保存用人单位缴费和职工享受工伤保险待遇情况的记录；

（三）进行工伤保险的调查、统计；

（四）按照规定管理工伤保险基金的支出；

（五）按照规定核定工伤保险待遇；

（六）为工伤职工或者其直系亲属免费提供咨询服务。

第四十五条 经办机构与医疗机构、辅助器具配置机构在平等协商的基础上签订服务协议，并公布签订服务协议的医疗机构、辅助器具配置机构的名单。具体办法由国务院劳动保障行政部门分别会同国务院卫生行政部门、民政部门等部门制定。

第四十六条 经办机构按照协议和国家有关目录、标准对工伤职工医疗费用、康复费用、辅助器具费用的使用情况进行核查，并按时足额结算费用。

第四十七条 经办机构应当定期公布工伤保险基金的收支情况，及时向劳动保障行政部门提出调整费率的建议。

第四十八条 劳动保障行政部门、经办机构应当定期听取工伤职工、医疗机构、辅助器具配置机构以及社会各界对改进工伤保险工作的意见。

第四十九条 劳动保障行政部门依法对工伤保险费的征缴和工伤保险基金的支付情况进行监督检查。

财政部门和审计机关依法对工伤保险基金的收支、管理情况进行监督。

第五十条 任何组织和个人对有关工伤保险的违法行为,有权举报。劳动保障行政部门对举报应当及时调查,按照规定处理,并为举报人保密。

第五十一条 工会组织依法维护工伤职工的合法权益,对用人单位的工伤保险工作实行监督。

第五十二条 职工与用人单位发生工伤待遇方面的争议,按照处理劳动争议的有关规定处理。

第五十三条 有下列情形之一的,有关单位和个人可以依法申请行政复议;对复议决定不服的,可以依法提起行政诉讼:

(一)申请工伤认定的职工或者其直系亲属、该职工所在单位对工伤认定结论不服的;

(二)用人单位对经办机构确定的单位缴费费率不服的;

(三)签订服务协议的医疗机构、辅助器具配置机构认为经办机构未履行有关协议或者规定的;

(四)工伤职工或者其直系亲属对经办机构核定的工伤保险待遇有异议的。

第七章 法律责任

第五十四条 单位或者个人违反本条例第十二条规定挪用工伤保险基金,构成犯罪的,依法追究刑事责任;尚不构成犯罪的,依法给予行政处分或者纪律处分。被挪用的基金由劳动保障行政部门追回,并入工伤保险基金;没收的违法所得依法上缴国库。

第五十五条　劳动保障行政部门工作人员有下列情形之一的，依法给予行政处分；情节严重，构成犯罪的，依法追究刑事责任：

（一）无正当理由不受理工伤认定申请，或者弄虚作假将不符合工伤条件的人员认定为工伤职工的；

（二）未妥善保管申请工伤认定的证据材料，致使有关证据灭失的；

（三）收受当事人财物的。

第五十六条　经办机构有下列行为之一的，由劳动保障行政部门责令改正，对直接负责的主管人员和其他责任人员依法给予纪律处分；情节严重，构成犯罪的，依法追究刑事责任；造成当事人经济损失的，由经办机构依法承担赔偿责任：

（一）未按规定保存用人单位缴费和职工享受工伤保险待遇情况记录的；

（二）不按规定核定工伤保险待遇的；

（三）收受当事人财物的。

第五十七条　医疗机构、辅助器具配置机构不按服务协议提供服务的，经办机构可以解除服务协议。

经办机构不按时足额结算费用的，由劳动保障行政部门责令改正；医疗机构、辅助器具配置机构可以解除服务协议。

第五十八条　用人单位瞒报工资总额或者职工人数的，由劳动保障行政部门责令改正，并处瞒报工资数额 1 倍以上 3 倍以下的罚款。

用人单位、工伤职工或者其直系亲属骗取工伤保险待遇，医疗机构、辅助器具配置机构骗取工伤保险基金支出的，由劳动保障行政部门责令退还，并处骗取金额 1 倍以上 3 倍以下的罚款；情节严重，构成犯罪的，依法追究刑事责任。

第五十九条　从事劳动能力鉴定的组织或者个人有下列情形之一的，由劳动保障行政部门责令改正，并处 2000 元以上 1 万元以下的罚款；情节严重，构成犯罪的，依法追究刑事责任：

（一）提供虚假鉴定意见的；

（二）提供虚假诊断证明的；

（三）收受当事人财物的。

第六十条　用人单位依照本条例规定应当参加工伤保险而未参加的，由劳动保障行政部门责令改正；未参加工伤保险期间用人单位职工发生工伤的，由该用人单位按照本条例规定的工伤保险待遇项目和标准支付费用。

第八章　附则

第六十一条　本条例所称职工，是指与用人单位存在劳动关系（包括事实劳动关系）的各种用工形式、各种用工期限的劳动者。

本条例所称工资总额，是指用人单位直接支付给本单位全部职工的劳动报酬总额。

本条例所称本人工资，是指工伤职工因工作遭受事故伤害或者患职业病前 12 个月平均月缴费工资。本人工资高于统筹地区职工平均工资 300％的，按照统筹地区职工平均工资的 300％计算；本人工资低于统筹地区职工平均工资 60％的，按照统筹地区职工平均工资的 60％计算。

第六十二条　国家机关和依照或者参照国家公务员制度进行人事管理的事业单位、社会团体的工作人员因工作遭受事故伤害或者患职业病的，由所在单位支付费用。具体办法由国务院劳动保障行政部门会同国务院人事行政部门、财政部门规定。

其他事业单位、社会团体以及各类民办非企业单位的工伤保险等办法，由国务院劳动保障行政部门会同国务院人事行政部门、民政部门、财政部门等部门参照本条例另行规定，报国务院批准后施行。

第六十三条 无营业执照或者未经依法登记、备案的单位以及被依法吊销营业执照或者撤销登记、备案的单位的职工受到事故伤害或者患职业病的，由该单位向伤残职工或者死亡职工的直系亲属给予一次性赔偿，赔偿标准不得低于本条例规定的工伤保险待遇；用人单位不得使用童工，用人单位使用童工造成童工伤残、死亡的，由该单位向童工或者童工的直系亲属给予一次性赔偿，赔偿标准不得低于本条例规定的工伤保险待遇。具体办法由国务院劳动保障行政部门规定。

前款规定的伤残职工或者死亡职工的直系亲属就赔偿数额与单位发生争议的，以及前款规定的童工或者童工的直系亲属就赔偿数额与单位发生争议的，按照处理劳动争议的有关规定处理。

第六十四条 本条例自2004年1月1日起施行。本条例施行前已受到事故伤害或者患职业病的职工尚未完成工伤认定的，按照本条例的规定执行。

社会救助

城市居民最低生活保障条例

（1999 年 9 月 28 日国务院令第 271 号发布）

第一条 为了规范城市居民最低生活保障制度，保障城市居民基本生活，制定本条例。

第二条 持有非农业户口的城市居民，凡共同生活的家庭成员人均收入低于当地城市居民最低生活保障标准的，均有从当地人民政府获得基本生活物质帮助的权利。

前款所称收入，是指共同生活的家庭成员的全部货币收入和实物收入，包括法定赡养人、扶养人或者抚养人应当给付的赡养费、扶养费或者抚养费，不包括优抚对象按照国家规定享受的抚恤金、补助金。

第三条 城市居民最低生活保障制度遵循保障城市居民基本生活的原则，坚持国家保障与社会帮扶相结合、鼓励劳动自救的方针。

第四条 城市居民最低生活保障制度实行地方各级人民政府负责制。县级以上地方各级人民政府民政部门具体负责本行政区域内城市居民最低生活保障的管理工作；财政部门按照规定落实城市居民最低生活保障资金；统计、物价、审计、劳动保障和人事等部门分工负责，在各自的职责范围内负责城市居民最低生活保障的有关工作。

县级人民政府民政部门以及街道办事处和镇人民政府（以下统称管理审批机关）负责城市居民最低生活保障的具体管理审批工作。

居民委员会根据管理审批机关的委托，可以承担城市居民最低生活保障的日常管理、服务工作。

国务院民政部门负责全国城市居民最低生活保障的管理工作。

第五条 城市居民最低生活保障所需资金，由地方人民政府列入财政预算，纳入社会救济专项资金支出项目，专项管理，专款专用。

国家鼓励社会组织和个人为城市居民最低生活保障提供捐赠、资助；所提供的捐赠资助，全部纳入当地城市居民最低生活保障资金。

第六条 城市居民最低生活保障标准，按照当地维持城市居民基本生活所必需的衣、食、住费用，并适当考虑水电燃煤（燃气）费用以及未成年人的义务教育费用确定。

直辖市、设区的市的城市居民最低生活保障标准，由市人民政府民政部门会同财政、统计、物价等部门制定，报本级人民政府批准并公布执行；县（县级市）的城市居民最低生活保障标准，由县（县级市）人民政府民政部门会同财政、统计、物价等部门制定，报本级人民政府批准并报上一级人民政府备案后公布执行。

城市居民最低生活保障标准需要提高时，依照前两款的规定重新核定。

第七条 申请享受城市居民最低生活保障待遇，由户主向户籍所在地的街道办事处或者镇人民政府提出书面申请，并出具有关证明材料，填写《城市居民最低生活保障待遇审批表》。城市居民最低生活保障待遇，由其所在地的街道办事处或者镇人民政府初审，并将有关材料和初审意见报送县级人民政府民政部门审批。

管理审批机关为审批城市居民最低生活保障待遇的需要，可以通过入户调查、邻里访问以及信函索证等方式对申请人的家庭经济状况和实际生活水平进行调查核实。申请人及有关单位、组织或者个人应当接受调查，如实提供有关情况。

第八条 县级人民政府民政部门经审查，对符合享受城市居民最低生活保障待遇条件的家庭，应当区分下列不同情况批准其享受城市居民最低生活保障待遇：

（一）对无生活来源、无劳动能力又无法定赡养人、扶养人或者抚养人的城市居民，批准其按照当地城市居民最低生活保障标准全额享受；

（二）对尚有一定收入的城市居民，批准其按照家庭人均收入低于当地城市居民最低生活保障标准的差额享受。

县级人民政府民政部门经审查，对不符合享受城市居民最低生活保障待遇条件的，应当书面通知申请人，并说明理由。

管理审批机关应当自接到申请人提出申请之日起的30日内办结审批手续。

城市居民最低生活保障待遇由管理审批机关以货币形式按月发放；必要时，也可以给付实物。

第九条 对经批准享受城市居民最低生活保障待遇的城市居民，由管理审批机关采取适当形式以户为单位予以公布，接受群众监督。任何人对不符合法定条件而享受城市居民最低生活保障待遇的，都有权向管理审批机关提出意见；管理审批机关经核查，对情况属实的，应当予以纠正。

第十条 享受城市居民最低生活保障待遇的城市居民家庭人均收入情况发生变化的，应当及时通过居民委员会告知管理审批机关，办理停发、减发或者增发城市居民最低生活保障待遇的手续。

管理审批机关应当对享受城市居民最低生活保障待遇的城市居民的家庭收入情况定期进行核查。

在就业年龄内有劳动能力但尚未就业的城市居民，在享受城市居民最低生活保障待遇期间，应当参加其所在的居民委员会组织的公益性社区服务劳动。

第十一条 地方各级人民政府及其有关部门，应当对享受城市居民最低生活保障待遇的城市居民在就业、从事个体经营等方面给予必要的扶持和照顾。

第十二条 财政部门、审计部门依法监督城市居民最低生活保障资金的使用情况。

第十三条 从事城市居民最低生活保障管理审批工作的人员有下列行为之一的，给予批评教育，依法给予行政处分；构成犯罪的，依法追究刑事责任：

（一）对符合享受城市居民最低生活保障待遇条件的家庭拒不签署同意享受城市居民最低生活保障待遇意见的，或者对不符合享受城市居民最低生活保障待遇条件的家庭故意签署同意享受城市居民最低生活保障待遇意见的；

（二）玩忽职守、徇私舞弊，或者贪污、挪用、扣压、拖欠城市居民最低生活保障款物的。

第十四条 享受城市居民最低生活保障待遇的城市居民有下列行为之一的，由县级人民政府民政部门给予批评教育或者警告，追回其冒领的城市居民最低生活保障款物；情节恶劣的，处冒领金额1倍以上3倍以下的罚款：

（一）采取虚报、隐瞒、伪造等手段，骗取享受城市居民最低生活保障待遇的；

（二）在享受城市居民最低生活保障待遇期间家庭收入情况好转，不按规定告知管理审批机关，继续享受城市居民最低生活保障待遇的。

第十五条 城市居民对县级人民政府民政部门作出的不批准享受城市居民最低生活保障待遇或者减发、停发城市居民最低生活保障款物的决定或者给予的行政处罚不服的，可以依法申请行政复议；对复议决定仍不服的，可以依法提起行政诉讼。

第十六条 省、自治区、直辖市人民政府可以根据本条例，结合本行政区域城市居民最低生活保障工作的实际情况，规定实施的办法和步骤。

第十七条　本条例自 1999 年 10 月 1 日起施行。

农村五保供养工作条例

（1994年1月23日国务院发布）

第一章　总则

第一条　为做好农村五保供养工作，保障农村五保对象的正常生活，健全农村的社会保障制度，制定本条例。

第二条　本条例所称五保供养，是指对符合本条例第六条规定的村民，在吃、穿、住、医、葬方面给予的生活照顾和物质帮助。

第三条　五保供养是农村的集体福利事业。农村集体经济组织负责提供五保供养所需的经费和实物，乡、民族乡、镇人民政府负责组织五保供养工作的实施。

第四条　在五保供养工作中作出显著成绩的人员，由地方人民政府给予表彰、奖励。

第五条　国务院民政部门主管全国的五保供养工作。

县级以上地方各级人民政府民政部门主管本行政区域内的五保供养工作。

第二章　五保供养的对象

第六条　五保供养的对象（以下简称五保对象）是指村民中符合下列条件的老年人、残疾人和未成年人：

（一）无法定扶养义务人，或者虽有法定扶养义务人，但是扶养义务人无扶养能力的；

（二）无劳动能力的；

（三）无生活来源的。

法定扶养义务人，是指依照婚姻法规定负有扶养、抚养和赡养义务的人。

第七条　确定五保对象，应当由村民本人申请或者由村民小组提名，经村民委员会审核，报乡、民族乡、镇人民政府批准，发给《五保供养证书》。

《五保供养证书》由国务院民政部门制定式样，省、自治区、直辖市人民政府民政部门统一印制。

第八条　五保对象具有下列情形之一，经村民委员会审核，报乡、民族乡、镇人民政府批准，停止其五保供养，收回《五保供养证书》：

（一）有了法定扶养义务人、且法定扶养义务人具有扶养能力的；

（二）重新获得生活来源的；

（三）已满16周岁且具有劳动能力的。

第三章　五保供养的内容

第九条　五保供养的内容是：

（一）供给粮油和燃料；

（二）供给服装、被褥等用品和零用钱；

（三）提供符合基本条件的住房；

（四）及时治疗疾病，对生活不能自理者有人照料；

（五）妥善办理丧葬事宜。

五保对象是未成年人的，还应当保障他们依法接受义务教育。

第十条　五保供养的实际标准，不应低于当地村民的一般生活水平。具体标准由乡、民族乡、镇人民政府规定。

第十一条　五保供养所需经费和实物，应当从村提留或者乡统筹费中列支，不得重复列支；在有集体经营项目的地方，可以从集体经营的收入、集体企业上交的利润中列支。

第十二条　灾区和贫困地区的各级人民政府在安排救灾救济款物时，应当优先照顾五保对象，保障他们的生活。

第四章　五保供养的形式

第十三条　对五保对象可以根据当地的经济条件，实行集中供养或者分散供养。

第十四条　具备条件的乡、民族乡、镇人民政府应当兴办敬老院，集中供养五保对象。

第十五条　敬老院实行民主管理，文明办院，建立健全服务和管理制度。

五保对象入院自愿，出院自由。

第十六条　敬老院可以开展农副业生产，收入用于改善五保对象的生活条件。地方各级人民政府和有关部门对敬老院的农副业生产应当给予扶持和照顾。

第十七条　实行分散供养的，应当由乡、民族乡、镇人民政府或者农村集体经济组织、受委托的扶养人和五保对象三方签订五保供养协议。

第五章　财产处理

第十八条　五保对象的个人财产，其本人可以继续使用，但是不得自行处分；其需要代管的财产，可以由农村集体经济组织代管。

第十九条　五保对象死亡后，其遗产归所在的农村集体经济组织所有；有五保供养协议的，按照协议处理。

第二十条　未成年的五保对象年满16周岁以后，按照本条例第八条规定停止五保供养的，其个人原有财产中如有他人代管的，应当及时交还本人。

第六章　监督管理

第二十一条　县级以上地方各级人民政府民政部门，应当制定五保供养工作的监督管理制度，并负责督促实施。

第二十二条　农村集体经济组织未按照本条例规定供养五保对象的，五保对象有权提出供养要求，县级人民政府民政部门应当督促农村集体经济组织限期纠正。

第二十三条　按照五保供养协议负有扶养义务的人拒绝扶养五保对象，情节恶劣构成犯罪的，依法追究刑事责任。

第二十四条　五保供养工作人员贪污、挪用五保供养款物的，县级人民政府民政部门应当责令其全部退还，并给予行政处分；构成犯罪的，依法追究刑事责任。

第七章　附则

第二十五条　本条例自发布之日起施行。

救灾捐赠管理暂行办法

（2000年5月12日民政部令第22号发布）

第一章 总则

第一条 为了规范救灾捐赠活动，加强救灾捐赠款物的管理，保护捐赠人、救灾捐赠受赠人和灾区受益人的合法权益，根据《中华人民共和国公益事业捐赠法》，制定本办法。

第二条 在发生自然灾害时，自然人、法人或者其他组织向救灾捐赠受赠人捐赠财产，用于支援灾区、帮助灾民的，适用本办法。

第三条 本办法所称救灾捐赠受赠人包括：

（一）县级以上人民政府民政部门；

（二）经县级以上人民政府民政部门认定具有救灾宗旨的公益性社会团体。

法律、行政法规另有规定的除外。

第四条 救灾捐赠应当是自愿和无偿的，禁止强行摊派或者变相摊派，不得以捐赠为名从事营利活动。

第五条 救灾捐赠款物的使用范围：

（一）解决灾民无力克服的衣、食、住、医等生活困难；

（二）紧急抢救、转移和安置灾民；

（三）灾民倒塌房屋的恢复重建；

（四）捐赠人指定的与救灾直接相关的用途；

（五）其他直接用于救灾方面的必要开支。

第六条 国务院民政部门负责管理全国救灾捐赠工作。

县级以上地方人民政府民政部门负责管理本行政区域内的救灾捐赠工作。

第七条 在发生特大自然灾害情况下，国务院民政部门组织开展跨省（自治区、直辖市）或者全国性救灾捐赠活动，县级以上地方人民政府民政部门组织实施。

在本行政区域发生较大自然灾害情况下，经同级人民政府批准，县级以上地方人民政府民政部门组织开展本行政区域内的救灾捐赠活动，但不得跨区域开展。

县级以上人民政府民政部门统一组织救灾捐赠工作，各系统、各部门只能在本系统、本单位内组织救灾捐赠活动。

第八条 对于在救灾捐赠中有突出贡献的自然人、法人或者其他组织，县级以上人民政府民政部门可以予以表彰。对捐赠人进行公开表彰，应当事先征求捐赠人的意见。

第二章 接受捐赠

第九条 县级以上人民政府民政部门接受救灾捐赠款物，根据工作需要可以指定专门机构或者设立临时机构组织实施。

乡（镇）人民政府、城市街道办事处受县（县级市、市辖区）人民政府委托，可以组织代收本行政区域内村民、居民及驻在单位的救灾捐赠款物。

第十条 救灾捐赠受赠人应当向社会公布其名称、地址、银行账号等。

第十一条 自然人、法人或者其他组织可以向救灾捐赠受赠人捐赠其有权处分的合法财产。

法人或者其他组织捐赠其自产或者外购商品的，应当提供相应的发票及证明物品质量的资料。

第十二条 救灾捐赠受赠人接受救灾捐赠款物时，应当确认银行票据，当面清点现金，验收物资。捐赠人所捐款物不能当场兑现的，救灾捐赠受赠人应当与捐赠人签订载明捐赠款物种类、质量、数量和兑现时间等内容的捐赠协议。

捐赠人捐赠的药品、生物化学制品应当符合国家医药监督管理和卫生行政部门的有关规定。

第十三条 救灾捐赠受赠人接受救灾捐赠款物后，应当向捐赠人出具凭证。

第十四条 国务院民政部门负责制定全国统一的救灾捐赠接受凭证格式，省级人民政府民政部门负责制作。

第十五条 救灾捐赠情况由县级以上人民政府民政部门向社会公布。

第三章 境外救灾捐赠

第十六条 国务院民政部门负责对境外通报灾情，表明接受境外救灾捐赠的态度，确定受援区域。

未经国务院民政部门批准，任何部门、单位和个人不得对境外通报灾情或者呼吁救灾援助，法律、行政法规另有规定的除外。

第十七条 国务院民政部门负责接受境外对中央政府的救灾捐赠。

县级以上地方人民政府民政部门负责接受境外对地方政府的救灾捐赠。

经认定具有救灾宗旨的公益性社会团体可以接受境外救灾捐赠，但应当报民政部门备案。

法律、行政法规另有规定的除外。

第十八条 救灾捐赠受赠人接受的外汇救灾捐赠款应当全部结

售给指定的外汇银行。

第十九条 境外救灾捐赠物资的检验、检疫、免税和进境，按照国家的有关规定办理。

第二十条 对免税进口的救灾捐赠物资不得以任何形式转让、出售、出租或者移作他用。

第四章 救灾捐赠款物的管理和使用

第二十一条 救灾捐赠受赠人应当对救灾捐赠款指定账户，专项管理；对救灾捐赠物资建立分类登记表册。

第二十二条 经认定具有救灾宗旨的公益性社会团体接受救灾捐赠款物的情况应当报民政部门，由民政部门负责统计汇总、制定分配方案，法律、行政法规另有规定的除外。

第二十三条 在国务院民政部门组织开展的跨省（自治区、直辖市）或者全国性救灾捐赠活动中，县级以上地方人民政府民政部门应当将接受的救灾捐赠款逐级上划，将接受的救灾捐赠物资清单分批逐级上报，由国务院民政部门统一分配、调拨。

第二十四条 县级以上地方人民政府民政部门组织开展救助本行政区域灾区的救灾捐赠活动，接受的救灾捐赠款物由县级以上地方人民政府民政部门负责分配、调拨，并报上一级人民政府民政部门备案。

第二十五条 国务院民政部门负责调拨的救灾捐赠物资，属境外捐赠的，其运抵口岸后的运输等费用由受援地区负担；属境内捐赠的，由捐赠方负担。

县级以上地方人民政府民政部门负责调拨的救灾捐赠物资，运输、临时仓储等费用由地方同级财政负担。

第二十六条 救灾捐赠款物由县级以上人民政府民政部门根据

灾情和灾区实际需求,统筹平衡,统一调拨分配。

对捐赠人指定救灾捐赠款物用途或者受援地区的,应当按照捐赠人意愿使用。在捐赠款物过于集中同一地方的情况下,经捐赠人同意,省级以上人民政府民政部门可以调剂分配。

发放救灾捐赠款物时,应当坚持民主评议、登记造册、张榜公布、公开发放等程序,做到账目清楚,手续完备、制度健全,并向社会公布。

县级以上人民政府民政部门应当会同监察、审计等部门及时对救灾捐赠款物的使用发放情况进行监督检查。

捐赠人有权向救灾捐赠受赠人查询救灾捐赠财产的使用、管理情况,并提出意见和建议。对于捐赠人的查询,救灾捐赠受赠人应当如实答复。

第二十七条 对灾区不适用的境内救灾捐赠物资,经捐赠人书面同意,报省级人民政府民政部门批准后可以变卖。

变卖救灾捐赠物资应当由省级人民政府民政部门统一组织实施。

变卖救灾捐赠物资所得款必须作为救灾捐赠款管理、使用,不得挪作他用。

第二十八条 可重复使用的救灾捐赠物资,县级以上地方人民政府民政部门应当及时回收、妥善保管,作为地方救灾物资储备。

第二十九条 救灾捐赠款物的接受及分配、使用情况应当按照国务院民政部门规定的统计标准进行统计,并接受审计、监察等部门和社会的监督。

第五章　附则

第三十条 开展义演、义赛等救灾募捐活动按照国家的有关规定办理。

第三十一条 本办法自发布之日起施行。

社会优抚

军人抚恤优待条例

（2004年8月1日国务院、中央军事委员会令第413号发布，自2004年10月1日起施行。）

第一章　总则

第一条　为了保障国家对军人的抚恤优待，激励军人保卫祖国、建设祖国的献身精神，加强国防和军队建设，根据《中华人民共和国国防法》、《中华人民共和国兵役法》等有关法律，制定本条例。

第二条　中国人民解放军现役军人（以下简称现役军人）、服现役或者退出现役的残疾军人以及复员军人、退伍军人、烈士遗属、因公牺牲军人遗属、病故军人遗属、现役军人家属，是本条例规定的抚恤优待对象，依照本条例的规定享受抚恤优待。

第三条　军人的抚恤优待，实行国家和社会相结合的方针，保障军人的抚恤优待与国民经济和社会发展相适应，保障抚恤优待对象的生活不低于当地的平均生活水平。

全社会应当关怀、尊重抚恤优待对象，开展各种形式的拥军优属活动。

国家鼓励社会组织和个人对军人抚恤优待事业提供捐助。

第四条　国家和社会应当重视和加强军人抚恤优待工作。

军人抚恤优待所需经费由国务院和地方各级人民政府分级负担。中央和地方财政安排的军人抚恤优待经费，专款专用，并接受财政、审计部门的监督。

第五条　国务院民政部门主管全国的军人抚恤优待工作；县级以上地方人民政府民政部门主管本行政区域内的军人抚恤优待工作。

国家机关、社会团体、企业事业单位应当依法履行各自的军人抚恤优待责任和义务。

第六条　各级人民政府对在军人抚恤优待工作中作出显著成绩的单位和个人，给予表彰和奖励。

第二章　死亡抚恤

第七条　现役军人死亡被批准为烈士、被确认为因公牺牲或者病故的，其遗属依照本条例的规定享受抚恤。

第八条　现役军人死亡，符合下列情形之一的，批准为烈士：

（一）对敌作战死亡，或者对敌作战负伤在医疗终结前因伤死亡的；

（二）因执行任务遭敌人或者犯罪分子杀害，或者被俘、被捕后不屈遭敌人杀害或者被折磨致死的；

（三）为抢救和保护国家财产、人民生命财产或者参加处置突发事件死亡的；

（四）因执行军事演习、战备航行飞行、空降和导弹发射训练、试航试飞任务以及参加武器装备科研实验死亡的；

（五）其他死难情节特别突出，堪为后人楷模的。

现役军人在执行对敌作战、边海防执勤或者抢险救灾任务中失踪，经法定程序宣告死亡的，按照烈士对待。

批准烈士，属于因战死亡的，由军队团级以上单位政治机关批准；属于非因战死亡的，由军队军级以上单位政治机关批准；属于本条第一款第（五）项规定情形的，由中国人民解放军总政治部批准。

第九条　现役军人死亡，符合下列情形之一的，确认为因公牺牲：

（一）在执行任务中或者在上下班途中，由于意外事件死亡的；

（二）被认定为因战、因公致残后因旧伤复发死亡的；

（三）因患职业病死亡的；

（四）在执行任务中或者在工作岗位上因病猝然死亡，或者因医疗事故死亡的；

（五）其他因公死亡的。

现役军人在执行对敌作战、边海防执勤或者抢险救灾以外的其他任务中失踪，经法定程序宣告死亡的，按照因公牺牲对待。

现役军人因公牺牲，由军队团级以上单位政治机关确认；属于本条第一款第（五）项规定情形的，由军队军级以上单位政治机关确认。

第十条 现役军人除第九条第一款第（三）项、第（四）项规定情形以外，因其他疾病死亡的，确认为病故。

现役军人非执行任务死亡或者失踪，经法定程序宣告死亡的，按照病故对待。

现役军人病故，由军队团级以上单位政治机关确认。

第十一条 对烈士遗属、因公牺牲军人遗属、病故军人遗属，由县级人民政府民政部门分别发给《中华人民共和国烈士证明书》、《中华人民共和国军人因公牺牲证明书》、《中华人民共和国军人病故证明书》。

第十二条 现役军人死亡，根据其死亡性质和死亡时的月工资标准，由县级人民政府民政部门发给其遗属一次性抚恤金，标准是：烈士，80 个月工资；因公牺牲，40 个月工资；病故，20 个月工资。月工资或者津贴低于排职少尉军官工资标准的，按照排职少尉军官工资标准发给其遗属一次性抚恤金。

获得荣誉称号或者立功的烈士、因公牺牲军人、病故军人，其遗属在应当享受的一次性抚恤金的基础上，由县级人民政府民政部门按照下列比例增发一次性抚恤金：

(一)获得中央军事委员会授予荣誉称号的,增发35%;

(二)获得军队军区级单位授予荣誉称号的,增发30%;

(三)立一等功的,增发25%;

(四)立二等功的,增发15%;

(五)立三等功的,增发5%。

多次获得荣誉称号或者立功的烈士、因公牺牲军人、病故军人,其遗属由县级人民政府民政部门按照其中最高等级奖励的增发比例,增发一次性抚恤金。

第十三条 对生前作出特殊贡献的烈士、因公牺牲军人、病故军人,除按照本条例规定发给其遗属一次性抚恤金外,军队可以按照有关规定发给其遗属一次性特别抚恤金。

第十四条 一次性抚恤金发给烈士、因公牺牲军人、病故军人的父母(抚养人)、配偶、子女;没有父母(抚养人)、配偶、子女的,发给未满18周岁的兄弟姐妹和已满18周岁但无生活费来源且由该军人生前供养的兄弟姐妹。

第十五条 对符合下列条件之一的烈士遗属、因公牺牲军人遗属、病故军人遗属,发给定期抚恤金:

(一)父母(抚养人)、配偶无劳动能力、无生活费来源,或者收入水平低于当地居民平均生活水平的;

(二)子女未满18周岁或者已满18周岁但因上学或者残疾无生活费来源的;

(三)兄弟姐妹未满18周岁或者已满18周岁但因上学无生活费来源且由该军人生前供养的。

对符合享受定期抚恤金条件的遗属,由县级人民政府民政部门发给《定期抚恤金领取证》。

第十六条 定期抚恤金标准应当参照全国城乡居民家庭人均收

入水平确定。定期抚恤金的标准及其调整办法，由国务院民政部门会同国务院财政部门规定。

第十七条 县级以上地方人民政府对依靠定期抚恤金生活仍有困难的烈士遗属、因公牺牲军人遗属、病故军人遗属，可以增发抚恤金或者采取其他方式予以补助，保障其生活不低于当地的平均生活水平。

第十八条 享受定期抚恤金的烈士遗属、因公牺牲军人遗属、病故军人遗属死亡的，增发6个月其原享受的定期抚恤金，作为丧葬补助费，同时注销其领取定期抚恤金的证件。

第十九条 现役军人失踪，经法定程序宣告死亡的，在其被批准为烈士、确认为因公牺牲或者病故后，又经法定程序撤销对其死亡宣告的，由原批准或者确认机关取消其烈士、因公牺牲军人或者病故军人资格，并由发证机关收回有关证件，终止其家属原享受的抚恤待遇。

第三章 残疾抚恤

第二十条 现役军人残疾被认定为因战致残、因公致残或者因病致残的，依照本条例的规定享受抚恤。

因第八条第一款规定的情形之一导致残疾的，认定为因战致残；因第九条第一款规定的情形之一导致残疾的，认定为因公致残；义务兵和初级士官因第九条第一款第（三）项、第（四）项规定情形以外的疾病导致残疾的，认定为因病致残。

第二十一条 残疾的等级，根据劳动功能障碍程度和生活自理障碍程度确定，由重到轻分为一级至十级。

残疾等级的具体评定标准由国务院民政部门、劳动保障部门、卫生部门会同军队有关部门规定。

第二十二条 现役军人因战、因公致残，医疗终结后符合评定残疾等级条件的，应当评定残疾等级。义务兵和初级士官因病致残符合评定残疾等级条件，本人（精神病患者由其利害关系人）提出申请的，也应当评定残疾等级。

因战、因公致残，残疾等级被评定为一级至十级的，享受抚恤；因病致残，残疾等级被评定为一级至六级的，享受抚恤。

第二十三条 因战、因公、因病致残性质的认定和残疾等级的评定权限是：

（一）义务兵和初级士官的残疾，由军队军级以上单位卫生部门认定和评定；

（二）现役军官、文职干部和中级以上士官的残疾，由军队军区级以上单位卫生部门认定和评定；

（三）退出现役的军人和移交政府安置的军队离休、退休干部需要认定残疾性质和评定残疾等级的，由省级人民政府民政部门认定和评定。

评定残疾等级，应当依据医疗卫生专家小组出具的残疾等级医学鉴定意见。

残疾军人由认定残疾性质和评定残疾等级的机关发给《中华人民共和国残疾军人证》。

第二十四条 现役军人因战、因公致残，未及时评定残疾等级，退出现役后或者医疗终结满 3 年后，本人（精神病患者由其利害关系人）申请补办评定残疾等级，有档案记载或者有原始医疗证明的，可以评定残疾等级。

现役军人被评定残疾等级后，在服现役期间或者退出现役后残疾情况发生严重恶化，原定残疾等级与残疾情况明显不符，本人（精神病患者由其利害关系人）申请调整残疾等级的，可以重新评定残疾等级。

第二十五条 退出现役的残疾军人，按照残疾等级享受残疾抚恤金。残疾抚恤金由县级人民政府民政部门发给。

因工作需要继续服现役的残疾军人，经军队军级以上单位批准，由所在部队按照规定发给残疾抚恤金。

第二十六条 残疾军人的抚恤金标准应当参照全国职工平均工资水平确定。残疾抚恤金的标准以及一级至十级残疾军人享受残疾抚恤金的具体办法，由国务院民政部门会同国务院财政部门规定。

县级以上地方人民政府对依靠残疾抚恤金生活仍有困难的残疾军人，可以增发残疾抚恤金或者采取其他方式予以补助，保障其生活不低于当地的平均生活水平。

第二十七条 退出现役的因战、因公致残的残疾军人因旧伤复发死亡的，由县级人民政府民政部门按照因公牺牲军人的抚恤金标准发给其遗属一次性抚恤金，其遗属享受因公牺牲军人遗属抚恤待遇。

退出现役的因战、因公、因病致残的残疾军人因病死亡的，对其遗属增发12个月的残疾抚恤金，作为丧葬补助费；其中，因战、因公致残的一级至四级残疾军人因病死亡的，其遗属享受病故军人遗属抚恤待遇。

第二十八条 退出现役的一级至四级残疾军人，由国家供养终身；其中，对需要长年医疗或者独身一人不便分散安置的，经省级人民政府民政部门批准，可以集中供养。

第二十九条 对分散安置的一级至四级残疾军人发给护理费，护理费的标准为：

(一)因战、因公一级和二级残疾的，为当地职工月平均工资的50%；

(二)因战、因公三级和四级残疾的，为当地职工月平均工资的40%；

(三)因病一级至四级残疾的，为当地职工月平均工资的30%。

退出现役的残疾军人的护理费，由县级以上地方人民政府民政部门发给;未退出现役的残疾军人的护理费,经军队军级以上单位批准,由所在部队发给。

第三十条 残疾军人需要配制假肢、代步三轮车等辅助器械,正在服现役的,由军队军级以上单位负责解决;退出现役的,由省级人民政府民政部门负责解决。

第四章 优待

第三十一条 义务兵服现役期间,其家庭由当地人民政府发给优待金或者给予其他优待,优待标准不低于当地平均生活水平。

义务兵和初级士官入伍前是国家机关、社会团体、企业事业单位职工(含合同制人员)的,退出现役后,允许复工复职,并享受不低于本单位同岗位(工种)、同工龄职工的各项待遇;服现役期间,其家属继续享受该单位职工家属的有关福利待遇。

义务兵和初级士官入伍前的承包地(山、林)等,应当保留;服现役期间,除依照国家有关规定和承包合同的约定缴纳有关税费外,免除其他负担。

义务兵从部队发出的平信,免费邮递。

第三十二条 国家对一级至六级残疾军人的医疗费用按照规定予以保障,由所在医疗保险统筹地区社会保险经办机构单独列账管理。具体办法由国务院民政部门会同国务院劳动保障部门、财政部门规定。

七级至十级残疾军人旧伤复发的医疗费用,已经参加工伤保险的,由工伤保险基金支付,未参加工伤保险,有工作的由工作单位解决,没有工作的由当地县级以上地方人民政府负责解决;七级至十级残疾军人旧伤复发以外的医疗费用,未参加医疗保险且本人支付有困难的,由当地县级以上地方人民政府酌情给予补助。

残疾军人、复员军人、带病回乡退伍军人以及烈士遗属、因公牺牲军人遗属、病故军人遗属享受医疗优惠待遇。具体办法由省、自治区、直辖市人民政府规定。

中央财政对抚恤优待对象人数较多的困难地区给予适当补助，用于帮助解决抚恤优待对象的医疗费用困难问题。

第三十三条 在国家机关、社会团体、企业事业单位工作的残疾军人，享受与所在单位工伤人员同等的生活福利和医疗待遇。所在单位不得因其残疾将其辞退、解聘或者解除劳动关系。

第三十四条 现役军人凭有效证件、残疾军人凭《中华人民共和国残疾军人证》优先购票乘坐境内运行的火车、轮船、长途公共汽车以及民航班机；残疾军人享受减收正常票价50%的优待。

现役军人凭有效证件乘坐市内公共汽车、电车和轨道交通工具享受优待，具体办法由有关城市人民政府规定。残疾军人凭《中华人民共和国残疾军人证》免费乘坐市内公共汽车、电车和轨道交通工具。

第三十五条 现役军人、残疾军人凭有效证件参观游览公园、博物馆、名胜古迹享受优待，具体办法由公园、博物馆、名胜古迹管理单位所在地的县级以上地方人民政府规定。

第三十六条 烈士、因公牺牲军人、病故军人的子女、兄弟姐妹，本人自愿应征并且符合征兵条件的，优先批准服现役。

第三十七条 义务兵和初级士官退出现役后，报考国家公务员、高等学校和中等职业学校，在与其他考生同等条件下优先录取。

残疾军人、烈士子女、因公牺牲军人子女、一级至四级残疾军人的子女，驻边疆国境的县(市)、沙漠区、国家确定的边远地区中的三类地区和军队确定的特、一、二类岛屿部队现役军人的子女报考普通高中、中等职业学校、高等学校，在与其他考生同等条件下优先录取；接受学历教育的，在同等条件下优先享受国家规定的各项助学政策。现役军人子女的入学、入托，在同等条件下优先接收。具体办法由国务院民政部门会同国务院教育部门规定。

第三十八条 残疾军人、复员军人、带病回乡退伍军人、烈士遗属、因公牺牲军人遗属、病故军人遗属承租、购买住房依照有关规定享受优先、优惠待遇。居住农村的抚恤优待对象住房困难的，由地方人民政府帮助解决。具体办法由省、自治区、直辖市人民政府规定。

第三十九条 经军队师（旅）级以上单位政治机关批准随军的现役军官家属、文职干部家属、士官家属，由驻军所在地的公安机关办理落户手续。随军前是国家机关、社会团体、企业事业单位职工的，驻军所在地人民政府劳动保障部门、人事部门应当接收和妥善安置；随军前没有工作单位的，驻军所在地人民政府应当根据本人的实际情况作出相应安置；对自谋职业的，按照国家有关规定减免有关费用。

第四十条 驻边疆国境的县（市）、沙漠区、国家确定的边远地区中的三类地区和军队确定的特、一、二类岛屿部队的现役军官、文职干部、士官，其符合随军条件无法随军的家属，所在地人民政府应当妥善安置，保障其生活不低于当地的平均生活水平。

第四十一条 随军的烈士遗属、因公牺牲军人遗属和病故军人遗属移交地方人民政府安置的，享受本条例和当地人民政府规定的抚恤优待。

第四十二条 复员军人生活困难的，按照规定的条件，由当地人民政府民政部门给予定期定量补助，逐步改善其生活条件。

第四十三条 国家兴办优抚医院、光荣院，治疗或者集中供养孤老和生活不能自理的抚恤优待对象。

各类社会福利机构应当优先接收抚恤优待对象。

第五章 法律责任

第四十四条 军人抚恤优待管理单位及其工作人员挪用、截留、私分军人抚恤优待经费，构成犯罪的，依法追究相关责任人员的刑事责任；尚不构成犯罪的，对相关责任人员依法给予行政处分或者纪律处分。被挪用、截留、私分的军人抚恤优待经费，由上一级人民政府民政部门、军队有关部门责令追回。

第四十五条 军人抚恤优待管理单位及其工作人员、参与军人抚恤优待工作的单位及工作人员有下列行为之一的，由其上级主管部门责令改正；情节严重，构成犯罪的，依法追究相关责任人员的刑事责任；尚不构成犯罪的，对相关责任人员依法给予行政处分或者纪律处分：

（一）违反规定审批军人抚恤待遇的；

（二）在审批军人抚恤待遇工作中出具虚假诊断、鉴定、证明的；

（三）不按规定的标准、数额、对象审批或者发放抚恤金、补助金、优待金的；

（四）在军人抚恤优待工作中利用职权谋取私利的。

第四十六条 负有军人优待义务的单位不履行优待义务的，由县级人民政府民政部门责令限期履行义务；逾期仍未履行的，处以2000元以上1万元以下罚款。对直接负责的主管人员和其他直接责任人员依法给予行政处分、纪律处分。因不履行优待义务使抚恤优待对象受到损失的，应当依法承担赔偿责任。

第四十七条 抚恤优待对象有下列行为之一的，由县级人民政府民政部门给予警告，限期退回非法所得；情节严重的，停止其享受的抚恤、优待；构成犯罪的，依法追究刑事责任：

（一）冒领抚恤金、优待金、补助金的；

（二）虚报病情骗取医药费的；

（三）出具假证明，伪造证件、印章骗取抚恤金、优待金、补助金的。

第四十八条 抚恤优待对象被判处有期徒刑、剥夺政治权利或者被通缉期间，中止其抚恤优待；被判处死刑、无期徒刑的，取消其抚恤优待资格。

第六章　附则

第四十九条　本条例适用于中国人民武装警察部队。

第五十条　军队离休、退休干部的抚恤优待，按照本条例有关现役军人抚恤优待的规定执行。

因参战伤亡的民兵、民工的抚恤，因参加军事演习、军事训练和执行军事勤务伤亡的预备役人员、民兵、民工以及其他人员的抚恤，参照本条例的有关规定办理。

第五十一条　本条例所称的复员军人，是指在 1954 年 10 月 31 日之前入伍、后经批准从部队复员的人员；带病回乡退伍军人，是指在服现役期间患病，尚未达到评定残疾等级条件并有军队医院证明，从部队退伍的人员。

第五十二条　本条例自 2004 年 10 月 1 日起施行。1988 年 7 月 18 日国务院发布的《军人抚恤优待条例》同时废止。

革命烈士褒扬条例

（1980年4月29日国务院常务会议通过，1980年6月4日国务院发布。）

第一条 为了发扬革命烈士忘我牺牲的精神，教育人民为保卫祖国和建设祖国英勇奋斗，特制定本条例。

第二条 我国人民和人民解放军指战员，在革命斗争、保卫祖国和社会主义现代化建设事业中壮烈牺牲的，称为革命烈士，其家属称为革命烈士家属。

第三条 有下列情形之一的，批准为革命烈士：

（一）对敌作战牺牲或对敌作战负伤后因伤死亡的；

（二）对敌作战致成残废后不久因伤口复发死亡的；

（三）在作战前线担任向导、修建工事，救护伤员，执行运输等战勤任务牺牲，或者在战区守卫重点目标牺牲的；

（四）因执行革命任务遭敌人杀害，或者被敌人俘虏、逮捕后坚贞不屈遭敌人杀害或受折磨致死的；

（五）为保卫或抢救人民生命、国家财产和集体财产壮烈牺牲的。

第四条 革命烈士的批准机关：

因战牺牲的，现役军人是团级以上政治机关，其他人员是县、市、市辖区人民政府；

因公牺牲的，现役军人是军级以上政治机关，其他人员是省、自治区、直辖市人民政府。

第五条 本条例第三条规定以外的牺牲人员，如果事迹特别突出，足为后人楷模的，也可以批准为革命烈士。

前款革命烈士的批准机关，现役军人为中国人民解放军总政治部，其他人员为民政部。

第六条 经批准为革命烈士的，由民政部向革命烈士家属颁发《革命烈士证明书》。

第七条 各级人民政府应当搜集、整理、陈列著名革命烈士的遗物和斗争史料，编印《革命烈士英名录》，大力宣扬革命烈士的高尚品质。

第八条 革命烈士家属的抚恤，按照作战牺牲军人家属的有关抚恤规定办理。

第九条 本条例由民政部负责解释。

第十条 本条例自发布之日起施行。过去有关褒扬革命烈士的规定同本条例有抵触的，以本条例为准。

中华人民共和国兵役法(节录)

(1984 年 5 月 31 日第六届全国人民代表大会第二次会议通过,1998 年 12 月 29 日第九届全国人民代表大会常务委员会第六次会议《关于修改〈中华人民共和国兵役法〉的决定》修正。)

……

第十章　现役军人的优待和退出现役的安置

第五十一条　现役军人,革命残废军人,退出现役的军人,革命烈士家属,牺牲、病故军人家属,现役军人家属,应当受到社会的尊重,受到国家和人民群众的优待。

第五十二条　革命残废军人乘坐火车、轮船、飞机、长途汽车,优先购票,并按照规定享受减价优待。

义务兵从部队发出的平信,免费邮递。

第五十三条　现役军人参战或者因公负伤致残的,由部队评定残废等级,发给革命残废军人抚恤证。退出现役的特等、一等革命残废军人,由国家供养终身。二等、三等革命残废军人,家居城镇的,由本人所在地的县、自治县、市、市辖区的人民政府安排力所能及的工作;家居农村的,其所在地区有条件的,可以在企业事业单位安排适当工作,不能安排的,按照规定增发残废抚恤金,保障他们的生活。

第五十四条　义务兵服现役期间,其家属由当地人民政府给予优待,优待的标准不低于当地平均生活水平,具体办法由省、自治区、直辖市规定。

第五十五条 现役军人牺牲、病故,由国家发给其家属一次性抚恤金。其家属无劳动能力或者无固定收入不能维持生活的,再由国家定期发给抚恤金。

第五十六条 义务兵退出现役后,按照从哪里来、回哪里去的原则,由原征集的县、自治县、市、市辖区的人民政府接收安置:

(一)家居农村的义务兵退出现役后,由乡、民族乡、镇的人民政府妥善安排他们的生产和生活。机关、团体、企业事业单位在农村招收员工时,在同等条件下,应当优先录用退伍军人。荣获二等功以上奖励的,按照本条第(二)项规定安排工作。

(二)家居城镇的义务兵退出现役后,由县、自治县、市、市辖区的人民政府安排工作,也可以由上一级或者省、自治区、直辖市的人民政府在本地区内统筹安排。机关、团体、企业事业单位,不分所有制性质和组织形式,都有按照国家有关规定安置退伍军人的义务。入伍前是机关、团体、企业事业单位职工的,允许复工、复职。

(三)城镇退伍军人待安置期间,由当地人民政府按照不低于当地最低生活水平的原则发给生活补助费。

(四)城镇退伍军人自谋职业的,由当地人民政府给予一次性经济补助,并给予政策上的优惠。

(五)义务兵退出现役后,报考国家公务员、高等院校和中等专业学校,按照有关规定予以优待。

第五十七条 在服现役期间患精神病的义务兵退出现役后,视病情轻重,送地方医院收容治疗或者回家休养,所需医疗和生活费用,由县、自治县、市、市辖区的人民政府负责。

在服现役期间患过慢性病的义务兵退出现役后,旧病复发需要治疗的,由当地医疗机构负责给予治疗,所需医疗和生活费用,本人经济困难的，由县、自治县、市、市辖区的人民政府给予补助。

第五十八条 志愿兵退出现役后，服现役不满十年的，按照本法第五十六条的规定安置；满十年的，由原征集的县、自治县、市、市辖区的人民政府安排工作，也可以由上一级或者省、自治区、直辖市的人民政府在本地区内统筹安排；自愿回乡参加农业生产或者自谋职业的，给予鼓励，由当地人民政府增发安家补助费；服现役满三十年或者年满五十五岁的作退休安置，根据地方需要和本人自愿也可以作转业安置。

志愿兵在服现役期间，参战或者因公致残、积劳成疾基本丧失工作能力的，办理退休手续，由原征集的县、自治县、市、市辖区的人民政府或者其直系亲属所在地的县、自治县、市、市辖区的人民政府接收安置。

第五十九条 军官退出现役后，由国家妥善安置。

第六十条 民兵因参战执勤牺牲、残废的，预备役人员和学生因参加军事训练牺牲、残废的，由当地人民政府按照民兵抚恤优待条例给予抚恤优待。

……

第十二章 附则

第六十六条 本法适用于中国人民武装警察部队。

第六十七条 中国人民解放军根据需要配备文职干部。文职干部条例另定。

第六十八条 本法自 1984 年 10 月 1 日起施行。

争议处理

中华人民共和国企业劳动争议处理条例

（1993年7月6日国务院发布）

第一章　总则

第一条　为了妥善处理企业劳动争议，保障企业和职工的合法权益，维护正常的生产经营秩序，发展良好的劳动关系，促进改革开放的顺利发展，制定本条例。

第二条　本条例适用于中华人民共和国境内的企业与职工之间的下列劳动争议：

（一）因企业开除、除名、辞退职工和职工辞职、自动离职发生的争议；

（二）因执行国家有关工资、保险、福利、培训、劳动保护的规定发生的争议；

（三）因履行劳动合同发生的争议；

（四）法律、法规规定应当依照本条例处理的其他劳动争议。

第三条　企业与职工为劳动争议案件的当事人。

第四条　处理劳动争议，应当遵循下列原则：

（一）着重调解，及时处理；

（二）在查清事实的基础上，依法处理；

（三）当事人在适用法律上一律平等。

第五条　发生劳动争议的职工一方在三人以上，并有共同理由的，应当推举代表参加调解或者仲裁活动。

第六条 劳动争议发生后，当事人应当协商解决；不愿协商或者协商不成的，可以向本企业劳动争议调解委员会申请调解；调解不成的，可以向劳动争议仲裁委员会申请仲裁。当事人也可以直接向劳动争议仲裁委员会申请仲裁。对仲裁裁决不服的，可以向人民法院起诉。

劳动争议处理过程中，当事人不得有激化矛盾的行为。

第二章 企业调解

第七条 企业可以设立劳动争议调解委员会（以下简称调解委员会）。调解委员会负责调解本企业发生的劳动争议。调解委员会由下列人员组成：

（一）职工代表；

（二）企业代表；

（三）企业工会代表。

职工代表由职工代表大会（或者职工大会，下同）推举产生；企业代表由厂长（经理）指定；企业工会代表由企业工会委员会指定。

调解委员会组成人员的具体人数由职工代表大会提出并与厂长（经理）协商确定，企业代表的人数不得超过调解委员会成员总数的三分之一。

第八条 调解委员会主任由企业工会代表担任。

调解委员会的办事机构设在企业工会委员会。

第九条 没有成立工会组织的企业，调解委员会的设立及其组成由职工代表与企业代表协商决定。

第十条 调解委员会调解劳动争议，应当自当事人申请调解之日起三十日内结束；到期未结束的，视为调解不成。

第十一条 调解委员会调解劳动争议应当遵循当事人双方自愿

原则，经调解达成协议的，制作调解协议书，双方当事人应当自觉履行；调解不成的，当事人在规定的期限内，可以向劳动争议仲裁委员会申请仲裁。

第三章　仲裁

第十二条　县、市、市辖区应当设立劳动争议仲裁委员会（以下简称仲裁委员会）。

第十三条　仲裁委员会由下列人员组成：

（一）劳动行政主管部门的代表；

（二）工会的代表；

（三）政府指定的经济综合管理部门的代表。

仲裁委员会组成人员必须是单数，主任由劳动行政主管部门的负责人担任。

劳动行政主管部门的劳动争议处理机构为仲裁委员会的办事机构，负责办理仲裁委员会的日常事务。

仲裁委员会实行少数服从多数的原则。

第十四条　仲裁委员会处理劳动争议，实行仲裁员、仲裁庭制度。

第十五条　仲裁委员会可以聘任劳动行政主管部门或者政府其他有关部门的人员、工会工作者、专家学者和律师为专职的或者兼职的仲裁员。

兼职仲裁员与专职仲裁员在执行仲裁事务时享有同等权利。

兼职仲裁员进行仲裁活动时，所在单位应当给予支持。

第十六条　仲裁委员会处理劳动争议，应当组成仲裁庭。仲裁庭由三名仲裁员组成。

简单劳动争议案件，仲裁委员会可以指定一名仲裁员处理。

仲裁庭对重大的或者疑难的劳动争议案件的处理，可以提交仲裁委员会讨论决定；仲裁委员会的决定，仲裁庭必须执行。

第十七条 县、市、市辖区仲裁委员会负责本行政区域内发生的劳动争议。

设区的市的仲裁委员会和市辖区的仲裁委员会受理劳动争议案件的范围，由省、自治区人民政府规定。

第十八条 发生劳动争议的企业与职工不在同一个仲裁委员会管辖地区的，由职工当事人工资关系所在地的仲裁委员会处理。

第十九条 当事人可以委托一至二名律师或者其他人代理参加仲裁活动。委托他人参加仲裁活动，必须向仲裁委员会提交有委托人签名或者盖章的委托书，委托书应当明确委托事项和权限。

第二十条 无民事行为能力的和限制民事行为能力的职工或者死亡的职工，可以由其法定代理人代为参加仲裁活动；没有法定代理人的，由仲裁委员会为其指定代理人代为参加仲裁活动。

第二十一条 当事人双方可以自行和解。

第二十二条 与劳动争议案件的处理结果有利害关系的第三人，可以申请参加仲裁活动或者由仲裁委员会通知其参加仲裁活动。

第二十三条 当事人应当从知道或者应当知道其权利被侵害之日起六个月内，以书面形式向仲裁委员会申请仲裁。

当事人因不可抗力或者有其他正当理由超过前款规定的申请仲裁时效的，仲裁委员会应当受理。

第二十四条 当事人向仲裁委员会申请仲裁，应当提交申诉书，并按照被诉人数提交副本。申诉书应当载明下列事项：

（一）职工当事人的姓名、职业、住址和工作单位；企业的名称、地址和法定代表人的姓名、职务；

（二）仲裁请求和所根据的事实和理由；

（三）证据、证人的姓名和住址。

第二十五条 仲裁委员会应当自收到申诉书之日起七日内作出受理或者不予受理的决定。仲裁委员会决定受理的,应当自作出决定之日起七日内将申诉书的副本送达被诉人,并组成仲裁庭;决定不予受理的,应当说明理由。

被诉人应当自收到申诉书副本之日起十五日内提交答辩书和有关证据。被诉人没有按时提交或者不提交答辩书的,不影响案件的审理。

仲裁委员会有权要求当事人提供或者补充证据。

第二十六条 仲裁庭应当于开庭的四日前,将开庭时间、地点的书面通知送达当事人。当事人接到书面通知,无正当理由拒不到庭或者未经仲裁庭同意中途退庭的,对申诉人按照撤诉处理,对被诉人可以缺席裁决。

第二十七条 仲裁庭处理劳动争议应当先行调解,在查明事实的基础上促使当事人双方自愿达成协议。协议内容不得违反法律、法规。

第二十八条 调解达成协议的,仲裁庭应当根据协议内容制作调解书,调解书自送达之日起具有法律效力。

调解未达成协议或者调解书送达前当事人反悔的,仲裁庭应当及时裁决。

第二十九条 仲裁庭裁决劳动争议案件,实行少数服从多数的原则。不同意见必须如实笔录。

仲裁庭作出裁决后,应当制作裁决书,送达双方当事人。

第三十条 当事人对仲裁裁决不服的,自收到裁决书之日起十五日内,可以向人民法院起诉;期满不起诉的,裁决书即发生法律效力。

第三十一条 当事人对发生法律效力的调解书和裁决书,应当依照规定的期限履行。一方当事人逾期不履行的,另一方当事人可以申请人民法院强制执行。

第三十二条 仲裁庭处理劳动争议,应当自组成仲裁庭之日起六十日内结束。案情复杂需要延期的，经报仲裁委员会批准，可以适当延期，但是延长的期限不得超过三十日。

第三十三条 仲裁委员会在处理劳动争议时，有权向有关单位查阅与案件有关的档案、资料和其他证明材料，并有权向知情人调查，有关单位和个人不得拒绝。

仲裁委员会之间可以委托调查。

仲裁委员会及其工作人员对调查劳动争议案件中涉及的秘密和个人隐私应当保密。

第三十四条 劳动争议当事人申请仲裁，应当按照国家有关规定交纳仲裁费。

仲裁费包括案件受理费和处理费。收费的标准和办法由国务院劳动行政主管部门会同国务院财政行政主管部门和国务院物价行政主管部门规定。

第三十五条 仲裁委员会组成人员或者仲裁员有下列情形之一的，应当回避，当事人有权以口头或者书面方式申请其回避：

（一）是劳动争议当事人或者当事人近亲属的；

（二）与劳动争议有利害关系的；

（三）与劳动争议当事人有其他关系，可能影响公正仲裁的。

第三十六条 仲裁委员会对回避申请应当及时作出决定，并以口头或者书面方式通知当事人。

第四章 罚则

第三十七条 当事人及有关人员在劳动争议处理过程中有下列行为之一的，仲裁委员会可以予以批评教育、责令改正；情节严重的，依照《中华人民共和国治安管理处罚条例》有关规定处罚；构成犯罪的，依法追究刑事责任：

（一）干扰调解和仲裁活动、阻碍仲裁工作人员执行公务的；

（二）提供虚假情况的；

（三）拒绝提供有关文件、资料和其他证明材料的；

（四）对仲裁工作人员、仲裁参加人、证人、协助执行人，进行打击报复的。

第三十八条 处理劳动争议的仲裁工作人员在仲裁活动中，徇私舞弊、收受贿赂、滥用职权、泄露秘密和个人隐私的，由所在单位或者上级机关给予行政处分，是仲裁员的，仲裁委员会应当予以解聘；构成犯罪的，依法追究刑事责任。

第五章　附则

第三十九条 国家机关、事业单位、社会团体与本单位工人之间，个体工商户与帮工、学徒之间，发生的劳动争议，参照本条例执行。

第四十条 仲裁委员会组织规则、办案规则由国务院劳动行政主管部门会同其他有关部门制定。

第四十一条 省、自治区、直辖市人民政府可以根据本条例制定实施办法。

第四十二条 本条例由国务院劳动行政主管部门负责解释。

第四十三条 本条例自一九九三年八月一日起施行。一九八七年七月三十一日国务院发布的《国营企业劳动争议处理暂行规定》同时废止。

最高人民法院关于审理劳动争议案件适用法律若干问题的解释

（2001年3月22日最高人民法院审判委员会第1165次会议通过，2001年4月16日公布，自2001年4月30日起施行，法释〔2001〕14号。）

为正确审理劳动争议案件，根据《中华人民共和国劳动法》（以下简称《劳动法》）和《中华人民共和国民事诉讼法》（以下简称《民事诉讼法》）等相关法律之规定，就适用法律的若干问题，作如下解释。

第一条 劳动者与用人单位之间发生的下列纠纷，属于《劳动法》第二条规定的劳动争议，当事人不服劳动争议仲裁委员会作出的裁决，依法向人民法院起诉的，人民法院应当受理：

（一）劳动者与用人单位在履行劳动合同过程中发生的纠纷；

（二）劳动者与用人单位之间没有订立书面劳动合同，但已形成劳动关系后发生的纠纷；

（三）劳动者退休后，与尚未参加社会保险统筹的原用人单位因追索养老金、医疗费、工伤保险待遇和其他社会保险费而发生的纠纷。

第二条 劳动争议仲裁委员会以当事人申请仲裁的事项不属于劳动争议为由，作出不予受理的书面裁决、决定或者通知，当事人不服，依法向人民法院起诉的，人民法院应当分别情况予以处理：

（一）属于劳动争议案件的，应当受理；

（二）虽不属于劳动争议案件，但属于人民法院主管的其他案件，应当依法受理。

第三条 劳动争议仲裁委员会根据《劳动法》第八十二条之规定，以当事人的仲裁申请超过六十日期限为由，作出不予受理的书面裁决、决定或者通知，当事人不服，依法向人民法院起诉的，人民法院应当受理；对确已超过仲裁申请期限，又无不可抗力或者其他正当理由的，依法驳回其诉讼请求。

第四条 劳动争议仲裁委员会以申请仲裁的主体不适格为由，作出不予受理的书面裁决、决定或者通知，当事人不服，依法向人民法院起诉的，经审查，确属主体不适格的，裁定不予受理或者驳回起诉。

第五条 劳动争议仲裁委员会为纠正原仲裁裁决错误重新作出裁决，当事人不服，依法向人民法院起诉的，人民法院应当受理。

第六条 人民法院受理劳动争议案件后，当事人增加诉讼请求的，如该诉讼请求与讼争的劳动争议具有不可分性，应当合并审理；如属独立的劳动争议，应当告知当事人向劳动争议仲裁委员会申请仲裁。

第七条 劳动争议仲裁委员会仲裁的事项不属于人民法院受理的案件范围，当事人不服，依法向人民法院起诉的，裁定不予受理或者驳回起诉。

第八条 劳动争议案件由用人单位所在地或者劳动合同履行地的基层人民法院管辖。

劳动合同履行地不明确的，由用人单位所在地的基层人民法院管辖。

第九条 当事人双方不服劳动争议仲裁委员会作出的同一仲裁裁决，均向同一人民法院起诉的，先起诉的一方当事人为原告，但对双方的诉讼请求，人民法院应当一并作出裁决。

当事人双方就同一仲裁裁决分别向有管辖权的人民法院起诉的，后受理的人民法院应当将案件移送给先受理的人民法院。

第十条 用人单位与其它单位合并的，合并前发生的劳动争议，由合并后的单位为当事人；用人单位分立为若干单位的，其分立前发生的劳动争议，由分立后的实际用人单位为当事人。

用人单位分立为若干单位后，对承受劳动权利义务的单位不明确的，分立后的单位均为当事人。

第十一条 用人单位招用尚未解除劳动合同的劳动者，原用人单位与劳动者发生的劳动争议，可以列新的用人单位为第三人。

原用人单位以新的用人单位侵权为由向人民法院起诉的，可以列劳动者为第三人。

原用人单位以新的用人单位和劳动者共同侵权为由向人民法院起诉的，新的用人单位和劳动者列为共同被告。

第十二条 劳动者在用人单位与其他平等主体之间的承包经营期间，与发包方和承包方双方或者一方发生劳动争议，依法向人民法院起诉的，应当将承包方和发包方作为当事人。

第十三条 因用人单位作出的开除、除名、辞退、解除劳动合同、减少劳动报酬、计算劳动者工作年限等决定而发生的劳动争议，用人单位负举证责任。

第十四条 劳动合同被确认为无效后，用人单位对劳动者付出的劳动，一般可参照本单位同期、同工种、同岗位的工资标准支付劳动报酬。

根据《劳动法》第九十七条之规定，由于用人单位的原因订立的无效合同，给劳动者造成损害的，应当比照违反和解除劳动合同经济补偿金的支付标准，赔偿劳动者因合同无效所造成的经济损失。

第十五条 用人单位有下列情形之一，迫使劳动者提出解除劳动合同的，用人单位应当支付劳动者的劳动报酬和经济补偿，并可支付赔偿金：

（一）以暴力、威胁或者非法限制人身自由的手段强迫劳动的；

(二)未按照劳动合同约定支付劳动报酬或者提供劳动条件的；

(三)克扣或者无故拖欠劳动者工资的；

(四)拒不支付劳动者延长工作时间工资报酬的；

(五)低于当地最低工资标准支付劳动者工资的。

第十六条 劳动合同期满后，劳动者仍在原用人单位工作，原用人单位未表示异议的，视为双方同意以原条件继续履行劳动合同。一方提出终止劳动关系的，人民法院应当支持。

根据《劳动法》第二十条之规定，用人单位应当与劳动者签订无固定期限劳动合同而未签订的，人民法院可以视为双方之间存在无固定期限劳动合同关系，并以原劳动合同确定双方的权利义务关系。

第十七条 劳动争议仲裁委员会作出仲裁裁决后，当事人对裁决中的部分事项不服，依法向人民法院起诉的，劳动争议仲裁裁决不发生法律效力。

第十八条 劳动争议仲裁委员会对多个劳动者的劳动争议作出仲裁裁决后，部分劳动者对仲裁裁决不服，依法向人民法院起诉的，仲裁裁决对提出起诉的劳动者不发生法律效力；对未提出起诉的部分劳动者，发生法律效力，如其申请执行的，人民法院应当受理。

第十九条 用人单位根据《劳动法》第四条之规定，通过民主程序制定的规章制度，不违反国家法律、行政法规及政策规定，并已向劳动者公示的，可以作为人民法院审理劳动争议案件的依据。

第二十条 用人单位对劳动者作出的开除、除名、辞退等处理，或者因其他原因解除劳动合同确有错误的，人民法院可以依法判决予以撤销。

对于追索劳动报酬、养老金、医疗费以及工伤保险待遇、经济补偿金、培训费及其他相关费用等案件，给付数额不当的，人民法院可以予以变更。

第二十一条 当事人申请人民法院执行劳动争议仲裁机构作出的发生法律效力的裁决书、调解书,被申请人提出证据证明劳动争议仲裁裁决书、调解书有下列情形之一,并经审查核实的,人民法院可以根据《民事诉讼法》第二百一十七条之规定,裁定不予执行:

(一)裁决的事项不属于劳动争议仲裁范围,或者劳动争议仲裁机构无权仲裁的;

(二)适用法律确有错误的;

(三)仲裁员仲裁该案时,有徇私舞弊、枉法裁决行为的;

(四)人民法院认定执行该劳动争议仲裁裁决违背社会公共利益的。

人民法院在不予执行的裁定书中,应当告知当事人在收到裁定书之次日起三十日内,可以就该劳动争议事项向人民法院起诉。

劳动和社会保障行政复议办法

（1999年11月23日劳动和社会保障部发布）

第一条　为了防止和纠正违法或者不当的具体行政行为，保护公民、法人或者其他组织的合法权益，保障和监督劳动保障行政部门依法行使职权，根据《中华人民共和国行政复议法》，制定本办法。

第二条　公民、法人或者其他组织认为劳动保障行政部门作出的具体行政行为侵犯其合法权益，向劳动保障行政部门申请行政复议，劳动保障行政部门受理行政复议申请，作出行政复议决定，适用本办法。

第三条　公民、法人或者其他组织对劳动保障行政部门作出的下列具体行政行为不服，可以申请行政复议：

（一）对劳动保障行政部门作出的警告、罚款、没收违法所得、没收非法财物、责令停产停业、吊销许可证等行政处罚决定不服的；

（二）认为符合法定条件，申请劳动保障行政部门办理许可证、资格证等行政许可手续，劳动保障行政部门拒绝办理或者在法定期限内没有依法办理的；

（三）对劳动保障行政部门作出的有关许可证、资格证等变更、中止、取消的决定不服的；

（四）认为符合法定条件，申请劳动保障行政部门审批、审核、登记有关事项，劳动保障行政部门没有依法办理的；

（五）认为劳动保障行政部门侵犯合法的用人自主权、工资分配权等经营自主权的；

（六）申请劳动保障行政部门依法履行保护劳动者获取劳动报酬

权、休息休假权、社会保险权等法定职责，劳动保障行政部门没有依法履行的；

（七）认为劳动保障行政部门违法收费或者违法要求履行义务的；

（八）对劳动保障行政部门认定工伤的具体行政行为不服的；

（九）认为劳动保障行政部门作出的其他具体行政行为侵犯其合法权益的。

第四条 公民、法人或者其他组织认为劳动保障行政部门的具体行政行为所依据的除法律、法规、规章和国务院文件以外的其他规范性文件不合法，在对具体行政行为申请行政复议时，可以一并向劳动保障复议机关提出对该规范性文件的审查申请。

第五条 公民、法人或者其他组织对下列事项，不能申请行政复议：

（一）劳动者与用人单位之间在执行劳动保障法律、法规、规章及其他规范性文件中发生的劳动争议；

（二）对劳动鉴定委员会作出的伤残等级鉴定结论不服的；

（三）对劳动争议仲裁委员会作出的仲裁决定或者裁决不服的；

（四）向人民法院提起行政诉讼，人民法院已经依法受理的；

（五）法律、法规规定的其他情形。

第六条 对县级以上劳动保障行政部门的具体行政行为不服的，可以向上一级劳动保障行政部门申请复议，也可以向本级人民政府申请复议。

第七条 对依法受委托的属于事业组织的就业服务管理机构、职业技能鉴定指导机构、乡镇劳动工作机构等作出的具体行政行为不服的，可以向委托其行使行政管理职能的劳动保障行政部门的上一级劳动保障行政部门申请复议，也可以向该劳动保障行政部门的同级人民政府申请行政复议。委托的劳动保障行政部门是被申请人。

第八条 对劳动保障行政部门和政府其他部门组织执法检查，以共同名义作出的具体行政行为不服的，可以向其共同的上一级行政机关申请复议。共同作出具体行政行为的劳动保障行政部门是共同被申请人之一。

第九条 劳动保障行政部门的法制机构或者负责法制工作的机构(以下简称法制机构)收到复议申请后，应当注明收到日期，并在5日内进行审查，由劳动保障行政部门按照下列情况分别作出决定：

(一)对符合法定受理条件，并属于本机关受理范围的，作出受理决定，制作《行政复议受理通知书》，送达申请人和被申请人，该通知中应当告知受理日期；

(二)对符合法定受理条件，但不属于本机关受理范围的，应当书面告知申请人向有关机关提出；

(三)对不符合法定受理条件的，应当作出不予受理决定，并制作《行政复议不予受理决定书》，送达申请人，该决定书中应当说明不予受理的理由。

第十条 劳动保障行政部门的其他工作机构收到复议申请的，应当立即转送法制机构。

除不符合行政复议的法定条件或者不属于本机关受理的复议申请外，行政复议申请自劳动保障复议机关的法制机构收到之日起即为受理。

第十一条 劳动者与用人单位因工伤保险待遇发生争议，向劳动争议仲裁委员会申请仲裁期间，对劳动保障行政部门作出的工伤认定结论不服的，又向劳动保障复议机关申请复议的，如果符合法定条件，劳动保障复议机关应当受理。

第十二条 申请人认为劳动保障复议机关无正当理由不受理其复议申请的，可以向上级劳动保障行政部门反映，上级劳动保障行政部门在审查后可以作出以下处理决定：

（一）申请人提出的申请符合法定受理条件的，应当责令下级劳动保障行政部门予以受理，其中申请人不服的具体行政行为是依据劳动保障法律、法规、本级以上人民政府制定的规章或者本机关制定的规范性文件作出的，或者上级劳动保障行政部门认为有必要直接受理的，可以直接受理；

（二）上级劳动保障行政部门认为下级劳动保障行政部门不予受理行为确有正当理由，申请人仍然不服的，应当告知申请人可以依法对下级劳动保障行政部门的具体行政行为向人民法院提起行政诉讼。

第十三条　劳动保障行政部门受理复议申请后，法制机构可以与本机关的有关业务机构共同对行政复议案件进行审查。

第十四条　劳动保障复议机关在审查申请人一并提出的作出具体行政行为所依据的有关规定的合法性时，应当根据具体情况，分别作出以下处理：

（一）如果该规定是由本行政机关制定的，应当在 30 日内对该规定依法作出处理结论；

（二）如果该规定是由其他劳动保障行政部门制定的，应当在 7 日内将有关材料直接移送制定该规定的劳动保障行政部门，请其在 60 日内依法作出处理结论，并将处理结论告知移送的劳动保障复议机关；

（三）如果该规定是由政府制定的，应当在 7 日内按照法定程序转送有权处理的国家机关依法处理。

对该规定进行审查期间，中止对具体行政行为的审查；审查结束后，劳动保障复议机关再继续本案具体行政行为的审查。中止审查期间，应当将有关中止的情况通知申请人和被申请人。

第十五条　劳动保障复议机关对决定撤销、变更具体行政行为或者确认具体行政行为违法并且申请人提出行政赔偿请求的下列具体行政行为，应当在复议决定中同时作出被申请人依法给予赔偿的决定：

（一）被申请人违法实施罚款、吊销许可证、责令停产停业、没收财物等行政处罚行为的；

（二）被申请人非法对财产采取查封、扣押等行政强制措施的；

（三）被申请人造成申请人财产损失的其他违法行为。

第十六条 劳动保障复议机关作出复议决定，应当制作复议决定书。复议决定书应当载明下列事项：

（一）申请人的姓名、性别、年龄、工作单位、住址（法人或者其他组织的名称、地址，法定代表人的姓名、职务）；

（二）被申请人的名称、地址，法定代表人的姓名、职务；

（三）申请人的复议请求和理由；

（四）劳动保障复议机关认定的事实、理由，适用的法律、法规、规章及其他规范性文件；

（五）复议结论；

（六）申请人不服复议决定向人民法院起诉的期限；

（七）作出复议决定的年、月、日。

复议决定书应当加盖本行政机关的印章。

第十七条 劳动保障复议机关应当根据《中华人民共和国民事诉讼法》的规定，采用直接送达、邮寄送达或者委托送达等方式，将复议决定书送达申请人和被申请人。

第十八条 复议案件审查结束后，应当将案件的材料立卷归档。

第十九条 本办法自发布之日起施行。

主要参考书目

黎建飞编著:《劳动法和社会保障法》,中国人民大学出版社,2003。

关怀主编:《劳动法》,中国人民大学出版社,2001。

余世平、刘新主编:《劳动法实务与案例评析》,中国工商出版社,2002。

《中华人民共和国劳动法编注》,中国法制出版社,2003。

《劳动法律手册》,法律出版社,2004。

杨燕绥著:《劳动与社会保障立法国际比较研究》,中国劳动社会保障出版社,2001。

片冈升主编:《劳动法》,青林双书,1983。

林嘉著:《社会保障法的理念、实践与创新》,中国人民大学出版社,2002。

王益英主编:《社会保障法》,中国人民大学出版社,2000。

余卫明著:《社会保障法学》,中国方正出版社,2002。

郭成伟、王广彬著:《公平良善之法律规制——中国社会保障法制探究》,中国法制出版社,2003。

王磊著:《选择宪法》,北京大学出版社,2003。

后记

这本教程是根据教学实践，并在借鉴和参考其他教材和著作的基础上完成的。由于劳动法和社会保障法在社会的普及程度远远不够，笔者感到，编写基础且实用的相关教程也是法学工作者的一项重要任务。劳动法和社会保障法内容庞大，各成体系，将二者编排在一起，笔者在结构上进行了一定的取舍，例如，对于违反劳动法和社会保障法应承担的法律责任部分并未单列一章，而是尽可能地将其分散到各章进行阐述；对案例的分析也未在本教程中具体展开，而是首先期待读者对原理性知识的掌握和对现行法律法规等内容的熟悉、了解；由于始终抱有增强公民劳动和社会保障的权利意识之态度，因此，在体系结构的安排上存在着一定的侧重倾向，对某些内容可能有所忽略。本教程试图用简洁易懂的语言概括其内容，使读者阅读起来不感到费解，并期望读者通过学习与理解，能够对劳动法和社会保障法产生些许兴趣。当然，读者对某些问题若想获得更多的知识和进行更深的探讨，还将有赖于学习和参考其他专门著作。

2004年3月14日通过的宪法修正案第23条规定，在宪法第14条增加一款，即："国家建立健全同经济发展水平相适应的社会保障制度。"这条规定意味着，具有根本法依据的我国社会保障制度进入了新的历史飞跃发展时期。笔者对社会法，尤其对社会保障法一直抱有浓厚的兴趣，深深体会到一个社会的文明程度越高，对劳动法和社会保障法的关注就越强烈。虽然我国现在面临着诸多的困难与问题，但是，笔者坚信,劳动法和社会保障法的教学与研究工作必将得到重视;公民将更加意识到劳动和社会保障的权利性,更加关心自己“从摇篮到坟墓”的切身利益;劳动法制和社会保障法制必将得到健全与完善。

在本教程付梓出版之际,感谢在专业学习的各个阶段给予我悉心指导的各位导师,他们对待法律科学的真挚态度、严谨的治学风范以及高尚的人格永远是我学习的楷模。并且,还要特别提到商务印书馆负责本教程编辑的王兰萍女士。我不仅敬佩她忘我工作、一丝不苟的高度敬业精神,而且衷心感谢她给予了我专业方面非常有益的建议和指导。

韩君玲

2004年10月